DIREITO PENAL DO TRABALHO

Reflexões Atuais

Eduardo Milléo Baracat
Coordenador

DIREITO PENAL DO TRABALHO

Reflexões Atuais

Belo Horizonte

2010

© 2010 Editora Fórum Ltda.

É proibida a reprodução total ou parcial desta obra, por qualquer meio eletrônico, inclusive por processos xerográficos, sem autorização expressa do Editor.

Conselho Editorial

Adilson Abreu Dallari	Floriano de Azevedo Marques Neto
André Ramos Tavares	Gustavo Justino de Oliveira
Carlos Ayres Britto	Jorge Ulisses Jacoby Fernandes
Carlos Mário da Silva Velloso	José Nilo de Castro
Carlos Pinto Coelho Motta	Juarez Freitas
Cármen Lúcia Antunes Rocha	Lúcia Valle Figueiredo (*in memoriam*)
Clovis Beznos	Luciano Ferraz
Cristiana Fortini	Lúcio Delfino
Diogo de Figueiredo Moreira Neto	Márcio Cammarosano
Egon Bockmann Moreira	Maria Sylvia Zanella Di Pietro
Emerson Gabardo	Oswaldo Othon de Pontes Saraiva Filho
Fabrício Motta	Paulo Modesto
Fernando Rossi	Romeu Felipe Bacellar Filho
Flávio Henrique Unes Pereira	Sérgio Guerra

Luís Cláudio Rodrigues Ferreira
Presidente e Editor

Coordenação editorial: Olga M. A. Sousa
Revisão: Adalberto Nunes Pereira Filho
Bibliotecário: Ricardo Neto – CRB 2752 – 6ª Região
Capa, projeto gráfico e formatação: Walter Santos

Av. Afonso Pena, 2770 – 15º/16º andares – Funcionários – CEP 30130-007
Belo Horizonte – Minas Gerais – Tel.: (31) 2121.4900 / 2121.4949
www.editoraforum.com.br – editoraforum@editoraforum.com.br

D598   Direito penal do trabalho: reflexões atuais / Coordenador: Eduardo Milléo Baracat. Belo Horizonte: Fórum, 2010.

330 p.
ISBN 978-85-7700-357-0

1. Direito penal. 2. Direito do trabalho. I. Título.

CDD: 341.5
CDU: 343

Informação bibliográfica deste livro, conforme a NBR 6023:2002 da Associação Brasileira de Normas Técnicas (ABNT):

BARACAT, Eduardo Milléo (Coord.). *Direito penal do trabalho*: reflexões atuais. Belo Horizonte: Fórum, 2010. 330 p. ISBN 978-85-7700-357-0.

Aos Professores do Programa de Mestrado do Centro Universitário Curitiba – UNICURITIBA que, incansavelmente, desenvolvem pesquisas na busca de soluções para relevantes problemas brasileiros.

Sumário

Apresentação 13

PARTE I
Poder como Instrumento Dogmático Comum ao Direito do Trabalho e ao Direito Penal

Democracia e Poder Punitivo do Empregador
Guilherme Andrade... 19

      Introdução.. 19
1   O que é democracia? 20
2   O poder punitivo no trabalho 26
3   É possível democratizar o poder punitivo trabalhista? 32
4   Considerações finais... 36
      Referências.. 37

Do Poder de Polícia ao Poder de Revista da Empresa Empregadora
Eduardo Milléo Baracat 39

      Introdução.. 39
1   Poder de polícia: conceito, fundamento e características 41
2   A vedação da delegação do poder de polícia ao particular................. 44
3   Polícia administrativa, polícia judiciária e polícia de manutenção
      de ordem pública... 46
4   A ilegalidade do "poder de polícia" do empregador 47
5   O poder de polícia da Administração Pública empregadora:
      a revista do agente penitenciário.. 53
      Conclusão... 58
      Referências.. 59

O Crime de Assédio Sexual e seus Efeitos nas Relações de Trabalho
Tathiana Laiz Guzella 61

	Introdução.. 61	
1	O crime de assédio sexual 62	
1.1	Conceito legal.. 62	
1.2	A pena cominada 65	
1.3	Causas de aumento de pena – majorantes......................... 66	
1.4	Conceito de assédio sexual na Organização Internacional do Trabalho 68	
1.5	A dificuldade probatória 69	
2	O reflexo do assédio sexual no contrato de trabalho........... 70	
2.1	Ações preventivas 72	
2.2	O alcance do crime de assédio sexual perante a clientela da empresa.. 73	
3	Os efeitos do crime de assédio sexual 73	
3.1	A responsabilidade civil 73	
3.2	A responsabilidade do empregador por atos de seus empregados ... 74	
3.3	Os direitos a que assiste a vítima 76	
3.4	Os direitos a que assiste o empregador.............................. 77	
3.5	O custo do assédio sexual para a vítima, para o empregador e para a sociedade.. 78	
	Conclusão... 79	
	Referências 80	

PARTE II
Os Bens Jurídicos Trabalhistas Penalmente Tuteláveis

Tutela Penal de Direitos Trabalhistas (Anotação na CTPS e Direito ao Salário)
André Gonçalves Zipperer.. 85

	Introdução 85	
1	A necessidade de uma tutela penal dos direitos trabalhistas 86	
2	Aspectos penais da retenção dolosa de salário 87	
2.1	A proteção do salário 87	
2.2	A retenção dolosa de salários... 92	
2.2.1	A aplicação da norma constitucional de retenção dolosa de salários.. 93	
2.3	A retenção dolosa de salário como crime de apropriação indébita (art. 168 do Código Penal)................................... 96	
2.4	O crime previsto no Decreto-Lei nº 368 de 19.12.1968 99	

3	A tutela penal das anotações em Carteira de Trabalho e Previdência Social	101
3.1	A Carteira de Trabalho como documento	101
3.2	Da tutela penal das anotações em CTPS	103
3.2.1	Do crime previsto no artigo 203 do Código Penal	107
3.3	A atual posição do STJ	108
	Conclusão	110
	Referências	111

APROPRIAÇÃO INDÉBITA PREVIDENCIÁRIA – UM DIREITO PENAL ARRECADATÓRIO?
Dante D'Aquino 115

	Introdução	115
1	O cenário de expansão do direito penal	116
2	A definição de um novo bem jurídico tutelável	118
3	O papel dos tipos penais na definição do bem jurídico	119
4	O delito de apropriação indébita previdenciária como exemplo de desvio de finalidade do direito penal	122
	Conclusão	126
	Referências	127

ORGANIZAÇÃO DO TRABALHO: CONTORNOS ATUAIS DO BEM JURÍDICO-PENAL
Fábio André Guaragni 131

	Introdução	131
1	O conjunto de incriminações reunidas sob o título dos crimes contra a organização do trabalho como fonte cognitiva do conteúdo do bem jurídico	132
2	A definição de "organização do trabalho" e as dificuldades de tutelá-la através do direito penal	135
3	A coletividade de trabalhadores como destinatária da proteção penal nos crimes contra a organização do trabalho	142
4	Consequências práticas	151
	Referências	153

CRIMES DE CONCORRÊNCIA DESLEAL NO AMBIENTE DAS RELAÇÕES DE TRABALHO
Luís Alberto Gonçalves Gomes Coelho 155

	Introdução	155
1	Evolução histórica	157
2	A teoria da concorrência desleal	159
3	A concorrência desleal e a sua repercussão no ambiente das relações de trabalho	161
4	Dos crimes de concorrência desleal incidentes nas relações de trabalho	164

4.1	Do crime de corrupção ativa de empregado	164
4.2	Do crime de corrupção passiva de empregado	165
4.3	Do crime de violação de segredo de empresa	167
5	Conclusões	169

A Necessidade de Tutela Penal da Violação Clandestina do Correio Eletrônico do Empregado pelo Empregador

Luiz Gustavo Thadeo Braga 171

	Introdução	171
1	O monitoramento eletrônico no ambiente de trabalho pelo empregador e o direito a intimidade do empregado	172
2	A importância do *e-mail* na sociedade de informação e a sua utilidade como instrumento de trabalho	176
3	A tutela penal da correspondência eletrônica do empregado: conveniência e a problemática legislativa	177
4	A problemática legislativa: a necessidade de adaptação da legislação penal	181
	Conclusão	184
	Referências	186

PARTE III
Reflexões Sobre o Trabalho Análogo ao de Escravo

Os Instrumentos de Combate ao Trabalho Análogo ao de Escravo: uma Nova Proposta de Responsabilização

Aline Koladicz 189

	Introdução	189
1	Panorama do crime de submissão à condição análoga à de escravo no Brasil	190
1.1	Breve histórico do trabalho escravo no Brasil	190
1.2	O trabalho análogo ao de escravo enquanto crime contra a organização do trabalho	194
1.2.1	O crime de submissão à condição análoga à de escravo	194
1.2.1.1	Classificação doutrinária	194
1.2.1.2	Objeto material e bem juridicamente protegido	195
1.2.1.3	Sujeito ativo e sujeito passivo	195
1.2.1.4	Consumação e tentativa	196
1.2.1.5	Elemento subjetivo	196
1.2.1.6	Causa de aumento da pena	196
1.2.1.7	Pena e ação penal	197

1.2.2	A problemática da competência para julgamento	197
2	A eficácia dos instrumentos de combate ao trabalho escravo	199
2.1	Diretrizes internacionais	199
2.1.1	O PNUD – Programa das Nações Unidas para o Desenvolvimento	200
2.1.2	Os objetivos de desenvolvimento do milênio	201
2.1.3	Declaração da OIT sobre os princípios e direitos fundamentais do trabalho	202
2.1.4	Convenções 29 e 105 da OIT que dispõem sobre o trabalho forçado	203
2.1.5	Diretrizes para empresas multinacionais da OCDE	204
2.2	Legislação brasileira atinente ao tema	206
2.3	A eficácia das diretrizes e das ferramentas legais existentes	207
3	Uma nova proposta de responsabilização frente aos instrumentos de combate ao trabalho análogo ao de escravo	209
	Referências	211

CONTRATO DE TRABALHO (?) EM CONDIÇÕES ANÁLOGAS À DE ESCRAVO: O PARADIGMA LIBERAL
Tallita Massucci Toledo 213

	Introdução	213
1	Escravidão Contemporânea: trabalho em condições análogas à de escravo	214
1.1	A problemática da denominação e conceito	214
1.2	Trabalho escravo no Brasil: *escravidão por dívidas*	221
2	Contrato de trabalho e o paradigma liberal	227
2.1	As relações contratuais: o pressuposto do livre consentimento	227
2.2	Contrato de trabalho (art. 442 da CLT)	229
3	É possível uma reinterpretação do art. 442 da CLT para qualificar o contrato de trabalho nessas condições?	230
	Referências	231

HERMENÊUTICA RESPONSIVA, JUÍZES CONSTITUCIONAIS E ANTIGAS CHAGAS SOCIAIS: O TRABALHO ESCRAVO CHEGA AO SUPREMO TRIBUNAL FEDERAL – 118 ANOS DEPOIS
Carlos Luiz Strapazzon 235

1	Juízes de direito e juízes constitucionais	235
2	O estudo de casos e o novo *leading case* do STF	240
2.1	Os fatos	241
2.2	A questão constitucional	241
2.3	Voto condutor da decisão	242
2.4	Voto de divergência	242
2.5	A decisão	242
2.6	Principais consequências	242

2.7	Os dispositivos constitucionais envolvidos	242
2.8	Os dispositivos do Código Penal envolvidos	244
2.9	A estrita legalidade e a defesa dos direitos humanos	244
2.10	O precedente do STF	246
2.11	As razões da divergência	248
2.12	A nova orientação do STF	249
3	O Supremo Tribunal e o constitucionalismo contemporâneo	252
	Referências	255

PARTE IV

INSTITUIÇÕES PÚBLICAS: DIREITO DO TRABALHO E DIREITO PENAL

O FALSO TESTEMUNHO E A JUSTIÇA DO TRABALHO: ASPECTOS CONTROVERTIDOS E RELEVANTES

Luiz Eduardo Gunther 259

	Introdução	259
1	Os princípios sobre a prova	262
2	O conceito jurídico de testemunha	265
3	O tipo penal de acordo com a Lei nº 10.268 de 28.08.2001	267
4	A possibilidade de ocorrência do falso testemunho na esfera da Justiça do Trabalho e o procedimento a ser adotado	281
5	A competência judicial para o exame da ação penal	287
	Referências	294

O TRABALHO NA PRISÃO

Tito Lívio Barichello 299

1	O instituto da remição e a obrigatoriedade do trabalho	299
2	O trabalho do detento como exercício da dignidade humana na sociedade pós-moderna	306
3	Existe relação empregatícia celetista no trabalho do detento?	314
4	O trabalho do preso como responsabilidade do Estado e da sociedade	319
	Considerações finais	323
	Referências	325

SOBRE OS AUTORES 329

Apresentação

O Programa de Mestrado em Direito do Centro Universitário Curitiba – UNICURITIBA permite uma interessante interação entre o Direito do Trabalho e o Direito Penal, em especial, através da sua linha de pesquisa 2, denominada "Atividade Empresarial e Constituição: Inclusão e Sustentabilidade".[1]

Com efeito, através da referida linha de pesquisa, busca-se enfrentar a relação entre a normatividade constitucional, inclusive principiológica e axiológica, e a atividade econômica desenvolvida pela empresa privada.

Essa investigação dá-se pela compreensão dos atributos aos quais está a "Atividade Empresarial" condicionada: "Inclusão" e "Sustentabilidade".

Ao invocar o atributo da "Inclusão", a linha 2 enfoca a pessoa humana no centro do sistema jurídico, condicionando a atividade empresarial a esta valoração constitucional, fundamentada nos Direitos Fundamentais ou da Personalidade.

A opção constitucional pelo sistema capitalista — arts. 1º, IV e 170 — não retira do sistema o antropocentrismo como característica essencial, reconhecido pelo princípio fundamental da dignidade da pessoa humana (art. 1º, III).

Trata-se, portanto, no campo da "Inclusão", da proteção dos interesses da pessoa, sobretudo da trabalhadora "despatrimonializada", que dispõe tão somente do seu trabalho para sobreviver dignamente.

A partir da opção capitalista, contudo, a atividade econômica é tutelada, através de proteção jurídica específica, pois dela depende a própria inclusão da pessoa trabalhadora.

---

[1] A linha de pesquisa 1 do mesmo programa, intitulada "Obrigações e contratos empresariais – responsabilidade social e efetividade" investiga, em síntese, a real natureza da obrigação ou do contrato empresarial implicado, a importância da metodologia de interpretação, os resultados concretos decorrentes da assunção da Responsabilidade Social, no que toca à universalização dos benefícios da atividade produtiva e a importância da efetividade.

A "Inclusão" da pessoa, portanto, está condicionada ao desenvolvimento da atividade econômica de forma "Sustentável".

A "Sustentabilidade", assim, está relacionada à atividade econômica, pois o titular desta, ao desenvolvê-la, irá compor diversos fatores de produção — matéria-prima, capital, tecnologia —, na busca do lucro, devendo, no entanto, considerando princípio solidarista, desenvolver políticas de busca do pleno emprego, desenvolvimento estratégico, crescimento, investimento e preservação do meio ambiente.

Dentro desta perspectiva, a linha 2 permite o desenvolvimento de temas que são relevantes tanto para o Direito do Trabalho quanto para o Direito Penal.

No âmbito do Direito do Trabalho, desenvolve-se pesquisa sobre a reparabilidade dos danos decorrentes das relações trabalhistas, com foco no ambiente interno da empresa, centrado nas relações entre o titular da atividade empresarial e o trabalhador.

No tocante ao Direito Penal, interessa, primordialmente, o Direito Penal Econômico, vocacionado para a tutela de interesses metaindividuais, em especial a preservação do meio ambiente (cuja proteção integra a ordem econômica estatuída pelo art. 170, Constituição) e da ordem econômica. Sob este enfoque reveste-se de especial importância a delimitação do bem jurídico que deve ser penalmente tutelado.

Pois bem. A partir da disciplina obrigatória da linha de pesquisa 2, "Direito das Relações de Trabalho e Inclusão Social", ministrada por mim, os mestrandos Aline Koladicz, André Gonçalves Zipperer, Dante D'Aquino, Guilherme Andrade, Luiz Gustavo Thadeo Braga, Tallita Massucci Toledo, Tathiana Laiz Guzella e Tito Lívio Barichello realizaram importantes pesquisas sobre temas que perpassam o Direito Penal Econômico e Direito do Trabalho.

Com o objetivo de sistematização da pesquisa, a grande problemática relativa ao Direito Penal do Trabalho foi dividida em quatro grupos temáticos.

O primeiro, relativo à utilização do poder como instrumento dogmático comum do Direito do Trabalho e do Direito Penal.

O segundo investigou, a partir do caráter subsidiário do Direito Penal, a conveniência de se elegerem direitos trabalhistas, créditos previdenciários e a organização do trabalho como bens penalmente tuteláveis.

O terceiro, o trabalho análogo ao de escravo, enfocado, simultaneamente, como ilícito penal e relação de trabalho.

Apresentação | 15

E, finalmente, o quarto, o Direito Penal do Trabalho aplicado no âmbito das instituições públicas.

Tendo em vista a profundidade e relevância dos temas, somadas a uma investigação criteriosa dos pesquisadores, verificou-se a possibilidade de publicar as pesquisas, através da realização de obra coletiva.

Seduzidos pela proposta e diante da importante interdisciplinaridade do projeto, o Professor de Direito do Trabalho, Luiz Eduardo Gunther, o Professor de Direito Penal, Fábio André Guaragni — ambos do Programa do Mestrado do UNICURITIBA —, o Professor de Direito Constitucional do UNICURITIBA, Carlos Luiz Strapazzon e o Professor e Mestre Luís Alberto Gomes Gonçalves Coelho, aceitaram contribuir com a publicação, através de textos pertinentes às problemáticas referidas.

A presente obra, portanto, obedece à mesma sistematização proposta quando do início da pesquisa.

O primeiro grupo temático — poder como instrumento dogmático comum do Direito do Trabalho e do Direito Penal — conta com três textos. O primeiro, do mestrando Guilherme Andrade, discute a democratização do poder punitivo do empregador. O segundo, de minha autoria, aborda criticamente o poder de polícia do empregador ao realizar revistas nos empregados. E o terceiro, da mestranda Tathiana Laiz Guzella, trata do poder do empregador sob a perspectiva do crime de assédio sexual.

O segundo grupo temático — os bens trabalhistas e previdenciários penalmente tuteláveis — conta com o estudo realizado pelo mestrando André Gonçalves Zipperer, que investiga a tutela penal do salário, no tocante à sua retenção dolosa, prevista no art. 7º, X, da Constituição, e a tutela penal da anotação da CTPS pelo empregador, inserida nos §§ 3º e 4º do artigo 297 do Código Penal. Dentro dessa mesma perspectiva, o pesquisador Dante D'Aquino desenvolveu trabalho que questiona a apropriação indébita previdenciária como ilícito penal, nos termos do art. 168-A do Código Penal. Ainda dentro do segundo grupo temático, o professor Fábio André Guaragni abordou criticamente a organização do trabalho como bem penalmente tutelado. Por sua vez, o Professor Luís Alberto Gomes Gonçalves Coelho investigou o crime de concorrência desleal, no âmbito das relações de emprego. Por fim, o pesquisador Luiz Gustavo Thadeo Braga realizou estudo sobre a conveniência da tutela penal da violação clandestina do correio eletrônico do empregado pelo empregador.

O terceiro grupo temático centra-se no trabalho análogo ao de escravo, que representa tema instigante e de múltiplas repercussões. A pesquisadora Aline Koladicz investigou o tema sob a perspectiva de responsabilidade social, enquanto a pesquisadora Tallita Massucci Toledo buscou traçar um paralelo dogmático entre a situação jurídica decorrente do trabalho análogo ao de escravo e o contrato individual de trabalho. Também tendo em vista o tema relativo ao trabalho análogo ao de escravo, o Professor Carlos Luiz Strapazzon, tratou da jurisprudência do Supremo Tribunal Federal, a partir do estudo de casos.

Finalmente, o quarto grupo temático cuida das relações existentes entre o Direito Penal do Trabalho e as instituições. Assim, o Professor Luiz Eduardo Gunther aborda controvérsias existentes no âmbito do crime de falso testemunho na Justiça do Trabalho, ao passo que o mestrando Tilo Lívio Barichello investiga a existência — ou não — de relação empregatícia a partir do trabalho prisional.

O trabalho acadêmico, sobretudo quando comprometido com a investigação imparcial dos fatos socialmente relevantes, deve transbordar as paredes das salas de aula, influenciando e contaminando a discussão jurídica.

Por isso, a publicação deste trabalho representa avanço significativo sobre tema tão pouco investigado pela doutrina nacional.

Eduardo Milléo Baracat

PARTE I

Poder como Instrumento Dogmático Comum ao Direito do Trabalho e ao Direito Penal

Democracia e Poder Punitivo do Empregador

Guilherme Andrade

Sumário: Introdução – 1 O que é democracia? – 2 O poder punitivo no trabalho – 3 É possível democratizar o poder punitivo trabalhista? – Considerações finais – Referências

Introdução

A ideia de uma democratização do poder punitivo do trabalho, deve-se destacar, não é inédita. Esta democratização já vem anunciada na doutrina trabalhista, podendo-se destacar, sobretudo, a obra *Poder punitivo trabalhista* de Aldacy Rachid Coutinho. Em tal obra, afirma a autora que "o poder exercido pela empresa, inicialmente de características monárquicas e absolutistas, vem evoluindo e avançando em prol dessa democratização",[1] Complementando que "o poder sancionador vem, no seu exercício, sofrendo uma paulatina limitação, deixando no passado certo caráter monárquico e absolutista, para evoluir na direção de sua democratização".[2]

De fato, foi com inspiração em tal obra, e sobretudo em tais passagens, que surgiu a ideia de se indagar o que seria uma efetiva e verdadeira democratização do poder punitivo trabalhista, e mais, se tal democratização seria possível, ao passo que, inicialmente, não se quer parecer que, no estado das coisas, se esteja rumando a uma efetiva democratização de tal poder.

---

[1] COUTINHO, Aldacy Rachid. *Poder punitivo trabalhista*. São Paulo: LTr, 1999. p. 11.

[2] *Id.*, p. 125.

Neste sentido, a fim de que ao final se possa tentar responder à indagação formulada no título deste trabalho, proceder-se-á inicialmente a uma análise do que é a democracia. Ora, inexiste qualquer lógica em se falar de uma democratização do poder punitivo trabalhista sem antes estabelecer-se um parâmetro conceitual mínimo de o que se pode entender por democracia.

Num segundo momento, se procederá a um diagnóstico da forma como o poder é exercido na empresa, e, em especial, dos contornos jurídicos normativos que disciplinam o exercício pelo empregador de um poder punitivo trabalhista sobre o empregado, bem como dos fundamentos e razões de existir de tal poder.

Por fim, em um terceiro item, adentrar-se-á pontualmente à questão central deste trabalho, qual seja a de se definir o que seria uma real democratização do poder punitivo trabalhista e de se analisar se tal democratização é possível.

1 O que é democracia?

A pergunta que intitula este item tem razão de ser: a fim de que se possa efetivamente discutir acerca da possibilidade de se democratizar o poder punitivo trabalhista, é preciso que, inicialmente, se estabeleça os contornos daquilo que se pode entender por democracia. Daí a pergunta: O que é democracia?

Conforme Denis Rosenfield, em sua obra O Que É Democracia, esta expressão, em seu sentido etimológico, tem por significado algo na linha de o governo do povo.[3]

A questão, no entanto, não é tão simples. Darcy Azambuja ensina que, no léxico político, nenhum outro termo ou expressão é tão controverso quanto o é o vocábulo democracia. Esta dificuldade em se estabelecer um conceito estático para a democracia decorre do fato de que o significado de tal vocábulo sofreu inúmeras variações e transmutação desde sua primeira utilização por Heródoto, há quase dois mil e quinhentos anos, até os dias de hoje, sendo certo que, mesmo hoje, não há unanimidade quanto a este significado.[4]

Sobre esta desunidade, Darcy Azambuja completa afirmando que ela começa já na própria etimologia da palavra, se estendendo até a questão da existência de um sem número de diversos regimes que são ou se definem como democráticos, mas que na realidade

---

[3] ROSENFIELD, Denis L. O que é democracia. 5. ed. São Paulo: Brasiliense, 1994. p. 7.
[4] AZAMBUJA, Darcy. Teoria geral do Estado. 42. ed. São Paulo: Globo, 2002. p. 215.

são absolutamente antagônicos entre si. No entanto, alerta o autor que, em que pese tal tormenta conceitual, através da observação e da reflexão sobre a evolução política dos povos, podem-se desvelar tendências e valores inerentes a tal processo evolutivo, o que torna possível entender como é e como poderá ser a democracia.[5]

A origem do vocábulo democracia remete à Grécia antiga do século IV a.C., especialmente a Atenas, onde tinha literalmente o significado de "poder do povo", ou seja, de poder exercido pelo povo. No entanto, é preciso ter-se em mente que, em que pese a experiência ateniense tenha sido o modelo mais próximo de uma verdadeira democracia direta, apenas cerca de quatro a seis mil homens eram, em tal sociedade, considerados verdadeiros cidadãos, dentro de um universo de cerca de duzentos e quarenta mil pessoas vivendo em tal cidade — das quais, inclusive, cerca de 150 mil eram escravos.[6]

Em tal período da democracia antiga, dois autores se desta-caram na discussão dos grandes temas filosóficos e políticos. Foram eles Platão e Aristóteles.

Platão lecionou que o mundo apenas poderia tornar-se per-feito se os homens tivessem como característica a modéstia e o desa-pego, situação esta que permitiria a instalação de uma promissora anarquia. No entanto, dado seu egoísmo, cobiça e luxúria caracte-rísticos, o homem logo se cansa daquilo que possui e passa a ansiar o alheio. Nesse contexto, afirmava Platão que toda e qualquer forma de governo instituída tenderia eventualmente à sua própria hiper-trofia, o que mais cedo ou mais tarde a levaria à crise e à consequente queda.[7] De fato, Platão descreve um rígido ciclo entre as formas de governo por si identificadas: aristocracia, oligarquia, democracia, tirania, e novamente aristocracia, reiniciando-se o ciclo.[8]

A democracia, assim, seria o modelo implantado após uma revolta popular contra uma oligarquia hipertrofiada, tendo como principal princípio a igualdade de direitos no acesso aos cargos públicos e no exercício do poder político. No entanto, a democracia como forma de governo não está imune à sua própria hipertrofia e derrocada, quando acaba transformando-se em uma tirania encabeçada por um qualquer homem que se autoproclama o protetor do povo em face do próprio povo.[9]

---

[5] *Id.*, p. 215-216.
[6] AZAMBUJA, *op. cit.*, p. 216.
[7] ACQUAVIVA, Marcus Cláudio. *Teoria geral do Estado*. 2. ed. São Paulo: Sarava, 2000. p. 142-143.
[8] *Id.*, p. 144.
[9] *Id.*, p. 143.

Assim, para que a democracia pudesse se manter, seria preciso descobrir-se um meio para impedir que pessoas incapazes e egoístas ascendessem ao poder, bem como um meio para melhor selecionar, dentre o povo, aqueles mais aptos para exercer as funções de governo da sociedade. Em outras palavras, democracia significaria "igualdade de oportunidades para o exercício da política e seleção dos mais aptos para isto".[10]

Aristóteles, por sua vez, identificava a democracia como uma das três formas puras de governo; para cada qual correspondia uma forma impura de governo.

As três formas puras de governo, para Aristóteles, segundo Darcy Azambuja, seriam a monarquia, a aristocracia e a democracia. Tais se caracterizam, respectivamente, por serem o governo de um só, o governo de vários, e o governo do povo. A estas formas puras se contraporiam três formas impuras: a tirania, a oligarquia, e a demagogia, respectivamente.[11]

Tal classificação deve ser assim entendida: quando o governo é exercido por um só, buscando-se o bem comum, estar-se-á diante de uma monarquia. Quando este um só governar em busca de seus próprios interesses, existirá uma tirania. Quando o governo for exercido por uma minoria da população em benefício de toda a coletividade, haverá uma aristocracia. Se, no entanto, esta minoria o exercer em proveito próprio, a aristocracia se transformará numa oligarquia. Por fim, quando o poder for exercido por todos os cidadãos, ter-se-á uma democracia, a qual se transformará em uma demagogia quando através de si implantar-se um regime de violência e opressão.[12]

Para Aristóteles, nenhuma das três formas puras de governo era, em tese, superior às outras. No entanto, afirmava o ilustre filósofo que, dentre elas, a monarquia era aquela que se mostrava mais facilmente corruptível, ao passo que a aristocracia se mostrava a mais promissora, já que o poder seria exercido pela parcela mais esclarecida e mais capaz da sociedade. Quanto à democracia, padeceria do vício de dotar a todos do povo uma infundada igualdade de direito de voto, permitindo que a massa popular seja controlada por demagogos.[13]

---

[10] *Id.*, p. 143.
[11] AZAMBUJA, *op. cit.*, p. 201.
[12] *Id.*, p. 201-202.
[13] ACQUAVIVA, *op. cit.*, p. 144-145.

Neste contexto, pode-se afirmar que o significado aristotélico de democracia é o de governo do povo pelo próprio povo.

Esta democracia antiga, ou seja, esta experiência democrática grega, certamente teve papel fundamental para a construção da ideia moderna de democracia. No entanto, a pretensão democrática moderna, encampada pela ascendente burguesia do século XVIII, por certo não poderia adotar as restritivas noções gregas de povo, que conferiam direitos políticos apenas àquela minoritária parcela da população que podia se dedicar exclusivamente à vida política. Pelo contrário, a concepção moderna de democracia necessitava de um conceito mais dinâmico de povo, conceito este que abrangesse a classe burguesa. De fato, foi justamente a burguesia do século XVIII a responsável pelo nascimento do Estado democrático moderno.[14]

Esta moderna democracia foi o resultado das lutas abraçadas pela burguesia contra os regimes absolutista-monárquicos então vigentes na Europa, sobretudo na busca da afirmação dos direitos naturais da pessoa humana. Por esta razão, socorreram-se os ativistas burgueses das lições de autores jusnaturalistas (ou jusracionalistas) contratualistas como Rousseau e Locke.[15]

As lições teóricas destes autores, que estabeleceram os princípios sobre os quais se construiu a moderna ideia de democracia, transpuseram-se para o universo fático através de três grandes movimentos político-sociais, que conduziram a humanidade ao Estado democrático: a revolução inglesa, a revolução americana, e a revolução francesa.[16]

A revolução inglesa, cuja expressão mais significativa foi o *Bill of Rights* de 1689, teve como principal objetivo estabelecer limites ao poder absoluto do monarca com base na afirmação de direitos naturais do homem que justificavam o governo pela maioria. Embasou-se fortemente nas lições de Locke, que, em seu Segundo Tratado Sobre o Governo, sustentou pela supremacia do Poder Legislativo, que, independente da forma pela qual fosse exercido, deveria sempre estar sujeito ao povo.

Esta sujeição do Poder Legislativo ao povo se manifestaria na regra de que qualquer governante, seja ele quem for, apenas pode governar por meio de leis estabelecidas, promulgadas e conhecidas pelo povo.[17]

---

[14] DALLARI, Dalmo de Abreu. *Elementos de teoria geral do Estado*. 23. ed. São Paulo: Saraiva, 2002. p. 146.
[15] DALLARI, *op. cit.*, p. 147.
[16] *Id.*, p. 147.
[17] *Ibid.*, p. 148.

Com a revolução americana, no entanto, foi que estas ideias potencializaram-se e atingiram maior amplitude. Este maior desenvolvimento democrático ocorrido em solo americano se deve ao fato de que, com a vitória dos ideais separatistas dos colonos norte-americanos e com a vitória dos ideais democráticos sobre os ideais absolutistas, bem como inexistindo, à época, qualquer instituição política sólida já instituída no território americano, a necessidade de instituir-se um governo local casou-se perfeitamente com a afirmação de um governo pelo próprio povo. Tal autogoverno se materializou, num primeiro momento, nas treze colônias americanas, e, num segundo momento, na criação dos Estados Unidos da América, sempre sob as premissas de um governo controlado pelo povo e da supremacia da vontade da maioria.[18]

Com a revolução francesa, o mais tardio destes movimentos, declara-se pela existência e conservação de direitos naturais e inalienáveis dos homens, como a liberdade, a propriedade, a segurança e o direito à resistência contra a opressão. Neste contexto, apenas a lei como expressão da vontade geral mostra-se meio legítimo a impor limitações aos direitos do homem, sendo certo ainda que todo cidadão possui o direito de contribuir, direta ou indiretamente, para a produção legislativa.[19]

De fato, estes três movimentos foram, como dito, o que fez transbordar para o plano fático-prático os ideais teóricos democráticos até então limitados apenas ao discurso. A partir da eclosão de tais movimentos, consolida-se mundialmente como ideal supremo o ideal de democracia e Estado democrático, que traz consigo três exigências democráticas: a supremacia da vontade popular, que abrange a exigência da participação popular no governo e na formação das leis; a preservação da liberdade, e sua consequente premissa de que ao cidadão é permitido fazer tudo aquilo que não lese o outro; e a igualdade de direitos, que qualifica a democracia, maximizando o conceito de povo e estendendo a todos o *status* de cidadão.[20]

Sem embargo, Darcy Azambuja cita, para além da constatação de que se trata especificamente da vitória das ideias de liberdade civil e política contra o absolutismo, os traços característicos dessa democracia moderna como sendo: a soberania popular (o poder

---

[18] *Ibid.*, p. 148-149.
[19] *Ibid.*, p. 150.
[20] DALLARI, *op. cit.*, p. 150-151.

político pertence ao povo); a divisão de poderes (o poder político é exercido por órgãos diferentes, autônomos e independentes); a limitação constitucional explícita das prerrogativas dos governantes; e a declaração e defesa dos direitos individuais.[21]

Neste contexto, importante contribuição democrática é a confecção do princípio da legalidade como um dos princípios reitores do Estado democrático (de direito). Tomando-se a legalidade como traço fundamental da democracia, chegar-se-ia à conclusão de que Estado democrático e Estado de direito são expressões sinônimas. A conclusão, em si, não está errada, não está, no entanto, da mesma forma, perfeita. O que ocorre é que tal assertiva toma a democracia em seu conceito meramente formal, deixando de lado qualquer significação material presente no mesmo.

Em seu significado meramente formal, por democracia pode-se entender um conjunto metodológico de regras e procedimentos para a constituição de um governo e para a formação da lei como decisão política e expressão da vontade geral. Neste sentido, a democracia estabeleceria um conjunto de axiomas procedimentais a serem seguidos por todo e qualquer Estado com feições democráticas, axiomas esses que estabelecem como e de que forma se deve chegar à decisão política, mas sem nada estabelecer sobre o seu conteúdo. Norberto Bobbio elenca nove destas regras, dentre as quais algumas se revelam realmente fundamentais à noção de democracia: o órgão público máximo a quem é assinalada a função legislativa deve ser composto por membros eleitos, direta ou indiretamente, pelo povo; todos os cidadãos maiores, independentemente de raça, religião ou sexo, devem ser eleitores; todos os eleitores devem ter votos iguais em peso; todos os eleitores devem ser livres e votar livremente; e nenhuma decisão tomada pela maioria pode limitar os direitos da minoria, impedindo-a de exercer seus direitos políticos ou de tornar-se legitimamente a maioria.[22]

Por outro lado, o vocábulo democracia pode ser compreendido em seu sentido material, ou seja, de forma que traga em si não apenas normas de forma, mas normas de conteúdo material. Democracia material, assim, se refere à prevalência de certos conteúdos políticos inspirados de forma mais próxima nos ideais mais tradicionais do pensamento democrático, em especial a igualdade. De fato, como

---

[21] AZAMBUJA, *op. cit.*, p. 218-219.

[22] BOBBIO, Norberto. Democracia. *In*: BOBBIO, Norberto; MATTEUCCI, Nicola; Pasquino, Gianfranco. *Dicionário de política*. Trad. Carmem C. Varrialle *et al.* 7. ed. Brasília: UnB, 1995. p. 326-327.

bem aponta Norberto Bobbio, se tomar-se a democracia como o governo do povo para o povo, enquanto a democracia formal está mais preocupada com o governo do povo, a democracia material está para o governo para o povo. Tratam-se, pois, de coisas distintas, pois enquanto aquela indica um conjunto de meios procedimentais, a esta indica um conjunto de fins a serem buscados.[23]

Tais constatações apenas corroboram a já afirmada dificuldade existente em se estabelecer um conceito uno de democracia, bem como em se fixar um modelo democrático em abstrato como modelo ideal a ser seguido, sendo, certo, no entanto, que tal democracia deveria ser, ao mesmo tempo, formal e material.

2 O poder punitivo no trabalho

O poder punitivo no trabalho é uma realidade. Nada há a se discutir acerca de sua existência ou não. A empresa, inegavelmente, e, sobretudo no atual modelo social (pós)industrial, mostra-se como sendo um dos principais, senão principal, centro de poder existente no seio da sociedade.

O poder da empresa manifesta-se como um poder de organização dos meios de produção — matéria-prima, mão de obra, capital e tecnologia — para a consecução de um fim, qual seja, o desenvolvimento da atividade empresarial de produção ou circulação de bens e serviços. Em nome da realização de tal atividade, reconhece-se na empresa, sem que, no entanto, se alcance consenso quanto a seu número e nomenclatura, outros poderes como os de direção, comando, regulamentação, fiscalização e punitivo.[24]

Sendo a empresa a detentora dos conhecimentos técnicos essenciais para o exercício e desempenho organizados da atividade econômica a que se destina, imprescindível é o reconhecimento de que lhe seja facultado usufruir do exercício de um poder diretivo sobre seus empregados, indicando-lhes e detalhando-lhes seu modo de proceder, a fim de que a força de trabalho seja mais bem utilizada nos interesses produtivos. Neste sentido, a subordinação como elemento característico da relação de emprego, e o consequente poder hierárquico da empresa, têm suas existências justificadas na busca do atingimento da finalidade empresarial.[25]

---

[23] *Id.*, p. 328-329.
[24] COUTINHO, *op. cit.*, p. 9.
[25] COUTINHO, *op. cit.*, p. 52-53.

De fato, o poder de organização da empresa não se exaure na escolha dos meios necessários à perseguição dos fins empresariais eleitos, nem tampouco na disposição organizada de empregados e máquinas para a melhor e mais eficiente produção, sendo indispensável sua faculdade de permanentemente corrigir e reestruturar tais meios e mesmo os fins da empresa, criando e extinguindo postos de trabalho, realocando e redefinindo funções, etc. Nesse sentido, a empresa tem no poder de organização a fonte do seu existir.[26]

Este poder de organização que repousa nas mãos da empresa é o que permite a divisão do trabalho dentro da empresa, a organização horizontal, e o estabelecimento da hierarquia, a organização vertical.[27]

Esta criação de um sistema hierárquico cria todo um complexo de relações de autoridade-submissão, que dá origem ao binômio poder de comandar e dever de obedecer, bem como ao correlato poder punitivo (disciplinar, sancionador), decorrência lógica e condição inevitável à manutenção da hierarquia.[28]

O poder punitivo trabalhista, assim, aparece como um consectário lógico e necessário do poder de comando e direção, manifestado ante a violação de um dever inscrito em uma regra vigente dentro do universo da empresa, regra esta cuja criação se deu por meio do exercício do poder regulamentar da empresa, ou que deriva de norma legal, cláusula contratual ou ainda de acordo ou convenção coletiva. Nesse sentido, "a punição visa, então, tornar real um controle eficaz da observação dos comandos pelos destinatários, em nome de um interesse posto como da coletividade e não individual do empregador".[29]

De fato, a identificação da empresa como uma comunidade institucional da qual fazem parte o empregador e o empregado, voltada ao atendimento de um interesse coletivo, é uma das principais e mais usuais formas de fundamentação do poder punitivo da empresa, ao lado, justamente, da sua fundamentação como decorrência do poder de organização. Para esta concepção institucionalista, empregado e empregador estariam vinculados entre si não por um vínculo egoístico, mas por um vínculo cooperativo de solidariedade orgânica

---

[26] *Id.*, p. 73-74.
[27] *Ibid.*, p. 74.
[28] *Ibid.*, p. 78-79.
[29] *Ibid.*, p. 87.

voltado ao atingimento de um bem comum geral da empresa e de todos que a ela se vinculam.[30]

Dentro dessa estrutura institucional, seria preciso identificar-se um centro de autoridade que, representando a todos os envolvidos, guiasse os rumos da coletividade, determinando qual é o interesse comum a ser atingido, bem como dirigindo as condutas de cada um nesse sentido e, eventualmente, corrigindo-as e disciplinando-as quando necessário. Nesse sentido, o poder disciplinar passa a ser exercido como complemento ao poder regulamentar e de direção. Tais três poderes formam um tríplice poder de gestão da empresa: um poder executivo de direção, um poder legislativo regulamentar, e um poder judiciário punitivo.[31]

O reconhecimento da existência deste poder judiciário punitivo dentro da empresa aproximaria o poder punitivo trabalhista do poder penal estatal, visto que ambos estabelecem sanções como consequências do cometimento de infrações, as quais se mostram como fatores de desorganizações de uma dada coletividade — empresa ou sociedade.[32]

Curioso é que, enquanto essa visão institucional da empresa é amplamente aceita a fim de justificar um dever geral de lealdade do empregado para com a instituição, de forma contraditória tal visão é rechaçada quando se trata de proceder-se a esta aproximação entre o direito punitivo trabalhista e o direito penal, sobretudo no campo das garantias do infrator.

Tal rechaço se deve em grande parte ao ainda (infelizmente) vigente modelo de empresa pelo qual o detentor do capital, nos termos do já anunciado por Marx a mais de cento e cinquenta anos, busca a otimização de seus lucros por meio de uma cada vez maior opressão de seus empregados.

Neste sentido, a fim de maximizar-se a esfera de poder da empresa, cujo controle, como regra, reside nas mãos do detentor do capital, opta-se por considerar como infracional ou faltosa toda conduta, ativa ou omissa, do empregado que viole qualquer dever decorrente de suas obrigações como empregado. Em outras palavras, considera-se falta todo descumprimento de um dever de obediência ou submissão, bem como qualquer ato contrário aos interesses da empresa enquanto instituição.[33]

---

[30] *Ibid.*, p. 119-121.
[31] COUTINHO, *op. cit.*, p. 121-122.
[32] *Id.*, p. 122-123.
[33] *Id.*, p. 127.

De fato, tais deveres, cujos descumprimentos podem ensejar o cometimento de uma falta, não se restringem àqueles deveres diretamente ligados ao poder de organização e direção da empresa, ou seja, não se limitam aos deveres atribuídos ao empregado quando no exercício específico de suas atribuições como tal, mas abrangem também todo e qualquer dever decorrente inclusive de deveres acessórios ao contrato de trabalho, como os deveres de fidelidade e lealdade, por exemplo. De fato, chega-se ao ponto de que se passa a admitir que mesmo as condutas praticadas pelos empregados fora do ambiente de trabalho, em sua vida pessoal e privada, possam ensejar a configuração de uma falta.[34]

Da mesma forma, a fim de maximizar-se o poder da empresa, consolida-se a noção de que as faltas trabalhistas, em que pese em regra submetam-se ao princípio da tipicidade, não se submetem a uma legalidade rígida como a legalidade penal, de forma a ser amplamente aceito que os tipos faltosos trabalhistas encerrem conceitos absolutamente abertos e vagos.[35]

De fato, a opção por um sistema de tipos abertos e vagos busca seu fundamento na constatação de que a lei nunca esgotará todas as minúcias da realidade, sobretudo ante as peculiaridades de cada categoria. Sob esta influência, mesmo os sistemas jurídicos que adotam a tipicidade das faltas como princípio, acabam o fazendo apenas de forma parcial, como no caso do sistema brasileiro, em que as faltas passíveis de sofrerem a sanção máxima de cassação do contrato de trabalho estão todas previstas em lei, mas nada se dispõe acerca de todas as demais condutas que sujeitam o empregado a faltas de outras naturezas, como a advertência.[36]

Ademais, o caso brasileiro é exemplar, uma vez que, em que pese o artigo 482 da Consolidação das Leis do Trabalho deixar evidente que o rol legal de causas que constituem infração punível com a pena máxima de cassação do contrato de trabalho é taxativo, não são raras, embora minoritárias, as manifestações doutrinárias no sentido de que tal rol seria meramente exemplificativo. Ademais, mesmo que considerado taxativo, tal rol prevê tipos absolutamente indeterminados, ou, muitas vezes, completamente abertos, remetendo, neste caso, ao empregador a determinação do

---

[34] COUTINHO, *op. cit.*, p. 128.
[35] DELGADO, Maurício Godinho. *Curso de direito do trabalho*. 4. ed. São Paulo: LTr, 2005. p. 663-664.
[36] COUTINHO, *op. cit.*, p. 134-135.

conteúdo faltoso, como na hipótese de "incontinência de conduta ou mau procedimento".[37]

Tal tipo faltoso de "incontinência de conduta ou mau procedimento" é exemplar para aferir-se a abstração e vagueza dos tipos que preveem as infrações trabalhistas. A vagueza deste específico tipo é tamanha que conclui a doutrina que, na realidade, mau procedimento significa todo e qualquer ato que infrinja os deveres básicos do empregado, como diligência no serviço, lealdade, respeito, etc.[38]

Desta forma, dentro do conceito de mau procedimento estariam abrangidas não só todas as outras hipóteses de justa causa, mas também toda e qualquer outra violação pelo empregado de um dever seu. Ademais, dentro do conceito de mau procedimento encontra-se abrangido o próprio conceito de incontinência de conduta, que nada mais seria do que o mau procedimento ligado à vida sexual do empregado.[39]

Neste contexto, consolidou-se na doutrina que o mau procedimento trata-se de figura subsidiária, e que sua aplicação se dá por exclusão, ou seja, quando a conduta do empregado não se subsumir a nenhuma das outras hipóteses de justa causa, então esta se subsumirá à hipótese de mau procedimento.[40]

A vagueza de tal conceito expande tanto o seu alcance que, em realidade, acaba por abranger toda e qualquer conduta desviada do empregado, por menor que seja, pondo, inclusive, em dúvida a real taxatividade do rol das infrações puníveis com a pena de cassação do contrato do trabalho.

De fato, confere-se, em matéria punitiva, grande discricionariedade ao empregador, que exerce tal poder de forma praticamente ilimitada.

De forma semelhante ao que ocorre com as faltas, as sanções trabalhistas também podem ter sua fundamentação retirada de uma visão institucional da empresa, o que a aproximará da sanção penal. Neste sentido, tal similitude se dará no que toca a sua dupla função preventiva-punitiva, bem como ao restabelecimento da ordem institucional violada pela infração — falta ou crime — a um dever imperativo estabelecido.[41]

---

[37] *Id.*, p. 134-135.
[38] GIGLIO, Wagner D. *Justa causa.* 7. ed. São Paulo: Saraiva, 2000. p. 78.
[39] GIGLIO, *op. cit.*, p. 78-79.
[40] *Id.*, p. 78-79.
[41] COUTINHO, *op. cit.*, p. 140.

Não obstante tais semelhanças, parcela da doutrina trabalhista posiciona-se pela necessidade de se evitar a invasão do direito punitivo trabalhista por institutos de Direito Penal, já que, no campo das infrações e sanções laborais, para possibilitar-se que tal ramo do direito atinja sua finalidade, qual seja a do bom andamento da empresa, seria preciso outorgar ao empregador maior liberdade para amoldar a sanção aos interesses da atividade.[42]

Esquece-se tal parcela da doutrina, no entanto, que, em que pese a fachada institucional comunitária da empresa, o melhor interesse da empresa na visão do empregador, detentor do capital, é a obtenção de lucros.

De fato, tal parcela da doutrina pretende ver uma aproximação do direito punitivo trabalhista ao Direito Administrativo, justamente porque este coloca em evidência os interesses da entidade institucional acima dos interesses do corpo funcional que a compõe, inclusive com o estabelecimento de cláusulas exorbitantes e prerrogativas institucionais.[43]

Em relação às sanções, à semelhança do que ocorre com as faltas, vige no campo do direito punitivo trabalhista um sistema de ampla liberdade do empregador. Neste sentido, em que pese os princípios gerais de direito estabelecerem que não existe sanção sem prévia cominação legal, a doutrina afeita ao direito punitivo trabalhista ensina que, neste microssistema, não há lugar para o *nullum poena sine lege*, de forma que qualquer instrumento normativo, seja ele estatal ou mesmo regulamentar interno à empresa, pode prever e cominar uma sanção. Não bastasse, chega-se inclusive a afirmar-se pela possibilidade de o empregador, detentor do poder disciplinar, na busca do melhor interesse da instituição, aplicar sanções ainda que sem previsão em qualquer instrumento legal ou regulamentar.[44]

Neste sentido, da mesma forma que inexiste na Consolidação das Leis do Trabalho um rol taxativo de todas as condutas que importam em faltas, já que nada se dispõe sobre as condutas que ensejam, por exemplo, pena de advertência, inexiste em tal diploma legislativo qualquer rol que determine quais são, para além da sanção máxima de cassação do contrato de trabalho e da sanção de suspensão, as sanções juridicamente aceitas em nosso país.[45]

---

[42] *Id.*, p. 143.
[43] *Ibid.*, p. 143-144.
[44] COUTINHO, *op. cit.*, p. 152-153.
[45] *Id.*, p. 153.

De fato, tudo o que foi exposto neste item demonstra que o poder punitivo trabalhista, da forma como hoje se apresenta, se caracteriza por ser um poder exercido pelo empregador de forma praticamente ilimitada, em um regime jurídico típico de um modelo institucional absolutista-monárquico, no qual, se a empresa é uma instituição coletiva, o empregador, detentor do capital, é o rei.

3 É possível democratizar o poder punitivo trabalhista?

A fim de que possa responder a indagação de se é possível democratizar o poder punitivo trabalhista, primeiramente é preciso que se defina o que seria uma democratização de tal poder punitivo, já que uma coisa depende da outra.

Ora, nos termos do que foi exposto no primeiro item deste trabalho, a democracia como forma de organização política não possui um conceito estático, estanque. Ao contrário, chega mesmo a identificar modelos consideravelmente distintos entre si, sobretudo se tomada em suas distintas concepções de democracia formal de um lado e democracia material de outro. Como traço característico, apenas a histórica noção de que democracia é o governo do povo.

De fato, a fim de se definir o que seria uma democratização do poder punitivo trabalhista, a concepção democrática que se mostra mais adequada a tal definição é a da democracia moderna. Tal opção justifica-se não exatamente pelos seus contornos conceituais, mas principalmente pela sua razão de existir. Sem embargo, os movimentos democráticos modernos do século XVIII surgiram como contraposições aos então vigentes modelos absolutista-monárquicos europeus, justamente com o intuito de limitar o poder até então exercido pelo príncipe de forma ilimitada e arbitrária e de compartilhar este poder com a população.

Neste sentido, e à semelhança destes movimentos políticos liberais burgueses, um movimento de democratização do poder punitivo trabalhista deve visar justamente à extinção do atual modelo absolutista-monárquico no qual o empregador detém todo o poder na empresa e o exerce sem qualquer limite, buscando que tal poder passe a ser exercido, também, pela classe dos empregados.

O que se pretende, em verdade, é inserir o empregado no centro de poder da empresa, permitindo que participe das tomadas das suas decisões político-institucionais. Em outras palavras, pretende-se, pela democratização do poder punitivo trabalhista, dar voz ao empregado, permitindo, em parte, um governo da empresa pelo povo, pela classe empregada.

De fato, a participação dos empregados nas discussões políticas da empresa já ocorre, em diminuto porte, pela atuação dos sindicatos nas negociações de acordos e convenções trabalhistas. No entanto, é preciso que se perceba que em tais casos o órgão de representação dos empregados atua de forma contraposta, quase conflituosa, ao órgão de representação dos interesses patronais. Não é isso que se propõe com a democratização do poder punitivo trabalhista. O que se propõe é a participação da classe dos empregados na tomada de decisões dentro do âmbito da empresa. Não se pretende, como ocorre nas negociações coletivas, uma discussão com a empresa de um lado e os empregados de outro, mas uma discussão entre os detentores do capital e os empregados dentro do seio da empresa.

Não se pretende, ademais, a mera existência de representantes dos trabalhadores cuja finalidade se resumiria a servirem de interlocutores do corpo obreiro para com o empregador, nos termos do previsto no artigo 11 do texto constitucional. Para além disso, uma democratização do poder punitivo trabalhista implica a efetiva inclusão dos empregados, por meio de representantes seus, nos órgãos decisórios da empresa.

Ora, como a questão que aqui se discute é a democratização do poder punitivo trabalhista, e não a democratização do poder na empresa como um todo, importante é focar-se especificamente neste ponto. Neste contexto, tal democratização do poder punitivo trabalhista passa necessariamente pelo estabelecimento de limites ao exercício de tal poder por parte do empregador. O primeiro de tais limites é a necessidade da adoção do princípio da legalidade como princípio reitor do microssistema punitivo trabalhista, de forma que, a partir de tal adoção não haverá ato faltoso sem norma anterior que a defina, nem sanção sem prévia cominação normativa.

O segundo de tais limites é o de que a criação normativa de faltas e sanções apenas pode ser feita por meio de um órgão competente para tal, no qual seja assegurada a participação, pelo menos em igualdade de números e condições, de representantes dos empregados.

Estes dois limites são intimamente ligados entre si, visto que o segundo é pressuposto formal e funcional do primeiro. De fato, ambos poderiam ser agrupados em um só limite, que se enunciaria como a exigência de que as faltas e sanções sejam estabelecidas por meio de atos normativos oriundos de um órgão composto paritariamente por representantes dos detentores do capital e representantes dos empregados.

É a isso que se refere quando se fala em democratização do poder punitivo trabalhista.

Superada tal fase de definição dos contornos do que seria uma democratização do poder punitivo trabalhista, cumpre examinar se é possível tal democratização.

Dois são os principais óbices que aparentemente afetariam a efetivação de tal democratização do poder punitivo trabalhista. Em primeiro lugar, está a aparente contrariedade existente entre o reconhecimento de que os poderes de organização e direção são inerentes ao ente empregador e a pretensão democrática de repasse, ainda que parcial, de um poder tão relevante quanto o punitivo à classe empregada. Em segundo lugar está a questão de que muito dificilmente se promoverá uma reforma legislativa a fim de acomodar e abraçar as exigências decorrentes do movimento pela democratização do poder punitivo trabalhista. Tais óbices, no entanto, são apenas aparentes, e podem ser superados.

O primeiro óbice que aparentemente se ergue no caminho da democratização do poder punitivo trabalhista é aquele que, à primeira vista, mostra-se mais difícil de ser superado. De fato, como já anteriormente exposto, o poder da empresa se manifesta como o poder de organização dos meios de produção, sendo imprescindível o reconhecimento de que lhe seja facultado usufruir do exercício de um poder diretivo sobre seus empregados, indicando-lhes e detalhando-lhes seu modo de proceder, a fim de que sua força de trabalho seja mais bem utilizada nos interesses produtivos. Nesse sentido, é fundamental para o bom andamento da empresa que exista um centro de poder que exercite tipicamente o poder de organização da empresa, bem como que, em decorrência deste, exercite um poder geral de direção sobre o contingente de empregados da empresa.

Por uma questão de lógica, tal centro de poder deve ser ocupado pelo detentor do capital, já que é ao empresário que cabe definir, dentre outros, o objeto social da empresa, sua forma de organização, etc. Assim, existiria aparentemente uma impossibilidade de se proceder a uma democratização do poder punitivo, uma vez que a partição do poder punitivo com os empregados seria incompatível com tal necessidade de manutenção dos poderes de organização, direção e comando nas mãos do ente empregador.

Tal incompatibilidade, no entanto, não é real. A fim de se superá-la, é preciso que se recorra à já mencionada concepção institucional da empresa. De fato, nos termos do que já foi exposto, a partir de tal concepção institucional é possível se identificar três diferentes poderes dentro da instituição empresarial: um poder executivo diretivo, um poder legislativo regulamentar, e um poder judiciário punitivo.

A partir de tal tripartição do poder da empresa, resta claro que é plenamente possível manter-se o poder de organização e direção nas mãos do ente empregador, exercido pelo detentor do capital ou por pessoa por ele delegada, e, ao mesmo tempo, realizarem-se alterações nos modos de exercício dos outros dois poderes.

De fato, curioso se mostra o fato de que a democratização do poder punitivo trabalhista, da forma como definida neste trabalho, opera-se na verdade não dentro de um poder judiciário punitivo da empresa, mas sim dentro de um poder legislativo regulamentar da empresa, já que tem como objetivo democratizar a forma com a qual são criados os tipos faltosos e cominadas as respectivas sanções. No entanto, nada impede que ela se estenda para operar também significativas mudanças neste poder judiciário punitivo.

Em relação ao segundo óbice apresentado, de que dificilmente se promoverá uma reforma legislativa a fim de acomodar e abraçar as exigências decorrentes do movimento pela democratização do poder punitivo trabalhista, a improbabilidade de que tal reforma ocorra realmente existe. No entanto, ela não se mostra como um verdadeiro óbice à efetivação da democratização do poder punitivo trabalhista.

Não se trata de real empecilho, uma vez que a democratização do poder punitivo trabalhista pode perfeitamente se dar exclusivamente no âmbito interno das empresas, sem a necessidade de que se promova qualquer reforma no âmbito legal. Ora, a legislação trabalhista brasileira, no que toca às faltas e sanções, apenas prevê a existência da sanção máxima de cassação do contrato de trabalho, bem como as faltas que ensejariam a aplicação de tal sanção, e da sanção de suspensão, nada mais dispondo acerca de outras sanções juridicamente aceitas, como a advertência verbal e a advertência escrita, ou das faltas que sujeitariam o empregado a tais sanções de suspensão e advertência verbal ou escrita. De fato, ante a tal vácuo legislativo, é plenamente possível que tal ausência de regulamentação seja suprida no âmbito interno de cada empresa, através justamente da edição de atos normativos pelo órgão colegiado paritário.

Neste sentido, duas seriam as competências de tal órgão: primeiramente, teria a missão de regulamentar, de acordo com as peculiaridades de cada empresa, as hipóteses típicas trazidas no artigo 482 da Consolidação das Leis do Trabalho, por exemplo, estabelecendo o que são atos de improbidade, incontinência de conduta ou mão procedimento para fins de aplicação da sanção máxima de cassação do contrato de trabalho; em segundo lugar, teria a atribuição de criar um verdadeiro código disciplinar interno, no qual se enumerariam taxativamente todas as condutas faltosas, bem como no qual se cominariam, para cada uma destas faltas, as sanções cabíveis, bem como, no caso de se preverem sanções alternativas para uma mesma falta, a forma de opção dentre aquelas cominadas, e, ainda, a forma de aplicação de cada uma destas sanções.

De fato, este vazio legislativo acaba por se mostrar, ao contrário do que poderia se supor, como um facilitador à democratização do poder punitivo trabalhista, já que permite maior liberdade e autonomia para cada empresa, em seu campo interno, regulamentar-se da forma que melhor atenda aos interesses tanto do ente empregador quanto dos empregados, liberdade e autonomia estas que estariam seriamente prejudicadas caso a legislação trabalhista fosse mais densa no que toca a este microssistema.

Desta forma, superados aqueles que aparentemente seriam os grandes óbices à efetivação de uma democratização do poder punitivo trabalhista, tal pretensão se mostra, para além de desejável, perfeitamente possível de ser alcançada.

4 Considerações finais

Nos termos do que foi exposto no presente trabalho, é possível concluir-se que, em que pese a doutrina trabalhista afirmar, de forma esperançosa e em boa parte até orgulhosa, que o poder punitivo trabalhista está caminhando, em abandono de um modelo absolutista-monárquico, para sua democratização, tal caminhar não parece estar rumando para uma efetiva democratização de tal poder, se considerar-se o real significado que subjaz ao vocábulo democracia.

Sem embargo, quer parecer que uma real e efetiva democratização do poder punitivo trabalhista é, sim, possível, desde que opere significativas reformas na estruturas institucionais das empresas, a fim de que venha a adotar-se, como princípio reitor deste microssistema, o princípio da legalidade das faltas e das sanções, bem como a se permitir a participação paritária de representantes dos empregados na elaboração dos atos regulamentares normativos que venham a criar faltas e cominar-lhes sanções. Apenas assim estar-se-á verdadeiramente diante de uma democratização do poder punitivo trabalhista propriamente dita.

Referências

ACQUAVIVA, Marcus Cláudio. *Teoria geral do Estado*. 2. ed. São Paulo: Sarava, 2000.

AZAMBUJA, Darcy. *Introdução à ciência política*. 14. ed. São Paulo: Globo, 2001.

AZAMBUJA, Darcy. *Teoria geral do Estado*. 42. ed. São Paulo: Globo, 2002.

BOBBIO, Norberto. Democracia. *In*: BOBBIO, Norberto; MATTEUCCI, Nicola; Pasquino, Gianfranco. *Dicionário de política*. Trad. Carmem C. Varrialle *et al*. 7. ed. Brasília: UnB, 1995.

COUTINHO, Aldacy Rachid. *Poder punitivo trabalhista*. São Paulo: LTr, 1999.

DALLARI, Dalmo de Abreu. *Elementos de teoria geral do Estado*. 23. ed. São Paulo: Saraiva, 2002.

DELGADO, Maurício Godinho. *Curso de direito do trabalho*. 4. ed. São Paulo: LTr, 2005.

GIGLIO, Wagner D. *Justa causa*. 7. ed. São Paulo: Saraiva, 2000.

ROSENFIELD, Denis L. *O que é democracia*. 5. ed. São Paulo: Brasiliense, 1994.

Informação bibliográfica deste texto, conforme a NBR 6023:2002 da Associação Brasileira de Normas Técnicas (ABNT):

ANDRADE, Guilherme. Democracia e poder punitivo do empregador. *In*: BARACAT, Eduardo Milléo (Coord.). *Direito penal do trabalho*: reflexões atuais. Belo Horizonte: Fórum, 2010. p. 19-37. ISBN 978-85-7700-357-0.

Do Poder de Polícia ao Poder de Revista da Empresa Empregadora

Eduardo Milléo Baracat

Sumário: Introdução – **1** Poder de polícia: conceito, fundamento e características – **2** A vedação da delegação do poder de polícia ao particular – **3** Polícia administrativa, polícia judiciária e polícia de manutenção de ordem pública – **4** A ilegalidade do "poder de polícia" do empregador – **5** O poder de polícia da Administração Pública empregadora: a revista do agente penitenciário – Conclusão – Referências

Introdução

Existe consenso na doutrina e jurisprudência de que a revista pessoal realizada pelo empregador sobre o empregado, qualquer que seja o sexo, quando íntima, é manifestamente ilegal.

Essa convergência decorre do disposto no art. 373-A, inciso VI, da CLT, que veda, ao empregador ou preposto, proceder "revistas íntimas" nas "empregadas" ou "funcionárias".

Por força do art. 5º, inciso X, da Constituição da República brasileira, compreende-se que a proibição de revistas íntimas não se limita a "empregadas" e "funcionárias", mas a todos os trabalhadores, não existindo conformação constitucional para a distinção quanto ao sexo no tocante à proteção da intimidade.

O cerne da questão está, portanto, nas revistas pessoais "não íntimas", ou seja, aquelas em que não há violação da intimidade do empregado ou empregada.

A doutrina e jurisprudência majoritárias têm entendido lícita a revista pessoal "não íntima", sob o argumento de que é lícito ao empregador proteger seu patrimônio diante do empregado, e, também, porque não existiria vedação legal a este tipo de revista.

Colhem-se da jurisprudência exemplos de revistas ditas "não íntimas", tais como, revistas impessoais, através de sorteios, ausência de contato corporal entre revistador e revistado, revista meramente visual de bolsas, bolsos, sacolas ou armários.

Necessário, portanto, para se realizar uma análise da licitude da revista sobre pertences pessoais do empregado — sem que isso implique contato físico, ou sem que a revista acarrete exposição de partes do corpo do revistado —, que se abstrai, neste trabalho, a discussão sobre quais seriam os espaços da intimidade do trabalhador. Isto porque é bastante discutível que o conteúdo de uma bolsa, do bolso ou do armário de qualquer pessoa não seja espaço de sua intimidade, e, portanto, tutelado pelo art. 5º, X, da Constituição brasileira. Assim, propositadamente neste estudo, parte-se do pressuposto — repita-se duvidoso — de que não seria íntima a revista realizada pelo empregador em bolsas, sacolas, bolsos ou armários do empregado, sem contato físico.

Pois bem. Ocorre, todavia, que a revista pessoal realizada nestas condições, ditas "não íntimas", caracteriza a busca pessoal de que trata o art. 244 do Código de Processo Penal, e, portanto, prerrogativa exclusiva da Administração Pública, especialmente das polícias judiciária e de manutenção da ordem, no exercício do poder de polícia.

Observa-se, através da análise do conceito, fundamento e características do poder de polícia que é apenas a Administração Pública que possui competência para realizar a busca pessoal de qualquer pessoa, seja íntima ou não.

Assim, mesmo na condição de empregador, apenas a Administração Pública pode realizar revista, íntima ou não, para cumprir finalidade social, sujeitando interesse de particular, inclusive de seu empregado.

Especialmente na administração prisional, a Administração Pública depara-se com a necessidade de realização de revistas nos empregados, sobretudo em virtude de rebeliões e de suspeita de infiltração, para dentro do presídio, de objetos que possam facilitar fugas. Em qualquer circunstância em que a Administração Pública, na condição de empregadora, realizar revista em seus empregados, deverá pautar-se no princípio da proporcionalidade, observadas suas três dimensões: adequação, da necessidade ou da exigibilidade e proporcionalidade em sentido estrito.

1 Poder de polícia:[1] conceito, fundamento e características

Poder de polícia é a atividade da administração pública que limita ou disciplina exercício de direito, interesse ou liberdade, ou, ainda, regula a prática de ato ou abstenção de fato, em razão de interesse público concernente à segurança, à higiene, à ordem, aos costumes, à disciplina de produção e do mercado, ao exercício de atividades econômicas dependentes de concessão ou autorização do Poder Público, a tranquilidade pública ou ao respeito à propriedade e aos direitos individuais ou coletivos.[2]

O poder de polícia é a atividade da Administração Pública que limita o exercício de direitos e liberdades, no sentido de "disciplinar o exercício de direitos fundamentais de indivíduos e grupos", em prol do bem comum.[3]

Expõe Celso Antônio Bandeira de Mello que, ao exercer o Poder de Polícia, a Administração Pública não restringe nem limita o âmbito dos direitos individuais, mas, sim, atuando a vontade legal, "procede, concretamente, à identificação dos seus confins ou lhes condiciona o exercício, promovendo, por ato próprio, sua compatibilização com o bem-estar social, no que reconhece, *in casu*, as fronteiras legítimas de suas expressões".[4]

---

[1] Celso Antônio Bandeira de Mello critica a expressão "poder de polícia", argumentando que engloba, "sob um único nome, coisas radicalmente distintas, submetidas a regimes de inconciliável diversidade: leis e atos administrativos; isto é, disposições superiores e providências subalternas". Assevera, ainda, que a expressão em foco "traz consigo a evocação de uma época pretérita, a do 'Estado de Polícia', que precedeu ao Estado de Direito", trazendo "consigo a suposição de prerrogativas, dantes existentes em prol do 'príncipe' e que se faz comunicar inadvertidamente ao Poder Executivo". Argumenta que "raciocina-se como se existisse uma 'natural' titularidade de poderes em prol da Administração e como se dela emanasse intrinsecamente, fruto de um abstrato 'poder de polícia'". Reconhece, todavia, que conquanto indesejável, esta terminologia persistente é largamente utilizada, não se podendo, simplesmente, desconhecê-la (*Curso de direito administrativo*. 17. ed. São Paulo: Malheiros, 2004. p. 717).

[2] Esse é o conceito do art. 78 do Código Tributário Nacional: "Art. 78. Considera-se poder de polícia atividade da administração pública que, limitando ou disciplinando direito, interesse ou liberdade, regula a prática de ato ou abstenção de fato, em razão de interesse público concernente à segurança, à higiene, à ordem, aos costumes, à disciplina da produção e do mercado, ao exercício de atividades econômicas dependentes de concessão ou autorização do Poder Público, à tranqüilidade pública ou ao respeito à propriedade e aos direitos individuais ou coletivos" (Redação dada pelo Ato Complementar nº 31, de 28.12.1966).

[3] MEDAUAR, Odete. *Direito administrativo moderno*. 12. ed. São Paulo: Revista dos Tribunais, 2008. p. 331.

[4] *Op. cit.*, p. 715.

O fundamento do poder de polícia é a defesa da ordem pública. Ressalte-se que não se trata do conceito de ordem pública utilizado no Direito Civil, no qual, para preservar valores presentes no ordenamento jurídico, estabelecem-se limites à autonomia da vontade privada. É diverso o conceito de ordem pública do Direito Administrativo, em que, para fins de exercício do poder de polícia, identifica-se com interesse público, no sentido de proteção de todos os bens ou interesses da coletividade, quando confrontados com o interesse individual.[5]

Hely Lopes Meirelles, no mesmo sentido, explica que a "razão do poder de polícia é o interesse social, e o seu fundamento, está na supremacia geral que o Estado exerce em seu território sobre todas as pessoas, bens e atividades". Explica, o mesmo autor, que a supremacia geral revela-se nos mandamentos constitucionais e nas normas de ordem pública que condicionam e restringem o exercício dos direitos individuais em favor da coletividade, incumbindo ao Poder Público a verificação dos seus contornos.[6]

Meirelles observa que a Constituição da República impõe claras limitações às liberdades pessoais, citando como exemplos o inciso VI do art. 5º que assegura o livre exercício dos cultos religiosos e proteção aos locais de culto e as suas liturgias, *nos termos da lei*, e o inciso VIII do mesmo artigo, que garante que ninguém será privado de direitos por motivo de crença religiosa ou de convicção filosófica ou política, *salvo se as invocar para eximir-se de obrigação legal a todos imposta e recusar-se a cumprir prestação alternativa, fixada em lei*.[7]

Ainda segundo Meirelles a "cada restrição de direito individual — expressa ou implícita em norma legal — corresponde equivalente poder de polícia administrativa à Administração Pública, para torná-la efetiva e fazê-la obedecida".[8]

O poder de polícia, por conseguinte, é atividade subordinada à ordem jurídica, de forma que se subordina aos princípios constitucionais da legalidade, impessoalidade, moralidade administrativa, sujeitando-se ao controle jurisdicional.[9]

Meirelles enumera as condições de validade do ato de polícia como sendo as mesmas do ato administrativo comum, ou seja,

---

[5] MEDAUAR, *op. cit.*, p. 335-336.

[6] *Direito administrativo brasileiro*. 15. ed. São Paulo: Revista dos Tribunais, 1990. p. 111-112.

[7] *Op. cit.*, p. 112.

[8] *Op. cit.*, p. 112.

[9] MEDAUAR, *op. cit.*, p. 336.

finalidade e forma, proporcionalidade, legalidade dos meios empregados pela Administração e competência. A finalidade "é o bem jurídico objetivado pelo ato",[10] sendo, no caso do poder de polícia, "a proteção ao interesse público no seu sentido mais amplo". O poder de polícia, destarte, sempre se justifica quando se verifica um interesse público relevante, com o objetivo de conter as atividades particulares antissociais.[11]

A forma é o revestimento exterior do ato administrativo, constituindo requisito vinculado e imprescindível à sua perfeição. Normalmente a forma do ato administrativo é a escrita, "embora existam atos que se consubstanciam em ordens verbais e até mesmo em sinais convencionais, como ocorre com as instruções momentâneas de superior a inferior hierárquico, com as determinações de polícia em casos de urgência, e com a sinalização de trânsito".[12]

A restrição imposta pela Administração ao particular deve ser proporcional ao benefício social que se busca, de forma que o sacrifício de um direito ou uma liberdade do indivíduo, sem corresponder benefício à coletividade, invalida o fundamento social do ato de polícia pela desproporcionalidade da medida.[13]

A legalidade dos meios utilizados pela Administração Pública é um importante requisito de validade do ato de polícia, pois os meios ilegais não justificam o fim lícito. Os meios, por conseguinte, devem ser legítimos, humanos e compatíveis com a urgência e a necessidade da medida adotada. Por isso, observa Meirelles que "enquanto houver outros modos de realizar a medida de polícia e outras sanções menos violentas, não se autorizam os atos destrutivos de propriedade, nem as interdições sumárias de atividades, nem a coação física para impedir o exercício de profissões regulamentadas".[14]

Deixa-se, por último, a análise da competência, embora seja o requisito primeiro de validade do ato de polícia. Esta opção justifica-se pelo objetivo de se demonstrar que apenas o agente da Administração Pública a possui, e o particular apenas em excepcionalíssimas exceções, por delegação.

---

[10] BANDEIRA DE MELLO, *op. cit.*, p. 371.
[11] MEIRELLES, *op. cit.*, p. 113.
[12] *Id.*, p. 129.
[13] MEIRELLES, *op. cit.*, p. 119.
[14] *Op. cit.*, p. 120.

A competência é a condição primeira de validade do ato de polícia, pois apenas a autoridade autorizada por lei é que pode exercê-lo.

Para Odete Medauar, inclui-se "na legalidade a observância das normas relativas à competência para exercer o poder de polícia na matéria e no âmbito territorial sobre os quais incide".[15] Assim, no fundamento da legalidade do poder de polícia também está o da competência da Administração Pública de executar as leis administrativas.[16]

É possível deduzir, por conseguinte, que se inscreve exclusivamente na competência da Administração Pública o exercício do poder de polícia.

Decorre, por lógica, a vedação de particulares exercerem poder de polícia, salvo excepcionalíssimas exceções.

2 A vedação da delegação do poder de polícia ao particular

Celso Antônio Bandeira de Mello salienta que os atos decorrentes do exercício do poder de polícia não poderiam ser praticados por particulares, exceto em casos excepcionalíssimos.[17]

O fundamento para se restringir à atribuição dos atos decorrentes do exercício do poder de polícia a particulares, explica Bandeira de Mello, está no entendimento de que não podem os particulares, ao menos em princípio, cometer o encargo de praticar atos que envolvem o exercício de misteres tipicamente públicos, porque ofenderiam o equilíbrio entre os particulares em geral, ensejando que uns oficialmente exercessem supremacia sobre outros.[18]

Hely Lopes Meirelles, ao distinguir poder de polícia originário de poder de polícia derivado, esclarece que o primeiro nasce com a entidade que o exerce, enquanto o segundo só pode resultar de transferência legal. Ressalta o autor, ainda no tocante ao poder de polícia derivado, que além de decorrer de previsão legal expressa, "é limitado aos termos da delegação e se caracteriza por atos de execução", esclarecendo que é por esta razão que "no poder de

---

[15] MEDAUAR, *op. cit.*, p. 336.
[16] BANDEIRA DE MELLO, *op. cit.*, p. 719.
[17] *Id.*, p. 735.
[18] *Op. cit.*, p. 735.

polícia delegado não se compreende a imposição de taxas, porque o poder de tributar é intransferível da entidade estatal que o recebeu constitucionalmente".[19]

Bandeira de Mello reconhece a possibilidade excepcional de delegação, desde que não se invista os contratados de qualquer supremacia engendradora de desequilíbrio entre os administrados, sobretudo o poder decisório. Explica o mesmo autor que a delegação ao particular do poder de decidir implicaria ofensa ao princípio da impessoalidade, no sentido de que não seria possível assegurar a igualdade em relação a todos os administrados, sem discriminações benéficas ou detrimentosas.[20] Bandeira de Mello cita como exemplo de delegação lícita do poder de polícia a "fiscalização do cumprimento de normas de trânsito mediante equipamentos fotossensores, pertencentes e operados por empresas privadas contratadas pelo Poder Público, que acusam a velocidade do veículo ao ultrapassar determinado ponto e lhe captam eletronicamente a imagem, registrando dia e momento da ocorrência". Explica o autor que a delegação, neste caso, é lícita, porque inexiste atribuição de poder ao contratado que permita ascender sobre os demais administrados, não se permitindo ao contratado expedir sanção administrativa, nem, tampouco, decisão sobre violação de norma de trânsito, limitando-se a mera constatação objetiva de um fato. Estaria assegurado, nesse diapasão, tratamento igualitário dos administrados, o que não ocorreria se o poder decisório do exercício do poder de polícia estivesse em mãos de particulares.[21]

Em conclusão, como regra geral, o ato de polícia não pode ser objeto de delegação ao particular, não existindo, ainda, a possibilidade de este o exercer por força de previsão contratual. Considere-se ato de polícia aquele com conteúdo decisório sobre a violação da norma jurídica, quando a Administração detém a prerrogativa de ascender sobre os particulares, de maneira impessoal.

As medidas de polícia administrativa, via de regra, são autoexecutórias, no sentido de que a Administração Pública pode promovê-la, por conta própria, sem necessidade de autorização judicial. Para essa compreensão, necessária a distinção entre polícia administrativa, polícia judiciária e polícia de manutenção de ordem pública, relevante para o presente trabalho.

---

[19] *Op. cit.*, p. 110-111.
[20] *Op. cit.*, p. 104-736.
[21] *Op. cit.*, p. 736.

3 Polícia administrativa, polícia judiciária e polícia de manutenção de ordem pública

A polícia administrativa, também denominada de polícia administrativa especial, incide sobre bens, direitos e atividades, e se difunde por toda a Administração Pública. A polícia administrativa especial cuida de "setores específicos da atividade humana que afetem bens de interesse coletivo, tais como a construção, a indústria de alimentos, o comércio de medicamentos, o uso das águas, a exploração das florestas, e das minas, para as quais há restrições próprias e regime jurídico particular".[22]

A polícia judiciária e a polícia de manutenção de ordem pública incidem sobre pessoas, individualmente ou indiscriminadamente, sendo que a primeira é privativa da Polícia Civil, enquanto que a segunda da Polícia Militar. Ambas cuidam genericamente da segurança, salubridade e moralidade públicas.[23]

Outra distinção importante utilizada por Odete Medauar é a de que a polícia administrativa "restringe o exercício de atividades lícitas, reconhecidas pelo ordenamento como direitos dos particulares, isolados ou em grupo", ao passo que a polícia judiciária "visa a impedir o exercício de atividades ilícitas, vedadas pelo ordenamento jurídico; a polícia judiciária auxilia o Estado e o Poder Judiciário na prevenção e repressão de delitos; e auxilia o judiciário no cumprimento de suas sentenças".[24]

Com efeito, no tocante à polícia civil o §4º do art. 144 da Constituição da República dispõe que à polícia civil cabe "as funções de polícia judiciária e a apuração de infrações penais, exceto as militares". Já à polícia militar "incumbe a polícia ostensiva e a preservação da ordem pública" (§5º).

Insta salientar, na esteira na lição de Bandeira de Mello, que tanto a polícia administrativa, quanto a polícia judiciária têm caráter repressivo. No caso da polícia administrativa, age repressivamente, sempre que obsta uma atividade particular, já em curso, como, por exemplo, a dissolução de um comício, de uma passeata, "atos típicos da polícia administrativa que tem lugar apenas quando se revelam perturbadores da tranqüilidade pública, isto é, quando já feriram

---

[22] MEIRELLES, *op. cit.*, p. 110.
[23] *Id.*, p. 110.
[24] *Op. cit.*, p. 335.

o interesse protegido pelo poder de polícia, e, em conseqüência, já causaram um dano, uma perturbação, à coletividade".[25]

Já o caráter repressivo da polícia judiciária decorre do cumprimento de decisões judiciais, seja "o enquadramento do perturbador nas malhas do Poder Judiciário para aplicação da sanção prevista", seja a captura de "delinqüentes já condenados ou sujeitos a mandado judicial de previsão preventiva".[26]

O cerne da distinção, contudo, está em que a polícia administrativa precipuamente incumbe "impedir ou paralisar atividades antissociais", enquanto a polícia judiciária "se preordena à responsabilização dos violadores da ordem jurídica".[27]

Por fim, ressalte-se que a "importância da distinção está em que a polícia judiciária rege-se na conformidade da legislação processual penal e a polícia administrativa pelas normas administrativas".[28]

Sob qualquer ótica que se verifique, nota-se, claramente, que a revista pessoal que o empregador realiza no empregado é uma forma de exercício de poder de polícia, e, por isso, manifestamente ilegal, pois caracteriza a busca pessoal de que trata o art. 244 do Código de Processo Penal.

4 A ilegalidade do "poder de polícia" do empregador

Os fundamentos utilizados tanto pela doutrina, quanto pela jurisprudência para reconhecer a licitude da revista "não íntima" do empregado são basicamente dois:
- inexistência de norma legal trabalhista proibindo a revista;[29]
- desde que seja impessoal;
- trata-se de condição implícita do poder de direção do empregador.[30]

---

[25] *Op. cit.*, p. 730.

[26] BANDEIRA DE MELLO, *op. cit.*, p. 730.

[27] *Id.*, p. 731.

[28] *Ibid.*, p. 731.

[29] Alice Monteiro de Barros afirma que "Com fundamento no poder diretivo e à falta de disposição específica na legislação trabalhista, os doutrinadores nacionais admitem as revistas pessoais, outros a condicionam a um ajuste prévio ou à previsão no regulamento da empresa" (*Proteção à intimidade do empregado*. São Paulo: LTr, 1997. p. 73).

[30] MAGANO, Octávio B. *Direito individual do trabalho*. 3. ed. São Paulo: LTr, 1992. p. 213; MALLET, Estêvão. Direito, trabalho e processo em transformação. São Paulo: LTr, 2005. p. 28.

Com efeito, considerando-se que a única regra legal existente[31] (CLT, art. 373-A, VI) veda apenas as "revistas íntimas nas empregadas ou funcionárias",[32] argumenta-se que não havendo lei trabalhista proibitiva, seria lícito ao empregador realizar revistas "não íntimas" nos empregados, como forma de proteger seu patrimônio.

A lógica do raciocínio está no princípio da legalidade, previsto no art. 5º, II, da Constituição da República, segundo o qual "ninguém é obrigado a fazer ou deixar de fazer alguma coisa senão em virtude da lei".

Da mesma forma que se pode argumentar que o princípio da legalidade autorizaria o empregador a efetuar revistas "não íntimas" nos empregados, poder-se-ia também, com base neste mesmo princípio, sustentar que o empregado poderia recusar-se a se submeter a "revistas não íntimas" exatamente por não existir no ordenamento jurídico lei autorizando-a.

Sabe-se, no entanto, que se o empregado se recusar a uma "revista não íntima", irá permitir a suposição de que haveria fundada suspeita para a realização da revista, além de ser dispensado por justa causa, sob a alegação de insubordinação, já que teria descumprido ordem direta que lhe fora dada pelo empregador.[33]

Embora não exista lei trabalhista expressamente vedando as "revistas não íntimas" do empregado pelo empregador, há no ordenamento jurídico brasileiro previsão de que a revista ou busca pessoal é ato decorrente de exercício de poder de polícia, e, portanto, de exclusiva competência da Administração Pública.

Trata-se dos arts. 240, *caput*, §2º e 244 do Código de Processo Penal.

O §2º do art. 240 do CPP reza:

> §2º Proceder-se-á à busca pessoal quando houver fundada suspeita de que alguém oculte consigo arma proibida ou objetos mencionados nas letras b a f e letra h do parágrafo anterior

---

[31] Art. 373-A. Ressalvadas as disposições legais destinadas a corrigir as distorções que afetam o acesso da mulher ao mercado de trabalho e certas especificidades estabelecidas nos acordos trabalhistas é vedado: (...) VI – proceder o empregador ou preposto a revistas íntimas nas empregadas ou funcionárias".

[32] Saliente-se que o fato de a vedação à "revista íntima" constar do Capítulo III relativo à *Proteção do Trabalho da Mulher* e a própria redação da lei referir-se a apenas "empregadas ou funcionários", há consenso que a "revista íntima" é proibida também em relação aos homens, na medida em que viola o direito fundamental da intimidade previsto no art. 5, X, da Constituição da República.

[33] MONTEIRO, *op. cit.*, p. 73.

As hipóteses das letras *b* a *f* e *h* do §1º do mesmo artigo são:

b) apreender coisas achadas ou obtidas por meios criminosos;

c) apreender instrumentos de falsificação ou de contrafação e objetos falsificados ou contrafeitos;

d) apreender armas e munições, instrumentos utilizados na prática de crime ou destinados a fim delituoso;

e) descobrir objetos necessários à prova de infração ou à defesa do réu;

f) apreender cartas, abertas ou não, destinadas ao acusado ou em seu poder, quando haja suspeita de que o conhecimento do seu conteúdo possa ser útil à elucidação do fato;

h) colher qualquer elemento de convicção.

Já o art. 244 do mesmo diploma legal dispõe:

Art. 244. A busca pessoal independerá de mandado, no caso de prisão ou quando houver fundada suspeita de que a pessoa esteja na posse de arma proibida ou de objetos ou papéis que constituam corpo de delito, ou quando a medida for determinada no curso de busca domiciliar.

A busca ou revista pessoal resulta de inequívoco exercício do poder de polícia preventivo, já que incumbe ao agente da Administração Pública realizá-la com objetivo de impedir práticas antissociais, ou, com a finalidade de cumprir determinação judicial, na condição de auxiliar do Poder Judiciário.[34]

---

[34] Nesse sentido, a seguinte ementa: "Homicídio júri. Assistência ao júri por colegas da vítima. Em público julgamento não é dado limitar ou selecionar os assistentes. Periculosidade do acusado atestada em laudo psiquiátrico. Cabe ao Presidente do Tribunal, *em seu poder de polícia, tomar todas as precauções para a normalidade da sessão de julgamento, inclusive a revista das partes*. O fato de réu perigoso restar algemado quando do julgamento não traduz qualquer nulidade. O princípio da mais ampla defesa não se vê limitar pela revista do defensor e de seus pertences. Quando a mesma se efetivou de modo geral, e discretamente. O uso de documento, contendo lição jurisprudencial, inclusive publicada em revista oficial, não se constitui em qualquer nulidade. O Presidente do Tribunal do Júri só poderia questionar os jurados sobre inimputabilidade do réu, caso tal estivesse comprovado em laudo psiquiátrico. Redação dos quesitos quanto às qualificadoras aceitas em pronúncia, com trânsito em julgado. A quesitação deve obedecer as palavras constantes em libelo e pronúncia. Irregularidade que deve ser evitada e não nulidade. Tendo as qualificadoras sido acolhidas em pronúncia e devendo o julgamento ser cassado por ter sido a decisão manifestamente contrária a prova dos autos, as mesmas devem ser mantidas e quesitadas novamente aos jurados, ante a possibilidade de existirem, mas com o uso dos vocábulos do libelo e pronúncia. O Júri que nega a semi-imputabilidade do acusado demonstrada por laudo pericial decide manifestamente contra os elementos de convicção comprovados em os autos, merecendo a decisão ser cassada, devendo o apelado ser submetido a novo julgar pelo Tribunal do Júri, observadas as legais formalidades. Instruções" (Apelação Crime Nº 691078703. Câmara de Férias Criminal. Tribunal de Justiça do RS. Rel. Guilherme Oliveira de Souza Castro, julgado em 15.01.1992, grifou-se. Disponível em: <http://www.tjrs.jus.br>. Acesso em: 23 fev. 2009).

A busca pessoal de que tratam os artigos transcritos é "aquela que incide diretamente sob o corpo do agente".[35] Justifica-se quando houver "fundada suspeita"[36] da autoridade policial de que o agente oculte arma proibida, instrumentos de falsificação ou de contrafação, objetos falsificados ou contrafeitos, objetos destinados a prática de crime, objetos necessários à prova da infração ou defesa do acusado, cartas necessárias à elucidação do fato, ou qualquer outro elemento de convicção.

Observa-se, desse modo, que quando o empregador realiza revista apenas visual em bolsas, bolsos, sacolas ou armários está realizando atos de polícia de competência exclusiva da polícia judiciária ou polícia de manutenção da ordem. Ou seja, está usurpando competência exclusiva da polícia judiciária ou de manutenção de ordem pública.

Paradigmática a decisão proferida pelo Tribunal de Justiça do Paraná, na qual expressamente reconhece que a revista pessoal decorre do exercício de poder de polícia, sendo ilegal sua realização por particulares, já que atribuição exclusiva da Administração Pública:

> APELAÇÃO CÍVEL – AÇÃO DE INDENIZAÇÃO POR DANOS MORAIS – ACUSAÇÃO DE FURTO EM LOJA – REVISTA PESSOAL POR FUNCIONÁRIO – CONSTRANGIMENTO – HUMILHAÇÃO – DEVER DE INDENIZAR – DANOS MORAIS – VALOR DEVIDAMENTE FIXADO – RECURSO – NEGA PROVIMENTO. 1. Age com culpa aquele que, precipitadamente e com excesso, imputa fato criminoso a alguém, pois tal ato, sem que haja provas da efetiva prática do furto, impõe à pessoa constrangimento, humilhação, vergonha, sofrimento, fazendo ela jus ao recebimento de indenização por danos morais; 2. *Os proprietários e prepostos de empresa de comércio não possuem o poder de polícia, o que lhes impede por mera suspeita de furto de mercadorias expostas, abordar e efetuar a revista pessoal, não havendo que se falar em exercício regular de direito*; 3. O quantum indenizatório não deve ser tão grande que se converta em fonte de enriquecimento, nem tão ínfimo que se torne inexpressivo.[37]

---

[35] LOPES JÚNIOR, Aury. *Direito processual penal e sua conformidade constitucional*. Rio de Janeiro: Lumen Juris, 2007. v. 1, p. 669.

[36] Aury Lopes Júnior critica a dicção legal "fundada suspeita", sob o fundamento de que se trata de "cláusula genérica, de conteúdo vago, impreciso e indeterminado, que remete a ampla e plena subjetividade (e arbitrariedade) do policial" (*Op. cit.*, p. 669).

[37] PARANÁ. TJ. Apelação Cível nº 0508919-6 Ac. nº 11.198. Rel. Sérgio Luiz Patitucci, julg. 21.08.2008. *DJ*, 7703, grifou-se. Disponível em: <http://www.tjpr.jus.br>. Acesso em: 23 fev. 2009.

O segundo fundamento para o reconhecimento da licitude da revista "não íntima" é o de ser "impessoal". Esse argumento é, no mínimo, contraditório. Toda revista do empregado é pessoal, já que concernente ou peculiar a uma só pessoa.[38] O fato de o critério utilizado para se proceder a revista não resultar de escolha direta de determinado empregado pelo empregador, mas de, por exemplo, sorteio, não significa que deixe de ser pessoal, pois sempre será concernente ou peculiar a uma pessoa determinada.

Só existiria a característica da impessoalidade se a revista fosse realizada "Independente de, ou sobranceiro a qualquer circunstância ou particularidade".[39] Ocorre que toda revista realizada pelo empregador decorre da circunstância ou particularidade de o revistado ser sempre seu empregado.

Constata-se, por conseguinte, que toda revista realizada pelo empregador sobre empregado, mesmo "não íntima", será sempre pessoal.

O terceiro fundamento que reconhece a licitude da revista "não íntima" — *o de condição implícita do poder de direção do empregador* —, decorre de opção ideológica, no sentido de valoração de valores, ou seja, de colocar a proteção da propriedade do empregador como valor mais importante que o bem social.

De fato, tendo em vista que o poder de polícia é atribuição exclusiva da Administração Pública, a quem incumbe exercê-lo com a finalidade de sujeitar interesse particular ao interesse coletivo, a possibilidade de o empregador realizar qualquer que seja a revista no empregado manifesta-se nítida usurpação de poder de polícia.

A justificação jurídica da revista pessoal "não íntima" coloca a propriedade e a atividade econômica no ápice dos valores da sociedade, ao arrepio do art. 1º, I, da Constituição que tem no vértice do sistema a pessoa humana.

A revista "não íntima", portanto, não é uma medida legal, visto que não autorizada por lei, mas opção ideológica de parte da doutrina e jurisprudência que veem na defesa da propriedade privada fundamento jurídico para permiti-la.[40]

---

[38] FERREIRA, Aurélio Buarque de Holanda. *Novo dicionário Aurélio da língua portuguesa*. 2. ed. Rio de Janeiro: Nova Fronteira, 1986. p. 1321.

[39] FERREIRA, *op. cit.*, p. 922.

[40] "REVISTA PESSOAL. DANO MORAL — Embora os direitos à intimidade e à honra estejam consagrados na Constituição Federal (art. 5º, X), a jurisprudência brasileira admite a possibilidade da revista pessoal, inserida no direito do empregador de fiscalizar o seu patrimônio, desde que não importe afronta à dignidade do ser humano. A revista pessoal é legítima se realizada em

Ocorre que, como se está a demonstrar, a revista "não íntima" também não é prática lícita, já que é contrária ao ordenamento jurídico pátrio, em especial à disciplina do poder de polícia. Com efeito, apenas o poder de polícia outorgado pela lei à Administração Pública, pode limitar o exercício de direito individual. O poder de polícia, reitere-se, visa a limitar o exercício de direito individual em benefício do interesse público. A revista pessoal "não íntima", realizada pelo empregador no empregado, embora limite o exercício de direito individual, favorece apenas o interesse do empregador.

Percebe-se, destarte, que o ato de o empregador revistar o empregado é manifestamente ilícito, pois restringe direito individual, sem autorização legal.

Ademais, nenhum particular pode exercer atos decorrentes do poder de polícia, sobretudo com conteúdo decisório, o que implicaria violação ao princípio da impessoalidade previsto no art. 37, *caput*, da Constituição da República. A violação ao princípio da impessoalidade decorreria, no caso de revista realizada pelo empregador no empregado, de uma inequívoca desigualdade entre administrados, pois apenas um poderia exercer sobre o outro a revista pessoal.

Embora a revista realizada pela polícia encontre fundamento na lei, diversamente daquela procedida pelo empregador, há bastante semelhança entre as duas, especialmente no tocante a revoltantes discriminações econômicas e sociais.

Com efeito, observa-se que as buscas pessoais realizadas por policiais ocorrem, via de regra, em periferias, vilas e favelas de grandes cidades, sob questionáveis suspeitas, de que pessoas que vivem nestes arrabaldes ocultam armas e coisas obtidas por meios

---

caráter geral e impessoal, em respeito à intimidade do empregado, desde que haja circunstâncias concretas que a justifiquem. Por conseguinte, a revista efetuada em todos os empregados no término da jornada, sem a exigência de que os trabalhadores se desnudem, realizada em empresa de distribuição de pequenas mercadorias suscetíveis de ocultação e subtração, não revela o abuso do poder diretivo do empregador, nem tampouco a ofensa à esfera de privacidade dos empregados, afastando o direito à indenização por danos morais" (Minas Gerais. TRT, 2ª Turma. 00497-2008-031-03-00-3-RO. Rel. Sebastião Geraldo de Oliveira, julg. 04.11.2008. *DJ*, p. 14, 12 nov. 2008. Disponível em: <http://www.trt3.jus.br>. Acesso em: 25.02.2009); "DA INDENIZAÇÃO POR DANO MORAL. Não cabe o deferimento de indenização quando fundamentada a pretensão tão-somente na revista da bolsa na saída do estabelecimento, ato que, por decorrer do poder diretivo do empregador e previsto em norma interna, não serve por si só para ensejar dano moral. Não demonstrada a ocorrência de dano moral aos bens incorpóreos da reclamante e passíveis de indenização, mantém-se a decisão de improcedência proferida na origem" (RIO GRANDE DO SUL. TRT, 8ª Turma. RO 00616-2006-201-04-00-5. Redator: Ana Luíza Heineck Kruse, julg. 03.04.2008. Disponível em: <http://www.trt4.jus.br>. Acesso em: 25 fev. 2009).

criminosos,[41] enquanto as revistas efetuadas pelo empregador, conquanto realizadas na empresa, incidem normalmente em trabalhadores que vivem em periferias, vilas e favelas, a partir de suspeitas igualmente questionáveis.

De fato, não se tem notícia de revistas realizadas em empregados médicos, arquitetos, advogados, engenheiros ou executivos.

5 O poder de polícia da Administração Pública empregadora: a revista do agente penitenciário

Relevante questão reside na licitude de a Administração Pública, na condição de empregadora, realizar revista não íntima, nos empregados agentes penitenciários.

Não são raras notícias publicadas em jornais relatando que agentes penitenciários transportaram para dentro de presídios celulares ou armas, com o objetivo de facilitar a fuga de criminosos ou permitir que comandem o crime de dentro dos presídios.[42]

Os agentes penitenciários, via de regra, são empregados públicos dos Estados, aprovados mediante concurso público, de provas e títulos. Não estão, contudo, imunes ao assédio de facções criminosas que movimentam milhões de reais e que estão instaladas dentro dos presídios.

A revista do agente penitenciário ao adentrar ao presídio, realizada pela Administração Pública empregadora, suscita os importantes questionamentos.

---

[41] LOPES JÚNIOR, *op. cit.*, p. 670.

[42] Oportuna a transcrição da seguinte notícia: "Enquanto centenas de agentes penitenciários vivem sob a sombra do medo por causa dos ataques promovidos pela facção criminosa Primeiro Comando da Capital (PCC), outros usam a profissão para servir aos criminosos. O envolvimento de agentes penitenciários com o PCC é denunciado pelos próprios colegas de trabalho que acabam confirmando a presença de agentes batizados no sistema prisional. "Nós sabemos que tem agente que é até batizado (segue os mandamentos da facção) pelo PCC, mas não sabemos quem são porque eles agem muito discretamente", comentou um servidor que trabalha no Complexo Penitenciário Campinas-Hortolândia. Outra forma usada pela facção para infiltrar agentes na Secretaria de Administração Penitenciária (SAP) é colocar alguns de seus discípulos para prestar os concursos públicos para cargos variados no sistema penitenciário. "Tem muito funcionário entrando no sistema, mas que está trabalhando para o PCC, pena que não tem como coibir isso, uma vez que eles são pessoas teoricamente idôneas e com a ficha limpa", revela outro funcionário da SAP. A função desses agentes nos presídios é permitir a entrada de drogas, armas, celulares e repassar ordens e recados de dentro da cadeia. Há ainda agentes que, apesar de não serem "filiados" à facção, recebem suborno para permitir a entrada de celulares e drogas nas cadeias. "Já chegaram a me oferecer R$1 mil para deixar entrar celular na cadeia e R$10 mil para eu deixar entrar um revólver", comentou o agente. O valor para a entrada de drogas nos presídios varia de acordo com a quantidade e o tipo do entorpecente" (Disponível em: <http://www.excelenciaglobal. com.br>. Acesso em: 16 abr. 2009).

O primeiro refere-se à licitude da revista não íntima. Neste parâmetro, a Administração Pública, mesmo enquanto empregadora, possui competência legal para, no exercício do poder de polícia, restringir direitos subjetivos e liberdades, mesmo de seus empregados, com a finalidade de tutelar interesse público concernente à segurança. É lícito, por conseguinte, à polícia de manutenção de ordem pública realizar periodicamente revistas que não sejam íntimas nos agentes penitenciários, mesmo que não exista qualquer suspeita de que se esteja ocultando armas, celulares ou drogas.

O fundamento desta assertiva está no fato de que o exercício de poder de polícia, no caso de revista "não íntima", não conflita com direito fundamental do trabalhador, em especial, o da intimidade, amparado pelo inciso X do art. 5º da Constituição

A revista "não íntima" do agente penitenciário tem inequívocos contornos de tutela lícita da ordem pública, pois busca evitar infiltrações no sistema carcerário brasileiro, como procedimento adequado para proteger a sociedade no cumprimento do dever conferido ao Estado pelo art. 144 da Constituição, relativo à segurança pública.

O segundo passaria para a definição de qual seria o espaço da intimidade do trabalhador, ou seja, se neste estariam incluídas bolsas, mochilas e sacolas.

A utilização de detector de metais e equipamentos de raios x caracteriza-se como importante forma de compatibilizar o bem tutelado pela ordem pública e o interesse individual, pois permite a verificação do conteúdo dos pertences, reservadamente.

No que concerne à revista manual das bolsas, mochilas e sacolas de forma periódica e indiscriminada — ausentes os referidos equipamentos — justificar-se-ia, ainda, com fundamento na mesma tutela da ordem pública que a Administração está incumbida, inclusive, com competência para eleger os meios necessários para este fim, compatibilizando autoridade e liberdade, integração comunitária e autonomia individual.[43]

Poderá ocorrer de a Administração Pública, todavia, ao eleger estes meios, adentrar na esfera de direitos fundamentais do empregado, em especial o da intimidade.

A partir do momento em que a Constituição brasileira abriga direitos e princípios que podem colidir quando concretizados, e

---

[43] NOVAIS, Jorge Reis. *As restrições aos direitos fundamentais não expressamente autorizadas pela Constituição*. Coimbra: Coimbra Ed., 2003. p. 482.

não tendo, ela, estabelecido critérios para a solução destes conflitos, admite-se a possibilidade de restrições a direitos fundamentais sem autorização constitucional.[44]

Evidentemente, seria preferível que o legislador estabelecesse previamente quais são os limites que a Administração Pública, sobretudo a Administração dos presídios, deve observar para a realização das revistas dos agentes penitenciários, inclusive para evitar as "ponderações casuísticas feitas em face das situações concretas pelo aplicador do Direito", já que o "caráter legislativo da restrição confere, por um lado, maior previsibilidade e segurança jurídica ao cidadão, e, por outro, crisma com maior legitimidade democrática a ponderação realizada".[45]

Via de regra esta previsão não se verifica,[46] o que acaba por exigir da Administração do presídio a eleição dos meios necessários para verificar se agentes penitenciários estão levando para os presos objetos que podem colocar em risco a segurança da sociedade.

A escolha dos meios necessários para o exercício do poder de polícia — no caso a revista — é reconhecida à Administração Pública pela doutrina. Nesse sentido, é a observação de Jorge Reis Novaes:

> ...mesmo que da interpretação abstracta da norma constitucional de garantia de direito fundamental não resulte, liminarmente, a exclusão de protecção jusfundamental a determinados comportamentos ou situações que, aparentemente, mantêm afinidades com o âmbito de protecção desse direito, a autoridade pública, designadamente a administrativa ou policial, deve considerar-se habilitada a intervir restritivamente num exercício de direito fundamental sempre que, e mesmo na ausência de disposição legal especificamente habilitante, desse exercício resulte um perigo ou ameaça actual ou iminente para um bem que apresente, no caso, um valor manifesta ou sensivelmente superior ao que justificava o exercício do direito fundamental e a prevenção ou afastamento do perigo e a reposição da situação de normalidade se revelem tão urgentes que não se compadeçam com a morosidade do procedimento legislativo normal.[47]

---

[44] SARMENTO, Daniel. Colisões entre direitos fundamentais e interesses públicos. *In:* SARMENTO, Daniel; GALDINO, Flavio (Org.). *Direitos fundamentais:* estudos em homenagem ao professor Ricardo Lobo Torres. São Paulo; Rio de Janeiro: Renovar, 2006. p. 305.

[45] *Id.*, p. 305.

[46] O PL nº 3.463/2008 de autoria da Deputada Iriny Lopes, em tramitação na Câmara dos Deputados, procura disciplinar as revistas em visitantes de presídios, não tratando expressamente da revista em agentes penitenciários (Disponível em: http://www.camara.gov.br>. Acesso em: 07 jul. 2009).

[47] NOVAIS, *op. cit.*, p. 485.

Para esta atuação, a Administração do presídio deverá, a partir do princípio da motivação, justificar a revista, e, até mesmo, a eventual investida na esfera íntima do empregado, observando as três dimensões do princípio da proporcionalidade: adequação, necessidade e proporcionalidade em sentido estrito. A análise da idoneidade da revista efetuada pela Administração do presídio terá em conta a verificação destes subprincípios.

Considerando o subprincípio da adequação, incumbirá a análise de ser a revista do empregado "idônea à consecução da finalidade perseguida",[48] ou seja, se a medida efetivamente impedirá que adentrem aos presídios objetos que coloquem em risco a segurança da sociedade ou de outras pessoas. Importa salientar que a idoneidade da revista deve ser avaliada sob o enfoque negativo, no sentido de que "apenas quando inequivocamente se apresentar como inidônea para alcançar seu objetivo". E, nesta perspectiva, a adequação deve ser aferida no momento em que a decisão do Administrador for tomada, de forma a permitir que se "possa estimar se, naquela ocasião, os meios adotados eram apropriados aos objetivos pretendidos".[49] É o caso específico das revistas realizadas em momentos de rebelião, quando é possível perquirir sobre a urgência de medidas restritivas.[50]

---

[48] BARROS, Suzana de Toledo. *O princípio da proporcionalidade e o controle de constitucionalidade das leis restritivas de direitos fundamentais*. 3. ed. Brasília: Brasília Jurídica, 2003. p. 78.

[49] *Id.*, p. 80.

[50] Pode-se citar como exemplo a seguinte ementa: "PRESÍDIO DE SEGURANÇA MÁXIMA. REVISTA ÍNTIMA EM AGENTES DE DISCIPLINA. REBELIÃO. FATO EXTRAORDINÁRIO. AUSÊNCIA DE OFENSA MORAL. A intimidade e a vida privada, assim como os demais direitos fundamentais, não são absolutos, sofrendo a ingerência dos princípios da proporcionalidade, da unidade e da cedência recíproca, a que devem harmonizar-se de tal forma que podem ser preteridos se ofensivos a um interesse público prevalente. Este último postulado importa que sejam sopesados os bens constitucionalmente tutelados, de forma a não se valorar demasiadamente um em detrimento de outro. Legítima, portanto, a revista íntima feita em funcionários de um determinado setor ou turno, com vistas a assegurar a incolumidade de todos em extraordinária situação de rebelião. Não se verifica tenha a administração prisional objetivado macular a moral do Autor, ou dos outros agentes submetidos à revista, mas apenas suprimir meios de inserção de armas ou outros objetos nocivamente utilizados pelos presos, fato que interessa sobremaneira ao Estado, à sociedade e inclusive ao próprio Autor. Interessa-lhe na qualidade de cidadão cônscio dos notórios problemas de segurança pública e, primordialmente, na qualidade de profissional cujo dever é justamente fiscalizar e controlar a disciplina prisional, impedindo ou suprimindo a criminalidade instaurada, não se negue, naquele ambiente. Como afirma RUDOLF VON JHERING, 'determinados fins há que suplantam os meios do indivíduo e reclamam inexoravelmente o esforço unido de muitos, de tal forma que resta fora de cogitação sua perseguição isolada' (*A finalidade do direito*. Tomo I. Campinas: Bookseller, 2002, p. 149). Aplicação do princípio da repartição do ônus do emprego do interesse público. Recurso ordinário da Reclamada a que se dá provimento" (PARANÁ. TRT-PR-14875-2005-010-09-00-0-ACO-11718-2007. 1ª. Turma, Rel. Ubirajara Carlos Mendes. Publicado no *DJPR*, 11 maio 2007. Disponível em: <http://www.trt9.jus.br>. Acesso em: 1º jul. 2009).

No tocante ao subprincípio da necessidade ou da exigibilidade, observa Suzana de Toledo Barros que a "medida restritiva deve ser indispensável para a conservação do próprio ou de outro direito fundamental e que não possa ser substituída por outra igualmente eficaz, menos gravosa".[51] Por isso, os dois núcleos deste subprincípio: o meio mais idôneo e a menor restrição possível.[52] Nesta perspectiva, impõe-se à análise da idoneidade da revista do empregado pela Administração do presídio, se não seria possível atingir a mesma finalidade a utilização de detector de metais ou aparelhos de raios x, por exemplo. Note-se que a necessidade de uma medida restritiva, implica um juízo positivo, pois não é suficiente apenas afirmar que a revista não é de menor lesividade ao empregado. Deve-se indicar a existência de meio mais idôneo — detector de metais — e porque objetivamente produziria menos consequências gravosas do que a revista.[53] No caso, parece que não se trataria de verificar sobre a conveniência de se instalar detector de metais neste ou naquele presídio, mas analisar a licitude da revista tendo em vista a existência ou não do mesmo em dada circunstância.

Por fim, o subprincípio da proporcionalidade em sentido estrito serve para indicar se o meio utilizado encontra-se em razoável proporção com o fim perseguido. Desse modo, segundo Suzana de Toledo Barros, a medida restritiva poderá ser adequada no que pertine à relação entre determinada restrição e o fim a que se destina, ou mesmo quando reconhece a inexistência de outro meio menos gravoso que pudesse conduzir ao mesmo resultado. Mesmo assim, no entanto, poderá ser inidônea, se se verificar um ônus excessivo ao titular do direito fundamental subjugado, ou seja, se houver manifesta desproporção entre o meio utilizado e o direito fundamental afastado. Este é o aspecto mais inquietante da análise da licitude da revista do empregado que exerce a função de agente penitenciário. Com efeito, há situações em que a Administração do presídio utiliza técnicas de revista extremamente agressivas, como, por exemplo, a técnica do agachamento, através da qual o revistado deve ficar nu e realizar agachamentos de frente e de costas para o revistador.[54] A despeito da desproporcionalidade entre a

---

[51] BARROS, *op. cit.*, p. 81.
[52] *Id.*, p. 81.
[53] *Id.*, p. 82.
[54] Disponível em: <http://www.ajuris.org.br>. Acesso em: 1º jul. 2009.

medida restritiva e o direito fundamental afetado, percebe-se que a jurisprudência tem reconhecido a idoneidade da medida, tendo em vista a tutela da segurança pública.[55]

A propósito, e, tendo em conta o subprincípio da proporcionalidade, o Conselho Nacional de Política Criminal e Penitenciária (CNPCP) editou a Resolução nº 09 de 12.07.2006 recomendando que as revistas deverão preservar a honra e a dignidade do revistando, e efetuar-se em local reservado, conquanto admita a revista manual que deverá ser efetuada apor servidor habilitado, do mesmo sexo do revistado.[56]

Conclusão

Em busca da defesa de seu patrimônio, o empregador particular apropriou-se de prerrogativa da Administração Pública, ínsita no exercício do poder de polícia, de realizar inspeção pessoal nos empregados.

A revista íntima é, consensualmente, ilegal, diante do disposto no art. 373-A, VI, da CLT, tanto para empregadas, quanto para empregados, na medida em que o art. 5º, X, da Constituição reconhece, tanto a mulheres quanto a homens, a inviolabilidade da intimidade.

A revista "não íntima", contudo, realizada pelo empregador sobre o empregado, ao limitar exercício de direito subjetivo do empregado — de não mostrar o conteúdo de suas bolsas, bolsos e sacolas — é manifestamente ilegal, por se caracterizar exercício de poder de polícia que, como dito, é prerrogativa exclusiva da Administração Pública.

---

[55] Nesse sentido: "REVISTA ÍNTIMA. SISTEMA CARCERÁRIO. DIREITO DE FISCALIZAÇÃO. Havendo conflito entre direitos fundamentais (direito à intimidade da pessoa humana x direito à segurança pública da sociedade) a situação deve ser analisada, no caso concreto, mediante a ponderação de qual direito deve prevalecer e qual deve ser sacrificado. Não há uma opção estanque, há sim uma valoração de interesses, que não se presta a extinguir determinado direito fundamental, mas apenas dar-lhe menor acepção, diante de uma situação que se apresente mais relevante no caso concreto. A situação fática demonstra qual direito fundamental deve ser mais valorado, promovendo-se as necessárias acomodações, por um método de máxima observância e da mínima restrição, para que nenhum princípio seja anulado. Ao Estado cabe zelar pela segurança pública, podendo utilizar, para tanto, do seu direito de fiscalização, aí incluído o direito de fazer revistas na coletividade (visitas dos presos), e nos seus próprios agentes, mormente diante de uma situação justificável, desde que realizadas sem maiores abusos" (PARANÁ. TRT-PR-14000-2004-002-09-00-2-ACO-02230-2007. 1ª. Turma, Rel. Benedito Xavier Da Silva. Publicado no *DJPR*, 30 jan. 2007. Disponível em: <http://www.trt9.jus.br>. Acesso em: 1º jul. 2009).

[56] SBRISSIA, Maria Fernanda; SILVA, Marilza Lima da. Tutela do interesse público. *In: Controle do empregado pelo empregador:* procedimentos lícitos e ilícitos. Curitiba: Juruá, 2008. p. 98-99.

Por decorrência, a Administração Pública, mormente na Administração de presídios, enquanto empregadora, poderá realizar a revista de agentes penitenciários, desde que observe o princípio da proporcionalidade.

Referências

BANDEIRA DE MELLO, Celso Antônio. *Curso de direito administrativo*. 17. ed. São Paulo: Malheiros, 2004.

BARROS, Alice Monteiro de. *Proteção à intimidade do empregado*. São Paulo: LTr, 1997.

BARROS, Suzana de Toledo. *O princípio da proporcionalidade e o controle de constitucionalidade das leis restritivas de direitos fundamentais*. 3. ed. Brasília: Brasília Jurídica, 2003.

FERREIRA, Aurélio Buarque de Holanda. *Novo dicionário Aurélio da língua portuguesa*. 2. ed. Rio de Janeiro: Nova Fronteira, 1986.

LOPES JÚNIOR, Aury. *Direito processual penal e sua conformidade constitucional*. Rio de Janeiro: Lumen Juris, 2007. v. 1.

MAGANO, Octávio B. *Direito individual do trabalho*. 3. ed. São Paulo: LTr, 1992.

MALLET, Estêvão. *Direito, trabalho e processo em transformação*. São Paulo: LTr, 2005. p. 28.

MEDAUAR, Odete. *Direito administrativo moderno*. 12. ed. São Paulo: Revista dos Tribunais, 2008

MEIRELLES, Hely Lopes. *Direito administrativo brasileiro*. 15. ed. São Paulo: Revista dos Tribunais, 1990.

NOVAIS, Jorge Reis. *As restrições aos direitos fundamentais não expressamente autorizadas pela Constituição*. Coimbra: Coimbra Ed., 2003.

SARMENTO, Daniel. Colisões entre direitos fundamentais e interesses públicos. *In:* SARMENTO, Daniel; GALDINO, Flavio (Org.). *Direitos fundamentais*: estudos em homenagem ao professor Ricardo Lobo Torres. São Paulo; Rio de Janeiro: Renovar, 2006.

SBRISSIA, Maria Fernanda; SILVA, Marilza Lima da. Tutela do interesse público. *In: Controle do empregado pelo empregador*: procedimentos lícitos e ilícitos. Curitiba: Juruá, 2008.

Informação bibliográfica deste texto, conforme a NBR 6023:2002 da Associação Brasileira de Normas Técnicas (ABNT):

BARACAT, Eduardo Milléo. Do poder de polícia ao poder de revista da empresa empregadora. *In:* BARACAT, Eduardo Milléo (Coord.). *Direito penal do trabalho*: reflexões atuais. Belo Horizonte: Fórum, 2010. p. 39-59. ISBN 978-85-7700-357-0.

O Crime de Assédio Sexual e seus Efeitos nas Relações de Trabalho

Tathiana Laiz Guzella

Sumário: Introdução – **1** O crime de assédio sexual – **1.1** Conceito legal – **1.2** A pena cominada – **1.3** Causas de aumento de pena – majorantes – **1.4** Conceito de assédio sexual na Organização Internacional do Trabalho – **1.5** A dificuldade probatória – **2** O reflexo do assédio sexual no contrato de trabalho – **2.1** Ações preventivas – **2.2** O alcance do crime de assédio sexual perante a clientela da empresa – **3** Os efeitos do crime de assédio sexual – **3.1** A responsabilidade civil – **3.2** A responsabilidade do empregador por atos de seus empregados – **3.3** Os direitos a que assiste a vítima – **3.4** Os direitos a que assiste o empregador – **3.5** O custo do assédio sexual para a vítima, para o empregador e para a sociedade – Conclusão – Referências

Introdução

O presente trabalho analisará o crime de assédio sexual, buscando sua conceituação legal, seus requisitos, sua natureza jurídica e suas características práticas, tais como a dificuldade probatória, sua concretude e as possibilidades de aumento de pena.

Em item intermediário, tratar-se-á da subordinação hierárquica no contrato de trabalho, exigência do tipo penal para sua ocorrência, num viés garantidor do respeito, da liberdade e da dignidade da pessoa do trabalhador, como forma de preservação do contrato de trabalho, com registro de ações preventivas possíveis de aplicação pelo empregador.

Verificar-se-á, igualmente, quais os efeitos básicos do ilícito penal em estudo, refletindo acerca da consequente responsabilidade civil devida pelo empregador, advindo dos atos de seus empregados, resultando em direitos ao trabalhador-vítima, tais como o direito de ver-se transferido de setor funcional, ou o rompimento de seu contrato de trabalho através de rescisão indireta.

Propõe-se, ainda, a possível rescisão do contrato de trabalho por justa causa, a ser aplicada pelo empregador ao empregado assediador, aos casos comprovados e de insuportável permanência, quando existir quebra de confiança, impeditivo da continuidade contratual.

Por fim, chegar-se-á ao custo social do delito em pauta, com consequências que abrangem tanto a vítima, quanto o empregador, além de seu reflexo negativo para toda a sociedade.

1 O crime de assédio sexual

1.1 Conceito legal

A Lei nº 10.224 de 15 de maio de 2001, que adicionou ao Código Penal brasileiro o artigo 216-A, estabeleceu uma *novatio legis in pejus*, instituindo um novo tipo penal ao Direito Pátrio, já conhecido por outros ordenamentos jurídicos estrangeiros, intitulado de "assédio sexual", que prevê, como conduta criminosa, a seguinte ação:

> Constranger alguém com intuito de obter vantagem ou favorecimento sexual, prevalecendo-se o agente da sua condição de superior hierárquico ou ascendência inerentes ao exercício de emprego, cargo ou função.

Em sucinta análise de sua natureza jurídica, pode-se extrair que se trata de crime próprio, uma vez que estabelece, como sujeito ativo, o superior hierárquico ou quem tenha ascendência em relação à vítima, decorrentes do exercício de cargo, emprego ou função (plano vertical, de cima para baixo). Neste sentido, qualquer pessoa, homem ou mulher, pode ser sujeito passivo do crime de assédio sexual.

É crime comissivo, uma vez que exige uma ação do sujeito ativo, não podendo compreender uma omissão; instantâneo, uma vez que, com a ação de "constranger", já se consuma o delito, que não se protrai no tempo; formal, uma vez que não depende da ocorrência ou não do resultado desejado pelo agente (vantagem ou favorecimento pessoal); doloso, exigindo-se a intenção de constranger alguém para a obtenção da vantagem ou favorecimento sexual, sem previsão expressa da modalidade culposa; unissubjetivo, pois pode ser cometido por uma única pessoa; e plurissubsistente, vez que pode ser realizado por meio de vários atos.

Analisando a objetividade jurídica do tipo penal, estamos diante de um crime pluriofensivo, havendo afetação a diversos bens jurídicos, no qual, além da liberdade sexual de homem ou mulher, registra-se concomitantemente a existência de outros bens, como a honra e a dignidade sexuais e a dignidade das relações de trabalho.[1] Ainda constata-se que a igualdade nas relações laborais também é afetada, na medida que se condiciona à realização de alguma prestação ou benesse, a que fazia jus a vítima, por direito ou por condições meritórias, a execução de favores sexuais.

Buscando o núcleo da figura típica, encontraremos a ação de "constranger", que possui inúmeros significados, tais como o de impedir os movimentos, incomodar, tolher a liberdade, cercear, forçar, coagir, obrigar pela força, etc.,[2] dificultando a limitação da atividade criminalizadora. Com o emprego do verbo "constranger", sem mencionar os meios executórios, transporta-nos a um crime de forma livre, admitindo qualquer uma, diversamente do regrado pelo artigo 5º, XXXIX da Carta Magna,[3] que impõe a existência de tipos penais precisos, exigindo que a lei estabeleça limites seguros e parâmetros exatos.

Segundo Guilherme de Souza Nucci,[4] o verbo constranger exige um complemento, "constranger alguém *a alguma coisa*", entendendo-o incompleto, pois "com o intuito de obter vantagem ou favorecimento sexual" é elemento subjetivo específico, sem ligação direta com a conduta de "constranger".

A solução está, segundo o autor supracitado, em entender que a intenção do autor é "forçar a vítima a fazer algo que a lei não manda ou não fazer o que ela permite",[5] compatibilizando, assim, o defeito da redação.[6]

Apesar da imensidão de possibilidades criadas pelo legislador quando da escolha do verbo "constranger", tem-se que sua

---

[1] BITENCOURT, Cezar Roberto. *Código Penal comentado*. 4. ed. atual. São Paulo: Saraiva, 2007. p. 886.

[2] FERREIRA, Aurélio Buarque de Holanda. *Novo Aurélio XXI*: o dicionário da língua portuguesa. 3. ed. rev. e ampl. Rio de Janeiro: Nova Fronteira, 1999. p. 537.

[3] "Não há crime sem lei anterior que o defina, nem pena sem prévia cominação legal".

[4] NUCCI, Guilherme de Souza. *Código Penal comentado*. 9. ed. rev. atual. e ampl. São Paulo: Revista dos Tribunais, 2008. p. 885.

[5] Em semelhança com outros tipos penais, tais como o crime de constrangimento ilegal, art. 146 do Código Penal: "Constranger alguém, mediante violência ou grave ameaça, ou depois de lhe haver reduzido, por qualquer outro meio, a capacidade de resistência, a não fazer o que a lei permite, ou a fazer o que ela não manda".

[6] NUCCI, *op. cit.*, p. 885.

principal característica reside na forma impositiva das propostas sexuais realizadas pelo sujeito ativo, e na real possibilidade de se fazer cumprir a ameaça.

Quanto aos meios executórios, o constrangimento pode dar-se por quaisquer das formas de comunicação, muito embora acredita-se que o meio empregado pelo sujeito não possa ser a violência física nem a grave ameaça, cujas ações conduziria ao crime de estupro.[7] Se assim for, descaracterizar-se-ia o assédio, uma vez que o tipo penal traz as expressões "vantagem e favorecimento sexual", cujos sentidos afastam a ideia de força.[8]

Não se exige, para a configuração do ilícito, que seja intensa a intimidação, diferentemente dos crimes de constrangimento ilegal e ameaça, mas apenas sua concretização. Todavia, quer parecer que não é qualquer constrangimento que pode configurar o delito, havendo necessidade da ameaça de cerceamento de um direito a que a vítima faz jus.

Segundo Damásio Evangelista de Jesus,[9] não restará configurado o assédio quando se tratar de um privilégio em que o sujeito ativo oferece à vítima em troca de uma ação de natureza sexual, registrando-se, apenas, de mecânica de interesses, não se confundindo com o crime ora pautado.

Ernesto Lippmann[10] registra que apenas as ações dolosas são aceitas pelo ilícito, não sendo permitida a forma culposa. Atitudes como piscadelas, olhares insinuantes ou elogios sem conteúdo claramente sexual não se enquadram ao tipo, não sendo prevista punição penal para os galanteios. Nesse sentido já se manifestou o Tribunal Regional do Trabalho, conforme aplicado no seguinte julgado:

> A caracterização do assédio sexual no âmbito das relações de trabalho passa pela verificação de comportamento do empregador ou de pressupostos, que abusando da autoridade inerente à função ou condição, pressiona o empregado com fins de obtenção ilícita

---

[7] Art. 213, Código Penal: "Constranger alguém, mediante violência ou grave ameaça, a ter conjunção carnal ou a praticar ou permitir que com ele se pratique outro ato libidinoso".

[8] SANTOS, Aloysio. *Assédio sexual nas relações trabalhistas e estatutárias*. Rio de Janeiro: Forense, 1999. p. 33.

[9] JESUS, Damásio E. de. *Assédio sexual*. São Paulo: Saraiva, 2002. *In*: JESUS, Damásio E. de; GOMES, Luiz Flávio (Coord.). *Assédio sexual*. São Paulo: Saraiva, 2002. p. 57. O autor traz o seguinte exemplo: "um professor, não tendo o aluno alcançado a pontuação necessária para passar de ano, dispõe-se a lançá-la suficientemente alta, desde que o discente consinta em algum favor sexual".

[10] LIPPMANN, Ernesto. *Assédio sexual nas relações de trabalho*: danos morais e materiais nos Tribunais após a Lei n. 10.224. São Paulo: LTr, 2001. p. 13.

de favores. Mas galanteios ou simples comentários de admiração, ainda que impróprios, se exercidos sem qualquer tipo de pressão, promessa ou vantagem, não configuram o assédio para efeitos de sancionamento civil.[11]

Assim, tem-se que é necessário que o comportamento do assediador seja intolerável, podendo acontecer em vários lugares, mesmo fora do ambiente de trabalho, a exemplo, o chefe que assedia sua secretária em sua residência, na rua, pelo telefone, impondo-lhe ações sexuais como condição de benefícios no emprego, ou da manutenção da relação já existente.

1.2 A pena cominada

A pena abstrata elencada no artigo 216-A é de "detenção de 1 a 2 anos".

A detenção, mais branda que a reclusão, admite a execução inicial da pena somente em regime semiaberto ou aberto, em conformidade com o art. 33 do Código Penal.[12]

Nos crimes em que a pena mínima cominada for igual ou inferior a um ano, a Lei nº 9.099/95 (Juizados Especiais Criminais) disciplina a possibilidade de suspensão condicional do processo, por período de dois a quatro anos, desde que o acusado não esteja sendo processado ou não tenha sido condenado por outro crime, além de outros requisitos.[13]

Quanto à suspensão condicional do processo, o acusado poderá aceitar a proposta do representante ministerial ou não. Se aceitar, o juiz suspenderá o processo, submetendo o acusado a um período de prova, sob as condições do art. 89, §1º, da Lei nº 9.099/95.[14]Assim, o acusado não chegará a ser processado e se sujeitará a determinadas condições.

---

[11] TRT. 3ª Região, 4ª Turma. RO nº 1.533/2000. Rel. Lucide D'Ajuda Lyra de Almeida, *DJMG* 20.04.2002.

[12] PRADO, Luiz Regis. *Curso de direito penal brasileiro*: parte geral. 6. ed. rev. atual. e ampl. São Paulo: Revista dos Tribunais, 2006. v. 1, p. 546.

[13] FEITOZA, Denilson. *Direito processual penal*: teoria, crítica e praxis. 5. ed. rev. ampl. e atual. Niterói: Impetus, 2008. p. 507.

[14] "I – reparação do dano, salvo impossibilidade de fazê-lo; II – proibição de freqüentar determinados lugares; III – proibição de ausentar-se da comarca onde reside, sem autorização do juiz; IV – comparecimento pessoal e obrigatório a juízo, mensalmente, para informar e justificar suas atividades".

Em caso de recusa do acusado, ainda poderá, dependendo de certos requisitos legais, beneficiar-se com a transação penal, se oferecida pelo representante ministerial, vez tratar-se de crime de menor potencial ofensivo.[15]

No caso de não aceitação da transação penal, o acusado verá o processo julgado, com uma sentença meritória, absolutória ou condenatória, caso não incida a prescrição abstrata, que será de quatro anos (se não for reincidente),[16] ou mesmo a prescrição retroativa, com base na pena aplicada na sentença condenatória.

Esta pena, muito provavelmente, poderá ser substituída por uma pena restritiva de direito,[17] em conformidade com a regra contemplada no art. 44 do Código Penal.

Por derradeiro, registre-se que, caso esta pena privativa de liberdade não tiver sido substituída por uma restritiva de direitos, e se não for superior a dois anos, poderá, o condenado, tê-la suspensa, através do instituto penal do *sursis*, por dois a quatro anos, se presentes os requisitos do art. 77 do Código Penal,[18] quando o juiz analisará acerca da culpabilidade, antecedentes, conduta social e personalidade do condenado, para, então, propor a medida.[19]

Neste contexto, podemos afirmar que é quase impossível que o sujeito ativo do crime de assédio sexual cumpra, de fato, uma pena privativa de liberdade.

1.3 Causas de aumento de pena – majorantes

A Lei nº 12.015 de 07 de agosto de 2009 instituiu o parágrafo segundo ao artigo 216-A do Código Penal, que prescreve causa de aumento em até um terço se a vítima é menor de dezoito anos,

---

[15] Art. 61, Lei nº 9.099/95: "Consideram-se infrações penais de menor potencial ofensivo, para os efeitos desta Lei, as contravenções penais e os crimes a que a lei comine pena máxima não superior a 2 (dois) anos, cumulada ou não com multa.

[16] Art. 109, código Penal: "A prescrição, antes de transitar em julgado a sentença final, salvo o disposto nos §§1. e 2. Do art. 110 deste Código, regula-se pelo máximo da pena privativa de liberdade cominada ao crime, verificando-se: V – em 4 (quarto) anos, se o máximo da pena é igual a 1 (um) ano ou, sendo superior, não excede a 2 (dois)".

[17] Art. 43: "As penas restritivas de direito são: I – prestação pecuniária; II – perda de bens e valores; III – vetado; IV – prestação de serviços à comunidade ou a entidades públicas; V – interdição temporária de direitos; VI – limitação de fim de semana".

[18] "I – o condenado não seja reincidente em crime doloso; II – a culpabilidade, os antecedentes, a conduta social e personalidade do agente, bem como os motivos e as circunstâncias autorizem a concessão do benefício; III – não seja indicada ou cabível a substituição prevista ao art. 44 deste Código".

[19] FEITOZA, *op. cit.*, p. 651.

pretendendo maior rigor ao crime cometido contra menor inserido no mercado de trabalho.

A previsão da majorante refere-se a "até um terço", ficando, portanto, a critério do magistrado a quantidade de aumento aplicada, podendo ser de poucos dias na pena aplicada, o que, para Guilherme de Souza Nucci,[20] é lamentável, sendo infeliz a técnica legislativa aplicada, pois eliminou o aumento mínimo, levando-se em conta somente o máximo.

Outras causas de aumento de pena são as previstas no artigo 226 do Código Penal pátrio, que assim as elenca:

A pena é aumentada:

I – de quarta parte, se o crime é cometido com o concurso de 2 (duas) ou mais pessoas;

II – de metade, se o agente é ascendente, padrasto ou madrasta, tio, irmão, cônjuge, companheiro, tutor, curador, preceptor ou empregador da vítima ou por qualquer outro título tem autoridade sobre ela.

Os crimes contra os costumes possuem estas causas de aumento da pena devido ao legislador acreditar que estas são hipóteses que dificultam a defesa da vítima, violando princípios morais-familiares, além do abuso da autoridade exercida sobre a vítima e, desta forma, registrando maior desvalor da ação dos agentes.[21]

Analisando as possibilidades trazidas pela norma em apreço, temos:

Ao inciso I, perfeitamente aplicável o aumento da pena na proporção de um quarto, quando da prática de dois ou mais agentes agindo conjuntamente.

Nas palavras de Cezar Bitencourt,[22] comentando o delito penal de assédio sexual: "co-autoria e participação em sentido estrito são perfeitamente possíveis, inclusive entre homens e mulheres em qualquer dos pólos (ativo ou passivo)".

Analisando o inciso II, são inaplicáveis as hipóteses de aumento de pena quando o agente for preceptor ou empregador da vítima pois, nestas figuras, existe a relação de hierarquia ou

---

[20] NUCCI, *op. cit.*, p. 890.
[21] BITENCOURT, *op. cit.*, p 910-911.
[22] BITENCOURT, *op. cit.*, p. 888.

ascendência, inerentes ao exercício do emprego, cargo ou função, elementar do tipo penal. Caso assim não se admitisse, acarretaria um *bis in idem*, proibido na seara penal,[23] uma vez que a hierarquia já é requisito para a ocorrência do ilícito.

Nas demais causas elencadas pelo inciso II, igualmente parece-nos inaplicáveis, pelo motivo de que nelas não há o vínculo exigido no crime de assédio sexual, ou seja, a superioridade hierárquica.

1.4 Conceito de assédio sexual na Organização Internacional do Trabalho

A Organização Internacional do Trabalho (OIT) registra como ação típica de assédio sexual quando uma das seguintes características estiver presente: ser claramente uma condição para dar ou manter o emprego; influir nas promoções ou na carreira do assediado; ou prejudicar o rendimento profissional, humilhar, insultar ou intimidar a vítima no ambiente de trabalho.

À luz da OIT, o legislador pátrio restringiu as hipóteses de assédio sexual à "laboral", desconsiderando do tipo incriminador, o "assédio ambiental", que seria um comportamento de natureza sexual de forma livre, visando produzir "um contexto laboral negativo — intimidatório, hostil, ofensivo ou humilhante — para o trabalhador, impedindo-o de desenvolver seu trabalho em um ambiente minimamente adequado";[24] e também o "assédio moral", cuja conduta configura a intenção de transformar "a vítima em um robô, a exemplo a proibição de sorrir, conversar, levantar a cabeça, cumprimentar os colegas de trabalho, etc."[25]

Estas ações, não abrangidas pela figura típica penal, podem caracterizar outras espécies de fatos antijurídicos extrapenais, notadamente na esfera do direito do trabalho, que abraça com maior abrangência condutas que venham a perturbam o respeito e a dignidade do trabalhador, igualmente quanto à reparação civil dos danos causados.

---

[23] FEITOZA, *op. cit.*, p. 137 *et seq.*

[24] Conceito de Ángela Matallín Evangelio, trazido por Damásio E. de Jesus, p. 46.

[25] GOMES, Luiz Flávio. Lei do assédio sexual (Lei n. 10.224/2001): primeiras notas interpretativas. *In*: JESUS, Damásio E. de; GOMES, Luiz Flávio (Coord.). *Assédio sexual*. São Paulo: Saraiva, 2002. p. 75.

1.5 A dificuldade probatória

Por se tratar de crime, vale a máxima de que o ônus da prova cabe a quem faz a acusação, não existindo sua inversão, bastante comum no âmbito trabalhista. Se o inferior hierárquico foi assediado, compete a ele provar, uma vez vigente o artigo 156 do Código de Processo Penal.[26]

Materialmente falando, o assédio sexual é de difícil comprovação, uma vez que não há caracterização física visível, existindo, na maior parte das vezes, apenas a palavra da vítima (caso haja configuração física, o crime obviamente será outro, como o de estupro ou sua forma tentada; lesão corporal; etc.).

Observando que o princípio vigorante no Direito Penal é o *in dúbio pro reo*, derivado do postulado da presunção de inocência, se não houver outras provas além da palavra da vítima, deverá prevalecer a absolvição do acusado, quando este negar o fato, que não restar provado.

Mais acentuada esta dificuldade probatória verifica-se na classe de trabalhadoras domésticas. Primeiramente pela costumeira falta de testemunhas presenciais. Segundo, porque assiste ao empregador o direito de dispensa. Nesse sentido, Adriano Almeida Lopes salienta que, na maioria das vezes, o empregador distorce os fatos, alegando outros inverídicos, como o furto de pequena monta, o relaxamento nos serviços prestados, rebaixando-a a uma condição ainda menor, induzindo a vítima a construir o seguinte pensamento: "saio do emprego, não denuncio e vou em busca de outro para sobreviver".[27]

No mesmo sentido, nossos Tribunais:

> Dano Moral, Assédio sexual. Prova. O assédio sexual é um ato que, pela sua própria natureza, se pratica secretamente (Luiz de Pinho Pedreira da Silva). Portanto, a prova direta dificilmente existirá. Por conseguinte, os Tribunais têm levado em conta a conduta similar do agente, como forma de prova indireta. Comprovado que o agente agiu da mesma maneira em relação a outras possíveis vítimas, demonstrando um comportamento desvirtuado da normalidade, o assédio sexual restará admitido. No caso dos autos, entretanto, a conduta reiterada do agente, não restou comprovada. Não há

---

[26] Diz o artigo 156 do CPP: "A prova da alegação incumbirá a quem a fizer" (...)

[27] LOPES, Adriano Almeida. *Assédio sexual nas relações do trabalho*. Brasília: Consulex, 2001. p. 17.

qualquer elemento de prova, mesmo a indireta que corrobore as assertivas da reclamante razão pela qual se pode atribuir ao empregador a responsabilidade que a autora pretende lhe imputar, Recurso ordinário a que se nega provimento.[28]

O julgador, quando do momento de avaliar a prova do assédio deve ser perspicaz, seja para não cometer injustiças perante uma acusação leviana e infundada, seja para "fazer justiça à vítima que, além de sofrer grave dano moral, se vê prejudicada na produção de tão difícil prova".[29]

2 O reflexo do assédio sexual no contrato de trabalho

Sendo o assédio sexual uma agressão à intimidade e dignidade da pessoa, no interior de uma estrutura de poder, a sexualidade passa a ser despertada no ambiente de trabalho, podendo acarretar distorções, que se reveste em forma de abusos.

Como visto, é imprescindível a existência de relação de superioridade hierárquica ou ascendência para a configuração do tipo penal. Assim, só existe assédio sexual se praticado de cima para baixo, nunca de baixo para cima, nas situações de emprego, cargo ou função.

Por emprego, deve-se entender a relação trabalhista estabelecida entre aquele que emprega, pagando remuneração pelo serviço prestado, e como empregado, aquele que presta serviços de caráter não eventual, mediante salário e sob ordem do primeiro. Trata-se das relações de trabalho na esfera civil. Cargo, é o posto criado por lei na estrutura hierárquica da administração pública, com denominação e padrão de recebimentos próprios. A função é pública, não correspondentes a um cargo ou emprego.[30]

O poder disciplinar do empregador, regido pelas normas do ordenamento jurídico, notadamente a Consolidação das Leis Trabalhistas, não pode ultrapassar os limites estabelecidos legalmente, devendo respeitar e preservar a integridade, a intimidade e a dignidade do trabalhador.

---

[28] TRT. 3ª Região, 3ª Turma. RO nº 8.051/98. Rel. Luiz Otávio Linhares Renault. *DJMG*, 26 jun. 1999.

[29] DALLEGRAVE NETO, José Affonso. *Responsabilidade civil no direito do trabalho*. 3. ed. São Paulo: LTr, 2008. p. 219.

[30] NUCCI, *op. cit.*, p. 888.

Os valores morais do empregador são fatores determinantes para o correto estabelecimento do poder hierárquico, devendo este, além de dar exemplo aos demais subalternos, deixar visível seu posicionamento contrário a atitudes dessa natureza. A ética nas relações laborais é um mínimo exigido pela legislação e pelos costumes gerais.

Determinadas profissões são mais propícias ao assédio sexual devido à sua especialidade e ao ambiente favorável. Profissões que até pouco tempo eram exclusivamente masculinas, com a participação da mulher, viu-se crescer o número de casos de comportamentos insinuantes.

Em tema de assédio sexual na docência, percebe-se duas correntes doutrinárias diversas. A primeira sustenta haver assédio em razão das relações de trabalho (patrão que assedia secretária, colocando em risco sua carreira, seu emprego) e também há o assédio por ocasião da relação empregatícia (professor empregado ou funcionário público que assedia sua aluna, colocando em risco seu desempenho escolar, sua aprovação final no curso), vez que, nas duas hipóteses, há relação laboral. Para esta corrente, ambas as hipóteses configuram o crime de assédio sexual, conforme defende Luiz Flávio Gomes.[31]

A segunda sustenta que eventual assédio entre professores e alunos, não se encontra recepcionado pelo art. 216-A, devido a relação docente-discente não implicar em relação de superioridade ou ascendência inerentes ao exercício de emprego, cargo ou função, nem mesmo em se tratando de instituições de ensino público. Cesar Roberto Bitencourt,[32] favorável a este posicionamento, elucida: "pensar diferente, seria dar interpretação extensiva à norma penal incriminadora, inadmissível na seara penal".

Apesar do *modus operandi* ser de forma livre, admitindo-se qualquer meio ou modo para a execução do tipo penal suficientes para criar um estado de constrangimento à vítima, não se pode perder de vista o "princípio da tipicidade taxativa", estrita, que não admite interpretações abertas, abrangentes, amplas ou extensivas. O simples "causar embaraço sério" não é suficiente para tipificar o crime, o que segundo Bitencourt,[33] "o mero desconforto ou embaraço

---

[31] GOMES, *op. cit.*, p. 76.
[32] BITENCOURT, *op. cit.*, p. 892.
[33] *Id.*, p. 889.

não tem a força necessária para atingir a intensidade da gravidade requerida pelo verbo *constranger*, que, repetindo, neste tipo penal, tem o sentido de *obrigar, forçar, coagir"*.

Para ser erigido à condição de crime, é necessário que o assédio sexual crie uma situação embaraçosa, constrangedora ou chantagiosa para a vítima, que, mesmo não o aceitando, ou seja, não correspondendo às investidas do sujeito ativo, sinta-se efetivamente em risco, na iminência ou probabilidade de sofrer grave dano ou prejuízo de natureza funcional ou trabalhista.[34]

2.1 Ações preventivas

O empregador pode e deve tomar atitudes preventivas visando evitar o crime de assédio sexual e, paralelamente, a segurança de boa produtividade por conta da confiabilidade assegurada a todos os empregados, de que verão, ao menos em tese, seus direitos garantidos.

As regras quanto à não tolerância de atos que podem ensejar devem ser claras, informadas e formalmente registradas, de preferência através de termo de compromisso avulso, ou incorporado ao contrato de trabalho, com as devidas explicações pertinentes à caracterização do delito, sendo ainda, o ideal, constar a possibilidade de demissão por justa causa como consequência da conduta lesiva.

Segundo Ernesto Lippmann,[35] o ideal seria demonstrar notoriamente a Lei a todos os empregados/funcionários e, num segundo momento, estabelecer previamente a forma de punição ao propenso assediador e, igualmente, um canal de denúncia ao assediado.

Sugere, o autor, a divulgação de cartazes, nos quadros de aviso, no jornal da empresa, no regulamento da empresa, etc., notificando a política adotada pelo empregador quanto ao ilícito, de forma a demonstrar que a empresa prestigia uma política respeitosa, reconhecendo a dignidade do trabalhador como fator a ser protegido. Tais atitudes poderão contar favoravelmente no caso de processos judiciais futuros, inclusive mais facilmente poderá sustentar o ressarcimento do dano causador pelo sujeito ativo ao empregador.

---

[34] *Id.*, p. 890.
[35] LIPPMANN, *op. cit.* p. 30-31.

2.2 O alcance do crime de assédio sexual perante a clientela da empresa

Outro ponto a ser debatido pausa-se na possibilidade de um cliente ser o sujeito ativo do ilícito de assédio sexual, ou seja, exigir favores sexuais de determinada empregada ou funcionária, como condição ao fechamento de um negócio. Tal situação, para Ernesto Lippmann,[36] configura o delito em pauta, devendo, a empresa, providenciar para que o assediado seja transferido para outra função, visando que este não tenha mais contato com aquele. E, se isso não for possível, se configura a possibilidade do empregado solicitar sua rescisão indireta do contrato de trabalho.

A nosso ver, parece que a posição do autor não encontra amparo legal, vez não se tratar de superior hierárquico, elemento objetivo do tipo penal, já que não se poderia realizar interpretação *in malam partem*, proibida na esfera penal. Porém, pensamos que, na esfera indenizatória, dependendo da gravidade do caso concreto, poder-se-á pensar em reparação civil correspondente ao dano moral sofrido pelo empregado ou funcionário.

3 Os efeitos do crime de assédio sexual

São vários os efeitos do crime de assédio sexual, refletindo tanto na esfera de trabalho, quanto na penal, inclusive na civil, quando da possibilidade de eventual responsabilização. Efeitos refletidos tanto para o empregado assediado, quanto para o empregado assediador, ou mesmo, para o próprio empregador, conforme veremos a seguir.

3.1 A responsabilidade civil

O Código Civil brasileiro define ato ilícito nos termos do artigo 186: "Aquele que, por ação ou omissão voluntária, negligência ou imprudência, violar direito e causar dano a outrem, ainda que exclusivamente moral, comete ato ilícito". O mesmo diploma prevê a responsabilidade civil em seu artigo 927: "Aquele que, por ato ilícito (arts. 186 e 187), causar dano a outrem, fica obrigado a repará-lo".

---

[36] *Id.*, p. 20-21.

A responsabilidade civil tutela a vida privada, que visa o estabelecimento da ordem ou equilíbrio social, por meio da reparação dos danos morais e materiais oriundos de ação lesiva e interesse alheio, concretizando o único meio de se cumprir a finalidade do direito, que é viabilizar a vida em sociedade.[37]

Na obrigação de reparar o dano, independentemente de culpa, significa que a responsabilidade contida é objetiva, ou seja, serão considerados somente o dano e a autoria pelo evento danoso. A culpa, que seria a caracterização de que houve imperícia, negligência ou imprudência, não mais consiste como prova necessária.[38]

Diante destas regras, tem-se que a responsabilidade indenizatória cabe ao empregador, mesmo que em nada tenha interferido na conduta típica.

3.2 A responsabilidade do empregador por atos de seus empregados

O Código Civil, artigo 932, aduz:

São também responsáveis pela reparação civil:

III – o empregador ou comitente, por seus empregados, serviçais e prepostos, no exercício do trabalho que lhes competir, ou em razão dele.

Constata-se que a responsabilidade do empregador é decorrente do poder diretivo em relação aos seus empregados, serviçais, comitidos ou prepostos. O legislador contemplou qualquer situação de direção, com subordinação hierárquica ou não, subsistindo a responsabilidade dos empregadores pelos danos, materiais ou morais, sofridos por seus empregados no exercício das funções que lhes incumbem, ainda que estes tenham agido excedendo os limites de suas atribuições ou tenham inclusive transgredido as ordens recebidas.[39]

Nesse sentido, a Súmula nº 341 do STF, que determina a responsabilidade do empregador por ato de seu empregado perante

---

[37] TAVARES, Regina Beatriz. *Novo Código Civil comentado*. Coordenação de Ricardo Fiúza. 2. ed. São Paulo: Saraiva, 2004. p. 836.

[38] *Id.*, p. 834 *et seq.*

[39] DALLEGRAVE NETO, *op. cit.*, p. 215-216.

terceiro, é sempre objetiva, seja pela presunção absoluta de culpa *in eligendo* e *in vigilando*. Igualmente o artigo 933 do Código Civil, que responsabiliza o empregador "ainda que não haja culpa de sua parte".

Assim sendo, o empregado vítima poderá ingressar com ação trabalhista contra o empregador, requerendo a rescisão indireta do contrato de trabalho, cumulada com pedido de reparação civil por eventuais danos sofridos.[40]

Todavia, a responsabilidade atribuída ao empregador por atos de seus empregados, permite ação regressiva contra o causador do dano, o empregado assediador. O direito de regresso direciona-se no sentido de ocorrência de culpa grave ou dolo do empregado, sendo evidente o dolo em caso de assédio sexual.

A responsabilidade, no tocante à indenização, ficará a encargo do empregador, vez ser ele o titular do poder diretivo, assumindo os riscos do empreendimento econômico, nos termos do art. 2º da CLT,[41] conforme entendimento jurisprudencial:

> Ao empregador incumbe a obrigação de manter um ambiente de trabalho respeitoso, pressuposto mínimo para a execução do pacto laboral. A sua responsabilidade pelos atos de seus prepostos é objetiva (art. 1.521, III, do CC e Súmula n. 341 do Supremo Tribunal Federal), presumindo-se a culpa. A prova dos atos atentatórios da intimidade da empregada é muito difícil, pois geralmente são perpetrados na clandestinidade, daí porque os indícios constantes dos autos têm especial relevância, principalmente quando apontam para a prática reiterada do assédio sexual com outras empregadas. Tal conduta têm como conseqüência a condenação em indenização por danos morais (art. 5º, X, da CR/88) e a rescisão indireta do contrato de trabalho.[42] (art. 483, e, da CLT)

Na hipótese do empregador, que arcou com a indenização proveniente do crime, decidir dar permanência ao contrato de trabalho do assediador, terá do direito de regresso contra o empregado-condenado, de acordo com mandamento do art. 462 §1º da Consolidação das Leis do Trabalho, que autoriza o empregador

---

[40] *Id.*, p. 216.

[41] Art. 2º Considera-se empregador a empresa, individual ou coletiva, que, assumindo os riscos da atividade econômica, admite, assalaria e dirige a prestação pessoal de serviços.

[42] TRT. 3ª Região, 5ª Turma. RO nº 4.269/2002. Rel. Rogério Valle Ferreira. *DJMG*, 06 jul. 2002.

a descontar do salário do empregado valores referentes a prejuízos dolosamente causados.

O assédio sexual é uma atitude, que pela sua própria natureza, só pode ser praticado de forma dolosa, podendo, a empresa, se ressarcir dos danos causados intencionalmente pelo causador do mau.

Nesse sentido, deve ser aplicado subsidiariamente o art. 70, III, do Código Processual Civil, o qual admite a denunciação à lide de quem estiver obrigado por lei a indenizar aquele que perder a demanda, cumulado com o art. 934 do Código Civil, que declara que, "aquele que ressarcir o dano causado por outrem pode reaver o que houver daquele por quem pagou" (...) O empregado é obrigado a ressarcir o empregador de danos que dolosamente lhe causou, devolução que pode ser feita em desconto no salário, mas que também pode ser cobrado em ação própria regressiva.[43]

Assim, conveniente a exigência, pelo empregador, de um padrão mínimo de moralidade, deixando-se claro, sempre, a obrigatoriedade de condutas respeitosas à intimidade dos colegas de trabalho, devendo manter-se em vigilância, a exemplo: incluir no próprio contrato de trabalho cláusulas especiais, como termo de compromisso, o qual dá conhecimento da política antiassédio da empresa, e quais as consequências que o delito pode acarretar.

3.3 Os direitos a que assiste a vítima

O empregado vítima tem seus direitos amparados legalmente: primeiro é a sua transferência de local ou setor de trabalho, após comunicação ao empregador, deixando de ficar sob as ordens do superior, ou na sua companhia, conforme o caso.[44]

Além do direito à transferência do local laboral, o empregado tem direito à rescisão indireta do contrato de trabalho, nos termos do art. 483[45] alíneas e, d ou c da Consolidação das Leis Trabalhistas,

---

[43] DELGADO, Mauricio Godinho. *Curso de direito do trabalho*. 2. ed. São Paulo: LTr, 2003.

[44] *Ibidem*.

[45] Art. 483: "O empregado poderá considerar rescindindo o contrato e pleitear a devida indenização quando: a) forem exigidos serviços superiores às suas forças, defesos por lei, contrários aos bons costumes, ou alheios ao contrato; b) for tratado pelo empregador ou por seus superiores hierárquicos com rigor excessivo; c) correr perigo manifesto de mal considerável; d) não cumprir o empregador as obrigações do contrato; e) praticar o empregador, ou seus prepostos, contra ele ou pessoa de sua família, ato lesivo da honra e boa fama; f) o empregador ou seus prepostos ofenderem-no fisicamente, salvo em caso de legítima defesa, própria ou de outrem; g) o empregador reduzir o seu trabalho, sendo este por peça ou tarefa, de forma a afetar sensivelmente a importância dos salários."

além de indenização por danos morais, nos termos do art. 5º, X, da Constituição Federal.

A motivação da despedida indireta encontra-se na sinalização de que a relação de emprego se desgastou, a ponto de abrir mão do contrato, a continuar submetido às condutas imorais nele.

3.4 Os direitos a que assiste o empregador

Segundo Sérgio Pinto Martins,[46] a justa causa é o efeito emanado de ato ilícito do empregado que, violando alguma obrigação legal ou contratual, explícita ou implícita, permite ao empregador a rescisão do contrato sem ônus, conforme as hipóteses elencadas no art. 482 da CLT.[47]

A prática de assédio sexual por empregado, contra colegas de trabalho, independentemente de exercer função superior à do assediado, pode ser considerada justa causa para a rescisão do contrato de trabalho, conforme posicionamento doutrinário,[48] enquadrando o assédio como incontinência de conduta ou mau procedimento, ou ainda, como ato lesivo da honra ou da boa fama praticado no serviço contra qualquer pessoa, quando exercido no local de trabalho, protegendo as regras de conduta social, exigidas na esfera laboral.

A jurisprudência concretiza igualmente este posicionamento, conforme constata as decisões de Tribunais Regionais:

> Caracteriza-se a incontinência de conduta pelo procedimento desregrado, ligado à sexualidade, direta ou indiretamente. O trabalhador que assedia suas colegas de trabalho, inclusive as casadas, dirigindo-lhes gracejos, utilizando termos de calão e tentando contatos físicos, ofende princípios básicos de convivência, perceptíveis até aos mais

---

[46] MARTINS, Sérgio Pinto. *Comentários à CLT*. 12. ed. São Paulo: Atlas, 2008.

[47] "Art. 482 – Constituem justa causa para rescisão do contrato de trabalho pelo empregador: a) ato de improbidade; b) incontinência de conduta ou mau procedimento; c) negociação habitual por conta própria ou alheia sem permissão do empregador, e quanto constituir ato de concorrência à empresa para a qual trabalha o empregado, ou for prejudicial ao serviço; d) condenação criminal do empregado, passada em julgado, caso não tenha havido suspensão da execução da pena; caso não tenha havido suspensão da execução da pena; e) desídia no desempenho das respectivas funções; f) embriaguez habitual ou em serviço; g) violação de segredo de empresa; h) ato de indisciplina ou de insubordinação; i) abandono de emprego; j) ato lesivo da honra ou da boa fama, praticado no serviço contra qualquer pessoa, ou ofensas físicas, nas mesmas condições, salvo em caso de legítima defesa, própria ou de outrem; k) ato lesivo da honra ou da boa fama ou ofensas físicas praticadas contra o empregador e superiores hierárquicos, salvo em caso de legítima defesa, própria ou de outrem; l) prática constante de jogos de azar.

[48] PAMPLONA FILHO, Rodolfo. *O assédio sexual na relação de emprego*. São Paulo: LTr, 2001.

humildes. Caracterização da figura tipificada pelo art. 482, alínea b da CLT. Justa causa reconhecida. Recurso desprovido.[49] Constitui justa causa o assédio entre colegas de trabalho quando a um deles causa constrangimento, é repelido, descambando o outro para a vulgaridade e as ameaças, em típica má conduta.[50]

Na visão de Maria Goretti Dal Bosco,[51] seriam válidas algumas mudanças propostas para alteração do artigo 482 da CLT, sendo, a primeira, a previsão da possibilidade da empregada ou empregado assediado ter o direito de mudar de setor no trabalho e, a outra, a obrigatoriedade do Ministério do Trabalho estabelecer normas para que as empresas criem programas de prevenção ao assédio sexual, instituindo procedimentos para averiguação de denúncias acerca de ocorrências do delito no interior do estabelecimento.

A justa causa trata de um inadimplemento grave dos deveres do trabalhador, pois envolve a utilização de poderes inerentes à função. Repercute diretamente na confiança em que repousa a relação entre empregado e empregador, principalmente quando se trata de cargo mais graduado, como costuma acontecer.

3.5 O custo do assédio sexual para a vítima, para o empregador e para a sociedade

Diversos são os reflexos trazidos pelo crime de assédio sexual. Para a vítima, dependendo da intensidade da ameaça e da forma de como se efetiva esta pressão, pode gerar abalos emocionais irreversíveis.

O sofrimento psicológico causado pela humilhação, a diminuição motivacional e a perda da autoestima, são alguns dos reflexos que podem ocorrer nas vítimas do crime, além de mudanças de comportamento, como isolamento e deterioração das relações sociais. Doenças psicológicas, físicas e mentais, produzidas pelo estresse, como abuso de drogas e álcool também podem ter suas raízes pelo advento deste delito.[52]

---

[49] TRT. 10ª Região, 3ª Turma. Ac. nº 3.099/95. Rel. Juiz Fontan Pereira, *DJDF*, p. 12332, 1º set. 1995.

[50] TRT. 3ª Região, 5ª Turma. Rel. Juiz Ronaldo de Souza. *LTr*, 57-3/319

[51] DAL BOSCO, Maria Goretti. Assédio sexual nas relações de trabalho. *Jus Navegandi*, Teresina, ano 6, n. 52, nov. 2001. Disponível em: <http://jus2.uol.com.br/doutrina/texto.asp?id=2430>. Acesso em: 16 out. 2008.

[52] MIURA, Douglas. Assédio sexual no local de trabalho. Disponível em: <http://www.conjur.com.br/pdf/assediosexual.pdf>. Acesso em: 16 nov. 2008.

O empregador igualmente sofrerá, reflexa e diretamente, as mazelas geradas pelo presente delito, tais como a diminuição da produtividade da empresa, perigo de realizar trabalhos em equipe, desmotivação, rotatividade de mão de obra, custos por possível rescisão indireta, além de, paralelamente, dependendo do caso concreto, arcar civilmente com os custos do dano moral sofrido. Segundo Douglas Miúra,[53] não haverá candidatos para as vagas em local de trabalho onde se teme o assédio sexual.

A própria sociedade arcará com os prejuízos causados pelo delito, tanto com as custas processuais, quanto a longo prazo, quando da integração das vítimas ao mercado de trabalho, a considerar a possibilidade de aposentadoria antecipada ou outros benefícios previdenciários a serem concedidos dependendo do grau do abalo psíquico. Concomitante a estes, igualmente a possibilidade da vedação ao acesso às mulheres a trabalhos de alto nível e bons salários, devido ao receio da possibilidade de assédio sexual, advindo tanto do medo do empregador, quanto da própria vítima e sua família.

Conclusão

O assédio sexual, como crime previsto na legislação brasileira, acarreta a supressão de direitos fundamentais, tais como a liberdade sexual, a dignidade da pessoa humana e o respeito no ambiente de trabalho, além de interferir diretamente nas relações laborais.

Quando da ocorrência do delito em pauta, o trabalhador vítima é colocado em posição de objeto, de ferramenta, utilizada para saciar a lascívia de chefes ou ascendentes que, devido ao poder de mando, atemorizam seus subordinados em troca desta satisfação, desrespeitando seus valores como pessoa, ferindo sua dignidade.

Como reflexo direto do crime de assédio sexual, constata-se a degradação do ambiente de trabalho, provocando enorme constrangimento ao assediado, minando negativamente todos os contratos de trabalho dos envolvidos, além da geração de desconforto perante demais colegas e familiares, inclusive com prejuízo ao curso normal de trabalho.

A prática deste crime, além de atingir a liberdade sexual, vulnera interesses transindividuais trabalhistas, abrindo margem para

---

[53] *Id.*

comportamentos discriminatórios, principalmente às mulheres, quando de novas contratações, devendo, assim, ser combatido veementemente por empregadores, que devem exigir posturas de respeito, digna da relação que o contrato de trabalho requer.

Referências

BITENCOURT, Cezar Roberto. *Código Penal comentado*. 4. ed. atual. São Paulo: Saraiva, 2007.

BRASIL. Constituição (1988). *Constituição da República Federativa do Brasil de 1988*: promulgada em 05 de outubro de 1988. Brasília: Gráfica do Senado Federal, 2005.

BRASIL. Decreto-Lei 2.848 de 07 de dezembro de 1940.

BRASIL. Decreto-Lei 3.689, de 03 de outubro de 1941.

BRASIL. Lei 9.099 de 26 de setembro de 1995.

DAL BOSCO, Maria Goretti. Assédio sexual nas relações de trabalho. *Jus Navigandi*, Teresina, ano 6, n. 52, nov. 2001. Disponível em: <http://jus2.uol.com.br/doutrina/texto.asp?id=2430>. Acesso em: 16 out. 2008.

DALLEGRAVE NETO, José Affonso. *Responsabilidade civil no direito do trabalho*. 3. ed. São Paulo: LTr, 2008.

DELGADO, Maurício Godinho. *Curso de direito do trabalho*. 2. ed. São Paulo: LTr, 2003.

FEITOZA, Denilson. *Direito processual penal*: teoria, crítica e praxis. 5. ed. rev. ampl. e atual. Niterói: Impetus, 2008.

FERREIRA, Aurélio Buarque de Holanda. *Novo Aurélio Século XXI*: o dicionário da língua portuguesa. 3. ed. rev. e amp. Rio de Janeiro: Nova Fronteira, 1999.

GOMES, Luiz Flávio. Lei do assédio sexual (Lei n. 10.224/2001): primeiras notas interpretativas. *In*: JESUS, Damásio E. de; GOMES, Luiz Flávio (Coord.). *Assédio sexual*. São Paulo: Saraiva, 2002.

JESUS, Damásio E. de. Assédio sexual. *In*: JESUS, Damásio E. de; GOMES, Luiz Flávio (Coord.). *Assédio sexual*. São Paulo: Saraiva, 2002.

LIPPMANN, Ernesto. *Assédio sexual nas relações de trabalho*: danos morais e materiais nos Tribunais após a Lei n. 10.224. São Paulo: LTr, 2001.

LOPES, Adriano Almeida. *Assédio sexual nas relações do trabalho*. Brasília: Consulex, 2001. Disponível em: <http://www.redeglobo.com.br/programas/gr/19971010/chan.htm>.

MARTINS, Sergio Pinto. *Comentários à CLT*. 12. ed. São Paulo: Atlas, 2008.

MIURA, Douglas. Assédio sexual no local de trabalho. Disponível em: <http://www.conjur.com.br/pdf/assediosexual.pdf>. Acesso em: 16 nov. 2008.

NUCCI, Guilherme de Souza. *Código penal comentado*. 9. ed. rev. atual. e ampl. São Paulo: Revista dos Tribunais, 2008.

PAMPLONA FILHO, Rodolfo. *O assédio sexual na relação de emprego*. São Paulo: LTr, 2001.

PRADO, Luiz Regis. *Curso de direito penal brasileiro*: parte geral. 6. ed. rev. atual. e ampl. São Paulo: Revista dos Tribunais, 2006. v. 1.

SANTOS, Aloysio. *Assédio sexual nas relações trabalhistas e estatutárias*. Rio de Janeiro: Forense, 1999.

TAVARES, Regina Beatriz. *Novo Código Civil comentado*. Coordenação de Ricardo Fiúza. 2. ed. São Paulo: Saraiva, 2004.

TRT. 3ª Região, 3ª Turma. AC n. 3.099/1995. Rel. Fontan Pereira. *DJDF*, 01 set. 1995.

TRT. 3ª Região, 3ª Turma. RO 8051/1998. Rel. Luiz Otávio Linhares Renault. *DJMG*, 26 jun. 1999.

TRT. 3ª Região, 5ª Turma. Rel. Ronaldo de Souza. *LTr*, 57-3/319.

TRT. 3ª Região, 5ª Turma. RO 4269/2002. Rel. Rogério Valle Ferreira. *DJMG*, 06 jul. 2002.

TRT. 3ª Região. RO 1533/2000, 4ª Turma. Rel. Lucide D'ajuda Lyra de Almeida. *DJMG*, 20 abr. 2002.

Informação bibliográfica deste texto, conforme a NBR 6023:2002 da Associação Brasileira de Normas Técnicas (ABNT):

GUZELLA, Tathiana Laiz. O crime de assédio sexual e seus efeitos nas relações de trabalho. *In*: BARACAT, Eduardo Milléo (Coord.). *Direito penal do trabalho*: reflexões atuais. Belo Horizonte: Fórum, 2010. p. 61-81. ISBN 978-85-7700-357-0.

PARTE II

Os Bens Jurídicos Trabalhistas Penalmente Tuteláveis

Tutela Penal de Direitos Trabalhistas (Anotação na CTPS e Direito ao Salário)

André Gonçalves Zipperer

Sumário: Introdução – **1** A necessidade de uma tutela penal dos direitos trabalhistas – **2** Aspectos penais da retenção dolosa de salário – **2.1** A proteção do salário – **2.2** A retenção dolosa de salários – **2.2.1** A aplicação da norma constitucional de retenção dolosa de salários – **2.3** A retenção dolosa de salário como crime de apropriação indébita (art. 168 do Código Penal) – **2.4** O crime previsto no Decreto-Lei nº 368 de 19.12.1968 – **3** A tutela penal das anotações em Carteira de Trabalho e Previdência Social – **3.1** A Carteira de Trabalho como documento – **3.2** Da tutela penal das anotações em CTPS – **3.2.1** Do crime previsto no artigo 203 do Código Penal – **3.3** A atual posição do STJ – Conclusão – Referências

Introdução

Fiscalização do Ministério Público do Trabalho apontou irregularidades nos contratos de trabalho de uma determinada empresa, A mesma mantinha trabalhadores prestando serviços sem o devido registro e consequente anotação em Carteira de Trabalho, assim como frequentemente retinha o salário de seus empregados. Além de receber as autuações de praxe, um assustado empresário também foi conduzido à delegacia, pois, conforme esclarecido pela autoridade policial responsável, havia cometido dois crimes ao sonegar tais direitos ao trabalhador.

O espanto do empregador ao saber que sua falta incorrerá em um possível inquérito criminal é compreensível diante do pouco "uso" de normas de tutela penal de direitos trabalhistas. Tal fato se dá, dentre outros motivos, em razão da ausência de uma clara definição sobre a aplicação destas normas num caso concreto. Assim urge necessidade de estudo neste sentido.

As corretas anotações em Carteira de Trabalho, assim como a proteção ao salário são direitos de suma importância para o trabalhador, constituindo medida inclusive para proteção de sua dignidade. Assim, optou o legislador por tutelar penalmente estes direitos, criminalizando o descumprimento dessas normas legais trabalhistas.

O presente trabalho se destina ao estudo da tutela penal de dois direitos trabalhistas específicos. Do próprio salário, protegido constitucionalmente contra sua retenção dolosa, e as anotações em Carteira de Trabalho.

Em relação ao crime de retenção dolosa de salários procurar-se-á, partindo do pressuposto de que a norma constitucional que o prevê é uma norma de eficácia limitada que somente produz efeitos quando o legislador ordinário cumprir a tarefa de complementá-la, verificar a existência de alguma norma que dê efetividade a *mandamus* constitucional.

Também será analisada a existência ou não de outros tipos penais que cumpram a função de punir o fato.

Em relação às anotações em CTPS, cumpre definir se de fato existe norma penal a tutelar o referido direito trabalhista punindo a conduta omissiva de não anotação.

Assim merecem respostas as seguintes indagações: a efetividade da norma constitucional que prevê a retenção dolosa de salário carece de uma lei complementar a regulamentá-la? Pode-se enquadrar tal retenção simplesmente como apropriação indébita na forma da lei penal existente? A não anotação do contrato de trabalho na CTPS é um bem tutelado penalmente?

1 A necessidade de uma tutela penal dos direitos trabalhistas

A exposição de motivos do Código Penal, ensina René Ariel Dotti, justifica a criminalização dos delitos relacionados ao trabalho com a necessidade de o Estado, no domínio econômico, suprir as deficiências da iniciativa individual de coordenar os fatores de produção, de maneira a evitar, ou resolver, os conflitos, introduzindo no jogo das competições individuais, o pensamento e o interesse da Nação.[1]

José Martins Catharino conclui, depois de traçar importantes exemplos e normas penais que se relacionam com as normas trabalhistas: "As indicações feitas provam como a manutenção da ordem jurídica trabalhista em muito depende de sanções penais".[2]

Assim, reconhece, parcela importante da doutrina, a importância da tutela penal dos direitos trabalhistas. Tal necessidade é refletida inclusive nos projetos de reforma do Código Penal que enumeram diversos crimes relacionados ao trabalho, revelando uma tendência legalista incriminadora do próprio legislador. Tais propostas, como bem coloca René Dotti, continuam no "limbo da indiferença oficial".[3]

Dois dos mais importantes direitos laborais tutelados penalmente são o salário (que mereceu tutela penal constitucional) e as anotações em CTPS, os quais merecerão detida análise nos tópicos a seguir.

2 Aspectos penais da retenção dolosa de salário

2.1 A proteção do salário

Salário é, nas palavras de Mauricio Godinho Delgado, "o conjunto de parcelas contraprestativas pagas pelo empregador ao empregado em função do contrato de trabalho".[4]

---

[1] DOTTI, René Ariel. Assuntos criminais no processo trabalhista. *In*: COUTINHO, Aldacy Rachid; GUNTER, Luiz Eduardo; DALLEGRAVE NETO, José Affonso (Coord.). *Transformações do Direito do Trabalho*. Estudos em homenagem ao professor Doutor João Régis Fassbender Teixeira. Curitiba: Juruá, 2000. p. 189.

[2] CATHARINO, José Martins *apud* SANTOS, Altamiro J. dos. *Direito penal do trabalho*. São Paulo: LTr, 1997. p. 96.

[3] Os estudos de 1992, tiveram uma subcomissão exclusiva para crimes do trabalho. O respectivo capítulo foi designado "Dos crimes contra a dignidade, a liberdade, a segurança e a higiene do trabalho". Dentre os muitos tipos de ilícito previstos, previu-se nos novos artigos 343 a "frustração, restrição ou supressão de direitos assegurados por lei trabalhista ou previdenciária" e 345 a "omissão de anotação em carteira de trabalho". O projeto de 1998 era praticamente igual ao de 92. DOTTI, René Ariel. Assuntos criminais no processo trabalhista. *In*: COUTINHO, Aldacy Rachid; GUNTER, Luiz Eduardo; DALLEGRAVE NETO, José Affonso (Coord.). *Transformações do direito do trabalho*: estudos em homenagem ao professor Doutor João Régis Fassbender Teixeira. Curitiba: Juruá, 2000. p. 190-192.

[4] DELGADO, Mauricio Godinho. *Curso de direito do trabalho*. 3. ed. São Paulo: LTr, 2004. p. 681.

Já Amauri Mascado Nascimento define salário como "conjunto de percepções econômicas devidas pelo empregador ao empregado não só como contraprestação do trabalho, mas, também, pelos períodos em que estiver à disposição daquele, aguardando ordens, pelos descansos remunerados, pelas interrupções do contrato de trabalho ou por força de lei".[5]

Trata-se, na verdade, de um complexo de parcelas e não de uma única parcela, sendo que todas têm caráter de contraprestação, "não necessariamente em função da precisa prestação de serviços, mas em função do contrato (nos períodos de interrupção o salário continua devido e pago)".[6]

Mário de La Cueva, citado por Amauri Mascaro Nascimento, destacou que o salário é, na vida real, a fonte única, ou ao menos, principal, de ingressos para o trabalhador, de cuja circunstância se depreende que o salário tem caráter alimentício reconhecido constantemente pela jurisprudência, meio quase sempre único para o trabalhador satisfazer as suas necessidades básicas e as de sua família.[7]

A percepção pelo trabalhador da retribuição justa pelo seu trabalho é fator preponderante, inclusive, para a efetividade do metaprincípio constitucional da dignidade da pessoa humana.

Ruprecht, ao versar sobre o tema, esclarece que o respeito à dignidade humana do trabalhador tem diversas vertentes, citando especificamente dentre outras a proteção ao salário do trabalhador.[8]

Maria Celina Bodin de Moraes lembra que o princípio geral da solidariedade (através do qual se alcança o objetivo da "igual dignidade social"), instituído na Constituição de 1988, caracteriza-se pelo "conjunto de instrumentos voltados para garantir uma existência digna, comum a todos em uma sociedade que se desenvolva como livre e justa, sem excluídos ou marginalizados".[9]

Ao analisar este princípio, Eduardo Milléo Baracat conclui que "não terá o empregado existência digna se não auferir os meios

---

[5] NASCIMENTO, Amauri Mascaro. *Iniciação ao direito do trabalho*. São Paulo: LTr. 29. ed. 2003. p. 351.

[6] DELGADO, Mauricio Godinho. *Curso de direito do trabalho*. 3. ed. São Paulo: LTr, 2004. p. 681.

[7] CUEVA, Mario de la. *Derecho Mexicano del Trabajo apud* NASCIMENTO, Amauri Mascaro. *Salário*: conceito e proteção. São Paulo: LTr, 2008. p. 24.

[8] RUPRECHT, Alfredo J. *Os princípios do direito do trabalho apud* ENGEL, Ricardo José. *O jus variandi no contrato individual de trabalho*. São Paulo: LTr, 2003. p. 40.

[9] MORAES, Maria Celina Bodin de. *Danos à pessoa humana*: uma leitura civil-constitucional dos danos morais. Rio de Janeiro: Renovar, 2003. p. 114.

necessários à sua subsistência, sendo que estes meios, em regra, são os únicos que dispõe o trabalhador".[10]

Com efeito, dá-se a um crédito salarial, o caráter de "alimentar", vinculando-o à possibilidade de, a partir dele, o trabalhador prover as necessidades básicas suas e as de sua família.

Mauricio Godinho Delgado destaca que a noção da natureza alimentar é simbólica e parte do suposto que a pessoa física que vive do seu trabalho empregatício proverá suas necessidades básicas de indivíduo e de membro de uma comunidade familiar com o ganho advindo desse trabalho, ou seja, seu salário. "A essencialidade dos bens a que se destina o salário do empregado, por suposto, é que induz à criação de garantias fortes e diversificadas em torno da figura econômico-jurídica".[11]

Mais a frente completa o mesmo autor: "a força do princípio da proteção do salário (intangibilidade salarial), não está somente estribada no Direito do Trabalho, porém nas relações que mantém como o plano externo (e mais alto) do universo jurídico" de modo que tal "princípio ata-se até mesmo a um princípio jurídico geral de grande relevo, com sede na Carta Magna: o princípio da dignidade da pessoa humana".[12]

Assim, ao se proteger o salário, tem-se uma via direta de tutela da dignidade da pessoa do trabalhador.

Esta proteção ao salário do trabalhador se baseia, portanto, nesta lógica humanista e solidarista.

Para Ingo Sarlet, uma das dimensões da dignidade humana é vedar que o ser humano seja tratado como um objeto. Continua o raciocínio da seguinte maneira:

(...) o desempenho de funções sociais em geral encontra-se vinculado a uma recíproca sujeição, de tal sorte que a dignidade da pessoa humana, compreendida como vedação da instrumentalização humana, um princípio proíbe a completa e egoísta disponibilização do outro, no sentido de que se está a utilizar outra pessoa apenas como meio para alcançar determinada finalidade, de tal sorte que o critério decisivo para identificação de uma violação da dignidade

---

[10] BARACAT, Eduardo Milléo. Desconsideração da personalidade jurídica da sociedade limitada no processo do trabalho: interpretação à luz do princípio da dignidade da pessoa humana. *In*: SANTOS, José Aparecido dos (Org.). *Execução trabalhista*: homenagem aos 30 anos da AMATRA IX. São Paulo: LTr, 2008. p. 331.

[11] DELGADO, Mauricio Godinho. *Curso de direito do trabalho*. 3. ed. São Paulo: LTr, 2004. p. 206.

[12] DELGADO, Mauricio Godinho. *Curso de direito do trabalho*. 3. ed. São Paulo: LTr, 2004. p. 206.

passa a ser (pelo menos em muitas situações, convém acrescer) o do objetivo da conduta, isto é, a intenção de instrumentalizar (coisificar) o outro.[13]

Baseado em tal interpretação de Sarlet, Baracat, ao analisar o instituto da desconsideração da personalidade jurídica no Direito do Trabalho, conclui pela sua aplicação ampla atestando que "inviabilizar o recebimento do salário pelo trabalhador que contribui com o seu trabalho para a atividade egoísta do empresário — protegendo o patrimônio deste — é 'coisificar' o trabalhador, tratando-o como objeto, similar a qualquer outro meio de produção (capital ou matéria-prima), já que não se permite a retribuição do trabalho prestado".[14]

Diante da enorme importância do salário para a manutenção das condições dignas de vida do trabalhador, evidencia Amauri Mascaro Nascimento que "não é, pois, de se estranhar que os legisladores e o movimento operário tenham se esforçado para garantir ao trabalhador a percepção efetiva e real dos salários e que, para esse fim, tenham sido elaboradas, desde o século passado, numerosas e importantes disposições".[15]

Em nível internacional, a Convenção nº 95 da OIT, de 1949, foi aprovada pelo Decreto Legislativo nº 24, de 1956 e promulgada pelo Decreto nº 41.721, de 1957, é que cuida da proteção ao salário. Dentre algumas garantias, define-se a proibição do pagamento de salário sob forma de bônus, devendo ser pago em moeda de curso legal no país, a obrigatoriedade do pagamento diretamente ao empregado, a sua impenhorabilidade, a preferência ao pagamento de falências, dentre outros direitos.[16]

O legislador constituinte percebeu essa importância ao fazer constar na Carta Magna diversas disposições de proteção ao salário. O princípio da proteção ao salário está consagrado constitucionalmente no artigo 7º, além do artigo 462 da CLT.

---

[13] SARLET, Ingo Wolfgang. As dimensões da dignidade da pessoa humana: construindo uma compreensão jurídico-constitucional necessária e possível. *In*: SARLET, Ingo Wonfgang (Org.). *Dimensões da dignidade*: ensaios de filosofia de direito e direito constitucional. Porto Alegre: Livraria do Advogado, 2005. p. 16 e 33.

[14] BARACAT, Eduardo Milléo. Desconsideração da personalidade jurídica da sociedade limitada no processo do trabalho: interpretação à luz do princípio da dignidade da pessoa humana. *In*: SANTOS, José Aparecido dos (Org.). *Execução trabalhista*: homenagem aos 30 anos da AMATRA IX. São Paulo: LTr, 2008. p. 330.

[15] NASCIMENTO, Amauri Mascaro. *Salário*: conceito e proteção. São Paulo: LTr, 2008. p. 24.

[16] NASCIMENTO, Amauri Mascaro. *Salário*: conceito e proteção. São Paulo: LTr, 2008. p. 48-49.

De acordo com tal princípio, protege-se o salário contra reduções, retenção dolosa, descontos indevidos não previstos em lei e ainda, de acordo com a intangibilidade salarial, a proteção do salário do trabalhador contra seus credores.

Amauri Mascaro Nascimento destaca o valor da tutela constitucional do salário pois, segundo ele, mostra a importância deste no ordenamento jurídico e para a economia, nesta área, submetendo-se a regras e finalidades nem sempre compatíveis com as normais de Direito do Trabalho.

Ensina Nascimento que deve ser levado em conta duas visões diferentes de salário. Para a economia o salário é o custo da produção, sendo que para o Direito do Trabalho é um meio de subsistência do trabalhador e sua família.

Com base nessa ressalva, Nascimento ressalta que estes dois setores da ciência não devem ser antagônicos, mas, ao contrário, convergentes no interesse maior do País, o que exige a valorização do salário pela economia e a defesa do salário pelo Direito do Trabalho para que se cumpra os fins sociais.

Assim, conclui que "essa é a perspectiva que deve prevalecer diante das normas sobre salário na Constituição. Nela são encontradas também disposições a respeito do trabalho, de regras de defesa dos trabalhadores, movimentos a que se dá o nome de constitucionalismo social e que faz parte da tradição brasileira".[17]

Para Mauricio Godinho, o articulado sistema de proteção ao salário justifica-se tanto socialmente quanto do ponto de vista jurídico. Socialmente porque, na qualidade de principal contraprestação paga pelo empregador ao obreiro no contexto da relação de emprego, visa a atender as necessidades básicas do empregado como ser individual e social. Juridicamente justifica-se pelo reconhecimento do caráter alimentar da contraprestação.[18]

Mozart Victor Russomano, citado por Celso Ribeiro Bastos, ao observar que essa natureza alimentar do salário reclama regulamentação cuidadosa, expõe que no Brasil essa proteção assume três aspectos fundamentais: a) irredutibilidade; b) integridade; c) intangibilidade.[19]

Sobre este último aspecto, esclarece Delgado, fixou a ordem jurídica como regra básica a vedação a descontos empresariais

---

[17] NASCIMENTO, Amauri Mascaro. *Salário*: conceito e proteção. São Paulo: LTr, 2008. p. 98.

[18] DELGADO, Mauricio Godinho. *Curso de direito do trabalho*. 3. ed. São Paulo: LTr, 2004. p. 769.

[19] BASTOS, Celso Ribeiro; MARTINS, Ives Gandra. *Comentários à Constituição do Brasil*. São Paulo: Saraiva, 1988/1989.

no salário obreiro, prevista no art. 462, *caput, ab initio*, da CLT.[20] Essa garantia, no entanto, ampliou-se sobremaneira a partir da promulgação da Constituição Federal de 1988 quando a Carta Magna levou ao extremo a proteção do salário ao estabelecer um mandado de criminalização para o legislador ordinário sobre retenção dolosa de salário, através do texto contigo no artigo 7º, inciso X.

2.2 A retenção dolosa de salários

O artigo 7º da Constituição Federal prevê em seu inciso X ser direito dos trabalhadores "Proteção do salário na forma da lei, constituindo crime sua retenção dolosa". A vontade do legislador foi, portanto, definir um tipo penal para que o Estado possa utilizar também a sua jurisdição criminal para combater este tipo de abuso.

Do texto constitucional é possível chegar a diversas conclusões.

Retenção (do latim *retinere* — reter, manter, conservar) é, segundo Amauri Mascaro, "uma forma de extinção das obrigações na qual o devedor deixa de fazer o pagamento por inadimplemento de uma obrigação do credor".[21]

A Consolidação das Leis do Trabalho admite a retenção de salários no artigo 767 ("A compensação, ou retenção, só poderá ser argüida como matéria de defesa"). Também o artigo 487, §2º da CLT admite que "A falta de aviso prévio por parte do empregado dá ao empregador o direito de descontar os salários correspondentes ao prazo respectivo". Tais retenções não são antijurídicas e não configuram crime, pois são autorizadas pela lei e não sujeitam o empregador a nenhuma penalidade, por estar exercendo um direito.[22]

Assim, não cometerá crime, o empregador que retiver o salário do empregado despedido por justa causa, para ressarcir-se de despesas com a antecipação do 13º Salário pago a este, conforme previsto no artigo 13 da Lei nº 4.749 de 12.08.1965. Tendo o empregado a obrigação de dar aviso prévio, seu abandono de emprego, fora do disposto na Súmula nº 73 do TST, justificará a retenção do saldo de salários. Também são lícitas as retenções de que

---

[20] DELGADO, Mauricio Godinho. *Curso de direito do trabalho*. 3. ed. São Paulo: LTr, 2004. p. 769.

[21] NASCIMENTO, Amauri Mascaro. *Direito do trabalho na Constituição de 1988*. São Paulo: Saraiva, 1991. p. 138. A Classificação é a mesma de Celso Ribeiro Bastos.

[22] NASCIMENTO, Amauri Mascaro. *Salário*: conceito e proteção. São Paulo: LTr, 2008. p. 107.

trata a Lei nº 10.820 de 2003, quando o trabalhador expressamente autoriza os descontos referentes a empréstimos realizados juntos a instituições financeiras.

Fica claro também que o tipo penal exige do empregador um comportamento doloso na retenção (a vontade deliberada, livre e consciente em deixar de honrar o pagamento salarial devido), não sendo punível, por certo, a modalidade culposa. Também não se vislumbra possível motivação para retenção, uma vez possuir o salário a sua natureza alimentícia.

A Constituição fala expressamente em salário, não admitindo interpretação extensiva — como qualquer outra norma fixadora de ilícito ou punição.[23]

Desse modo, deve-se compreender a norma constitucional (art. 7º, X), no sentido de que a tutela refere-se ao salário *strictu sensu"*.[24] Nessa linha, ensina Delgado, excluem-se dessa noção de salário retido (para fins penais) as parcelas salariais acessórias e ainda as controvertidas (a controvérsia sobre o débito exclui o próprio dolo, em tais casos).[25]

Na mesma linha Sérgio Pinto Martins afirma que "a proteção refere-se ao salário, incluindo verbas de natureza salarial. Não menciona a Constituição que se trata de proteção da remuneração, mas do salário. Logo, não estão incluídas nesse conceito as gorjetas, que são remuneração, mas não são salário".[26]

Uma correta interpretação sobre a amplitude da norma é necessária, por se tratar de uma norma penal.

2.2.1 A aplicação da norma constitucional de retenção dolosa de salários

Trata-se, para a maioria esmagadora da doutrina, de uma norma de eficácia limitada que não produziu efeito imediato, cabendo ao legislador ordinário a tarefa de complementá-la.[27]

---

[23] Nélson Hungria disserta sobre interpretação restritiva da norma penal: "Restritiva se diz a interpretação que restringe o alcance das palavras da lei, verificando o intérprete que o pensamento desta não permite atribuir àquelas toda a latitude que parecem comportar" (HUNGRIA, Nélson. *Comentários ao Código Penal*. 4. ed. Rio de Janeiro: Forense, 1958. v. 1, t. I, p. 83).

[24] DELGADO, Mauricio Godinho. *Curso de direito do trabalho*. 3. ed. São Paulo: LTr, 2004. p. 769.

[25] DELGADO, Mauricio Godinho. *Curso de direito do trabalho*. 3. ed. São Paulo: LTr, 2004. p. 769.

[26] MARTINS, Sérgio Pinto. *Direito do trabalho*. 19. ed. São Paulo: Atlas, 2004. p. 303.

[27] Gisela Maria Bester cita a classificação de José Afonso da Silva "Normas de eficácia limitada e aplicabilidade mediata ou indireta (declaratórias de princípios institutivos ou organizativos e declaratórias de princípios programáticos) são as que, para sua aplicação dependem de legislação

O legislador estabeleceu um mandado de criminalização[28] para o legislador ordinário para que este, através de legislação complementar estabeleça definições para o fato criminoso, devendo narrar uma conduta humana e definir a sanção. Celso Ribeiro Bastos destaca que

> a cláusula em comento, é dizer, a criminalização da retenção dolosa não é exeqüível de imediato. Necessita de lei tipificadora da hipótese delituosa. Isto por duas razões: a) a própria Constituição incumbe à lei a tarefa de criminalizar a retenção dolosa; b) há necessidade de descrição tipificadora da figura criminal, para o que não basta, obviamente, o constante da indigitada cláusula constitucional. Enquanto não sobrevier a indispensável lei regulamentadora, não se pode nenhuma retenção ser tida como dolosa para efeitos penais. Na mesma linha de idéias, reconheça-se a inoperância da aludida cláusula constitucional para revorar as hipóteses legalmente previstas de retenção ilícita.[29]

Na mesma linha Amauri Mascaro Nascimento destaca "se a criminalização da retenção depende de lei, e a resposta é afirmativa

---

complementar ou de atuação estatal sob forma de programas de governo tendo, porém, desde o início, eficácia ab-rogante ou paralisante da legislação infraconstitucional incompatível, isto é, contrária ao seu conteúdo". Deste modo é importante ressaltar que estas normas entram em vigor junto com a Constituição e são de aplicabilidade imediata no que tange à legislação anterior, inclusive em relação às normas da Constituição preexistentes, bem como em relação à legislação futura que a elas terá que se conformar. Apesar de tudo isso, esses são apenas os efeitos secundários, não essenciais, restando os efeitos principais, aqueles próprios a conferirem efetividade à norma, no aguardo de concretização (BESTER, Gisela Maria. *Direito constitucional*: fundamentos teóricos. São Paulo: Manole, 2005. v. 1, p. 131). Outras classificações possíveis seriam: "normas não auto-executáveis", segundo Rui Barbosa; "não-bastante em si" segundo Pontes de Miranda; "normas de eficácia reduzida" segundo Meirelles Teixeira; "normas regulamentáveis" segundo Celso Bandeira de Melo e Carlos Ayres Brito; "normas de eficácia relativa complementável ou dependente de complementação legislativa" segundo Maria Helena Diniz. Exemplos em FACHIN, Zulmar. *Curso de Direito Constitucional*. 3. ed. rev. atual. e amp. São Paulo: Método, 2008. p. 121-128

[28] "Os mandados de criminalização são temas que a Constituição Federal elenca os quais o legislador ordinário não tem a faculdade de atuar, mas a obrigação. Os mandados de criminalização podem ser explícitos ou implícitos, quando estão previstos textualmente na Constituição ou então quando decorrentes dos princípios e garantias trazidas pela mesma, nesta ordem". Como comenta Luiz Carlos dos Santos Gonçalves nos mandados de criminalização "a Constituição priva o legislador ordinário da discussão sobre se haverá criminalização; avança muitas vezes a decisão sobre como deverá ser o tratamento penal do assunto. Logo os mandados de criminalização acabam atuando como uma forma de limitação da atuação do legislador ordinário, tendo em vista que o atendimento daqueles é obrigatório e ainda em algumas situações penais são definidos pelos próprios mandados de criminalização" (MUNIZ, Ronaldo Pereira. Crimes decorrentes de preconceito: Lei nº 7.716/89: análise dos princípios e dos mandados de criminalização. *Ajuris*. Disponível em: <http://www.ajuris.org.br/sharerwords/?org=AJURIS&depto=Dep.%20de%20Publicações&setor=Revista%2da%20Ajuris%20Eletrônica%20-20Artigos%20Internet&public=37567>. Acesso em: 15. nov. 2008.

[29] BASTOS, Celso Ribeiro; MARTINS, Ives Gandra. *Comentários à Constituição do Brasil*. São Paulo: Saraiva, 1988/1989. p. 442.

porque a Constituição dispõe que a lei definirá a retenção dolosa como crime".[30] Caberá ao legislador infraconstitucional, portanto, definir se a retenção salarial é total ou parcial, ou se é realizada de uma única vez ou em várias vezes. Também é devida a definição do tempo em que o dinheiro encontrar-se-á retido para que possa ser considerado crime.

Com efeito, o legislador vem tentando por reiteradas vezes fazê-lo, sempre esbarrando na morosidade da tramitação legislativa. O primeiro projeto de lei a regulamentar tal crime foi apresentado em 18 de dezembro de 1989, pelo então senador por São Paulo, Fernando Henrique Cardoso, proposição esta que ganhou a identificação PL nº 3.943/1989[31] e propunha uma alteração no artigo 459 da Consolidação das Leis do Trabalho, alterando-o para adaptá-lo ao inciso X do artigo 7º da Constituição Federal, com o objetivo de proteger o salário da retenção dolosa.[32]

O referido projeto teve movimentação legislativa até 23 de maio de 1996, quando foi aprovado de forma unânime com parecer da subcomissão especial de material penal, pela Comissão de Constituição, Justiça e Cidadania da Câmara dos Deputados. Desde aquela data, o projeto permanece parado, sem qualquer movimentação.[33]

Desde então diversos outros projetos com o mesmo intuito foram apresentados, todos eles apensados por despacho da mesa diretora da câmara dos deputados ao projeto do expressamente da República, tendo tramitação, portanto, conjunta.[34]

Dentre os projetos apresentados, a solução legislativa mais comum apresentada pelos parlamentares era regulamentar o disposto no inciso X do artigo 7º, equiparando a retenção dolosa de salário ao crime de apropriação indébita.[35]

---

[30] NASCIMENTO, Amauri Mascaro. *Direito do trabalho na Constituição de 1988*. São Paulo: Saraiva, 1991. p. 138.

[31] Antes dele um outro projeto chegou a ser apresentado na mesma linha, porém, com o intuito de tipificar a retenção de salários como apropriação indébita. PL nº 1.229/1988, de autoria de Sólon Borges dos Reis, do PTB de São Paulo.

[32] Disponível em: <http://www.camara.gov.br/sileg/Prop_Detalhe.asp?id=20489>.

[33] Em 18 de abril de 2007, a deputada Rita Camata apresentou requerimento solicitando desarquivamento da proposição, o qual foi indeferido com o argumento de que a proposição inicial sequer havia sido arquivada.

[34] PL nº 1.885/1989; PL nº 3.176/1989; PL nº 3.721/1989; PL nº 5.665/1990; PL nº 75/1991; PL nº 419/1991; PL nº 543/1991; PL nº 892/1991; PL nº 927/1991; PL nº 1.235/1991; PL nº 1.281/1991; PL nº 2.076/1991; PL nº 3.322/1992; PL nº 3.894/1993; PL nº 2.508/1992; PL nº 5.281/2001; PL nº 6.739/2002; PL nº 2.951/2004; PL nº 1.269/2007; PL nº 4072/2008.

[35] PL nº 419/1991; PL nº 927/1991; PL nº 2.508/1992.

Tal solução nem seria necessária, segundo parte respeitável da doutrina.

2.3 A retenção dolosa de salário como crime de apropriação indébita (art. 168 do Código Penal)

Como dito, não são poucos os doutrinadores de Direito do Trabalho que não veem sentido na não punição deste delito pela falta de regulamentação do texto constitucional, pois segundo lecionam, o referido crime já encontra previsão legal de acordo com o artigo 168 do Código Penal.

Neste sentido Mauricio Godinho Delgado considera que não há porque se considerar ineficaz o preceito constitucional. Para ele, o tipo penal da apropriação indébita (art. 168, Código Penal) ajusta-se plenamente à hipótese (limitado, evidentemente, às situações de dolo), "conferindo absoluta e cabal tipificação ao ilícito nos casos de retenção dolosa do salário-base incontroverso, por exemplo".[36]

Na mesma linha raciocina Amauri Mascaro Nascimento. Ensina o mestre paulista que a retenção dolosa de salário prevista constitucionalmente é, inclusive, dispensável, já que a hipótese já configura apropriação indébita prevista pelo Código Penal, uma vez que, se o empregador fica com o dinheiro que por lei é do empregado e o faz com intenção de se beneficiar em prejuízo do trabalhador, está mudando a destinação do mesmo, sujeitando-se, portanto, às sanções penais.[37]

O referido crime de apropriação indébita encontra previsão no artigo 168 do Código Penal e tem como tipo objetivo a ação incriminada em apropriar-se de coisa alheia móvel, de que se tem posse ou detenção.

Luiz Regis Prado explica que *apropriar* tem o significado de tomar para si, fazer sua, coisa alheia, o que significa dizer que no sentido do tipo penal em análise o sujeito ativo inverte a natureza da posse, passando a agir como se dono fosse, depois de receber a coisa licitamente, sem clandestinidade.[38]

---

[36] DELGADO, Mauricio Godinho. *Curso de direito do trabalho*. 3. ed. São Paulo: LTr, 2004. p. 769.

[37] NASCIMENTO, Amauri Mascaro. *Salário*: conceito e proteção. São Paulo: LTr, 2008. p. 107.

[38] PRADO, Luiz Regis. *Comentários ao Código Penal*: doutrina: jurisprudência selecionada: conexões lógicas com os vários ramos do direito. 4. ed. rev. atual. e ampl. São Paulo: Revista dos Tribunais, 2007. p. 599.

Ou seja, deixa de possuir a coisa em nome de outrem, incorporando-a ao seu patrimônio e até mesmo alienando-a, com o propósito de não restituí-la a quem de direito.

A ação física de apropriar-se, segundo Prado, pode aparecer de diversas formas que caracterizem a inversão do título de posse, como, por exemplo, o consumo, a alienação, a negativa de restituição (propósito de não restituir ou consciência de não mais poder restituir). Assim, conclui o autor que a apropriação pressupõe a posse ou detenção de coisa alheia móvel.

O objeto material do crime é coisa alheia móvel. A coisa deve ser corpórea, assim entendida aquela que tem movimento próprio ou que pode ser removida por força alheia, incluindo-se as coisas fungíveis, desde que não haja restituição de qualidade e quantidade iguais às da coisa recebida, as infungíveis, as divisíveis, as indivisíveis e as inconsumíveis.[39]

O bem jurídico protegido é a inviolabilidade do patrimônio, no particular aspecto de proteção da propriedade contra a apropriação ilícita por quem tem a posse ou detenção de coisa móvel alheia.

O sujeito ativo do crime *in abstrato* pode ser qualquer pessoa, desde que detenha a posse ou a propriedade ilícita de coisa móvel alheia (delito comum). O sujeito passivo é o proprietário da coisa ou o possuidor, cuja posse direta decorre de direito real, já que relacionado com a propriedade.[40]

Analisando o tipo sob um aspecto técnico, não se pode dizer que a retenção dolosa de salários nele se encaixe por diversos motivos.

Inicialmente porque, como bem destacou Luiz Regis Prado, apropriar tem o significado de tomar para si, fazer sua coisa alheia. No sentido do tipo penal em análise o sujeito ativo inverte a natureza da posse, passando a agir como se dono fosse, depois de receber a coisa licitamente, sem clandestinidade.

Exige-se, portanto, a inversão do título da posse, sendo este fato o núcleo da norma, o que na retenção de salário, em nenhum momento ocorre. O valor em momento algum é destacado do patrimônio do empregador para ser repassado ao trabalhador

---

[39] PRADO, Luiz Regis. *Comentários ao Código Penal*: doutrina: jurisprudência selecionada: conexões lógicas com os vários ramos do direito. 4. ed. rev. atual. e ampl. São Paulo: Revista dos Tribunais, 2007. p. 599.

[40] PRADO, Luiz Regis. *Comentários ao Código Penal*: doutrina: jurisprudência selecionada: conexões lógicas com os vários ramos do direito. 4. ed. rev. atual. e ampl. São Paulo: Revista dos Tribunais, 2007. p. 599.

possibilitando assim a inversão do título da posse novamente ao empregador.

Diferente seria se o autor, em algum momento deixasse o valor que já tivesse recebido em posse do empregador para que ele realizasse um depósito em conta, por exemplo, e este se apropriasse do mesmo. Regis Prado destaca que o tipo se dá desde que não haja restituição de qualidade e quantidade iguais às da coisa recebida, portanto, se em momento algum houve a inversão do título da posse, não se pode falar em restituição daquilo que ainda não se recebeu.

O propósito do agente ativo é justamente não restituí-la a quem de direito. Desta forma, se a coisa jamais foi de quem de direito, não existe o propósito de restituí-la porque dele não foi tomada.

O que o trabalhador tem é um direito de crédito em relação ao seu patrão que deixou de remunerá-lo, uma expectativa de recebimento de um valor devido a ele, sobre o qual incidirá as consequências da mora do empregador.

Neste sentido é importante notar que apropriar tem o significado de tomar para si, fazer sua coisa alheia. Assim, não há que se falar em retenção dolosa de um valor que ainda não é alheio.

Não é pelo fato de o trabalhador ter um crédito em relação ao seu empregador que o valor, que ainda não foi deslocado com destino ao patrimônio do empregado, passa a ser automaticamente dele. Portanto enquanto este não tiver saído de sua posse, não se pode dizer que seja alheio ao seu patrimônio.

É diferente, por exemplo, da apropriação indébita previdenciária, no qual o empregador desconta o valor do empregado (portanto coisa alheia) e não o repassa para quem de direito (INSS), retendo valor que não é seu

Assim, não saldada a dívida, o credor continua com seu haver, podendo executá-la a qualquer momento pelos meio legais existentes.[41]

Desta forma, apesar dos respeitáveis entendimentos em contrário, mormente no campo da doutrina trabalhista, não há como se afirmar que a retenção dolosa de salários se encaixe no tipo de apropriação indébita de salários.

---

[41] Vejamos a seguinte ementa: Inadmissibilidade de apropriação indébita de créditos – TACRSP: "Apropriação indébita. Empregador que não cumpre decisão de dissídio coletivo. Pagamento a seus empregados sem a correção concedida. Créditos de seus empregados que permanecem íntegros, podendo ser objeto de execução. (...) O crédito de uma pessoa não pode ser objeto de apropriação indébita pelo devedor. Se este, não saldada a dívida, o credor continua com seu haver, podendo executá-lo a qualquer momento pelos meios legais existentes" (*RT*, n. 726/652 *apud* MIRABETE, Júlio Fabbrini. *Código Penal interpretado*. São Paulo: Atlas, 1999. p. 1064).

2.4 O crime previsto no Decreto-Lei nº 368 de 19.12.1968

O Decreto-Lei nº 368 de 19 de dezembro de 1968 prevê que a empresa em débito salarial com seus empregados não poderá pagar honorário, gratificação, pró-labore ou qualquer outro tipo de retribuição ou retirada a seus diretores, sócios, gerentes ou titulares da firma individual, além de também não poder distribuir quaisquer lucros, bonificações, dividendos ou interesses a seus sócios, titulares, acionistas, ou membros de órgãos dirigentes, fiscais ou consultivos.[42]

---

[42] Decreto-Lei nº 368 de 19.12.1968:
"Art. 1º – A empresa em débito salarial com seus empregados não poderá:
I – pagar honorário, gratificação, pro labore ou qualquer outro tipo de retribuição ou retirada a seus diretores, sócios, gerentes ou titulares da firma individual;
II – distribuir quaisquer lucros, bonificações, dividendos ou interesses a seus sócios, titulares, acionistas, ou membros de órgãos dirigentes, fiscais ou consultivos;
III – ser dissolvida.
Parágrafo único. Considera-se em débito salarial a empresa que não paga, no prazo e nas condições da lei ou do contrato, o salário devido a seus empregados.
Art. 2º – A empresa em mora contumaz relativamente a salários não poderá, além do disposto no Art. 1, ser favorecida com qualquer benefício de natureza fiscal, tributária, ou financeira, por parte de órgãos da União, dos Estados ou dos Municípios, ou de que estes participem.
§1º – Considera-se mora contumaz o atraso ou sonegação de salários devidos aos empregados, por período igual ou superior a 3 (três) meses, sem motivo grave e relevante, excluídas as causas pertinentes ao risco do empreendimento.
§2º – Não se incluem na proibição do artigo as operações de crédito destinadas à liquidação dos débitos salariais existentes, o que deverá ser expressamente referido em documento firmado pelo responsável legal da empresa, como justificação do crédito.
Art. 3 – A mora contumaz e a infração ao Art. 1º serão apuradas mediante denúncia de empregado da empresa ou entidade sindical da respectiva categoria profissional, pela Delegacia Regional do Trabalho, em processo sumário, assegurada ampla defesa ao interessado.
§1º – Encerrado o processo, o Delegado Regional do Trabalho submeterá ao Ministro do Trabalho e Previdência Social parecer conclusivo para decisão.
§2º – A decisão que concluir pela mora contumaz será comunicada às autoridades fazendárias locais pelo Delegado Regional do Trabalho, sem prejuízo da comunicação que deverá ser feita ao Ministro da Fazenda.
Art. 4º – Os diretores, sócios, gerentes, membros de órgãos fiscais ou consultivos, titulares de firma individual ou quaisquer outros dirigentes de empresa responsável por infração do disposto no Art. 1, incisos I e II, estarão sujeitos à pena de detenção de um mês a um ano.
Parágrafo único. Apurada a infração prevista neste artigo, o Delegado Regional do Trabalho representará, sob pena de responsabilidade, ao Ministério Público, para a instauração da competente ação penal.
Art. 5º – No caso do inciso III do Art.1, a empresa requererá a expedição de Certidão Negativa de Débito Salarial, a ser passada pela Delegacia Regional do Trabalho mediante prova bastante do cumprimento, pela empresa, das obrigações salariais respectivas.
Art. 6º – Considera-se salário devido, para os efeitos deste Decreto-lei, a retribuição de responsabilidade direta da empresa, inclusive comissões, percentagens, gratificações, diárias para viagens e abonos, quando a sua liquidez e certeza não sofram contestação nem estejam pendentes de decisão judicial.
Art. 7º – As infrações descritas no Art.1, incisos I e II, e seu parágrafo único, sujeitam a empresa infratora a multa variável de 10 (dez) a 50% (cinqüenta por cento) do débito salarial, a ser aplicada pelo Delegado Regional do Trabalho, mediante o processo previsto nos artigos 626 e seguintes da Consolidação das Leis do Trabalho, sem prejuízo da responsabilidade criminal das pessoas implicadas.
Art. 8º – O Ministério do Trabalho e Previdência Social expedirá as instruções necessárias à execução deste Decreto-lei.
Art. 9º – Este Decreto-lei entrará em vigor na data de sua publicação, revogadas as disposições em contrário".

O mesmo Decreto-Lei considera em débito salarial a empresa que não paga, no prazo e nas condições da lei ou do contrato, o salário devido a seus empregados.

A consequência da não observância da regra, ou a imputação jurídica, encontra-se no artigo 4º, segundo o qual os diretores, sócios, gerentes, membros de órgãos fiscais ou consultivos, titulares de firma individual ou quaisquer outros dirigentes de empresa responsável por infração do disposto no Art. 1º, incisos I e II, estarão sujeitos à pena de detenção de um mês a um ano.

Alexandre Augusto Gualazzi, em artigo publicado na internet, entende que tal Decreto-lei regulamenta a norma no artigo 7º, X da Constituição Federal.

Ressalta o autor que o tema parece ter passado despercebido em razão da redação do decreto, descrita por ele como "anacrônica".

Segundo apregoa o autor, temos o conceito legal de salário (CLT, art. 457), de dolo (Código Penal, art. 18, I), retenção dolosa (Constituição Federal, art. 7º, X), débito salarial e a pena (Dec. Lei nº 368/68, art. 4º). Ao final brada "enfim, nós temos a lei"!

Com respeito à opinião do professor da Universidade Metodista de Piracicaba, não nos parece que o referido Decreto-Lei sirva como legislação regulamentadora da Constituição.

A norma constitucional prevê como crime a retenção dolosa dos salários, enquanto o referido decreto estabelece como conduta tipificada não apenas o débito salarial, o que certamente aproximaria o texto da Constituição, mas sim o pagamento de honorário, gratificação, pro labore ou qualquer outro tipo de retribuição ou retirada a seus diretores, sócios, gerentes ou titulares da firma individual e distribuição de quaisquer lucros, bonificações, dividendos ou interesses a seus sócios, titulares, acionistas, ou membros de órgãos dirigentes, fiscais ou consultivos de uma empresa em débito com seus empregados.

Desta forma, tem-se como momento da consumação do crime previsto no Decreto-Lei de 1968 o efetivo pagamento de honorários e gratificação, pró-labore, ou então a distribuição de lucros e bonificações e outros, enquanto que o texto constitucional prevê expressamente que a simples retenção já seria suficiente para caracterizar o crime, sem fazer qualquer menção à destinação ao valor retido, o que é de indispensável análise ao se tratar do crime previsto no Decreto-Lei.

Conclui-se então, que não há na legislação brasileira, portanto, ainda, norma regulamentadora do inciso X, do art. 7º da Constituição.

3 A tutela penal das anotações em Carteira de Trabalho e Previdência Social

3.1 A Carteira de Trabalho como documento

A Carteira de Trabalho e Previdência Social no Brasil tem seu germe embrionário na Carteira Profissional instituída pelo Decreto-Lei nº 21.175 de 21.03.1932 que se destinava a registrar os dados relativos ao emprego do trabalhador. Esta, uma vez emitida e anotada, tinha valor igual aos da carteira de identidade.[43]

Já a Carteira de Trabalho que sucedeu a anterior Carteira Profissional tem sua origem na Consolidação das Leis do Trabalho, que dispõe no seu artigo 13 que a Carteira de Trabalho e Previdência Social é obrigatória para o exercício de qualquer emprego, inclusive de natureza rural, ainda que em caráter temporário, e para o exercício por conta própria de atividade profissional remunerada. Esta será emitida pelas Delegacias Regionais do Trabalho ou, mediante convênio, pelos órgãos federais, estaduais e municipais da administração direta ou indireta.[44]

A CTPS tem finalidade dupla. Uma: serve como documento de identificação profissional. Outra: destina-se a servir como meio de prova para três diferentes modalidades de questões: a) nos processos perante a Justiça do Trabalho, por motivo de salário, férias ou tempo de serviço; b) perante a Previdência Social, para efeitos de declaração de dependentes; c) para cálculo de indenização por acidente do trabalho ou moléstia profissional.[45]

Tem como destinatárias as seguintes categorias: a) empregado contratado para exercer atividade urbana; b) empregado que exerce atividade de natureza rural; c) os que prestam serviço de caráter temporário; d) os que exercem atividade remunerada por conta própria; e) o proprietário rural ou não, que trabalhe individualmente ou em regime de economia familiar, assim entendidos os membros da mesma família; f) o trabalhador doméstico; g) o trabalhador portuário ou avulso.[46]

---

[43] SILVA, Moacyr Motta da. *Aspectos probatórios da carteira de trabalho e previdência social*. São Paulo: LTr, 1997. p. 148.

[44] CLT, art. 14.

[45] SILVA, Moacyr Motta da. *Aspectos probatórios da carteira de trabalho e previdência social*. São Paulo: LTr, 1997. p.150.

[46] SILVA , Moacyr Motta da. *Aspectos probatórios da carteira de trabalho e previdência social*. São Paulo: LTr, 1997. p. 150.

A lei estabelece que a Carteira de Trabalho e Previdência Social será obrigatoriamente apresentada, contra recibo, pelo trabalhador ao empregador que o admitir, o qual terá o prazo de quarenta e oito horas para nela anotar, especificamente, a data de admissão, a remuneração e as condições especiais, se houver, sendo facultada a adoção de sistema manual, mecânico ou eletrônico, conforme instruções do Ministério do Trabalho.[47]

Esta última regra é de suma importância pois o empregador assume obrigação de anotar na CTPS os seguintes dados: a) a data de vigência do contrato de trabalho; b) profissão; c) salário; d) forma de pagamento; e) estimativa de gorjeta; f) cláusula contendo condições especiais de trabalho (inclusive trabalho em condições de periculosidade e insalubridade).[48]

Segundo Valentin Carrion, devem também ser anotados na Carteira de Trabalho acidentes de trabalho, banco depositário do FGTS, dados relativos aos PIS.[49]

A CTPS assume, portanto, papel probatório perante a Previdência Social, o que foi inclusive reconhecido pelo Tribunal Superior do Trabalho com o cancelamento da Súmula nº 64[50] após a edição da Lei nº 9.658/98[51] que alterou o artigo 11 da CLT.

Assim, com base na redação deste artigo, a pretensão trabalhista fundada tão somente na anotação da CTPS passou a não se sujeitar mais à prescrição.

Não há como negar que tal documento e conteúdo se reveste de inegável importância.

Assim inegavelmente também existe um prejuízo *probandi*.

A não anotação traz prejuízos óbvios para a previdência social, para o trabalhador (tempo de serviço, aposentadoria e benefícios)

---

[47] CLT, art. 29.

[48] SILVA, Moacyr Motta da. *Aspectos probatórios da carteira de trabalho e previdência social*. São Paulo. LTr, 1997. p. 157.

[49] CARRION, Valentin. *Comentários à Consolidação das Leis do Trabalho*. 25. ed. São Paulo: Saraiva, 2000. p. 91.

[50] TST. Enunciado nº 64. – Prescrição – Reclamação – Anotação da Carteira de Trabalho: A prescrição para reclamar contra anotação de Carteira Profissional ou omissão desta flui da data de cessação do contrato de trabalho.

[51] Art. 1º O art. 11 da Consolidação das Leis do Trabalho – CLT, aprovada pelo Decreto-lei nº 5.452, de 1º de maio de 1943, passa a vigorar com a seguinte redação:
"Art. 11. O direito de ação quanto a créditos resultantes das relações de trabalho prescreve:
I – em cinco anos para o trabalhador urbano, até o limite de dois anos após a extinção do contrato;
II – em dois anos, após a extinção do contrato de trabalho, para o trabalhador rural.
§1º O disposto neste artigo não se aplica às ações que tenham por objeto anotações para fins de prova junto à Previdência Social".

e para a sociedade na qual o trabalho informal traz riscos sociais como o desamparo ao acidentado e ao idoso, que não logrará aposentadoria pela falta de contribuição à previdência.

Ao não ter corretamente anotada a sua CTPS, caberá ao autor o ônus de provar que as informações lá contidas não são verdadeiras.[52] O próprio Tribunal Superior do Trabalho tem posição pacífica no sentido da presunção relativa da veracidade das informações lá contidas.[53]

Entretanto as provas e indícios muitas vezes se perdem no tempo, empresas desaparecem, fecham, pessoas morrem, se mudam, documentos são destruídos, perecem, e assim o trabalhador acaba por ter dificultada ou até mesmo impossibilitada a percepção dos benefícios a que faria jus.[54]

3.2 Da tutela penal das anotações em CTPS

A importância das corretas anotações em Carteira de Trabalho foi reconhecida pelo legislador ao criminalizar a hipótese de falsificação das informações, tipificando-a como crime de falsificação de documento público.

Visando a tutelar os interesses da Previdência Social e, subsidiariamente, do próprio beneficiário,[55] a Lei nº 9.983 de 14.07.2000 (publicada no *DOU* de 17.07.2000, f. 4 e 5) que entrou em vigor 90 dias após a data de sua publicação, acrescentou os §§3º e 4º ao artigo 297 do Código Penal Brasileiro. O §3º reza: "nas mesmas penas incorre quem insere ou faz inserir: (inc. II) na Carteira de Trabalho e Previdência Social do empregado ou em documento que

---

[52] Existem casos em que o autor jamais teve a sua CTPS anotada e mesmo assim, comprovando por outros meios que efetivamente trabalhou no período, conseguiu todos os benefícios previdenciários, inclusive aposentadoria.

[53] Entendimento contido na Súmula nº 12 do TST: Anotações – Empregador – Carteira Profissional – *Jure et de Jure – Juris Tantum*: As anotações apostas pelo empregador na Carteira Profissional do empregado não geram presunção *jure et de jure*, mas apenas *juris tantum*.

[54] Ainda sobre o tema, há de se considerar por outro lado que, apesar da inegável importância das corretas anotações em CTPS, existe um crescente número de controvérsias acerca do trabalho prestado em prol de outrem que não são pacificadas nem na jurisprudência trabalhista.
Situações idênticas muitas vezes ocorrem em que uma turma de um tribunal reconheceu vínculo, sendo que outra turma não o reconheceu, ou seja, muitos contratos reconhecidos que poderiam não tê-lo sido.
Ora, isto mostra que a existência de contrato de trabalho é muitas vezes questionável, e que criminalizar a não anotação da CTPS geraria enorme insegurança.

[55] DELMANTO, Celso et al. *Código Penal comentado*. 6. ed. atual. e ampl. Rio de Janeio: Renovar, 2002. p. 587.

104 | Eduardo Milléo Baracat (Coord.)
Direito Penal do Trabalho – Reflexões Atuais

deva produzir efeito perante a previdência social, declaração falsa ou diversa da que deveria ter sido escrita".[56]

O objeto jurídico do tipo é a fé pública, "especialmente a veracidade dos documentos relacionados com a Previdência Social". O objeto material é a CTPS. Já o sujeito ativo é qualquer pessoa, já o sujeito passivo é a Previdência Social e, secundariamente, o segurado e seus dependentes que vierem a ser prejudicados.[57]

Quanto ao tipo objetivo, observa Delmanto que "ao contrário do caput, a falsidade empregada pelo agente neste §3º, é a ideológica, que se refere ao conteúdo do documento. As condutas previstas nos três incisos são comissivas. A inserção falsa ou diversa da que deveria constar (incs.II e III), deve ser juridicamente relevante e ter potencialidade para prejudicar direitos".

Segundo o mesmo autor ainda, são duas condutas previstas:

a. Falsificar no todo ou em parte, documento público. É a contrafação, a formação de documento. No todo, é a contrafação integral. Ou em parte, quando se acrescentam mais dizeres ao documento verdadeiro.
b. Ou alterar documento público verdadeiro. Nesta modalidade, há alteração (modificação) do teor formal do documento. Em qualquer das hipóteses, é imprescindível que a falsificação seja idônea para enganar indeterminado número de pessoas, pois o falto grosseiro não traz perigo à fé pública. E que a falsificação seja capaz de causar prejuízo a outrem, pois o falso inócuo não configura o delito.[58]

O tipo subjetivo é o dolo. Não há punição a título de culpa.

A pena prevista para o crime é de reclusão de 2 (dois) a 6 (seis) anos, mais multa. À pena aplicada, será acrescentado 1/6 (um sexto) se o agente for funcionário público e cometer o crime prevalecendo-se do cargo. A ação penal é de iniciativa do Ministério Público; sendo assim, trata-se de ação penal pública incondicionada.

A consumação do crime se dá com a efetiva inserção de pessoa que não possua a qualidade de segurado obrigatório, ou de declarações falsas ou diversas das que deveriam constar na CTPS.[59] Desta

---

[56] GUNTER, Luiz Eduardo. Axiologia jurídica do registro na carteira de trabalho e previdência social sob a ótica do direito empresarial. *In*: GEVAERD, Jair, TONIN, Marta Marília (Org.). *Direito empresarial e cidadania*. Questões contemporâneas. Curitiba: Juruá, 2006. p. 259.

[57] DELMANTO, Celso *et al. Código Penal comentado*. 6. ed. atual. e ampl. Rio de Janeio: Renovar, 2002. p. 588.

[58] DELMANTO, Celso *et al. Código Penal comentado*. 6. ed. atual. e ampl. Rio de Janeio: Renovar, 2002. p. 587.

[59] DELMANTO, Celso *et al. Código Penal comentado*. 6. ed. atual. e ampl. Rio de Janeio: Renovar, 2002. p. 588.

assertiva podemos concluir que anotações deliberadamente falsas de salário, função, local de trabalho e período de contrato constituem crime de acordo com a lei.

Dúvida resta, entretanto, em identificar se a não anotação do contrato em Carteira, da mesma forma, caracteriza crime.

O §4º do artigo 297 do Código Penal prevê que "Nas mesmas penas incorre quem omite, nos documentos mencionados no §3º, nome do segurado e seus dados pessoais, a remuneração, a vigência do contrato de trabalho ou da prestação de serviços".[60]

Uma interpretação literal do dispositivo legal poderia conduzir à conclusão de que a ausência, portanto, de registro em Carteira é crime. A interpretação em matéria penal é sempre restritiva como forma de se assegurar o direito à liberdade. Entretanto, não implica em interpretação ampliativa o fato de se constatar que determinada atitude encontra-se dentro de outra prevista como crime. É o caso do crime em tela. Quem não assina a CTPS do obreiro omite, sem qualquer dúvida, neste documento, o nome do trabalhador, seus dados pessoais, a remuneração e a vigência do contrato de trabalho.

Júlio Fabrini Mirabete defende tal ponto de vista.[61]

Já no TST, Rosa Maria Candiota Weber da Rosa, em assertiva constante em julgamento de agravo de instrumento de despacho que denegou prosseguimento de recurso de revista que contestava decisão no qual os recorrentes se insurgiam contra a determinação de que fossem realizadas as anotações na CTPS por todo o período reconhecido, reconheceu, ainda que de forma argumentativa, o crime de não anotação em carteira de trabalho, derivado de interpretação do artigo 297 da CLT:

> Ademais, cumpre lembrar que o parágrafo 4º do art. 297 do Código Penal, acrescido pela Lei Federal nº 9.983, de 14/07/2000, define como

---

[60] O artigo 29, §3º Da CLT prevê sanção administrativa para a irregularidade de não anotação da CTPS: A falta de cumprimento pelo empregador do disposto neste artigo acarretará a lavratura do auto de infração, pelo Fiscal do Trabalho, que deverá, de ofício, comunicar a falta de anotação ao órgão competente, para o fim de instaurar o processo de anotação.

[61] "Também pela Lei nº 9.983, de 14.07.2000, foi acrescentado o §4º ao art. 297, para incriminar a conduta de quem omite, nos documentos mencionados no §3º, nome do segurado e seus dados pessoais, a remuneração, a vigência do contrato de trabalho ou da prestação de serviços, sujeitando o agente às mesmas penas das falsidades anteriores. Trata-se, também, de falsidade ideológica por omissão, que tem como objeto material folha de pagamento, documento de informações para fazer prova perante a previdência social, Carteira de Trabalho e Previdência Social, documento que deva produzir efeito perante a previdência social, documento contábil ou qualquer outro relacionado com as obrigações e direitos da empresa perante a previdência social" (MIRABETE, Júlio Fabbrini. *Código Penal interpretado*. 3. ed. São Paulo: Atlas, 2003. p. 1064).

crime a conduta do empregador que omite, na Carteira de Trabalho e Previdência Social do empregado, "a vigência do contrato de trabalho ou de prestação de serviços".[62]

Tal posição, todavia, não é unânime na doutrina e jurisprudência. O professor Damásio de Jesus, por exemplo, defende ponto de vista diverso. Para o autor, ainda que o art. 49 da Consolidação das Leis do Trabalho remeta a fraude nos assentamentos consignados na Carteira de Trabalho do empregado ao CP, da questionada atuação singelamente negativa do empregador não decorre nenhum ilícito criminal.

Baseado na lição de Luiz Flávio Gomes, Damásio aponta o que seria nas suas palavras, a "equivocidade" de se eleger a fé pública o bem jurídico protegido pela norma penal, sendo correto indicar como um dos bens jurídicos a função probatória de cada documento. A fé pública, ou a confiabilidade decorrente dos documentos, segundo ensina, "toca ao princípio da segurança jurídica que deve presidir as relações sociais e se constitui *ratio legis* da norma de conduta, e não propriamente o bem penalmente tutelado".

Damásio defende que o ilícito penal estaria na inscrição de dados inverídicos na Carteira, mas não na omissão, a qual não deve a ela ser equiparada, posto não desnaturar o documento ou inviabilizar seus efeitos jurídicos. De maneira que, diante da omissão, pode subsistir somente ilícito trabalhista, sujeitando-se o autor à pena de multa cominada no art. 47 da CLT. "Se a prestabilidade jurídica do documento é comprometida, ou seja, se os seus efeitos jurídicos restam afetados, tem-se o delito de falsidade. Pelo contrário, se o comportamento se apresenta ineficaz para o efeito desejado, não há crime (incapacidade de causar prejuízo)".

Por fim, reconhece Damásio a nocividade da conduta do empregador que omite o registro do empregado, fazendo surgir mercado marginal. Tal fato, entretanto, não justifica o "inadvertido esforço interpretativo" de se dizer que a simples omissão de registro é crime. "E a substituição do sentido da norma pelo resultado desejado pelo intérprete configura terreno propício para o abuso, que fragiliza o sistema e alimenta injustiças".[63]

---

[62] BRASIL. Tribunal Superior do Trabalho. Número Único Proc: AIRR nº 726/2005-058-19-40. Rel. Rosa Maria Weber Candiota da Rosa. *DJ*, 26 out. 2007.

[63] JESUS, Damásio de. Deixar de registrar empregado não é crime. *Complexo Jurídico Damásio de Jesus*. Disponível em: <http://www.damasio.com.br/?page_name=art_020_2002&category_id=34>. Acesso em: 15 nov. 2008.

Em consonância com a opinião de Damásio, julgou o Tribunal Regional Federal da 1ª Região.[64]

Como visto, a análise de um mesmo dispositivo legal gera controvérsia. Ocorre que o artigo 297 do CP não é norma penal única a ser utilizada como substrato para a incriminação do empregador que deixa de anotar a CTPS.

3.2.1 Do crime previsto no artigo 203 do Código Penal

Mesmo antes do advento da Lei nº 9.983/2.000 que instituiu o §4º do artigo 297 do CP, a existência ou não de um tipo legal que criminalizasse a não anotação em Carteira de Trabalho do contrato de trabalho, já suscitava acaloradas discussões.

Vários julgados existem a determinar que ausência de registro em CTPS configura crime de frustração de lei trabalhista previsto no artigo 203 do mesmo código,[65] que prevê pena de detenção de 1 a 2 anos, além, de multa para aquele que frustrar mediante fraude ou violência, direito assegurado pela legislação do trabalho.

Note-se que o núcleo do tipo exige fraude (iludir, lograr, ludibriar. Ardil, engodo, artifício que leva o enganado à aparência falsa da realidade) e violência (física, o tipo não inclui ameaça, ainda que grave).[66]

Tem-se então, pela interpretação do texto, que somente se o empregador ludibriasse o empregado fazendo-o trabalhar com a

---

[64] PENAL. HABEAS CORPUS. FALSIFICAÇÃO DE DOCUMENTO PÚBLICO. FALTA DE ANOTAÇÃO DA CTPS.
1. Não constitui crime (falsidade de documento público por equiparação) a falta de anotação da carteira de trabalho e previdência social do empregado, pelo empregador, mas apenas uma falta administrativa e trabalhista, que, mesmo grave, não tem conotação penal.
2. A figura típica do §4º do art. 297 do Código Penal ("Nas mesmas penas incorre quem omite, nos documentos mencionados no §3º, nome do segurado e seus dados pessoais, a remuneração, a vigência do contrato de trabalho ou de prestação de serviços".) não se identifica, em termos penais, com a simples falta de anotação da CTPS, pois, tendo como objeto jurídico a fé pública nos documentos relacionados com a previdência social, imprescinde do propósito direto de fraudá-la.
3. Concessão da ordem de habeas corpus (Tribunal Regional Federal da 1ª. Região. Processo HC nº 2005.01.00.004934-9/MT. HABEAS CORPUS. Relator DESEMBARGADOR Federal Olindo Menezes. Órgão Julgador TERCEIRA TURMA. Publicação: 17.06.2005 DJ p. 37).

[65] O objeto jurídico do referido crime é a proteção da legislação trabalhista. O sujeito ativo pode ser tanto o empregador quanto o empregado, ou qualquer outra pessoa sem necessidade da existência de relação de emprego. O sujeito passivo é o Estado e a pessoa cujo direito trabalhista é frustrado. O tipo subjetivo é o dolo, não havendo forma culposa. A consumação se dá na ocasião em que o direito é efetivamente frustrado. A sua classificação é delito comum quanto ao sujeito, doloso e material. A ação penal é pública incondicionada (DELMANTO, Celso et al. Código Penal comentado. 6. ed. atual. e ampl. Rio de Janeiro: Renovar, 2002. p. 448).

[66] DELMANTO, Celso et al. Código Penal comentado. 6. ed. atual. e ampl. Rio de Janeiro: Renovar, 2002. p. 448.

impressão de estar registrado ou de não necessitar do registro, ou ainda que o fizesse prestar serviços mediante violência física é que teríamos a configuração do delito e o preenchimento dos requisitos da lei.

O Tribunal de Alçada de São Paulo, no entanto, entendeu que a simples ausência de registro já é suficiente para caracterização do crime previsto no artigo 203 do CP.[67]

Tal entendimento, entretanto, como dito alhures, não nos parece razoável, *data venia*, uma vez que o núcleo do tipo é claro ao exigir fraude ou violência.

3.3 A atual posição do STJ

Uma decisão recente do STJ tende a agir com efeito pacificador em relação à matéria em análise. Tanto no conflito de normas (falsidade de documento público versus crime contra a organização do trabalho) quanto em relação à competência para o julgamento da questão.[68]

Tratou-se de conflito negativo de competência suscitado pelo Juízo de Direito da Vara Criminal de Inquéritos Policiais de Belo Horizonte/MG em face do Juízo Federal da 9ª Vara Criminal da Seção Judiciária de Minas Gerais.

Foi instaurado inquérito policial para apurar suposto crime previsto no art. 203 do Código Penal. Segundo o relatório policial, relata a Ministra Laurita Vaz em sua decisão, o acusado não assinava as Carteiras de Trabalho e de Previdência Social (CTPS) de seus empregados.

Ao receber os autos, o Juízo Federal da 9ª Vara Criminal da Seção Judiciária de Minas Gerais, acolhendo o parecer do Ministério Público Federal, determinou a remessa do feito para Juízo Comum Estadual, visto que "em face do conteúdo dos depoimentos dos

---

[67] "O simples fato de não se registrar empregado, quando de sua contratação ou início da prestação de serviços, é suficiente à caracterização do delito do art. 203 do CP" (TACrSP, RJDTACr 17/177 *apud* DELMANTO, Celso *et. al. Código Penal comentado*. 6. ed. atual. e ampl. Rio de Janeiro: Renovar, 2002. p. 448).

[68] Outra controvérsia envolvendo o tema, é a questão da competência para julgamento da matéria. O entendimento da quase totalidade dos julgados é de que a competência era da Justiça Estadual, pois a simples anotação falsa na carteira de trabalho e previdência social, que não acarretaria lesão a União, não deslocando a competência para a Justiça Federal.
Tal entendimento se refletiu na Súmula nº 62 do STJ que prevê competência expressa da Justiça Estadual para processar e julgar o crime de falsa anotação na Carteira de Trabalho e Previdência Social, atribuído à empresa privada.

envolvidos, verifica-se que não houve, no evento em comento, a ocorrência de delito contra a Organização do Trabalho, e sim, contra direitos trabalhistas individuais dos funcionários, que não tiveram seus respectivos contratos de trabalho inscritos em suas Carteiras de Trabalho e Previdência Social, fato esse que configura, em tese, o delito do art. 297, §4º do Código Penal".

Dessa forma, entendeu o Juízo Federal que "o delito apurado tem como sujeito passivo empregado determinado e não a organização geral do trabalho ou a coletividade dos trabalhadores". Assim concluiu pela competência da Justiça Comum Estadual.

Já o Juízo de Direito da Vara Criminal de Inquéritos Policiais de Belo Horizonte/MG, por sua vez, adotando a manifestação do Ministério Público Estadual como razão de decidir, suscitou o presente conflito, consignando que "o art. 297, §4º, do CP, antes de assegurar direitos trabalhistas, tem por objeto garantir o interesse da previdência social na fiscalização e arrecadação das contribuições que lhes são devidas, atividades estas frustradas sempre que o empregador se omite no registro do 'nome do segurado e seus dados pessoais, a remuneração, a vigência do contrato de trabalho ou de prestação de serviços', na carteira de trabalho e previdência social ou em qualquer outro documento destinado a fazer prova perante a previdência social".[69]

Ao Julgar o conflito de competência, a Ministra Laurita Vaz observou:

> Verifica-se, de plano, que o principal sujeito passivo do delito é o Estado, representado pela Previdência Social e, em segundo lugar, a vítima, que deixa de possuir as benesses do registro de sua CTPS.
>
> Dessa forma, existindo interesse da Previdência Social, que integra diretamente a Seguridade Social prevista no art. 194 da Constituição Federal, evidencia-se a competência da Justiça Federal para processar e julgar o feito, nos termos do art. 109, inciso IV, da Constituição.

Na ementa a Ministra decidiu que o agente que omite dados na CTPS atenta contra autarquia previdenciária, incurso nas mesmas sanções do crime de falsificação de documento público nos termos

---

[69] Tais fatos constam do relatório do acórdão (BRASIL. Superior Tribunal de Justiça. Conflito de Competência nº 58.443 – MG (2006/0022840-0). Rel. Ministra Laurita Vaz. DJ, 26 mar. 2008. Disponível em: <http://www.prr5.mpf.gov.br/nucrim/boletim/2008_07/jurisprudencia/stj/cc58443mg.pdf>. Acesso em: 15 nov. 2008).

do §4º do artigo 297 do Código Penal, sendo a competência da Justiça Federal para processar e julgar o delito, consoante o art. 109, IV da Carta Magna.[70]

Portanto da decisão do STJ, podemos tirar as seguintes conclusões:

1. existe tipo penal a albergar a hipótese de não anotação em CTPS;
2. este tipo é aquele previsto no artigo 297 §4º do Código Penal;
3. o principal sujeito passivo do delito é o Estado, representado pela Previdência Social e, em segundo lugar, a vítima, que deixa de possuir os benefícios do registro de sua CTPS;
4. há o interesse da Previdência Social, que integra diretamente a Seguridade Social prevista no art. 194 da Constituição Federal, evidencia-se a competência da Justiça Federal para processar e julgar o feito, nos termos do art. 109, inciso IV, da Constituição.

Ora, se existe interesse da Previdência Social no caso de não anotação em CTPS, parece certo que no caso de uma anotação falsa também.

Conclusão

É inegável a necessidade de proteção aos direitos laborais do trabalhador, constituindo extraordinária contribuição legislativa a tutela penal destes direitos.

Ao reconhecer a importância destes direitos, mormente aquele que talvez seja o mais importante deles, o salário, inequívoco meio garantidor da dignidade do trabalhador e de sua família, o legislador constituinte instituiu mandado de criminalização na Constituição de 1988 visando à proteção daquele contra a sua retenção dolosa.

Infelizmente, e apesar das inúmeras tentativas do legislador ordinário em fazê-lo, tal norma ainda carece de regulamentação,

---

[70] CONFLITO NEGATIVO DE COMPETÊNCIA. PENAL. ART. 297 §4º, DO CÓDIGO PENAL. OMISSÃO DE LANÇAMENTO DE REGISTRO. CARTEIRAS DE TRABALHO E PREVIDÊNCIA SOCIAL. INTERESSE DA PREVIDÊNCIA SOCIAL. JUSTIÇA FEDERAL.
1. O agente que omite dados na Carteira de Trabalho e Previdência Social, atentando contra interesse da Autarquia Previdenciária, estará incurso nas mesmas sanções do crime de falsificação de documento público, nos termos do §4º do art. 297 do Código Penal, sendo a competência da Justiça Federal para processar e julgar o delito, consoante o art. 109, inciso IV, da Constituição Federal.
2. Competência da Justiça Federal.

face à morosidade paquidérmica das propostas que tramitam no congresso, além é claro, do próprio desinteresse oficial pela regulamentação da matéria.

As tentativas por parte da doutrina de se encontrar na legislação infraconstitucional saídas legais para a proteção criminal da retenção dos salários esbarram em problemas de ordem técnica-hermenêutica, uma vez que as soluções legislativas não encontram total espelho na norma constitucional, o que torna ainda mais urgente a necessidade de uma rápida regulamentação para o tema.

Por outro lado, andou bem o legislador, ao tornar crime as falsas anotações em CTPS ao modificar em 2000 o Código Penal. Ainda que o intuito tenha sido proteger o próprio Estado que deixa de arrecadar com fraudes previdenciárias, não se pode negar que subsidiariamente o trabalhador-contribuinte foi beneficiado.

De se notar ainda que, embora o legislador não tenha previsto de forma expressa o apenamento àquele que não anota o contrato de trabalho na carteira do empregado, veio o STJ suprir esta lacuna legislativa ao estabelecer entendimento de que a conduta omissiva deva sim ser punida, pois se encontra albergada no §4º do artigo 297 do CP.

Assim, até em razão do garantimento de princípios constitucionais, como a valorização do trabalho humano e da dignidade da pessoa humana, essa representada pelos meios suficientes ao gozo de uma vida digna, é indispensável o sancionamento penal dos direitos trabalhistas, ressalvando, entretanto, que nos casos da não anotação em CTPS, a ausência de unanimidade dos tribunais em casos muitas vezes idênticos sobre vínculo de emprego pode gerar certa insegurança.

Referências

BARACAT, Eduardo Milléo. Desconsideração da personalidade jurídica da sociedade limitada no processo do trabalho: interpretação à luz do princípio da dignidade da pessoa humana. *In*: SANTOS, José Aparecido dos (Org.). *Execução trabalhista*: homenagem aos 30 anos da AMATRA IX. São Paulo: LTr, 2008.

BARROSO, Luís Roberto. *Interpretação e aplicação da Constituição*: fundamentos de uma dogmática constitucional transformadora. 6. ed. São Paulo: Saraiva, 2004.

BASTOS, Celso Ribeiro; MARTINS, Ives Gandra. *Comentários à Constituição do Brasil*. São Paulo: Saraiva, 1988/1989.

BESTER, Gisela Maria. *Direito constitucional*: fundamentos teóricos. São Paulo: Manole, 2005. v. 1.

CARRION, Valentin. *Comentários à Consolidação das Leis do Trabalho*. 25. ed. São Paulo: Saraiva, 2000.

CATHARINO, José Martins *apud* SANTOS, Altamiro J dos. *Direito penal do trabalho*. São Paulo: LTr, 1997.

CUEVA, Mario de la. *Derecho Mexicano del Trabajo apud* NASCIMENTO, Amauri Mascaro. *Salário*: conceito e proteção. São Paulo: LTr, 2008. p. 24.

DELGADO, Mauricio Godinho. *Curso de direito do trabalho*. 3. ed. São Paulo: LTr, 2004.

DELGADO, Mauricio Godinho. *Princípios de direito individual e coletivo de trabalho*. São Paulo: LTr, 2001.

DELMANTO, Celso *et. al. Código Penal comentado*. 6. ed. atual. e ampl. Rio de Janeiro: Renovar, 2002.

DOTTI, René Ariel. Assuntos Criminais no processo trabalhista. *In*: COUTINHO, Aldacy Rachid; GUNTER, Luiz Eduardo; DALLEGRAVE NETO, José Affonso (Coord.). *Transformações do direito do trabalho*: estudos em homenagem ao professor Doutor João Régis Fassbender Teixeira. Curitiba: Juruá, 2000.

ENGEL, Ricardo José. *O jus variandi no contrato individual de trabalho*. São Paulo: LTr, 2003.

FACHIN, Zulmar. *Curso de direito constitucional*. 3. ed. rev. atual. e ampl. São Paulo: Método, 2008.

GUALAZZI, Alexandre Augusto. O crime de retenção dolosa de salários. *Adunimep*. Disponível em: <http://www.adunimep.org.br/articles. php?id=37&page=1>. Acesso em: 15. nov. 2008.

GUNTER, Luiz Eduardo. Axiologia jurídica do registro na carteira de trabalho e previdência social sob a ótica do direito empresarial. *In*: GEVAERD, Jair; TONIN, Marta Marília (Org.). *Direito empresarial e cidadania*: questões contemporâneas. Curitiba: Juruá, 2006.

HUNGRIA, Nélson. *Comentários ao Código Penal*. 4. ed. Rio de Janeiro: Forense, 1958.

JESUS, Damásio de. Deixar de registrar empregado não é crime. *Complexo Jurídico Damásio de Jesus*. Disponível em: <http://www.damasio.com.br/?page_name=art_020_2002&category_id=34>. Acesso em: 15 nov. 2008.

MARTINS, Sérgio Pinto. *Direito do trabalho*. São Paulo: Atlas, 19. ed. 2004.

MIRABETE, Júlio Fabbrini. *Código Penal interpretado*. 3. ed. São Paulo: Atlas, 2003.

MIRABETE, Júlio Fabbrini. *Código Penal interpretado*. São Paulo: Atlas, 1999.

MORAIS, Maria Celina Bodin de. *Danos à pessoa humana*: uma leitura civil-constitucional dos danos morais. Rio de Janeiro: Renovar, 2003.

MUNIZ, Ronaldo Pereira. Crimes decorrentes de preconceito: Lei nº 7.716/89: análise dos princípios e dos mandados de criminalização. *Ajuris*. Disponível em: <http://www.ajuris.org.br/sharerwords/?org= AJURIS&depto=Dep.%20d e%20Publicações&setor=Revista%2da%20Ajuris%20Eletrônica%20-20Artigos %20Internet&public=37567>. Acesso em: 15. nov. 2008.

NASCIMENTO, Amauri Mascaro. *Direito do trabalho na Constituição de 1988*. São Paulo: Saraiva, 1991.

NASCIMENTO, Amauri Mascaro. *Iniciação ao direito do trabalho*. 29. ed. São Paulo: LTR, 2003.

NASCIMENTO, Amauri Mascaro. *Salário*: conceito e proteção. São Paulo: LTr, 2008.

PRADO, Luiz Regis. *Comentários ao Código Penal*: doutrina: jurisprudência selecionada: conexões lógicas com os vários ramos do direito. 4. ed. rev. atual. e ampl. São Paulo: Revista dos Tribunais, 2007.

RUPRECHT, Alfredo J. *Os princípios do direito do trabalho apud* ENGEL, Ricardo José. *O jus variandi no contrato individual de trabalho*. São Paulo: LTr, 2003. p. 40

SANTOS, Altamiro J. dos. *Direito Penal do Trabalho*. São Paulo: LTr, 1997.

SARLET, Ingo Wolfgang. As dimensões da dignidade da pessoa humana: construindo uma compreensão jurídico-constitucional necessária e possível. *In*: SARLET, Ingo Wonfgang (Org.). *Dimensões da dignidade*: ensaios de filosofia de direito e direito constitucional. Porto Alegre: Livraria do Advogado, 2005.

SILVA, Moacyr Motta da. *Aspectos probatórios da carteira de trabalho e previdência social*. São Paulo: LTr, 1997.

Informação bibliográfica deste texto, conforme a NBR 6023:2002 da Associação Brasileira de Normas Técnicas (ABNT):

ZIPPERER, André Gonçalves. Tutela penal de direitos trabalhistas: (anotação na CTPS e direito ao salário). *In*: BARACAT, Eduardo Milléo (Coord.). *Direito penal do trabalho*: reflexões atuais. Belo Horizonte: Fórum, 2010. p. 85-113. ISBN 978-85-7700-357-0.

Apropriação Indébita Previdenciária – Um Direito Penal Arrecadatório?

Dante D'Aquino

Sumário: Introdução – **1** O cenário de expansão do direito penal – **2** A definição de um novo bem jurídico tutelável – **3** O papel dos tipos penais na definição do bem jurídico – **4** O delito de apropriação indébita previdenciária como exemplo de desvio de finalidade do direito penal – Conclusão – Referências

Introdução

Assistimos, na atualidade, um crescente fenômeno de expansão do direito penal sobre a atividade econômica individual e empresarial. Essa inflação do direito penal sancionador ocorre sobre a atividade das pessoas físicas e, de maneira a romper com a dogmática clássica fundada no paradigma da conduta humana, percebe-se um irreversível processo legislativo incriminador das pessoas jurídicas. Neste sentido, resulta empiricamente aferível que, cada vez mais, o direito penal está se ocupando dos comportamentos econômicos, ou seja, das atividades voltadas à produção da riqueza, sejam de entes fictos como as pessoas coletivas, ou da pessoa física individual. Este fato, por si só, denota que, tanto o desenvolvimento econômico de uma sociedade, quanto a atividade empresária em si, repercutem, necessariamente, na legislação penal.

Neste artigo, não iremos tratar da responsabilidade penal das pessoas jurídicas, mas, sim, do fenômeno que lhe antecede, qual seja, o suposto desvio de finalidade do direito penal e o seu processo expansionista. Ou seja, cuidaremos de responder se o direito penal está, ou não, sendo utilizado pelo Estado para outros fins, que não o de proteção dos bens jurídicos mais importantes ao convívio coletivo. E, para tentarmos aprofundar essa investigação científica, trabalharemos com o delito de apropriação indébita previdenciária, previsto no artigo 168-A do Código Penal. Isto porque o mencionado delito suscita a discussão de finalidade arrecadatória do Estado e nos remete à atividade econômica e empresarial, mas com a reserva da responsabilidade individual.

1 O cenário de expansão do direito penal

A atividade econômica, em si considerada, passou a ter importância legislativa e, por conseguinte, interesse penal, após o gigantesco fenômeno da Revolução Industrial. O movimento industrial, que surgiu inicialmente na Inglaterra do séc. XVIII e, após, espalhou-se por toda a Europa continental, gerou profundas alterações no processo de produção de bens e riquezas. Ao longo desse movimento, que ficou conhecido como Revolução Industrial, o modo de produção manufatureiro foi substituído pela automação e pela geração de produtos em alta escala (produção em série). A relação capital/trabalho alterou-se significativamente, passando a haver relações contratuais entre nações distintas, representadas por suas empresas, constituídas na forma de pessoas jurídicas, produzindo o conhecido fenômeno da cultura de massa.

Com o desenvolvimento da globalização, na passagem do séc. XX para o séc. XXI, e com o incremento da chamada "sociedade de risco global", conceito utilizado pelo sociólogo Ulrich Beck[1] para denotar esse movimento global de integração econômica, social, cultural e política, percebeu-se que a atividade empresária através de pessoas jurídicas passou a ter grande importância nas novas configurações sociais, demandando, inclusive, para alguns doutrinadores como Klaus Tiedemann,[2] uma releitura do antigo brocardo — *societas delinquere non potest*.

Aliada à rede única de comunicação eletrônica mundial, a atividade empresarial recebeu forte impulso em sua forma de produção e organização das sedes e filiais corporativas. A indústria passou, deste modo, a ter reflexos determinantes na vida social e coletiva,

---

[1] BECK, Ulrich. *La sociedad del riesgo global*. Madrid: Siglo XXI de España, 2002. p. 4.

[2] TIEDEMANN, Klaus. *La armonización del derecho penal en los Estados miembros de la Unión Europea*. Trad. Manuel Cancio Meliá. Bogotá: Universidad Externado de Colômbia, 1998. p. 18. Nesse texto, Klaus Tiedemann reforça a ideia de responsabilização criminal da pessoa jurídica, já trabalhada em suas outras obras.

por estar diretamente ligada à geração de empregos, circulação de riquezas, desenvolvimento social e arrecadação de impostos.

O incremento na produção industrial decorrente da atividade empresária despertou, e continua despertando, enorme interesse por parte do Estado, que busca, de todo modo, evitar a elisão fiscal e o planejamento tributário das pessoas jurídicas. Desta forma, a atividade empresária tem gerado, por parte do ente público, excessiva regulamentação em âmbito administrativo, tributário, econômico e, por fim, criminal.

Este excesso regulamentador pode ser notado no Brasil, por exemplo, com a promulgação de uma Constituição Federal prolixa, na qual o sistema tributário foi alçado à categoria de norma constitucional. Ademais, há a previsão da atividade empresária na própria Constituição Federal, bem como as hipóteses de intervenção do ente público na economia, a fim de regulamentá-la.

Com efeito, a regulamentação estatal da atividade empresária não se limitou a disciplinar a celebração de contratos entre as pessoas fictas, mas, concomitantemente, produziu grande inflação legislativa, culminando, na última etapa, no âmbito criminal, na tentativa de se trazer à proteção penal — sob a ameaça de uma pena — a pessoa jurídica, edificando-se um direito penal para proteção de bens jurídicos supraindividuais.

Colhe-se, por exemplo, do artigo 173, §5º e 225 §3º, ambos da Carta da República, a intenção de responsabilidade criminal da pessoa jurídica, respectivamente, pela atividade econômica e pelo dano ambiental. Neste cenário, a proteção penal superou a finalidade exclusiva de proteção de bens jurídicos individuais e coloca em questionamento o princípio da *ultima ratio* do direito penal.

Noutro vértice, hodiernamente, a dogmática penal passou a realizar estudos sobre o surgimento e o desenvolvimento do assim denominado *direito penal econômico*. Entretanto, é de bom alvitre deixar registrada a ressalva realizada por Carlos Martínez Buján Pérez quanto a essa nomenclatura — *direito penal econômico* —, no sentido de que "quando a doutrina utiliza as expressões 'direito penal econômico', 'direito sócio-econômico', 'direito penal da economia' ou outras similares, não tem pretendido referir-se a um direito penal distinto, senão uma simples qualificação fixada sobre a peculiar natureza do objeto que se pretende tutelar".[3]

---

[3] BUJÁN PÉREZ, Carlos Martínes. *Derecho penal econômico*: parte general. Valencia: Tirant Lo Blanc, 1998.

O fato é que o surgimento de um direito penal que pretende tutelar bens jurídicos supraindividuais de conteúdo econômico deu origem a uma nefasta consequência, a que Jesús-María Silva Sánchez, criticamente, tem denominado de "a expansão do direito penal" ou "direito penal de segunda velocidade".[4] que se legitima a partir de um discurso de proteção de bens jurídicos supraindividuais de conteúdo econômico, como as relações de consumo, a ordem econômica, o sistema financeiro, a ordem tributária, etc.

Entretanto, a legitimação desse direito penal esbarra na concepção constitucional do Estado Democrático, visto que esta orienta a incidência mínima do direito penal, cuja atuação deve realizar-se somente quando nenhum outro ramo do direito puder proteger o bem jurídico visado, como *ultima ratio* (trata-se do caráter fragmentário do direito penal, primitivamente enunciado por Karl Binding).

Mas, além de encontrar resistência na concepção constitucional do Estado Democrático, o direito penal econômico demanda uma acurada análise com relação ao papel da empresa e a definição dos bens jurídicos supraindividuais de conteúdo econômico, bem como sobre a finalidade do direito penal.

2 A definição de um novo bem jurídico tutelável

Nesse contexto de interesse penal da atividade econômica, assiste-se a um discurso propulsor de novas finalidades do direito penal, que, em alguns casos, passam ao largo da finalidade precípua de proteção dos bens jurídicos. Como ocorre, por exemplo, com a formação de um novo rol de delitos, todos de natureza econômica, cujo bem jurídico protegido é a ordem econômica ou tributária. Ou, no caso do delito de apropriação indébita previdenciária, cujo bem jurídico protegido é o interesse patrimonial da previdência social.

Em primeiro lugar, pode-se formular um questionamento sobre a dignidade penal do bem jurídico *interesse patrimonial da previdência social*. Isto é, será que o direito penal, manifestação punitiva do Estado, pode destinar-se, dentro de um Estado democrático, a tutelar o interesse patrimonial da previdência social? Não estaria, aqui, ocorrendo um manifesto desvio de finalidade do direito penal,

---

[4] SÁNCHEZ, Jesús-María Silva. *A expansão do direito penal*: aspectos da política criminal nas sociedades pós-indrutriais. São Paulo: Revista dos Tribunais, 2002. p. 144.

uma indevida apropriação do direito penal para fins de satisfação dos instrumentos arrecadatórios do próprio do Estado? Estaria o direito penal a serviço do poder executivo ou da política? Na reflexão sobre esses questionamentos, colhe-se que um dos aspectos mais controversos do direito penal econômico é, justamente, a definição do bem jurídico supostamente tutelado pelo conjunto de tipos penais incriminadores que formam o direito econômico repressivo. E a polêmica reside justamente na possibilidade, ou não, de se colocar a *ordem econômica* ou *o interesse da previdência social*, como objeto de proteção penal. Nesse tema, Carlos Martínez Buján Pérez afirma que:

> nos delitos econômicos em sentido amplo, a ordem econômica nunca poderá constituir um bem jurídico diretamente tutelado, ou seja, no sentido de que sua vulneração (sua lesão ou colocação em perigo) se haja incorporado implicitamente a cada tipo de injusto da infração correspondente, com as conseqüências dogmáticas que daí derivam.[5]

Essa problemática em relação ao bem jurídico tutelado pelo direito penal econômico está diretamente ligada à produção dos chamados *tipos penais de perigo*, que buscam proteger um bem jurídico coletivo e imaterial, a exemplo do interesse arrecadatório da previdência social.

3 O papel dos tipos penais na definição do bem jurídico

Como a questão relativa ao bem jurídico, conforme dito acima, mostra-se essencial para a avaliação da legitimidade da intervenção do direito penal, indispensável adentrar-se à discussão dos tipos penais. Nesta senda, oportuno mencionar que, tradicionalmente, cabe ao tipo penal realizar a descrição da conduta proibida pelo ordenamento jurídico, prevendo, em tese, a quem pratique esse comportamento vedado, uma sanção penal, consequência estatal prevista para o autor do fato.

Nesta quadra, sem adentrar ao discurso deslegitimador da criminologia crítica, os tipos penais são necessários ante a missão que

---

[5] BUJÁN PÉREZ, *op. cit.*, p. 97.

é atribuída ao direito penal de realizar a proteção dos bens jurídicos mais relevantes à sociedade. Neste sentido, assevera Hans Heinrich Jescheck "el punto de partida y la idea rectora de la formación del tipo es el bien jurídico. Los bienes jurídicos son intereses de la comunidad cuya protección garantiza el derecho penal".[6]

Outrossim, afora as teorias abolicionistas, que, definitivamente, não serão objeto deste pequeno artigo, considera-se que o direito penal tem a missão de realizar a proteção de determinados bens jurídicos, valendo-se, nesse mister, dos tipos penais. Daí a conhecida definição realizada por Zaffaroni no sentido que o tipo penal "é um instrumento legal, logicamente necessário e de natureza predominantemente descritiva, que tem por função a individualização de condutas humanas penalmente relevantes".[7]

Chega-se à ideia de que o tipo penal realiza uma função dentro da estrutura analítica do delito. Essa função é a de selecionar e individualizar condutas que são relevantes para o direito penal por representarem violações aos bens jurídicos por ele tutelados. Essa noção de que os tipos penais realizam um papel dentro da estrutura dogmática, consistente na seleção e individualização de comportamentos, é que levou Winfried Hassemer a afirmar que: "a tarefa específica da etapa do tipo é indicar o relevo (relief) da proteção de bens jurídicos, que constitui a especificidade de toda cultura jurídico-penal".[8]

Oportuno ressaltar, nesse aspecto, que, em homenagem ao princípio da *intervenção mínima*, a proteção do direito penal somente deveria recair, devido a sua gravíssima consequência que é o cerceamento da liberdade, sobre aqueles bens jurídicos mais importantes e que não podem ser eficazmente protegidos pelos demais ramos do direito (direito civil, administrativo, comercial, etc.).

Endossando esse entendimento, esclarecedoras são as palavras de Claus Roxin, quando propugna o caráter subsidiário do direito penal na sua tarefa de proteção de bens jurídicos. Narra o mencionado autor que:

---

[6] JESCHECK, Hans Heinrich; WEIGEND, Thomas. *Tratado de derecho penal*. Trad. Miguel Olmedo Cardenete. 5. ed. Granada: Ed. Comares, 2002. p. 274.

[7] ZAFFARONI, Eugenio Raúl; PIERANGELI, José Henrique. *Manual de direito penal brasileiro*: parte geral. 5. ed. São Paulo: Revista dos Tribunais, 2005. p. 421.

[8] HASSEMER, Winfried. *Introdução aos fundamentos do direito penal*. Trad. Pablo Rodrigo Aflen da Silva. 2. ed. Porto Alegre: Sergio Antonio Fabris, 2005. p. 282.

el derecho penal sólo es incluso la última de entre todas las medidas protectoras que hay que considerar, es decir que sólo se le puede hacer intervenir cuando fallen otros medios de solución social del problema — como la acción civil, las regulaciones de policía o jurídico-tecnicas, las sanciones no penales, etc. Por ello se denomina a la pena como la 'ultima ratio de la política social' y se define su misión como protección subsidiaria de bienes jurídicos.[9]

Entretanto, não obstante essa missão do direito penal de realizar a proteção de determinados bens jurídicos, notadamente daqueles que são mais importantes para a vida social e que não podem ser bem resguardados pelas demais áreas do direito (vida, integridade física, etc.), o direito penal econômico não apresenta, de forma clara, certa e objetiva, qual é o bem jurídico que pretende tutelar. Não se sabe, ao certo, se esse conjunto de leis penais busca proteger a incolumidade da ordem econômica, a administração pública, o sistema financeiro nacional, o mercado de capitais ou a credibilidade das instituições da administração pública.

Com efeito, por não se saber, ao certo, qual o bem jurídico pretensamente tutelado pelo direito penal econômico, alguns doutrinadores têm sustentado a ideia de que o direito penal econômico, assim como o direito penal ambiental, busca tutelar um *bem jurídico por acumulação* ou *por aglutinação*, em que o que se quer desestimular é a reiteração de comportamentos que, somados, irão afetar de modo significativo a vida coletiva. Entretanto, como bem ressaltado por Jorge de Figueiredo Dias e Manuel da Costa Andrade, "desde as primeiras tentativas de conceptualizar o bem jurídico aglutinador, dessa pluralidade e dispersão de normas, têm-se multiplicado os critérios e acentuado a amplitude das divergências".[10]

Assim, verifica-se que o tema relativo ao bem jurídico protegido pelo direito penal econômico ainda carece de muito desenvolvimento e pesquisa, posto haver grande imprecisão conceitual e, inclusive, dúvida sobre a possibilidade de se tutelar, penalmente, o sistema financeiro nacional, a incolumidade da ordem econômica, a previdência social, etc. E, em todo esse contexto, a atividade

---

[9] ROXIN, Claus. *Derecho penal*: parte general. Trad. y notas Diego-Manuel Luzón Peña, Miguel Díaz y García Conlledo, Javier de Vicente Remesal. 1. ed. reimp. 1997. Madrid: Civitas, 2003. t. I, Fundamentos. La estructura de la teoria del delito, p. 65.

[10] DIAS, Jorge de Figueiredo; ANDRADE, Manuel da Costa. Problemática geral das infrações contra a ordem econômica. *In*: PODVAL, Roberto (Org.). *Temas de direito penal econômico*. São Paulo: Revista dos Tribunais, 2000. p. 67.

empresária tem sido colocada no centro das atenções penais, vez que representa uma nova área de incidência da norma penal que, do ponto de vista político-criminal, tem se justificado.

Sobre o tema, lúcidas são as palavras de José Faria Costa e Manoel da Costa Andrade, quando mencionam que "a importância actual do direito penal econômico mais se acentua devido ao facto de ele se ter convertido num pólo de inovações e renovações do próprio direito penal geral".[11]

4 O delito de apropriação indébita previdenciária como exemplo de desvio de finalidade do direito penal

O delito de apropriação indébita previdenciária está previsto no artigo 168-A, do Código Penal. Em verdade, o artigo 168-A foi inserido no texto do Código Penal através da Lei nº 9.983/2000 que revogou, expressamente, o artigo 95, da Lei nº 8.212/91, modelo anterior de incriminação, previsto na lei que regulamenta a seguridade social. Atualmente, o artigo possui a seguinte redação:

> Art. 168-A. Deixar de repassar à previdência social as contribuições recolhidas dos contribuintes, no prazo e forma legal ou convencional: (Incluído pela Lei nº 9.983, de 2000)
>
> Pena - reclusão, de 2 (dois) a 5 (cinco) anos, e multa. (Incluído pela Lei nº 9.983, de 2000)
>
> §1º Nas mesmas penas incorre quem deixar de: (Incluído pela Lei nº 9.983, de 2000)
>
> I – recolher, no prazo legal, contribuição ou outra importância destinada à previdência social que tenha sido descontada de pagamento efetuado a segurados, a terceiros ou arrecadada do público; (Incluído pela Lei nº 9.983, de 2000)
>
> II – recolher contribuições devidas à previdência social que tenham integrado despesas contábeis ou custos relativos à venda de produtos ou à prestação de serviços; (Incluído pela Lei nº 9.983, de 2000)
>
> III – pagar benefício devido a segurado, quando as respectivas cotas ou valores já tiverem sido reembolsados à empresa pela previdência social. (Incluído pela Lei nº 9.983, de 2000)

---

[11] COSTA, José de Faria; ANDRADE, Manuel da Costa. Sobre a concepção e os princípios do direito penal econômico. *In*: PODVAL, Roberto (Org.). *Temas de direito penal econômico*. São Paulo: Revista dos Tribunais, 2000. p. 102.

§2º É extinta a punibilidade se o agente, espontaneamente, declara, confessa e efetua o pagamento das contribuições, importâncias ou valores e presta as informações devidas à previdência social, na forma definida em lei ou regulamento, antes do início da ação fiscal. (Incluído pela Lei nº 9.983, de 2000)

§3º É facultado ao juiz deixar de aplicar a pena ou aplicar somente a de multa se o agente for primário e de bons antecedentes, desde que: (Incluído pela Lei nº 9.983, de 2000)

I – tenha promovido, após o início da ação fiscal e antes de oferecida a denúncia, o pagamento da contribuição social previdenciária, inclusive acessórios; ou (Incluído pela Lei nº 9.983, de 2000)

II – o valor das contribuições devidas, inclusive acessórios, seja igual ou inferior àquele estabelecido pela previdência social, administrativamente, como sendo o mínimo para o ajuizamento de suas execuções fiscais. (Incluído pela Lei nº 9.983, de 2000)

Da própria origem do dispositivo, pode-se verificar que sua aplicação está teleologicamente destinada a proteger a previdência social e o mecanismo arrecadatório da Previdência Social. A apropriação, nesse contexto, ocorrerá quando não forem repassados os valores recolhidos dos contribuintes, uma vez que esses valores deveriam ser destinados à previdência social e o sujeito ativo apropria-se deles em benefício próprio. Essa contribuição deve ser necessariamente aquela destinada ao custeio da Seguridade social. Analisando o comportamento incriminado, Luiz Regis Prado afirma que: "a conduta incriminada só pode ser praticada por agentes ligados a redes bancárias ou quaisquer outros estabelecimentos autorizados a receberem as contribuições, e deixam de repassar a previdência Social, no prazo estabelecido em lei ou por convênio celebrado entre o INSS e tais estabelecimentos".[12]

O ponto alto da discussão desta espécie incriminadora está em verificar sua real finalidade. O descortinamento de verdadeira teleologia mostra-se necessário para aferirmos se, de fato, este tipo penal atende aos primados da intervenção mínima do direito penal, postulado crucial para o Estado democrático.

E, nesta investigação, é necessário perquirir se o tipo penal, conforme construído, não possui o velado escopo de compelir ao

---

[12] PRADO, Luiz Regis. *Curso de direito penal brasileiro.* 7. ed. São Paulo: Revista dos Tribunais, 2008. v. 2.

recolhimento da contribuição previdenciária, deixando, em segundo plano, a suposta finalidade de proteger o interesse patrimonial da previdência social.

Ora, se o bem jurídico supostamente protegido pelo delito do artigo 168-A é o patrimônio da previdência social, seus haveres patrimoniais é que estão sendo protegidos pelo direito penal. Contudo, por que razão o patrimônio da previdência social pode ser tutelado pelo direito penal, se a melhor e mais eficaz modalidade de se resguardar o patrimônio da previdência social ocorre através de uma otimizada administração de recursos. Ademais, todo o processo arrecadatório ocorre, antes, por meio de expedientes administrativos, distantes do direito penal, posto ser esse inadequado para lograr essa finalidade.

Deve-se, aqui, fazer-se uma ressalva, no sentido de esclarecer que não se está a desmerecer a importância do sistema de seguridade social, que tanto faz falta em nosso país, dadas as péssimas condições de gestão a que, continuamente, é submetido. A Constituição Federal estabeleceu um sistema de seguridade firme e eficaz, mas este projeto ficou apenas no texto normativo, apenas no âmbito do *dever-ser*. A realidade é que nosso sistema de seguridade social é obsoleto e não é apto a conferir uma situação de dignidade a quem dele depende.

Entretanto, as mazelas do sistema de seguridade social não justificam a intervenção penal do estado para tutelar o patrimônio da previdência social. Aliás, por que razão o direito penal poderia contribuir nesse sentido, se ele não pode, pelo menos em tese, prestar-se a fins arrecadatórios?

O maior questionamento que pode ser feito sobre a finalidade desse tipo penal está, justamente, na possibilidade de extinção da punibilidade com o pagamento do tributo. A previsão, no artigo 168-A, parágrafo 2º e 3º, conflita, diretamente, com o discurso oficial que pretende sustentar a legitimidade da intervenção penal na hipótese, ao argumento de que está sendo protegido o interesse patrimonial da seguridade social e de que a seguridade é um bem jurídico que interessa a toda a sociedade.

Se assim fosse, não haveria a previsão de extinção da punibilidade do agente que, voluntariamente, realiza o pagamento da contribuição previdenciária, antes do início do procedimento fiscal, como previsto no artigo 168-A, §2º. Nem, tampouco, estaria prevista a possibilidade de o juiz deixar de aplicar a pena caso o acusado opere o pagamento da contribuição previdenciária antes do oferecimento da denúncia.

§2º É extinta a punibilidade se o agente, espontaneamente, declara, confessa e efetua o pagamento das contribuições, importâncias ou valores e presta as informações devidas à previdência social, na forma definida em lei ou regulamento, antes do início da ação fiscal.

§3º É facultado ao juiz deixar de aplicar a pena ou aplicar somente a de multa se o agente for primário e de bons antecedentes, desde que:

I – tenha promovido, após o início da ação fiscal e antes de oferecida a denúncia, o pagamento da contribuição social previdenciária, inclusive acessórios; ou

II – o valor das contribuições devidas, inclusive acessórios, seja igual ou inferior àquele estabelecido pela previdência social, administrativamente, como sendo o mínimo para o ajuizamento de suas execuções fiscais.

Importante ainda ressaltar que, com o aparecimento da Lei nº 10.684/03, Lei do PAES, o Supremo Tribunal Federal consagrou o entendimento de que o pagamento de tributo — inclusive contribuições previdenciárias — realizado a qualquer tempo, gera a extinção da punibilidade, nos termos do seu artigo 9º, §2º, mitigando as disposições dos parágrafos 2º e 3º do artigo em comento.

Esta posição do Supremo Tribunal Federal sacramenta a finalidade velada do artigo 168-A, que é a de compelir o acusado a realizar o recolhimento da contribuição previdenciária, ainda que após o início da ação penal. Esse é o interesse do Estado, tanto que o pagamento extingue a punibilidade a qualquer tempo. Nada mais importa do que o recolhimento da contribuição. Se esta for realizada, extingue-se a punibilidade do acusado. É a interpretação dada sobre a situação em análise por um dos poderes públicos, que é o Judiciário.

Denota-se, assim, a utilização do direito penal com nítido desvio de finalidade, uma vez que utilizado para fins arrecadatórios, conferindo um tratamento absolutamente destoante de todas as demais espécies incriminadoras, o que termina por revelar a enorme contradição do direito penal. Não é preciso raciocinar muito para perceber que nos crimes considerados comuns, como furto, roubo, estelionato, etc., uma vez instaurada a ação penal, toda a força Estatal estará presente para justificar, utilizando-se do argumento da obrigatoriedade da ação penal e de outros postulados como a indisponibilidade, que a ação penal deve ser finalizada, condenando-se o réu quando existirem elementos suficientes para tanto.

Para esses, não se cogitam instrumentos que, incidentalmente ao processo, fazem extinguir a punibilidade. Nada irá parar o curso da ação penal. Nem a vontade da própria vítima. Mas nos crimes econômicos, o pagamento do tributo ou da contribuição previdenciária, extingue a punibilidade! Ora, é manifesto desvio de finalidade do direito penal, somente se compreendendo esses tratamentos díspares para condutas igualmente dolosas se o intérprete puder visualizar o fato de que o direito penal, neste caso, tem outra finalidade — a arrecadatória.

Conclusão

O avanço do direito penal sobre a atividade econômica e empresária das pessoas nos leva, necessariamente, à discussão sobre sua legitimação material; é dizer, imprescindível o debate sobre os fins desse novo direito penal, com o propósito de determinar se o mesmo se encontra legitimado em nosso estado constitucional de direito.

Esta problemática não se limita a um mero discurso acadêmico, pois implica em uma tomada de postura ideológica sobre a questão, a qual prevê a concepção política e a função que se designa ao direito penal dentro do ordenamento jurídico.

É evidente que esta tomada de postura ideológica e política constitui um passo prévio ao tratamento das diversas questões particulares, já que a mesma permitirá enquadrar coerente e sistematicamente seu estudo, como também é certo que condicionará e orientará seu desenvolvimento.

Nessa ordem de ideias, o direito penal da economia e o avanço do direito penal sobre a atividade empresária vêm causando sérias alterações legislativas e fomentando o desenvolvimento de bases teóricas, tanto pela doutrina nacional como por especialistas estrangeiros. Muitas críticas ainda merecem ser levadas pela relevância acadêmica de quem as formula, como também pela consistência de suas argumentações.

Neste sentido, o professor Zaffaroni caracteriza este crescente avanço do direito penal como um fenômeno de "fiscalização" e "banalização ou administrativização" do mesmo, tratando-se, em sua opinião, de um avanço do estado de polícia sobre o estado de direito, o qual se vê refletido em uma proliferação de dispositivos penais: "pura irresponsabilidade republicana do legislador".[13]

---

[13] ZAFFARONI, Eugenio R. *"La creciente legislacion penal y los discusos de emergência" en teorías actuales en el derecho penal.* Buenos Aires: Ad-Hoc, 1998. p. 617.

Com efeito, sobre a problemática de fundo sustenta que:

para enfrentar todo o fenômeno que coloca em risco o estado de direito, os operadores do segmento acadêmico ou ideológico do sistema penal não temos outro poder a não ser o discurso. Isto nos impõe uma reconstrução doutrinária do direito penal partindo do privilégio indiscutido e progressivo das normas internacionais e constitucionais, nas bases do mais puro direito penal liberal. Frente ao fenômeno que abre uma enorme brecha entre estas disposições e as leis penais pós-modernas, temos uma opção, tratar de racionalizar as últimas e encurtar a brecha; ou destacar a mesma e requerer sua inconstitucionalidade. A decisão é uma questão política, mas também jurídica e, em última análise, de consciência.[14]

Segundo este pensamento, parece que as opções se restringem ao seguinte dilema: realizar um esforço para legitimar o avanço do direito penal — em nosso caso, sobre a atividade econômica e empresária (racionalizando o irracional) — ou, pelo contrário, recusar essa expansão por inconstitucional.

É evidente que se este for o enfoque correto, a opção razoável e axiologicamente adequada estaria incerta na mesma premissa do dilema. Quem estaria disposto a tentar legitimar algo por ser ilegítimo ou inconstitucional? Se o pensamento fosse correto, a opção inteligente e respeitada do texto constitucional seria, sem mais, o repúdio do direito penal inserido na atividade de intercâmbio de bens e serviços.

Não se descarta que a outra possa ser uma opção respeitada, mas entendo que o pensamento é, pelo menos, metodologicamente incorreto, e condicionará a opção do interlocutor.

Referências

BECK, Ulrich. *La sociedad del riesgo global*. Madrid: Siglo XXI de España, 2002.

BUJÁN PÉREZ, Carlos Martínes. *Derecho penal econômico*: parte general. Valencia: Tirant Lo Blanc, 1998.

BUSTOS RAMÍREZ, Juan. La imputación objetiva. *In*: *Teorías actuales en el derecho penal*: 75º Aniversario del Código Penal. Trad. Mariana Sacher de Köster. Buenos Aires: Ad-Hoc, 1998.

---

[14] ZAFFARONI, *op. cit.*, p. 617.

CALLEGARI, André Luís. *Imputação objetiva*: lavagem de dinheiro e outros temas de direito penal. Porto Alegre: Livraria do Advogado, 2001.

COSTA, José de Faria; ANDRADE, Manuel da Costa. Sobre a concepção e os princípios do direito penal econômico. *In*: PODVAL, Roberto (Org.). *Temas de direito penal econômico*. São Paulo: Revista dos Tribunais, 2000.

CURY URZÚA, Enrique. *Derecho penal*: parte general. 2. ed. actual. Santiago: Ed. Jurídica de Chile, 1992. t. I.

DIAS, Jorge de Figueiredo; ANDRADE, Manuel da Costa. Problemática geral das infrações contra a ordem econômica. *In*: PODVAL, Roberto (Org.). *Temas de direito penal econômico*. São Paulo: Revista dos Tribunais, 2000.

ECO, Umberto. *Como se faz uma tese*. Trad. Gilson César Cardoso de Souza. 14. ed. São Paulo: Perspectiva, 1998.

FERRAJOLI, Luigi. *Direito e razão*. Trad. Ana Paula Zomer, Fauzi Hassan Choukr, Juarez Tavares e Luiz Flávio Gomes. São Paulo: Revista dos Tribunais, 2002.

HASSEMER, Winfried. *Introdução aos fundamentos do direito penal*. Trad. Pablo Rodrigo Aflen da Silva. 2. ed. Porto Alegre: Sergio Antonio Fabris, 2005.

JESCHECK, Hans Heinrich; WEIGEND, Thomas. *Tratado de derecho penal*. Trad. Miguel Olmedo Cardenete. 5. ed. Granada: Ed. Comares, 2002.

LEITE, Eduardo de Oliveira. *A monografia jurídica*. 6. ed. São Paulo: Revista dos Tribunais, 2003.

LISZT, Franz von. *Tratado de direito penal alemão*. Trad. José Higino Duarte Pereira. Campinas: Russell, 2003. v. 1.

LUISI, Luiz. *O tipo penal, a teoria finalista da ação e a nova legislação penal*. Porto Alegre: Sergio Antonio Fabris, 1987.

MELIÁ, Manuel Cancio; RAMOS, Enrique Peñaranda; GONZÁLEZ, Carlos Suarez. *Um novo sistema do direito penal*. Trad. André Luiz Callegari e Nereu José Giacomolli. Barueri: Manole, 2003.

ORDEIG, Enrique Gimbernat. *Conceito e método da ciência do direito penal*. São Paulo: Revista dos Tribunais, 2002.

PRADO, Luiz Regis. *Curso de direito penal brasileiro*. 7. ed. São Paulo: Revista dos Tribunais, 2008. v. 2.

ROXIN, Claus. *A proteção de bens jurídicos como função do direito penal*. Trad. André Luís Callegari e Nereu José Giacomolli. Porto Alegre: Livraria do Advogado, 2006.

ROXIN, Claus. *Derecho penal*: parte general. Trad. y notas Diego-Manuel Luzón Peña, Miguel Díaz y García Conlledo, Javier de Vicente Remesal. 1. ed. reimp. 1997. Madrid: Civitas, 2003. t. I, Fundamentos. La estructura de la teoria del delito.

ROXIN, Claus. *Estudos de direito penal*. Trad. Luis Greco. Rio de Janeiro: Renovar, 2006.

ROXIN, Claus. *Política criminal e sistema jurídico-penal*. Tradução de Luis Greco. Rio de Janeiro e São Paulo. Renovar. 2000.

ROXIN, Claus. *Problemas fundamentais de direito penal*. Trad. Ana Isabel Figueiredo. Coimbra: Coimbra Ed., 1987.

SÁNCHEZ, Jesús-María Silva. *A expansão do direito penal*: aspectos da política criminal nas sociedades pós-indrutriais. São Paulo: Revista dos Tribunais, 2002.

SANTOS, Juarez Cirino dos. *Direito penal*: parte geral. Curitiba: ICPC; Lumen Juris, 2006.

SCHÜNEMANN, Bernd. Consideraciones sobre la imputación objetiva. *In: Teorías actuales en el derecho penal*: 75º Aniversario del Código Penal. Trad. Mariana Sacher de Köster. Buenos Aires: Ad-Hoc, 1998.

TAVARES, Juarez. *Teoria do injusto penal*. 3. ed. Belo Horizonte: Del Rey, 2003.

TIEDEMANN, Klaus. *La armonización del derecho penal em los Estados miembros de la Unión Europea*. Trad. Manuel Cancio Meliá. Bogotá: Universidad Externado de Colômbia, 1998.

TOLEDO, Francisco de Assis. *Princípio básicos de direito penal*. 5. ed. São Paulo: Saraiva, 1994.

WELZEL, Hans. *Derecho penal alemán*. Trad. Juan Bustos Ramírez y Sergio Yánez Pérez. 11. ed. Santiago: Ed. Jurídica de Chile.

WELZEL, Hans. *O novo sistema jurídico penal*: uma introdução à doutrina da ação finalista. Trad. Luiz Regis Prado. São Paulo: Revista dos Tribunais, 2001.

WESSELS, Johanes. *Direito penal*: parte geral. Trad. Juarez Tavares. Porto Alegre: Sergio Antonio Fabris, 1976.

ZAFFARONI, Eugenio R. *"La creciente legislacion penal y los discusos de emergência" en teorías actuales en el derecho penal*. Buenos Aires: Ad-Hoc, 1998. p. 617.

ZAFFARONI, Eugenio Raúl; PIERANGELI, José Henrique. *Manual de direito penal brasileiro*: parte geral. 5. ed. São Paulo: Revista dos Tribunais, 2005.

ZAFFARONI, Eugenio Raúl; SLOKAR, Alejandro; ALAGIA, Alejandro. *Decrecho penal*: parte general. 2. ed. Buenos Aires: Ediar, 2003.

Informação bibliográfica deste texto, conforme a NBR 6023:2002 da Associação Brasileira de Normas Técnicas (ABNT):

D' AQUINO, Dante. Apropriação indébita previdenciária: um direito penal arrecadatório?. *In*: BARACAT, Eduardo Milléo (Coord.). *Direito penal do trabalho*: reflexões atuais. Belo Horizonte: Fórum, 2010. p. 115-129. ISBN 978-85-7700-357-0.

Organização do Trabalho: Contornos Atuais do Bem Jurídico-Penal

Fábio André Guaragni

Sumário: Introdução – **1** O conjunto de incriminações reunidas sob o título dos crimes contra a organização do trabalho como fonte cognitiva do conteúdo do bem jurídico – **2** A definição de "organização do trabalho" e as dificuldades de tutelá-la através do direito penal – **3** A coletividade de trabalhadores como destinatária da proteção penal nos crimes contra a organização do trabalho – **4** Consequências práticas – Referências

Introdução

O que é organização do trabalho? O que esta expressão designa? Há razões poderosas para intentarmos uma definição. Sobretudo, o fato de tratar-se de bem jurídico com dignidade penal. Em nome da proteção da "organização do trabalho", o Código Penal brasileiro reúne, em seu título IV, onze tipos penais (arts. 197 a 207).

O direito penal tem a missão de tutelar subsidiariamente bens jurídicos, segundo a repetida lição de Roxin.[1] Esta tarefa deve ser cumprida sem que se abra mão do necessário desvalor de conduta revelado como dolo ou culpa, impeditivo da pura responsabilidade penal objetiva. Sem embargo da necessidade de observar-se o desvalor de ação, a baliza do desvalor de resultado mostra-se prioritária para autorizar o exercício do poder punitivo. Por isso, não há pena sem ofensividade para o bem jurídico. *Nulla poena sine injuria.* Esta ofensividade aperfeiçoa o conteúdo material do injusto.

---

[1] ROXIN, Claus. *Derecho Penal*: parte general. Madrid: Civitas, 1997. t. I, p. 51.

Partindo-se da ideia central de que o conteúdo material do injusto jurídico-penal é dado pela lesividade ao bem jurídico, seja sob forma de dano, seja mediante perigo de dano (concreto ou abstrato), é certo que — quando da ocorrência de condutas subsumíveis aos onze tipos em questão (arts. 197 *et seq.*, CP) — será necessário constatar, para além da incidência dos elementos típicos formais, objetivos e subjetivos, se o bem jurídico organização do trabalho foi afrontado.

Noutros termos, não há tipicidade material quando o tipo não puder exercer sua função conglobante, de revelar: a) conflitividade do pragma (acontecimento no mundo real) com o bem da vida protegido pelo direito e b) a atribuibilidade deste conflito a alguém. Na proposta de Zaffaroni, esta situação afasta a tipicidade conglobante da conduta.[2]

Como a checagem desta carga material negativa, conformadora do injusto penal, é exigida em toda sentença que um órgão jurisdicional criminal prolata, ressalta-se o relevo prático da definição do que é organização do trabalho.

A pretensão do texto, portanto, é delinear os contornos deste bem jurídico, servindo como orientação prática para a verificação da ofensividade dos comportamentos delitivos porventura adequados às incriminações constantes do título IV do CP.

1 O conjunto de incriminações reunidas sob o título dos crimes contra a organização do trabalho como fonte cognitiva do conteúdo do bem jurídico

A princípio, é de se pensar que a leitura dos tipos penais contidos nos arts. 197 e ss., CP, serve como fonte capaz de sugerir o que é organização do trabalho. A ideia é sedutora e simples: ao se ler o conteúdo dos preceitos primários destes dispositivos, saber-se-ia o que os comportamentos vedados ofendem. Seriam deduzidos, daí, os precisos contornos do bem jurídico.

Todavia, esta ideia fracassa. O conjunto de incriminações do título IV agrupa comportamentos pouco semelhantes entre si. Os três primeiros crimes versam sobre a liberdade de trabalho, de realização

---

[2] ZAFFARONI, Eugenio Raúl; SLOKAR, Alejandro; ALAGIA, Alejandro. *Derecho Penal*: parte general. Buenos Aires: Ediar, 2000. p. 433 e 461.

de contrato laboral e de associação (art. 197 a 199), protegendo ora o trabalhador, ora o empregador.

Nos arts. 200 a 202, o Código preserva, nitidamente, interesses do empregador. A participação em movimentos paredistas, desde que coligada a determinadas circunstâncias (prática de violência contra pessoa ou coisa, no caso do art. 200; provocação da interrupção de obras públicas ou serviços coletivos, na hipótese do art. 201), é criminalizada. É certo que o *lock-out* — suspensão patronal das atividades — é criminalizado quando ocorrente nas mesmas condições. Porém, trata-se de hipótese raramente factível. Na prática, repita-se, há preponderante preservação dos interesses patronais, pois o cometimento de excessos, geradores de violência contra coisas ou pessoas, é comum sobretudo quando os movimentos grevistas vinculam-se a ambientes de exaltação emocional, próprios de situações de impasse negocial envolvendo trabalhadores e patrões diretamente, ou quando as divergências se dão entre entidades de representação.

Com o mesmo escopo protetivo dos interesses do empregador, incrimina-se a invasão ou sabotagem de estabelecimento industrial, comercial ou agrícola. É a preocupação legislativa do art. 202, CP.

A frustração de direito assegurado por lei trabalhista, por fraude ou violência, acompanhada de fórmulas de equiparação (tipo penais derivados do parágrafo 1º), constitui objeto material do crime previsto no art. 203, CP, com redação de 1998. Aqui, protege-se exclusivamente interesse do trabalhador. É oportuno referir que o destinatário da proteção legislativa também é o trabalhador nos arts. 206 e 207, que tratam de coibir o aliciamento de trabalhadores, respectivamente, para fins de emigração de um local para outro do território nacional.

Finalmente, os art. 204 e 205 protegem a atividade reguladora das relações de trabalho efetuada pelo Estado, criminalizando a frustração de lei sobre a nacionalização do trabalho (tipo penal de constitucionalidade questionável à vista da equiparação de direitos entre trabalhadores nacionais e estrangeiros proveniente da CR de 1998) e o exercício de atividade impedida por decisão administrativa.

Não deflui, desta soma de tipos penais, protetivos de interesses de destinatários diversos, qualquer "organização" do trabalho. Apenas aspectos das relações trabalhistas — de relevo, é certo — foram pinçados pelo legislador e agrupados sob o título IV. É como se o legislador reunisse, como crimes contra a organização do trabalho, todos os delitos que dizem respeito às relações laborais.

Esse é o único ponto em comum dentre todos: concernem às relações laborais. Todavia, é inviável extrair daí propriamente um desenho de como está configurada uma certa *organização* do trabalho.

Ainda: a exposição dos destinatários da proteção permite verificar que, sob o manto da organização do trabalho, ora se preservam interesses patronais, ora interesses do empregado, ora — por fim — interesses do Estado. Esta miríade de destinatários permite visualizar outro problema. É que, para além de os tipos penais não permitirem definir o que é a organização do trabalho, verifica-se que há imprecisão quanto ao destinatário da proteção. A pergunta é: a quem se protege com os crimes que violam a organização do trabalho? Quer-se saber quais seres humanos têm seus interesses tutelados, como titulares deste bem. A noção de que o crime é vago é insuficiente. O sujeito passivo indeterminado até pode existir, desde que se proteja um interesse difuso (meio ambiente, por exemplo). Porém, ao tratarmos de organização do trabalho, fica evidente — de logo — que o público interessado está envolvido nesta organização e, portanto, encontra delimitação.

O direito penal não protege entes como "coisas em si", numa pura proteção de objetos, dissociados de sujeitos. A velha noção dos bens jurídicos como coisas ou entes, formulada por Birnbaum em 1834,[3] ora é corrigida pela percepção do bem jurídico como coisa disponível por alguém. O bem jurídico, enquanto mero objeto (concepção de Birnbaum), desvinculou-se do sujeito, perdendo — com isto — sentido semântico: afinal, não há que se falar de objeto sem sujeito. A proteção do objeto, em lugar do sujeito, teve por consequência o afastamento da vítima do cenário do direito penal (YACOBUCCI; GOMES)[4] Esta crítica levou a uma revisão conceitual que, atualmente, religa o conceito de bem jurídico ao sujeito. Afinal, na lição clara de Zaffaroni, "quando os direitos deixam de ser disponíveis pelo ser humano, se convertem no direito de outro ente, distinto do indivíduo, e reduzem-no a mero sujeito obrigado; ao não se reconhecer a disponibilidade, se separa o inseparável, sem referência à *vontade de exercício*, os direitos perdem seu sentido..."[5]

---

[3] *Apud* YACOBUCCI, Guillermo Jorge; GOMES, Luiz Flávio. *As grandes transformações do direito penal tradicional*. São Paulo: Revista dos Tribunais, 2005. p. 74.

[4] YACOBUCCI; GOMES, *op. cit.*, p. 78-79.

[5] ZAFFARONI, Eugenio Raúl; SLOKAR, Alejandro; ALAGIA, Alejandro. *Derecho Penal*: parte general. Buenos Aires: Ediar, 2000. p. 466, nota 25.

Nesta toada, o bem jurídico deve ser concebido como relação de disponibilidade[6] mantida, em regra, por pessoas, em relação a coisas. Isto que o direito penal tutela. Tais pessoas podem ser concebidas singularmente ou como coletividades. Excepcionalmente, pessoas jurídicas — dentre elas, o Estado — podem manter relações de disponibilidade com objetos e terem estas relações protegidas pelo direito penal (v.g., crimes contra a administração pública). Porém, nestas hipóteses é necessário que se preservem interesses de seres humanos, ainda que de modo mediato, para que não seja autorizado o exercício da potestade punitiva a partir de puras razões de estado. Assim, por exemplo, é legítima a tutela da administração pública, como bem jurídico-penal, por ser possível visualizar os benefícios para cada cidadão extraídos de uma administração pública que cumpra seus fins sociais (disponibilizando creches, escolas, serviços de saúde, etc.). O ser humano figura como beneficiário mediato da tutela penal da administração pública.

De toda forma, quando o conceito de bem jurídico religa o objeto ao sujeito, em cada bem concreto exige-se a clara definição do sujeito a quem se pretende tutelar. Assim se dá, portanto, quanto ao concreto bem jurídico sintetizado na expressão "organização do trabalho". Se todo bem jurídico é objeto de proteção voltado a um sujeito, há de se desvelar o sujeito que dispõe de algo a que se denomina organização do trabalho e retira vantagens deste algo.

São dois os passos a seguir. Descobrir o que é organização do trabalho, para além do catálogo do CP, insuficiente para tal descoberta. Após, desvelar a quem se protege através da tutela deste ente.

2 A definição de "organização do trabalho" e as dificuldades de tutelá-la através do direito penal

A palavra organização provém do grego *organon*, que significa instrumento. Tem aplicação tanto nas ciências naturais como nas culturais — em particular, nas sociais aplicadas. Naquele universo, os biólogos Maturana e Varela definem *organização* como "relações que devem ocorrer entre os componentes de algo, para que seja possível reconhecê-lo como membro de uma classe específica", distinguindo-a da *estrutura*, que são os "componentes e relações que

---

[6] *Idem*, p. 466.

constituem concretamente uma unidade particular e configuram sua organização".[7]

Quando transposta para o universo das ciências culturais, como o direito, esta definição exige pequenos ajustes. Assim, é certo que continue designando "relações que devem ocorrer entre os componentes de algo", porém sem que se destine a permitir o reconhecimento deste algo como "membro de uma classe específica". Não há a pretensão de definir a que classe pertence o ente *trabalho*; todavia, as relações que se travam entre os componentes do ente trabalho por certo revelam sua organização. Finca-se o pilar segundo o qual a organização do trabalho é revelada pelas relações travadas entre os componentes da categoria *trabalho*.

Já nas ciências sociais aplicadas, integrantes das ciências culturais, sobretudo na administração de empresas, desenvolvem-se, amplamente, teorias organizacionais. O ponto de partida, naturalmente, dá-se pela definição de organização. O professor Richard H. Hall, da Universidade Estadual de Nova York, apresenta-a em termos complexos:

> Uma organização é uma coletividade com uma fronteira relativamente identificável, uma ordem normativa (regras), níveis de autoridade (hierarquia), sistemas de comunicação e sistemas de coordenação dos membros (procedimentos); essa coletividade existe em uma base relativamente contínua, está inserida em um ambiente e toma parte de atividades que normalmente se encontram relacionadas a um conjunto de metas; as atividades acarretam conseqüências para os membros da organização, para a própria organização e para a sociedade.[8]

O aproveitamento desta definição, também aqui, é possível. Quando se fala de organização do trabalho, reporta-se toda universalidade de pessoas inserida em ambientes de prestação laboral. São coletividades, portanto. Ocupam claras fronteiras, porquanto encampam, em um dado ambiente, somente os envolvidos em relações laborais, excluindo quaisquer tipos diversos de relações (familiares, afetivas, etc.). Há uma ordem normativa, dada pela legislação trabalhista e pelos instrumentos coletivos pactuados

---

[7] MATURANA, Humberto R.; VARELA, Francisco J. *A árvore do conhecimento*: as bases biológicas da compreensão humana. São Paulo: Palas Athena, 2007. p. 54.

[8] HALL, Richard H. *Organizações*: estruturas, processo e resultados. 8. ed. São Paulo: Pearson Prentice Hall, 2004. p. 30.

entre órgãos de classe. A submissão hierárquica é tônica nos vínculos empregatícios, compondo inclusive o conceito de relação de emprego do art. 3º da CLT, quando define que o empregado atua *sob dependência* patronal.

Prosseguindo no ajuste da definição de *organização* de HALL ao ente *trabalho*, tem-se que o molde das relações de trabalho é contínuo. No capitalismo, é representado pela possibilidade de aquisição, pelo empregador, do trabalho alheio mediante paga, sem prejuízo de que — individual e incidentalmente — membros da coletividade deixem de a ela pertencer (resolução do contrato de trabalho). O ambiente da relação de trabalho é demarcado em unidades fabris, centros de prestação de serviços, comércios, etc., tendo o universo amplo da sociedade como pano de fundo. As coletividades envolvidas na organização do trabalho atuam, de modo geral, na busca de um fim único, definido como meta organizacional. De modo geral, este fim é o lucro.

É possível, portanto, ajustar o conceito de proposto por HALL ao bem jurídico em estudo. Porém, sua definição de *organização* parece talhada muito mais para organizações concretas, de caráter corporativo, do que para uma tão genérica organização do *trabalho*, enquanto ente simbólico e ideal.

De todo modo, as definições de organização, extraídas de universos científicos distintos, permitem, a esta altura, visualizar um conceito de organização do trabalho.

De início, é preciso definir os componentes do *trabalho*. Esta definição depende de um modelo concreto de realização do trabalho. Basta uma rápida percepção da história do ente *trabalho* para conclusão de que designa categorias distintas quando produzido por escravos, por servos num regime econômico feudal, para louvar deidades, etc. É certo que o trabalho, em todos os casos, é o amálgama de atividades e respectivos resultados, gerado pelo esforço, físico ou intelectual, de um ser humano, o *trabalhador*. Porém, o contexto histórico em que este amálgama se produz está imbricado na definição de trabalho de tal modo que interfere na definição dos componentes deste ente.

O contexto em que o trabalho se desenvolve no Brasil é o de uma modernidade exaltada em suas características. A modernidade caracteriza um modo de vida desenvolvido na Europa. A partir do século XVII, o modelo econômico do capitalismo, atado ao modo de produção desenvolvido a partir da revolução industrial, moldou um cenário para o desempenho do trabalho. O capitalismo é um "sistema de produção de mercadorias, centrado sobre a relação entre a propriedade privada do capital e o trabalho assalariado sem posse da propriedade",[9] na precisa definição de Anthony Giddens. Já o industrialismo, no pensar deste mesmo autor, "é o uso de fontes inanimadas de energia material na produção de bens, combinado ao papel central da maquinária no processo de produção".[10] Abraçados, capitalismo e industrialismo forjam o palco para que o trabalho se desenvolva, mediante os seguintes componentes: trabalhador, que gera o amálgama de atividades e resultados denominado trabalho; empresário, detentor dos meios de produção e dos insumos, com os quais o trabalho é desenvolvido; salário, que é o preço pelo qual a força de trabalho é vendida; lucro, que resulta da diferença entre os custos da produção, envolvendo manutenção de meios de produção, aquisição de insumos e pagamento de salários, e os ganhos que o valor agregado aos insumos permite auferir.

A organização do trabalho, neste senso, é o conjunto de relações travadas entre trabalhador e empregador, mediadas pelo salário, no interesse daquele, e o lucro, no interesse deste. Desenvolve-se nas fronteiras de unidades de produção e distribuição de bens e serviços destinados ao consumo. Seus fins são plúrimos e, em situações específicas, conflitantes: o componente denominado trabalhador tem a finalidade de garantir a própria subsistência, de modo que a organização do trabalho permita-lhe mercadejar suas forças físicas e intelectuais em troca de salário. Já o capitalista, pessoa física ou jurídica, pretende obter lucro. Pertence a esta organização quem se posiciona num ou noutro extremo da relação empregatícia. A meta da organização do trabalho absorveria, sob este enfoque, ambos os fins.

Nesta toada, um direito penal protetivo da *organização do trabalho* coloca-se em maus lençóis. Afinal, promete o impossível, na medida em que pretende proteger interesses conflitantes e atores que se embatem.

De fato, a proteção das relações de trabalho, reveladoras do modo como interagem os componentes do ente *trabalho*, teria de garantir o fim organizacional da percepção de salários em condições de dignidade, ainda que afrontasse as possibilidades de obtenção satisfatória de lucros. Protegendo um fim da organização do

---

[9] GIDDENS, Anthony. *As conseqüências da modernidade*. São Paulo: Unesp, 1991. p. 61.
[10] *Idem*, p. 61.

trabalho, atingiria outro. *A contrario sensu*, preservando os interesses capitalistas na otimização de ganhos, o direito penal ver-se-ia constrangido a fazer minguarem os fins que levam o trabalhador a participar da organização do *trabalho*. A convergência dos fins conflitantes da organização do trabalho, em situações como a participação dos empregados nos lucros, é *avis rara*.

Uma solução conciliadora poderia vir pela sugestão de que estes interesses não necessariamente se confrontam, mas sim se complementam, como fruto de uma organização do trabalho equilibrada. A proeminência do capital sobre o trabalho traduz-se na hierarquia própria das relações laborais, encontrando-se o trabalhador em posição subalterna. Para compensação desta proeminência, reequilibra-se a relação através de uma normativa da organização do trabalho capaz de erguer o trabalhador da sua condição de hipossuficiência. O papel de fonte de produção da normativa que equilibra os interesses do empresário e do trabalhador, interferindo nas relações travadas entre os componentes do trabalho, cabe ao Estado.

Porém, o avanço neste raciocínio leva a becos sem saída. Teríamos o Estado como um terceiro ator da organização do trabalho, ao lado de empresário e trabalhador. Mais: como grande mediador e equilibrador das relações laborais, assumiria o papel de ator principal de um conjunto de relações em que, todavia, não figura nem como fonte do trabalho, nem como seu destinatário. Na suma: nenhum dos componentes da relação de trabalho é destinatário da proteção penal; o organizador exógeno destas relações é que teria seus interesses tutelados.

Talvez este modelo tenha representado a pretensão do legislador do Código Penal de 1940. Com a expressão *organização do trabalho*, pretendeu designar um bem jurídico que representava o projeto das relações laborais criado, implantado e mantido pelo ente estatal brasileiro, sob a ideologia do trabalhismo, que embandeirou as políticas governamentais de Getúlio Vargas, sobretudo a partir do golpe de 1937, com a implementação do "Estado-Novo". Não é coincidência o fato de a CLT ter sido produzida sob este *zeitgeist* (espírito-do-tempo), em maio de 1943, prevendo, a título ilustrativo, uma organização sindical absolutamente dependente do Estado para atuar.

A ética do trabalhismo, imposta como ideologia de Estado no período Vargas, alimentava-se do ideário corporativista-fascista, representado na figura simbólica do feixe de galhos que não se quebra porque unidos, ao passo em que, quando só, o galho se quebra facilmente. Cada galho, neste ideário, era o membro da nação. Seu dever seria colocar suas forças a serviço do todo, de modo que, unidas às forças dos demais, produzisse um ente coletivo sólido. A famosa *Carta del Lavoro*, de 1927, produzida na Itália durante o governo de Mussolini, preconizava que "o complexo da produção é unitário do ponto de vista nacional". Sob suas diretrizes, afirma Amauri Mascaro Nascimento, o

> ...empresário terá uma responsabilidade de direito público porque o corporativismo considera "l'organizzazione privata della produzione una funzione d'interesse nazionale; l'organizzatore dell'impresa è responsabile dell'indirizzo della produzione di fronte allo Stato" (*Carta del Lavoro, n. VII*). Os sindicatos são reunidos em instituições maiores e complexas, unificadas por um supremo órgão diretivo do Estado como resultado de um propósito de unificação e não de contraposição dos interesses divergentes entre empregados e empregadores.[11]

Todo indivíduo que, por razões pessoais, desprezasse este modelo, fosse na condição de trabalhador ou na de empresário, seria captado pelo sistema penal e sofreria reprovações pela prática de crimes contra *esta* organização do trabalho. Daí defluíram, no Brasil, exemplos concretos de infrações penais. Fora do catálogo dos crimes contra a organização do trabalho, mas certamente impregnada deste conteúdo ideológico, a contravenção da vadiagem (art. 59, LCP), até hoje formalmente vigente, serve como exemplo. No catálogo, os crimes do art. 204 e 205 são claras manifestações de um direito penal do trabalho que, em vez de tutelar os envolvidos na relação laboral, preserva interesses de estado, ao cominarem penas para quem frustra lei sobre a nacionalização do trabalho ou exerce atividade da qual impedido por decisão administrativa.[12]

Porém, é certamente inaceitável, no direito penal da atualidade, que a meta do Código Penal seja a proteção do próprio Estado como ente regulador das relações de trabalho. Para além de serem excluídos do campo de proteção os diretos envolvidos nas relações

---

[11] NASCIMENTO, Amaury Mascaro. *Curso de direito do trabalho*. 9. ed. São Paulo: Saraiva, 1991. p. 30.

[12] O tipo ficaria melhor alojado nos crimes contra a administração pública. Poderia ser absorvido na figura da desobediência, art. 330, CP, ou servir por base para a criação de um tipo derivado desta hipótese legal.

empregatícias, ter-se-ia um direito penal produzido para levar adiante puras razões de Estado. Seria um direito penal protetor dos interesses da própria entidade punitiva na manutenção de um modelo ou projeto de organização laboral, por ela criada e imposta. Mais: a tomar-se como exemplo o estado fascista, produtor da *Carta del Lavoro*, ou o discurso ideológico do trabalhismo de Vargas, ter-se-ia um projeto de organização do trabalho impregnado de cargas ideológicas que, levados à tutela penal, implicaria na grave ruptura do princípio da secularização. Justamente este princípio distancia o direito penal da proteção de bandeiras ideológicas, morais, discurso religiosos ou político-partidários. No dizer de Roxin, veda-se a proteção penal de finalidades puramente ideológicas porque isso "não serve à liberdade do indivíduo em um estado liberal" e "nem para a capacidade funcional de um sistema social baseado em tais princípios".[13]

Considera-se, assim, que o Estado só é um dos componentes do ente *trabalho* quando se apresenta como seu destinatário. Ao contrário, não sendo destinatário da prestação laboral, não compõe a organização do trabalho. Nela interfere como agente externo e, nesta condição, não é protegido através do catálogo de crimes contra a organização do trabalho. Esta organização não lhe pertence. Tais postulados são necessários para que o direito penal do trabalho não viole o princípio da secularização, nem seja produzido para manutenção de puras razões de estado.

Com isto, tem-se que a organização do trabalho não é protegida penalmente como "coisa em si". Acaso fosse, não teria sucesso o direito penal que a pretendesse proteger, pois teria de dar conta da preservação de interesses conflitantes, do empregador e do empregado. Por outro lado, divorciarmo-nos deste problema mediante a solução de que o Estado, como entidade organizadora do trabalho, é o destinatário da proteção penal, acarretaria nos problemas expostos, sendo também inaceitável. Para que a tutela penal da organização do trabalho não fracasse, é preciso — portanto — que o direito penal opte pela preservação de um dos componentes desta organização, tomando-o como destinatário dos seus esforços protetivos. Este destinatário é a coletividade de trabalhadores. Justifica-se.

---

[13] ROXIN, Claus. *Derecho Penal*: parte general. Madrid: Civitas, 1997. t. I, p. 56.

3 A coletividade de trabalhadores como destinatária da proteção penal nos crimes contra a organização do trabalho

Para que se vislumbre a coletividade de trabalhadores como destinatários da proteção da organização do trabalho, alinham-se ao menos três ordens de argumentação: a) a histórica hipossuficiência do trabalhador nas relações laborais mantidas no ambiente capitalista de produção de bens e serviços, atualmente intensificada pelo fenômeno da globalização; b) a tutela dos interesses empresariais pelo direito penal clássico, caracterizado pelo comprometimento com o ideário liberal burguês de proteção ao patrimônio; c) a percepção destes fenômenos no conteúdo da Carta Constitucional brasileira de 1988.

Quanto ao primeiro argumento, é importante trazer à tona o pensamento foucaultiano, que concebe a fábrica como estrutura de poder que recai sobre o corpo do trabalhador, submetendo-o a normas. Normalizando e docilizando o corpo do trabalhador, a engrenagem fabril intensifica a produção de riquezas em escala inexistente antes da revolução industrial.[14] O contrato de trabalho encobre, nestes termos, autêntica prática de poder punitivo e disciplinar.[15] Lembra Giddens que "a vigilância (...) tem estado intimamente envolvida com o desenvolvimento do industrialismo, consolidando o poder administrativo no interior de fábricas, usinas e oficinas".[16] O panóptico modela a imposição da disciplina, através de estruturas hierarquizadas, incumbindo ao supervisor vigiar o chão de fábrica, sem que seja percebido. A docilização e a normalização do corpo tornam os indivíduos incapazes de procederem à crítica negativa do universo de controle a que estão submetidos. Percebem-no como comum ou banal. É nestes termos que se opera a venda da força laboral do corpo, colocada à disposição do empresário ou da empresa (detentores dos meios de produção) como mercadoria.

---

[14] FOUCAULT, Michel. *Vigiar e punir*: nascimento da prisão. Trad. Raquel Ramalhete. 32. ed. Petrópolis: Vozes, 2007. p. 119: "O corpo humano entra numa maquinaria de poder que o esquadrinha, o desarticula e o recompõe. Uma anatomia política, que é também uma mecânica de poder, está nascendo. (...) A disciplina fabrica assim corpos submissos e exercitados, corpos 'dóceis'. A disciplina aumenta as forças do corpo (em termos econômicos de utilidade) e diminui essas mesmas forças (em termos políticos de obediência)".

[15] Desenvolvemos este tema no artigo "Do Direito Penal do Trabalho ao Poder Penal no Trabalho". (*Controle do empregado pelo empregador*: procedimentos lícitos e ilícitos, p. 347 *et seq.*).

[16] GIDDENS, Anthony. *As conseqüências da modernidade*. São Paulo: Unesp, 1991. p. 66.

A hiposuficiência do trabalhador, como marca histórica da relação de trabalho levada a termo no universo do capitalismo, está impressa no relato de Foucault, cuja transcrição ora se faz:

> Vou propor uma adivinhação. Apresentarei o regulamento de uma instituição que realmente existiu nos anos 1840/45 na França (...) É preciso adivinhar de que instituição se trata. Era uma instituição onde havia 400 pessoas que não eram casadas e que deviam levantar-se todas as manhãs às cinco horas; às cinco e cinqüenta deveriam ter terminado de fazer o *toilette*, a cama e ter tomado o café; às seis horas começava o trabalho obrigatório, que terminava às oito e quinze da noite, com uma hora de intervalo para o almoço; às oito e quinze, jantar, oração coletiva; o recolhimento aos dormitórios era às nove horas em ponto. O domingo era um dia especial (...) de manhã, exercícios religiosos, em seguida exercícios de leitura e de escrita e finalmente recreação às últimas horas da manhã; à tarde, catecismo, as vésperas, e passeio depois das quatro horas, se não fizesse frio. Caso fizesse frio, leitura em comum. Os exercícios religiosos e a missa não eram assistidos na igreja próxima porque isto permitiria aos pensionistas deste estabelecimento terem contato com o mundo exterior; assim, para que nem mesmo a igreja fosse o lugar ou o pretexto de um contato com o mundo exterior, os serviços religiosos tinham lugar em uma capela construída no interior do estabelecimento (...) Os pensionistas só podiam sair do estabelecimento durante os passeios de domingo, mas sempre sob a vigilância do pessoal religioso. (...) Estes pensionistas não recebiam salários, mas um prêmio — uma soma global estipulada entre 40 e 80 francos por ano — que somente lhes era dado no momento em que saíam. (...) O silêncio lhes era imposto sob pena de expulsão. (...) Que instituição era esta? (...) Na verdade, era simplesmente uma fábrica (...) que existia na região do Ródano e que comportava quatrocentas operárias. (...) havia 40.000 operárias têxteis que trabalhavam neste regime.[17]

Verifica-se, na proposta embrionária de unidade industrial transcrita, o funcionamento da fábrica à semelhança de uma penitenciária. Esta experiência, conforme relata Foucault, só não subsistiu porque os custos de manutenção do estabelecimento exorbitavam os limites necessários à obtenção de bons lucros.[18] Em vez de

---

[17] FOUCAULT, Michel. *A verdade e as formas jurídicas*. Rio de Janeiro: Nau, 2005. p. 107-109.
[18] *Idem*, p. 111.

comprar-se o corpo do operário por todo o tempo em que dispõe de energias, compra-se somente parte deste tempo. Desta ideia derivaria a jornada de trabalho[19] e, em grandes linhas, o modo como se estabelece a relação de emprego.

Portanto, ainda que a fábrica-prisão não tenha vingado, é certo que tampouco a plena disciplina e normalização do corpo, efetuadas através do poder penal existente no trabalho, esmaeceram. Apenas ganharam novos contornos, através da maquiagem propiciada pelo contrato de trabalho que — antes de contrato — é eufemismo. Novamente com Giddens: "O contrato de trabalho capitalista não repousa sobre a posse direta dos meios de violência, e o trabalho assalariado é *nominalmente livre*".[20]

A partir dos anos noventa, com a queda do grande enredo do comunismo, o modelo econômico capitalista se expandiu, figurando como mecânica de produção e distribuição de bens e serviços aparentemente única. As práticas do capitalismo ampliaram seus tentáculos, embandeiradas pela superpotência americana e associadas ao desenvolvimento tecnológico do século XX que eliminou distâncias e mundializou os contatos, primeiramente através de uma revolução nos meios de transportes e, após, nos instrumentos de comunicação. A este conjunto de fenômenos denomina-se globalização da economia, centrada em dois fenômenos claros: a) alargamento dos mercados a uma escala mundial; b) exploração destes mercados pela grande agência de poder do fim do século XX e limiar do XXI, a corporação industrial. O primeiro fenômeno revela-se pela homogeneização dos hábitos de consumo e, principalmente, do gosto pelo ato de consumir, como mecanismo hedonista capaz de dar sentido à vida dos consumidores, sobretudo por força da necessidade de preencher o vazio existencial promovido pela derrocada dos grandes discursos, tanto os metafísicos religiosos, como os materialistas. O segundo fenômeno permite conceber a corporação industrial como agência de poder responsável pelo deslocamento do Estado a papéis secundários. Sem qualquer amarra em limites dados pelas dimensões do espaço e do tempo, uma vez que operam de forma transnacional — sem fronteiras — e *on line* (simultaneidade

---

[19] A propósito (GIDDENS, *op. cit.*, p. 26): "A invenção do relógio mecânico e sua difusão entre virtualmente todos os membros da população (um fenômeno que data em seus primórdios do final do século XVIII) foram de significação-chave na separação entre o tempo e o espaço. O relógio expressava uma dimensão uniforme de tempo "vazio" quantificado de uma maneira que permitisse a designação precisa de "zonas" do dia (a "jornada de trabalho" por exemplo)."

[20] *Idem*, p. 67.

nas trocas comerciais, operadas virtualmente), as corporações atuam de maneira fluida, ágil, explorando a força de trabalho nos locais (e pelo modo) em que esta mercadoria oferecer-se mais vantajosa para suas pretensões de obtenção de lucro. O sociólogo Zygmunt Bauman delineia bem o fenômeno. Designa as corporações e acionistas como *proprietários ausentes*, pois não estão presos a um dado local. Diversamente,

> ...os empregados são recrutados na população local e — sobrecarregados como devem ser por deveres de família, propriedade doméstica e coisas do tipo — não poderiam facilmente seguir a companhia quando ela se muda para outro lugar. Os fornecedores têm que entregar os suprimentos e os custos do transporte local dá aos fornecedores locais uma vantagem que desaparece assim que a companhia se muda. Quanto à própria localidade, ficará obviamente onde está (...) apenas as "pessoas que investem" — os acionistas — não estão de forma alguma presas ao espaço. (...) E é a eles e apenas a eles que "pertence" a companhia. Cabe a eles portanto mover a companhia para onde quer que percebam ou prevejam uma chance de dividendos mais elevados, deixando a todos os demais — presos como são à localidade — a tarefa de lamber as feridas (...) A mobilidade adquirida por '"pessoas que investem" (...) significa uma nova desconexão do poder face a obrigações...[21]

Percepção parecida é a de Noam Chomsky, ao discorrer sobre os fatores da crise econômica ocorrida em meados dos anos 90:

> Um deles é a globalização da produção, que tem oferecido aos empresários a instigante perspectiva de fazer recuar as vitórias em direitos humanos, conquistadas pelos trabalhadores. A imprensa empresarial adverte francamente os "mimados trabalhadores ocidentais", falando da necessidade de abandonarem seus "estilos de vida luxuosos" e "rigidezes do mercado", tais como segurança no trabalho, pensões, saúde e seguro social, e outras bobagens anacrônicas.[22]

Os efeitos deletérios na vida do trabalhador, submetido ao trabalho que pensa resultar de contrato, quando é autêntica punição, são cruamente apontados por Chomsky:

---

[21] BAUMAN, Zygmunt. *Globalização*: as conseqüências humanas. Rio de Janeiro: Zahar, 1999. p. 15-16.

[22] CHOMSKY, Noam. Democracia e mercado na nova ordem mundial. *In*: GENTILI, Pablo (Org.). *Globalização excludente*. 5. ed. Petrópolis: Vozes, 2008. p. 36.

No caso de grande parte da população, ambos pais precisam trabalhar horas extras simplesmente para prover o necessário. E a eliminação das "rigidezes de mercado" significa que o indivíduo tem de trabalhar horas extras por salários baixos (...) O tempo que pais e filhos estão em contato tem diminuído drasticamente. Tem-se forte crescimento do uso da televisão para a supervisão das crianças, crianças trancadas, alcoolismo infantil e uso de drogas, criminalidade, violência de e contra crianças e outros efeitos evidentes na saúde, na educação e na capacidade de participar numa sociedade democrática, ou até na sobrevivência.

Esta fluidez da ação corporativa, detectada e condenada por Bauman e Chomsky, é evidentemente lesiva aos interesses dos trabalhadores enquanto coletividade, exigindo a intervenção penal estatal, na medida de suas possibilidades. Com efeito, apostar no Estado para conter tais fenômenos é jogar fichas em um jogo quase perdido, sobretudo porque as agências de controle estatais são limitadas territorialmente. Basta recorrer ao exemplo anacrônico da "comarca", parcela de terra delimitada para demarcar o espaço da atuação jurisdicional, para perceber-se quão vã é a pretensão de controlar-se um fenômeno transnacional e desapegado do conceito de espaço mediante agências de controle nacionais, estaduais, municipais, locais. O órgão controlador (?) não tem o alcance do fenômeno controlado.

Porém, este é, ainda, o modo de operação do Estado e, *ipso facto*, do direito penal, enquanto parcela do poder estatal. Conquanto combalido, não pode ser desconsiderado como mecanismo de proteção de uma *organização do trabalho* que visa preservar os interesses da coletividade de trabalhadores, minimizando os impactos do globalismo de mercado e da fluidez que permite ao detentor dos meios de produção exonerar-se com facilidade dos encargos trabalhistas que obstam a maximização de ganhos. *Pari passu*, a cooperação internacional entre estados, conduzida por entidades como a OIT, poderia forjar a adoção simultânea de mecanismos para coibir ações lesivas contra as coletividades de trabalhadores, tanto administrativos como jurídico-penais. Calha, para tanto, evocar o conceito de direito penal internacional, também denominado princípio da universalidade da jurisdição penal, como conjugação de esforços em escala mundial, para coibir determinados crimes, num esforço similar àqueles já engendrados noutros nichos de ilicitude criminal, como o tráfico de entorpecentes, de mulheres, os crimes de genocídio, etc.

É importante registrar que a literatura jurídico-penal especializada no direito penal laboral propõe, de modo reiterado, que este ramo do direito se funcionalize (i.é, assuma tarefa ou função) no sentido de reduzir os impactos negativos que o neoliberalismo globalizado gera nas relações de emprego. É, por exemplo, a conotação dada por Martinez-Buján Pérez ao atual título XV do Código Penal Espanhol, que versa sobre os "delitos contra os direitos dos trabalhadores"[23] e, principalmente, por Terradillos, cujas palavras vale reproduzir:

> A tutela de direitos dos trabalhadores em situações de conflito não pode ceder ante o impulso desregulador. Este impulso foi potencializado pelos processos de globalização econômica, que, longe de gerar "naturalmente", como proclamam seus defensores, o progresso da igualdade e dos direitos fundamentais, são efeito e causa de uma desigualdade que deve ser mitigada pela recuperação do papel de mediação e formalização do conflito que corresponde ao direito público de base democrática.
>
> A intervenção pública no conflito social requer com condição de autenticidade, e de eficácia, o respeito aos mecanismos de autotutela dos trabalhadores (...)
>
> A correta valoração do que significa essa autotutela impõe a necessidade de criminalizar as condutas que a impedem ou dificultam gravemente, assim como os ataques mais graves aos direitos dos trabalhadores que constituem a função daquela, sem que a necessidade desta criminalização fique prejudicada pela existência de recursos de natureza ressarcitória ou por um sistema administrativo-sancionador.[24]

A segunda razão para que o destinatário da proteção penal seja o trabalhador, enquanto coletividade, nos crimes contra a organização do trabalho, reside no preciso fato de que o ordenamento jurídico-penal já confere ao capitalista, detentor dos meios de produção e insumos, proteção suficiente, mediante a tradicional tutela do patrimônio e dos crimes contra a pessoa.

---

[23] MARTÍNEZ-BUJÁN PÉREZ, Carlos. *Derecho Penal Económico*: parte especial. Valencia: Tirant lo Blanch, 1999. p. 469.

[24] TERRADILLOS BASOCO, Juan M. *Empresa y Derecho Penal*. Buenos Aires: Ad Hoc, 2001. p. 51-52.

De fato, a relação de crimes previstas nos arts. 197 e ss., nos pontos em que atua em prol dos interesses empresários, mostra-se ociosa e excedente, pois os crimes contra a pessoa ou patrimoniais tradicionais dão conta dos episódios. Quando o art. 200 criminaliza a conduta de "participar de (...) abandono coletivo de trabalho, praticando violência contra pessoa ou contra coisa", cominando pena de 1 mês a 1 ano, "além da pena correspondente à violência", cria uma situação inusitada. Para a violência contra a pessoa ou coisa, remete aos crimes contra a pessoa (de lesões ou até homicídio, por exemplo) ou contra o patrimônio (dano), no que se mostra ocioso. No remanescente, "participar de abandono coletivo", entra em choque explícito com o art. 9º, CR, que erige a greve como direito social.

Noutros termos: o crime plurissubjetivo em questão (eis que exige no mínimo três agentes) é a criminalização da greve quando ocorre, no seu bojo, prática de violência contra pessoa ou coisa. Todavia, se a greve é direito, e a violência contra pessoa ou coisa — dentro ou fora do movimento paredista — já é objeto de incriminação nos crimes contra a pessoa e contra o patrimônio, tem-se que a tutela penal do art. 200, dirigida prioritariamente ao empresário, é insustentável constitucionalmente — por um lado — e ociosa, por outro. Poder-se-ia apresentar a tese de que a pena do crime de dano é inferior à prevista no art. 200, CP e, por isso, este dispositivo deveria ser mantido no sistema. Uma tal tese, porém, seria insustentável, justamente por considerar que a ocorrência da violência contra coisa durante o exercício de um direito (greve) implica em dano *sui generis* mais censurável que o dano comum. Ora, a circunstância de que a violência contra coisa ou pessoa ocorra durante a prática de um direito não poderia, de modo algum, aumentar-lhe a censura.

O art. 201, CP, criminalizava o próprio exercício da greve quando provocador da "interrupção de obra pública ou serviço de interesse coletivo". Para a maior parte da doutrina — corretamente — está tacitamente revogado pela CR, arts. 9º, parágrafo 1º e 37, VII, bem como pela Lei nº 7.783/89 (Lei de Greve), no plano infraconstitucional.[25] Tratava-se de proteger interesse simultaneamente patronal e estatal, no campo dos crimes contra a organização do trabalho. Reportada proteção penal não foi recepcionada pela Constituição da República de 1988.

---

[25] BITENCOURT, Cezar Roberto. *Tratado de direito penal*: parte especial. 4. ed. São Paulo: Saraiva, 2008. v. 3, p. 381-2. PRADO, Luiz Regis. *Curso de direito penal brasileiro*. 7. ed. São Paulo: Revista dos Tribunais, 2008. v. 2, p. 576.

Por fim, o art. 202 comina pena de 1 a 3 anos àquele que "invadir ou ocupar estabelecimento industrial, comercial ou agrícola, com o intuito de impedir ou embaraçar o curso normal do trabalho, ou com o mesmo fim danificar o estabelecimento ou as coisas nele existentes ou delas dispor". Trata-se de crime misto por acumulação. A primeira parte é a invasão de unidade de trabalho com o fim de impedir ou embaraçar o curso normal do trabalho. Ora, dentre os crimes contra a liberdade individual, o art. 150, que versa sobre invasão de domicílio daria conta desta situação, observado o conceito amplo e constitutivo de domicílio contido no parágrafo 4º do dispositivo (compartimento não aberto ao público, onde alguém exerce profissão ou atividade). Se houver efetiva exteriorização da conduta de impedir o trabalho ou embaraçá-lo, o constrangimento ilegal do art. 146, CP, teria lugar. Quanto à segunda parte, a sabotagem é nova modalidade de dano, já regido no art. 163, CP, integrando o rol de crimes contra o patrimônio.[26] Trata-se, pois, de delito que, *de lege ferenda*, deve ser retirado do catálogo de crimes.

Os dispositivos comentados bem demonstram que a tutela da organização do trabalho como proteção destinada aos interesses empresariais seria, em boa medida, repetição das proteções que estes interesses já dispõem através de figuras penais diversas e tradicionais. Não se olvide que a raiz liberal burguesa do direito penal do século XIX, sobretudo voltado à preservação de interesses individuais — substancialmente a tríade jusnaturalista vida, liberdade e patrimônio[27] — coincide, discursivamente, com o ideário liberal burguês que conduziu à instalação e, no limiar do século XXI, exaltação do capitalismo de mercado. O discurso que guiou a formação do direito penal clássico é o mesmo que conduziu o timão da iniciativa privada empresarial há mais de dois séculos. Se este discurso continua presente na *anima* do capitalismo tardio que demarca nosso cotidiano, então o direito penal clássico, protetor de interesses individuais como vida, liberdade (em seus vários segmentos) e patrimônio, é suficiente à tutela dos interesses empresariais. O direito penal do trabalho, voltado à relação empregatícia, faz parte de outra etapa do direito penal, ligando-se aos direitos

---

[26] Interessante a opinião de Bitencourt, para quem não se trata de figura penal que deva ser afastado do sistema, mas que "estaria mais bem localizada no título que cuida dos crimes contra o patrimônio" (*Op. cit.*, p. 386).

[27] Assim, dentre outros, Jorge de Figueiredo Dias (*Direito penal*: parte geral. Coimbra: Coimbra Ed., 2004. t. I, p. 110).

de segunda geração (implementados na virada do século XIX para o XX) e compondo o direito penal econômico. Por isso, não deve servir à tutela dos interesses empresários, fundados nos direitos de primeira geração, preservados — repita-se — através do direito penal clássico ou nuclear.

A terceira ordem de argumentos diz com o suporte constitucional que a organização do trabalho adquire quando comprometida com os interesses da coletividade de trabalhadores. Aqui, importa frisar que os bens jurídicos não necessariamente precisam ser retirados da Constituição. Numa perspectiva exageradamente constitucionalista, chegaríamos à errada conclusão de que todos os bens com relevo constitucional têm que ter tutela penal e tudo o que se pode tutelar penalmente deve estar previsto na Carta Magna. Porém, esta conclusão é apressada e falsa. De fato, nem todos os bens que são constitutivos de uma dada ordem constitucional exigem tutela penal. Por outro lado, numa teoria sociológica do bem jurídico, nada impede que o direito penal identifique, na sociedade, interesses carecedores de proteção, não mencionados no texto constitucional.

Isto não quer dizer que a Constituição não interesse quando da eleição de bens merecedores de tutela penal. Embora a raiz dos bens jurídicos com dignidade penal seja sociológica, e não constitucional, é certo que um dado bem só ganha foro de bem jurídico-penal — i.é, só é guindado à categoria de interesse penalmente protegido — quando suporta a necessária filtragem constitucional. Significa dizer que o bem protegido não pode caracterizar desafio à ordem constitucional. Por exemplo, seria desafiador da ordem constitucional punir-se a homossexualidade com a pretensão de defender a ideologia religiosa de que a sexualidade somente se dirige à procriação. Haveria flagrante violação da liberdade de crença e do princípio geral da dignidade da pessoa humana. Outro exemplo, já abordado, é o da greve. Se a Constituição a eleva à categoria de direito social, os interesses patronais, avessos à greve por paralisar a produção e causar prejuízos, não pode ter tutela penal, por não suportar a filtragem constitucional. A Constituição aparece, na suma, como limite negativo à constituição de um interesse qualquer como bem jurídico-penal. Nem tudo o que o direito penal tutela nela está; mas, certamente, tudo o que o direito penal tutela não pode desafiá-la.

Nestes termos, a organização do trabalho, enquanto categoria penalmente protegida, também exige a filtragem constitucional para ser adequadamente compreendida. Esta filtragem está balizada em termos claros. O art. 6º da CR proclama o trabalho como direito social e, enquanto tal, constituído de uma série de direitos específicos, que lhe dão contornos. Enumerados no art. 7º, estes direitos específicos vêm precedidos de uma orientação valiosa, constante do *caput* da norma: "São direitos dos trabalhadores urbanos e rurais, além de outros que visem à melhoria de sua condição social...". Noutros termos: tanto os direitos arrolados no art. 7º, como outros que sejam criados, voltam-se à *melhoria da condição social* do obreiro. A organização do trabalho, portanto, constituída destes e de outros direitos, está teleologicamente orientada. O fim desta organização, sem dúvida, é a melhoria das condições sociais do trabalhador.

Na mesma senda caminha a ordem econômica desenhada no art. 170 da *Lex Fundamentallis*. Diz o artigo que a ordem econômica funda-se na *valorização do trabalho humano* e na livre iniciativa. Dita-se pela *justiça social*, sendo curial que os direitos sociais (arts. 6º e 7º) sejam por ela promovidos. Defende a propriedade privada mas, para que sejam atingidos os fins de justiça social, limita-a pela *função social* (art. 170, III),*redução das desigualdades regionais e sociais* (art. 170, VII) e *busca de pleno emprego* (art. 170, VIII). Tais ditames não são mera retórica. Ao contrário, através deles obtém-se a clara noção do que o direito penal econômico deve proteger, quando erige a ordem econômica como bem jurídico. E — dentro do direito penal econômico — o direito penal do trabalho, defensor da organização do trabalho, igualmente encontra claro eixo definidor de que esta serve aos interesses não do estado, nem da atividade empresária, mas — exclusivamente — da coletividade de trabalhadores.

Sem exclusão de outros argumentos, estes são bastantes para definir o destinatário da proteção jurídico-penal proposta no Título IV do Código Penal, quando arrola os crimes contra a organização do trabalho.

4 Consequências práticas

Sem pretensão de exauri-las, é possível retirar do quanto exposto consequências práticas.

A primeira deriva do fato de que um comportamento que, formalmente, se enquadre nos tipos dos arts. 197 ao 207, Código Penal, somente será típico se, materialmente, violar os interesses dos trabalhadores, nomeadamente como coletividade.

A segunda evidencia que os tipos penais previstos nos arts. 200 a 202 do CP — exceto a hipótese de *lock-out* no art. 200, CP — não preveem comportamentos lesivos da organização do trabalho, enquanto violação dos interesses dos trabalhadores. São proteções basicamente voltadas à atividade empresária, em que o trabalhador, de modo geral, figura como sujeito ativo dos crimes, e não como vítima. Neste passo, devem ser extirpados do catálogo de crimes do título IV do *codex*. Para as lesões efetivamente verificadas a partir dos comportamentos respectivos, os tipos penais protetores da pessoa e do patrimônio são suficientes. O comportamento previsto no art. 201, CP, não é crime, e sim direito constitucional do trabalhador.

A terceira conclusão prática impõe sejam extirpados do catálogo do título IV do Código Penal os crimes dos arts. 204 e 205, CP, porque se destinam à proteção do Estado, enquanto espécie de *organizador do trabalho*, quando tal proteção é inaceitável, seja porque o estado não compõe, propriamente, a referida *organização*, seja porque se corre o risco de proteger, através do direito penal, um certo modelo organizacional-laboral moldado por razões ideológico-políticas, em franca violação ao princípio da secularização do direito penal.

Em quarto lugar, crimes como a redução à condição análoga à de escravo (art. 149, CP) e a apropriação indébita previdenciária (art. 168-A, CP), nomeadamente quando incorporados à relação de trabalho mantida por empregador em relação a trabalhadores em geral, deveriam estar no catálogo do título IV, pois são efetivamente crimes contra a organização do trabalho, transcendendo a esfera de individualidade do ser humano especificamente atingido e ofendendo a *organização do trabalho* enquanto estrutura de proteção da coletividade de trabalhadores. Quanto ao art. 149, CP, a jurisprudência do STF se inclina por considerá-lo crime contra a organização do trabalho (STF RE nº 398.041/PA, Rel. Min. JOAQUIM BARBOSA, 30.11.2006; STF RE nº 508.717/PA, Rel. Min. CÁRMEN LÚCIA, 11.04.2007; STF RE nº 499.143/PA, Rel. Min. SEPÚLVEDA PERTENCE, 01.02.2007), com o importante efeito de deslocar a respectiva competência jurisdicional para o âmbito da Justiça Federal, na forma do art. 109, VI, CR. Nestes termos, ocorre uma ampliação do alcance da Súmula nº 115 do extinto TFR.[28]

---

[28] "Compete à Justiça Federal processar e julgar os crimes contra a organização do trabalho, quando tenham por objeto a organização geral do trabalho ou direitos dos trabalhadores considerados coletivamente".

Referências

BAUMAN, Zygmunt. *Globalização*: as conseqüências humanas. Rio de Janeiro: Zahar, 1999.

BITENCOURT, Cezar Roberto. *Tratado de direito penal*: parte especial. 4. ed. São Paulo: Saraiva, 2008. v. 3.

CHOMSKY, Noam. Democracia e mercado na nova ordem mundial. *In*: GENTILI, Pablo (Org.). *Globalização excludente*. 5. ed. Petrópolis: Vozes, 2008.

DIAS, Jorge de Figueiredo. *Direito penal*: parte geral. Coimbra: Coimbra Ed., 2004. t. I.

FOUCAULT, Michel. *A verdade e as formas jurídicas*. Rio de Janeiro: Nau, 2005.

FOUCAULT, Michel. *Vigiar e punir*: nascimento da prisão. Trad. Raquel Ramalhete. 32. ed. Petrópolis: Vozes, 2007.

GIDDENS, Anthony. *As conseqüências da modernidade*. São Paulo: Unesp, 1991.

GUARAGNI, Fábio André. Do direito penal do trabalho ao poder penal no trabalho. *In*: BARACAT, Eduardo Milléo (Org.). *Controle do empregado pelo empregador*: procedimentos lícitos e ilícitos. Curitiba: Juruá, 2008.

HALL, Richard H. *Organizações*: estruturas, processo e resultados. 8. ed. São Paulo: Pearson Prentice Hall, 2004.

MARTÍNEZ-BUJÁN PÉREZ, Carlos. *Derecho Penal Económico*: parte especial. Valencia: Tirant lo Blanch, 1999.

MATURANA, Humberto R.; VARELA, Francisco J. *A árvore do conhecimento*: as bases biológicas da compreensão humana. São Paulo: Palas Athena, 2007.

NASCIMENTO, Amaury Mascaro. *Curso de direito do trabalho*. 9. ed. São Paulo: Saraiva, 1991.

PRADO, Luiz Regis. *Curso de direito penal brasileiro*. 7. ed. São Paulo: Revista dos Tribunais, 2008. v. 2.

ROXIN, Claus. *Derecho Penal*: parte general. Madrid: Civitas, 1997. t. I.

TERRADILLOS BASOCO, Juan M. *Empresa y Derecho Penal*. Buenos Aires: Ad Hoc, 2001.

YACOBUCCI, Guillermo Jorge; GOMES, Luiz Flávio. *As grandes transformações do direito penal tradicional*. São Paulo: Revista dos Tribunais, 2005.

ZAFFARONI, Eugenio Raúl; SLOKAR, Alejandro; ALAGIA, Alejandro. *Derecho Penal*: parte general. Buenos Aires: Ediar, 2000.

Informação bibliográfica deste texto, conforme a NBR 6023:2002 da Associação Brasileira de Normas Técnicas (ABNT):

GUARAGNI, Fábio André. Organização do trabalho: contornos atuais do bem jurídico-penal. *In*: BARACAT, Eduardo Milléo (Coord.). *Direito penal do trabalho*: reflexões atuais. Belo Horizonte: Fórum, 2010. p. 131-153. ISBN 978-85-7700-357-0.

CRIMES DE CONCORRÊNCIA DESLEAL NO AMBIENTE DAS RELAÇÕES DE TRABALHO

Luís Alberto Gonçalves Gomes Coelho

Sumário: Introdução – **1** Evolução histórica – **2** A teoria da concorrência desleal – **3** A concorrência desleal e a sua repercussão no ambiente das relações de trabalho – **4** Dos crimes de concorrência desleal incidentes nas relações de trabalho – **4.1** Do crime de corrupção ativa de empregado – **4.2** Do crime de corrupção passiva de empregado – **4.3** Do crime de violação de segredo de empresa –Conclusões

Introdução

Atualmente, os trabalhadores, pelo acesso que têm ao conjunto de bens imateriais da empresa, passaram a ser objeto de desejo e alvo constante dos concorrentes do seu empregador, que muitas vezes buscam na sua contratação, antes mesmo de um profissional já treinado e capacitado no mercado de trabalho, obter informações e dados confidenciais adquiridos em razão do emprego mantido.

Essa nova relação pode causar grandes prejuízos ao ex-empregador, quando o trabalhador coloca à disposição do concorrente empresarial, informações e segredos que amealhou enquanto esteve a serviço daquele.

Apesar de serem ínsitos ao contrato de trabalho, o princípio da boa-fé e os correlatos deveres de lealdade, sigilo e não concorrência, não têm se mostrado suficientes para tutelar esses bens, sem falar na subjetividade da aplicação em concreto desse princípio.

Em razão disso, empregado e empregador vêm estipulando no próprio contrato de trabalho ou em outro instrumento contratual, um reforço ao dever de lealdade e não concorrência, assim como deixam claro que o empregado está tendo acesso aos segredos empresariais e, por conta disso, deve manter a salvo de terceiros tais informações, inclusive podendo as partes pactuar obrigações de não fazer e pesadas cláusulas penais em caso de descumprimento do pactuado.[1]

Da mesma forma, extracontratualmente, está o empregado obrigado a observar o disposto na legislação, tal como no artigo 482, da CLT, que inclui no rol das hipóteses que constituem justa causa para dispensa por culpa do empregado "a negociação habitual por conta própria ou alheia sem permissão do empregador e quando constituir ato de concorrência à empresa para qual trabalha o empregado, ou for prejudicial ao serviço"[2] (alínea "c") e a hipótese de "violação de segredo da empresa"[3] (alínea "g").

No entanto, apesar de a legislação brasileira considerar a divulgação de segredos da empresa e a concorrência desleal, ilícitos trabalhistas, tem-se observado que as empresas possuem dificuldade de resguardá-los, principalmente quando o empregado, após a rescisão contratual, passa a prestar serviços na mesma área, para concorrente do ex-empregador ou se vale do acesso a essas informações para negociar uma melhor condição em outras empresas.

Assim, neste artigo pretende-se fazer uma breve reflexão sobre a tutela penal dos crimes de concorrência desleal envolvendo o empregado ou o prestador de serviços de uma empresa, analisando mais especificamente os incisos IX, X e XI, do artigo 195 da Lei nº 9.279/96, para, ao final, tentar responder à seguinte questão: a legislação penal atual é útil para a proteção do segredo da empresa?

---

[1] JOÃO, Regiane Teresinha de Mello. *Cláusula de não concorrência no contrato de trabalho.* São Paulo: Saraiva, 2003. p. 77.

[2] SÃO PAULO. Tribunal Regional do Trabalho da 2ª Região, 11ª Turma. Processo nº 01230200608402002. Rel. Desembargadora Dora Vaz Treviño. Publicado no *DOESP* do dia 03 jun. 2008, ementa: "JUSTA CAUSA – CONCORRÊNCIA DESLEAL – CLT, ARTIGO 482, "C" – "Independentemente das demais provas existentes nos autos, a confissão do autor manifestada em Juízo, é suficiente para o recolhimento da justa causa aplicada, posto que, no exercício da função de desenvolvimento e implantação de sistemas, detinha, de forma privilegiada, informações que, por força de termo de responsabilidade e confidencialidade firmado, não podia utilizar-se. Muito menos com o objetivo de constituir empresa com igual ramo de atividade da ré. Não importa a prova de efetivo prejuízo, bastando ficar demonstrado dano potencial, decorrente da possibilidade de desviar clientes da empregadora para a empresa da qual é titular. Recurso ordinário do obreiro a que se nega provimento."

[3] SÃO PAULO. Tribunal Regional do Trabalho da 15ª Região, 1ª Turma. Processo nº 29.388/98, Rel. Juiz Eduardo Benedito de Oliveira Zanella. Publicado no *DOESP* do dia 18 jan. 2000, ementa: "JUSTA CAUSA – VIOLAÇÃO DE SEGREDO DA EMPRESA – CONCORRÊNCIA DESLEAL – Caracteriza justa causa por violação de segredo da empresa e concorrência desleal a prática de atos consistentes em apropriação e comercialização irregular de programas de informática desenvolvidos pela empresa".

1 Evolução histórica

As novas tecnologias, os mercados integrados pela globalização, a acirrada competição entre empresas, enfim, o que se convencionou chamar de "era da informatização", implicou grandes transformações na organização empresarial e, dentro dessa estrutura de integração com as novas formas de conhecimento, as empresas buscaram, e vêm buscando continuamente, maiores índices de competitividade e produtividade.

Vivemos num mundo praticamente dominado pelo conhecimento, que nos é passado pelo acesso às informações decorrentes, em boa dose, dos grandes avanços tecnológicos das últimas décadas, daí exsurgindo a importância que adquire o saber.

Assim, para uma melhor compreensão do tema, em plena era da informação e da interatividade evidente, precisamos procurar entender seus componentes históricos e sociais, para daí, então, podermos analisar seus limites e suas consequências.

Da Revolução Industrial à era da informatização, o mundo enfrentou nas últimas décadas alguns eventos que merecem ser destacados.

Do período áureo do capitalismo organizado do pós-guerra, nos anos 60, passou por um período de rupturas paradigmáticas com governos totalitários e ditaduras militares que suprimiram as liberdades individuais e a livre manifestação do pensamento.[4]

Já em meados da década de 1970, Toffler[5] afirmava que o conhecimento produzido apenas no século XX já era maior que o somatório daquele obtido em todos os séculos de civilização anteriores.

Além disso, no final da década de 1970 e início dos anos 80, os choques do petróleo afetando as grandes economias mundiais e o endividamento excessivo a que se submeteram os países subdesenvolvidos, no afã de tentar superar a crise petrolífera, causaram uma desorganização dos fluxos de investimentos internacionais e uma maior necessidade de se buscar novos padrões de produção que aceleraram o processo de internacionalização dos mercados.[6]

Nos anos 90 adveio uma nova divisão do trabalho e da economia mundial, com a organização institucional do capitalismo que, impregnada dos ideários neoliberais que defendiam a liberdade de

---

[4] FARIA, José Eduardo. *O direito na economia globalizada*. São Paulo: Malheiros, 2002. p. 63.

[5] TOFFLER, Alvin. *O choque do futuro*. São Paulo: Record, 1974.

[6] FARIA, *op. cit.*, p. 66.

mercado e o Estado Mínimo. Este novo paradigma fez com que a sociedade, a fim de superar a crise vivida nos anos 70 e 80, investisse maciçamente no desenvolvimento tecnológico e científico para descobrir novos materiais, conceber novos processos e, desse modo, reduzir o impacto que o custo do petróleo causava na composição do preço final dos bens e serviços.[7]

As descobertas e as mudanças trazidas desde a Revolução Industrial fizeram aumentar a quantidade de bens passíveis de invenção e apropriação, levando o homem a repensar o direito de propriedade que passaria a tutelar objetos e coisas intangíveis, porém, com plena possibilidade de aferição econômica.

Esses avanços tecnológicos, principalmente na sociedade capitalista contemporânea, com o advento de modelos de produção como o taylorismo,[8] fordismo[9] e mais recentemente o toyotismo,[10] revolucionaram o processo de divisão e especialização da produção, com a fabricação de bens em escala industrial, padronizados e elaborados em velocidade acelerada.

Isso propiciou a utilização de mão de obra especializada dos técnicos que acabavam por conceber intelectualmente os objetos e processos a serem utilizados nas grandes linhas de produção pela mão de obra operária (semiqualificada).[11]

Pode-se afirmar que está em curso a revolução microeletrônica, envolvendo novas formas de automação e robótica, na qual a racionalização do processo produtivo se intensifica e se multiplica. Novas especializações do processo produtivo são criadas, sendo

---

[7] *Ibidem*, p. 67.

[8] Modelo de administração idealizado por Frederick Winslow Taylor, que pretendia definir princípios científicos para a administração das empresas, tendo por objetivo resolver os problemas que resultam das relações entre os operários, modificando as relações humanas dentro da empresa. O bom operário não discute as ordens, nem as instruções, faz o que lhe mandam fazer. A gerência planeja e o operário apenas executa as ordens e tarefas que lhe são determinadas (RAGO, Luzia Margareth; MOREIRA, Eduardo F. P. *O que é Taylorismo?*. São Paulo: Brasiliense, 1996).

[9] Modelo de produção em massa idealizado pelo empresário americano Henry Ford (1863-1947), fundador da Ford Motor Company, que revolucionou a indústria automobilística na primeira metade do século XX, utilizando à risca os princípios de padronização e simplificação de Frederick Taylor e desenvolvendo outras técnicas avançadas para a época, implantando a produção verticalizada (MAIA, Adinoel Motta. *A era Ford*: filosofia, ciência, técnica. Salvador: Casa da Qualidade, 2002. p. 26).

[10] Modelo de produção capitalista que se desenvolveu a partir da globalização do capitalismo na década de 1950 e surgiu na fábrica da Toyota, no Japão, após a Segunda Guerra Mundial. O modelo pode ser caracterizado por quatro aspectos: mecanização flexível, processo de multifuncionalização da mão de obra, implantação de sistemas de controle de qualidade total e sistema *just in time* (minimização dos estoques) (LIKER, Jeffrey K. *O modelo Toyota*: 14 princípios de gestão do maior fabricante do mundo. Porto Alegre: Bookman, 2005).

[11] DEL NERO, Patrícia Aurélia. *Propriedade intelectual*: a tutela jurídica da biotecnologia. São Paulo: Revista dos Tribunais, 2004. p.40-41.

que as relações entre as forças produtivas e os trabalhos manual e intelectual sofrem significativas alterações.[12]

Nesse contexto de desenvolvimento buscado pela sociedade capitalista contemporânea, as simples negociação e alocação de bens no mercado não se mostraram suficientes para o desenvolvimento e a expansão das empresas na economia de mercado, tornando necessária a intervenção do direito a fim de estabelecer normas que visassem ao resguardo das informações e segredos da empresa.

Hoje, em plena era da informação, a incorporação da tecnologia às atividades econômicas produz impacto na sociedade devido aos avanços tecnológicos das últimas décadas que superaram praticamente quase tudo o que o homem havia acumulado ao longo dos tempos em termos de conhecimentos, com consequências diretas no cotidiano e no comportamento das pessoas.[13]

Nesse quadro, pode-se verificar que a complexidade do sistema industrial moderno, a velocidade dos avanços tecnológicos e a vontade de se disponibilizar às diversas camadas sociais os benefícios das conquistas tecnológicas, impõem uma perfeita compreensão dos mecanismos disciplinadores da propriedade industrial, que são o resultado da atividade privada.[14]

2 A teoria da concorrência desleal

A aceleração da concorrência, a *standartização* dos produtos, a ânsia por novos mercados e, em especial, a atuação emulatória de certos empresários — ou mesmo parasitária — foram fazendo surgir determinadas ações, de cunho direto, que invadiam a esfera de direitos da concorrência.

Daí a construção da teoria jurídica da concorrência desleal, baseada na necessidade de proteção dos direitos dos concorrentes, que uma ação contrária à moral ou à lei pode acarretar.

Isso porque, determinadas ações no mundo negocial, contrárias às normas que imperam no comércio, podem refletir negativamente na concorrência, surgindo em atividades ou procedimentos utilizados nos negócios e resultando em prejuízos morais ou patrimoniais a outros comércios, ou industriais, ou mesmo consumidores.

---

[12] IANNI, Octavio. *A era do globalismo*. 4. ed. Rio de Janeiro: Civilização Brasileira, 1999. p. 128.

[13] PIMENTEL, Luiz Otávio. *Direito industrial*: as funções do direito de patentes. Porto Alegre: Síntese, 1999. p. 26.

[14] FURTADO, Lucas Rocha. *Sistema de propriedade industrial no direito brasileiro*. Brasília: Brasília Jurídica, 1996. p. 25.

É o chamado abuso do direito de livre concorrência. Daí porque vêm sendo editadas normas para a repressão da concorrência desleal.

Carlos Alberto Bittar e Carlos Alberto Bittar Filho,[15] citando Zavala Rodriguez, afirmam que a doutrina tem considerado concorrência desleal, "*todo procedimiento de in concurrente dirigido a sustraer, em provecho próprio, la clientela ajena sin empenar la propia fuerza económica para contraponerla a la de su rival*".

Alguns autores denominam a prática de concorrência desleal como "concorrência ilícita" (Bozzini, *La concorrenza illecita*, Patriarca, *Concetto Fundametale della concorrenza illecita*) enquanto outros reservam essa designação para as violações exsurgidas no curso de um contrato e deixam a expressão "concorrência desleal" para a violação extracontratual (Di Franco, Ramella, Ghiron, Rotondi e Zavala Rodriguez).

Prevalece, no entanto, a sinonímia.

Apesar de muitas delas já estarem bem delineadas na doutrina e na jurisprudência, no conceito de concorrência desleal podem se enquadrar diversas práticas em face da inesgotável gama de ações e procedimentos que a criatividade e a imaginação humana podem criar.[16]

Muitas ações vêm sendo estratificadas em normas, como caracterizadoras da concorrência desleal, em virtude do grau de maturidade alcançado a respeito na experiência jurídica.

Para efeito de sistematização do assunto, a doutrina tem, em um esforço de classificação, proposto, ao longo dos tempos, a reunião dessas práticas em esquemas distintos e sob ângulos diferentes.

Alguns autores chegam a longas enumerações, outros preferem cingir-se à clássica divisão em atos contratuais e extracontratuais, sem, no entanto, exaurir o seu elenco que, realmente, dado o seu caráter multifário, não comporta esquemas rígidos de classificação.[17]

Daí porque as legislações se abstêm de definir concorrência desleal, enunciando, apenas fórmulas gerais, em convenções, códigos ou leis especiais, mas tipificando, por outro lado, para efeitos penais — em virtude do rigor necessário nesse campo — as condutas admitidas como tal.

---

[15] BITTAR, Carlos Alberto; BITTAR FILHO, Carlos Alberto. *Tutela dos direitos da personalidade e dos direitos autorais nas atividades empresariais*. São Paulo: Revista dos Tribunais, 2002. p. 116.

[16] BITTAR, *op. cit.*, p. 117.

[17] BITTAR, *idem*, p. 118.

Assim, será no caso concreto que se verificará a caracterização ou não da concorrência desleal, ante a situação discutida, valendo-se o julgador, especialmente, dos subsídios doutrinários e jurisprudenciais, na qualificação de suas figuras.

3 A concorrência desleal e a sua repercussão no ambiente das relações de trabalho

O desenvolvimento de novas tecnologias, traduzidas em valores de comércio e de mercado cada vez mais expressivos, passou a demandar novas formas de proteção desses bens.

Com isso, os avanços científicos e as descobertas tecnológicas das últimas décadas têm tornado o conhecimento fator determinante da competitividade e da produtividade das empresas.

Para Edgar Morin, o conhecimento pode ser visto sob três sentidos:

O primeiro significado da palavra conhecimento é informação; é óbvio que quem tiver informação tem vantagens. O segundo significado é conhecimento que classifica informações. Porém, um conhecimento supersegmentado, como o de especialistas, incapazes de contextualizá-lo, não é capaz de atingir o dito de Pascal: "É necessário conhecer as partes para entender o todo, mas é necessário conhecer o todo para entender as partes". Estamos vivendo num período em que o conhecimento só se torna significativo quando está situado no seu contexto. O terceiro significado tem a ver com inteligência, consciência ou sabedoria. A inteligência é a arte de vincular conhecimento de maneira útil e pertinente; consciência e sabedoria envolvem reflexão.[18]

Para a empresa, o conhecimento se caracteriza como um bem imaterial e se apresenta sob diversas formas, como base de dados e informações, métodos de produção, sistemas de organização da empresa, segredos e inventos industriais, dentre outras.

Da mesma forma, Peter Drucker afirma que "o recurso econômico básico não é mais o capital, nem os recursos naturais, nem a mão-de-obra, mas sim o conhecimento e suas aplicações ao trabalho".[19]

---

[18] MORIM, Edgar. Toffler e Morin debatem sociedade pós-industrial. *Folha de S.Paulo*, São Paulo, 12 dez. 1993. Caderno Especial B-4, p. 12.

[19] DRUCKER, Peter. *Sociedade pós-capitalista*. 6. ed. São Paulo: Pioneira, 1997. p. 16 e 143.

Muito embora não se entenda adequadamente como o conhecimento se comporta como recurso econômico, tem-se por certo que não custa pouco, haja vista que os países desenvolvidos gastam em torno de 20% de seu PIB na produção e disseminação de conhecimento.[20]

Com as empresas — ainda que já se constate tal situação em algumas delas —, o investimento em pesquisas e na disseminação do conhecimento, mediante o lançamento de novos produtos e tecnologias, também ocorrerá nessa mesma proporção.

Dessa forma, o retorno obtido pela empresa na aplicação desse conhecimento, constitui e constituirá fator determinante de sua competitividade e, por assim dizer, a produtividade será decisiva para o seu sucesso econômico e social e também para o seu desenvolvimento na totalidade.

Seja como for, o que se denota nos dias atuais é que o saber ocupa lugar de relevo, principalmente o saber criativo oriundo do intelecto humano, capaz de transformar matérias existentes em novas, sistemas preexistentes em novos processos e produtos antigos em outros aperfeiçoados.

Assim, a proteção das atividades criativas na área empresarial assumiu papel de destaque no desenvolvimento dos processos econômicos, sobretudo com o fenômeno da globalização, que veio a dar um novo impulso à concorrência industrial, pois, com a abertura das economias nacionais e o aumento da quantidade de empresas transnacionais, novos mercados consumidores se abrem para a atuação empresarial e a competitividade entre empresas se acirra cada vez mais.

Daí porque o investimento em conhecimento por parte da empresa, em qualquer das modalidades em que se apresenta, necessita de proteção jurídica justamente em face da tentação dos concorrentes.

No âmbito das relações de trabalho, o contrato de trabalho permite ao empregado conhecer, em razão das atividades exercidas para o empregador, assuntos, informações e técnicas industriais, desconhecidas do público em geral e, em especial, do concorrente do empregador.

---

[20] Neste aspecto, importante ressaltar que tal percentual engloba tanto os investimentos em pesquisas, como também em educação nos três níveis (*Ibidem*, p.14).

O empregado, muitas vezes, tem acesso a inestimáveis informações da empresa, listas de clientes e a pesquisas e projetos em que a empresa investiu tempo e recursos.

Por isso, o acesso a que os trabalhadores têm ao conjunto de bens imateriais da empresa, torna-os objeto de desejo e alvo constante dos concorrentes do seu empregador.

Apesar de haver a possibilidade de se aplicar o princípio da boa-fé e os correlatos deveres de lealdade, sigilo e não concorrência, como elementos à tutela desses bens, assim como existirem obrigações contratuais e extracontratuais que tutelem a conduta de empregados e empregadores, o que se tem notado é que as empresas têm tido dificuldade de resguardá-los, principalmente quando o empregado, após a rescisão contratual, passa a prestar serviços na mesma área, para um concorrente do seu ex-empregador ou se vale do acesso a essas informações para negociar uma melhor condição em outras empresas.

Assim, nas próximas linhas pretende-se fazer uma breve reflexão sobre a tutela penal dos crimes de concorrência desleal envolvendo o empregado ou o prestador de serviços de uma empresa, analisando mais especificamente os incisos IX, X e XI, do artigo 195 da Lei nº 9.279/96, que assim dispõem:

Art. 195. Comete crime de concorrência desleal quem:

[...] omissis;

IX – dá ou promete dinheiro ou outra utilidade a empregado de concorrente, para que o empregado, faltando ao dever do emprego, lhe proporcione vantagem;

X – recebe dinheiro ou outra utilidade, ou aceita promessa de paga ou recompensa, para, faltando ao dever de empregado, proporcionar vantagem a concorrente do empregador;

XI – divulga, explora ou utiliza-se, sem autorização, de conhecimentos, informações ou dados confidenciais, utilizáveis na indústria, comércio ou prestação de serviços, excluídos aqueles que sejam de conhecimento público ou que sejam evidentes para um técnico no assunto, a que teve acesso mediante acesso contratual ou relação empregatícia, mesmo após o término do contrato;

Pena – detenção, de 3 (três) meses a 1 (um) ano, ou multa.

§ 1º. Inclui-se nas hipóteses a que se referem os incisos XI e XII o empregador, sócio ou administrador da empresa, que incorrer nas tipificações estabelecidas nos mencionados dispositivos.

4 Dos crimes de concorrência desleal incidentes nas relações de trabalho

4.1 Do crime de corrupção ativa de empregado

O inciso IX, do artigo 195, da Lei nº 9.279/96 dispõe no sentido de que comete crime de concorrência desleal quem dá ou promete dinheiro ou outra utilidade a empregado de concorrente, para que o empregado, faltando ao dever do emprego, lhe proporcione vantagem.

É o chamado crime de corrupção ativa de empregado, também conhecido como suborno ativo de empregado, muito similar ao crime de corrupção ativa previsto no art. 333 do Código Penal, observadas as suas peculiaridades, já que este tipo abrange o delito cometido por funcionário público em face da Administração, no que diz respeito com a preservação dos princípios da probidade e moralidade no exercício da função pública, enquanto o crime tipificado na Lei nº 9.279/96 dirige-se ao empregado da iniciativa privada, tendo como objeto de tutela um segredo de empresa.

Em ambos os crimes, o dever de lealdade é que permeia as atividades de um e de outro (empregado/servidor público).

Como afirma José Henrique Pierangeli[21] é uma espécie de espionagem econômica, muito presente em países com algum grau de desenvolvimento industrial em que a disputa pelos mercados está cada vez mais acirrada.

O sujeito ativo desse tipo penal é o concorrente que dá ou promete dinheiro ou outra utilidade a pessoa que detenha a qualidade de empregado, e que, por força do contrato de trabalho, detenha informações ou tenha tido acesso a segredos que lhe são interessantes/úteis no exercício de sua atividade econômica, sempre com o intuito de superar o seu competidor.

O sujeito passivo, por sua vez, é o competidor, pessoa física ou jurídica, empregador, prejudicado pela conduta ímproba de seu empregado delator.

O tipo penal, assim, é o "dar ou prometer dinheiro ou outra utilidade" a empregado, a fim de que este descumpra o seu dever de lealdade para com o seu empregador, proporcionando vantagem ao corruptor, concorrente desleal.

---

[21] PIERANGELI, José Henrique. *Crimes contra a propriedade industrial e crimes de concorrência desleal.* São Paulo: Revista dos Tribunais, 2003. p. 343.

É conduta alternativa consubstanciada em um "dar" ou "prometer", o que pode se dar de diversas formas (escrita, falada, etc.).

Para a caracterização do crime de corrupção ativa do empregado deve haver dolo, assim consubstanciado na vontade de dar ou prometer a recompensa, sabidamente indevida, para obtenção da vantagem ilícita, em detrimento do concorrente.

A consumação do crime ocorre no momento em que o agente dá ou promete o dinheiro ou outra utilidade ao empregado do concorrente. Não se exige a aceitação da proposta, nem que o agente venha a obter a indevida vantagem que pretendia.

A ação penal é privada e se inicia com o recebimento, pelo juiz, da queixa-crime oferecida pelo detentor do segredo.

4.2 Do crime de corrupção passiva de empregado

O crime de corrupção passiva de empregado está previsto no inciso X, do artigo 195, da Lei nº 9.279/96 e dispõe no sentido de que comete crime de concorrência desleal quem recebe dinheiro ou outra utilidade, ou aceita promessa de paga ou recompensa, para, faltando ao dever de empregado, proporcionar vantagem a concorrente do empregador.

No direito penal há uma tradição de se punir o corruptor e o corrupto com penas idênticas. É o que ocorre com os artigos 317 e 333, ambos do Código Penal, que pune os delitos de corrupção passiva e corrupção ativa com penas de reclusão de um a oito anos e multa.

Aqui, na definição dos crimes contra a propriedade industrial ocorre o mesmo, mas a resposta penal se faz em moldes bem mais modestos: detenção de três meses a um ano, ou multa.

O bem tutelado é a lisura da competitividade no campo da propriedade industrial e a lealdade que deve orientar a relação do empregado para com a empresa com quem mantém contrato de trabalho.

Nas palavras de José Henrique Pierangeli, "são deveres morais, que a lei converte em deveres jurídicos, cuja inobservância cria para o ofendido, uma situação de perigo efetivo".[22]

---

[22] PIERANGELI, *op. cit.*, p. 357.

O sujeito ativo desse tipo penal é o empregado que, faltando com lealdade, recebe dinheiro ou outra utilidade, ou aceita promessa de paga ou recompensa, para proporcionar vantagem a concorrente de seu empregador.[23]

Trata-se de figura paralela à do inciso anterior, quando o corrupto recebe dinheiro ou outra utilidade, ou aceita promessa de paga ou recompensa.[24]

O sujeito ativo é o trabalhador que presta serviços a uma empresa, sob a direção e subordinação e mediante remuneração desta última, que tanto pode ser pessoa física como jurídica.

Os sócios, no entanto, não são empregados e, portanto, não podem ser considerados sujeitos ativos deste delito que é próprio, e só pode cometê-lo o empregado.

O sujeito passivo, por sua vez, é o empregador — pessoa física ou jurídica — a quem o sujeito ativo deve lealdade.

Os verbos típicos são receber e aceitar, o que pressupõe um acordo de vontades entre o corruptor e o corrupto.

Pouco importa que o suborno tenha sido solicitado ou oferecido, como também não assume maior significação o cumprimento ou não da promessa, ou que o corrompido tenha dado ou não cumprimento aquilo que foi avençado, ou, ainda, que tenha se arrependido ou deixe de dar ao concorrente a vantagem indevida que este esperava.

Por promessa paga ou promessa de recompensa se entende a expectativa criada no espírito do empregado, de uma recompensa que ele aceita ou a ela anui. O agente atua na esperança de receber a recompensa prometida se vier a praticar a conduta incriminada, não sendo importante que o corruptor venha ou não cumprir a sua promessa.

Aqui, o proveito almejado pelo empregado corrupto, pode ou não ocorrer, mas o crime, nas duas situações, sempre existirá, ou, por outras palavras, haverá o delito quer o concorrente cumpra com o prometido, quer não, posto que se trata de crime formal e de perigo.

Para José Henrique Pierangeli, o autor do suborno deve ser o destinatário da vantagem indevida que a infidelidade do empregado proporcionou, ou, em outros termos, deve a pessoa beneficiada ser concorrente do empregador.[25]

---

[23] PIERANGELI, *idem*, p. 357.
[24] PIERANGELI, *ibidem*, p. 358.
[25] PIERANGELI, *op. cit.*, p. 358.

O tipo subjetivo é constituído pelo dolo, que é a vontade de receber o dinheiro ou outra utilidade, ou aceitar uma promessa de percebimento de recompensa indevida.

Trata-se de crime formal e de perigo, que se consuma com o recebimento de dinheiro ou outra utilidade, ou com a aceitação da promessa de recompensa, porque a efetiva contraprestação está ligada ao exaurimento, ou esgotamento do crime.

O consentimento do titular do bem jurídico em relação à conduta do empregado exclui a sua tipicidade. Como nos demais casos de crimes de concorrência desleal, a ação penal é a privada genuína, que se inicia com o recebimento da queixa-crime pelo juiz.

4.3 Do crime de violação de segredo de empresa

A facilidade do acesso às informações decorrentes dos grandes avanços tecnológicos das últimas décadas e a existência de um mercado cada vez mais globalizado e dependente fazem com que as empresas reservem uma fatia considerável de seus orçamentos em pesquisas e na produção do conhecimento por meio do lançamento de novos produtos, processos e tecnologias que as diferenciem dos concorrentes.

Inegavelmente, o conhecimento e o saber, cada vez mais, vêm se firmando como um importante diferencial de competitividade e produtividade nas empresas.

As empresas possuem importantes conhecimentos e informações de natureza comercial e industrial e se esforçam para mantê-los fora do alcance de terceiros, a fim de se diferenciar de seus concorrentes e melhorar ou consolidar sua posição no mercado.

Sempre que se reconhece aos seus titulares o direito de exclusividade, essas informações e conhecimentos gozam de proteções legais.

Quando desconhecido de terceiros, esse conhecimento reservado assume o nome de segredo, que no campo empresarial é encontrado em áreas e sob denominações distintas, dentre as quais segredo industrial, segredo de empresa e segredo de negócio.

Gomes Segade[26] assevera ser possível falar numa categoria única e genérica de *segredos de empresa*, porque todos os segredos relacionados à empresa possuem características em comum, quais

---

[26] SEGADE, Antonio Gomes. *El Secreto Industrial (Know-how)*. Madrid: Tecnos, 1974. p. 45.

sejam, de se manter desconhecidos de terceiros e dar ao seu possuidor uma diferenciada condição no mercado.

É dizer: independentemente da área da empresa a que se refiram, todas essas formas de segredo compreendem o segredo de empresa, que consiste "numa informação comercial ou industrial valiosa que se pretende manter oculta dos concorrentes ou do conhecimento público diante da sua importância no âmbito da competitividade".[27]

Para Regiane T. de Mello João, o segredo de empresa tem sentido amplo, estendendo-se a tudo que se relacione ao modo de produção, organização, dados, informações ou características internas da empresa que a diferencie das demais, tornando seu negócio viável e lucrativo e que, levado ao conhecimento de terceiros, poderia trazer prejuízo ao empregador.[28]

E para a empresa desenvolver suas atividades, quer do ponto de vista técnico, quer empresarial ou administrativo, precisa revelar e compartilhar com seus empregados, senão todos, pelo menos boa parte dos seus segredos e do *know-how*.

Assim, dependendo da função ou cargo exercidos pelo empregado, o grau de revelação — *disclosure* — do segredo ou dos segredos será maior ou menor.

O artigo 195, XI, da Lei nº 9.279/96, tipifica como crime de concorrência desleal o ato do empregado que "divulga, explora ou utiliza-se, sem autorização, de conhecimentos, informações ou dados confidenciais, [...] a que teve acesso mediante acesso contratual ou relação empregatícia, mesmo após o término do contrato".

Nesse sentido, a proteção outorgada pelo legislador reside na liberdade de competição que a divulgação, exploração ou utilização desleal atinge, tendo também em mira o dano ou a possibilidade de dano que a conduta delituosa cria para o titular do segredo de empresa, que muitas vezes obteve ou chegou a esse segredo mediante significativos investimentos em pesquisa e desenvolvimento.

O sujeito ativo desse crime só pode ser uma pessoa que está ou esteve a serviço de outrem e que em razão da atividade profissional desenvolvida, seja por força de contrato de trabalho ou outro tipo

---

[27] PALITOT, Romulo. Revelação de segredos de empresa por quem tem obrigação legal ou contratual de guardar reservas: aplicação na Espanha. *Jus Navigandi*, Teresina, ano 7, n. 79, 20 set. 2003. Disponível em: <http://jus2.uol.com.br/doutrina/texto.asp?id=4312>. Acesso em: 24 jan. 2008.

[28] JOÃO, Regiane Teresinha de Mello. *Cláusula de não concorrência no contrato de trabalho*. São Paulo: Saraiva, 2003. p. 31.

de contrato de natureza civil ou comercial, tenha tido acesso ou contato com o segredo.

Por sua vez, o sujeito passivo poderá ser a pessoa física ou jurídica titular do segredo ou cessionária do direito de exploração econômica desse segredo.

O agente incorre no tipo penal ao "divulgar, explorar ou utilizar" do segredo de empresa para obtenção de proveito, sem autorização, quando então escapa dos limites morais e éticos que deve nortear a relação contratual.

Por outro lado, ao excluir do âmbito da proibição os conhecimentos, informações ou dados que sejam de conhecimento público ou evidente para um técnico no assunto, a lei evidencia o óbvio, porque não se pode constituir segredo aquilo que é do senso comum ou que se pode chegar por um *expert* do concorrente.

O tipo subjetivo indica crime doloso, que é a vontade de divulgar, explorar ou utilizar o segredo de empresa em proveito de concorrente, não sendo punível a título de culpa em sentido estrito.

Trata-se de crime formal, que se consuma com as ações acima referidas, ou seja, com a simples conduta, admitindo-se a tentativa.

O consentimento do titular do bem jurídico em relação à conduta do empregado exclui a sua tipicidade. Como nos demais casos de crimes de concorrência desleal, a ação penal é a privada genuína, que se inicia com o recebimento da queixa-crime apresentada pelo concorrente traído.

5 Conclusões

Os altos investimentos feitos em pesquisa e desenvolvimento somente são arcados pelas empresas se possuírem a garantia de um retorno financeiro suficiente, não só para a cobertura dos custos de produção e de distribuição,[29] bem como de um sistema legal que efetivamente lhes proteja a propriedade intelectual.

Por isso, um adequado sistema de tutela da propriedade industrial constitui fator de incentivo a investimentos em atividades de pesquisa e desenvolvimento, na medida em que protegem os resultados dessas atividades e asseguram às empresas a viabilidade econômica de seus produtos e serviços.[30]

---

[29] TOKARS, Fábio. Patentes de remédios, proposta de combate aos abusos. *Paraná Online*. Disponível em: <http://www.parana-online.com.br/colunistas/277/59852/>. Acesso em: 13 out. 2008.

[30] SILVEIRA, João Marcos. A proteção jurídica dos segredos industriais e de negócios. *Revista de Direito Mercantil, Industrial, Econômico e Financeiro*. São Paulo, ano 40, n. 121, p. 153, jan./mar. 2001.

Assim, a inserção dos tipos penais pela Lei nº 9.279/96, além de tentar assegurar às empresas brasileiras uma maior garantia de respeito à propriedade industrial, pode contribuir para que as empresas multinacionais — detentoras e financiadoras de grande parte dos processos de pesquisa e de criação de novos produtos — continuem a investir no país,[31] por encontrarem um sistema de proteção da propriedade intelectual que protege a pesquisa e o desenvolvimento de produtos e tecnologias.

É dizer: antes mesmo do grande interesse econômico de estímulo às pesquisas e às novas tecnologias, na proteção da propriedade industrial há outro valor a ser alcançado, talvez de maior magnitude, que é justamente o de propiciar à sociedade brasileira condições de alcançar o desenvolvimento econômico e social. A tutela penal dos crimes de concorrência desleal incidente nas relações de trabalho presta grande contribuição ao alcance desse valor maior.

Informação bibliográfica deste texto, conforme a NBR 6023:2002 da Associação Brasileira de Normas Técnicas (ABNT):

COELHO, Luís Alberto Gonçalves Gomes. Crimes de concorrência desleal no ambiente das relações de trabalho. *In*: BARACAT, Eduardo Milléo (Coord.). *Direito penal do trabalho*: reflexões atuais. Belo Horizonte: Fórum, 2010. p. 155-170. ISBN 978-85-7700-357-0.

---

[31] As empresas multinacionais investiram US$959 milhões por ano no Brasil em 2007. O volume de recursos foi identificado por uma pesquisa realizada pela Sociedade Brasileira de Estudos e Empresas Transnacionais e de Globalização (Sobeet), que envolveu 85 empresas multinacionais que atuam no Brasil — cerca de 5% do Produto Interno Bruto (PIB) nacional e 15% do PIB industrial brasileiro. O estudo aponta ainda US$546 milhões em desenvolvimento de novas tecnologias e pesquisas. "O investimento em pesquisa é uma questão de sobrevivência, pois as mesmas empresas estão concorrendo no Brasil e no exterior", explica Virene Roxo Matesco, professora do programa de pós-graduação da Universidade Católica de Pernambuco e da Fundação Getúlio Vargas. A professora destaca que a preocupação com a realização de pesquisas contradiz o estereótipo formado em torno das empresas multinacionais — de que nunca investiriam no Brasil, apenas importando tecnologia. Em média, cada multinacional investe em pesquisa 3,7% do faturamento obtido no Brasil. A proporção é semelhante à identificada nas unidades das multinacionais em funcionamento em outros países. No Japão e Estados Unidos, por exemplo, este investimento é de 4,8%, caindo para 3,3% na França. "Quando incluímos, na amostra, empresas de origem nacional, o percentual cai, atingindo 1,3%", comenta Virene Roxo Matesco, que também é diretora da Sobeet. O levantamento da Sobeet identificou, ainda, que as empresas de maior porte têm no Brasil a mesma tecnologia que usam em seus países de origem. "Isto porque as concorrentes também estão no Brasil oferecendo o mesmo estágio tecnológico que dispõem em suas matrizes", ressalta a professora. As empresas de menor porte, por sua vez, usam ou ofertam produtos e serviços desatualizados em relação à sede. (Disponível no sítio do *Jornal do Comércio* em: <http://www2.uol.com.br/JC/_2000/1704/ec1704b.htm>. Acesso em: 02. out. 2008).

A Necessidade de Tutela Penal da Violação Clandestina do Correio Eletrônico do Empregado pelo Empregador

Luiz Gustavo Thadeo Braga

Sumário: Introdução – 1 O monitoramento eletrônico no ambiente de trabalho pelo empregador e o direito a intimidade do empregado – 2 A importância do *e-mail* na sociedade de informação e a sua utilidade como instrumento de trabalho – 3 A tutela penal da correspondência eletrônica do empregado: conveniência e a problemática legislativa – 4 A problemática legislativa: a necessidade de adaptação da legislação penal – Conclusão – Referências

Introdução

A internet, sem dúvida, passou a ser um importante instrumento de relacionamento interpessoal e a mais ampla fonte de pesquisa do mundo. A agilidade na troca de informações e a facilidade de localização de pessoas em qualquer continente, somada à possibilidade de se realizar transações comerciais ou bancárias virtualmente de modo ágil e prático, fazem da internet uma tecnologia obrigatória em todas as empresas.

Seu uso, hoje, transformou-se numa questão de sobrevivência para a empresa e de garantia de seu sucesso nos negócios. Vemos nos dias atuais uma profunda dependência do ser humano em fazer uso do computador, além de que este equipamento está ligado a inúmeras atividades humanas cuja execução torna-se impossível sem a navegação pela rede mundial de computadores. É assim que o *e-mail* proporcionou aos empregados uma inquestionável ferramenta de trabalho. Num mundo globalizado, o correio eletrônico é a forma mais eficiente de transmissão e recebimento de dados que uma empresa necessita para consultar e ser consultada por consumidores e fornecedores.

No entanto, toda essa tecnologia a serviço das empresas vem sendo alvo constante de questionamentos, notadamente, na esfera penal. Já há posicionamento firme da doutrina e jurisprudência quanto aos limites do monitoramento realizado pelo empregador em relação aos *e-mails* transmitidos e recebidos por seus empregados. Ocorre que pouco se analisou até o momento se a violação dos correios eletrônicos dos empregados pelo empregador constitui-se em ilícito penalmente punível.

As novas tecnologias desenvolvem-se em velocidade muito superior a que o direito é capaz de acompanhar, notadamente, no sentido da elaboração de leis que disciplinem utilização dos instrumentos relacionados com a internet.

Desta forma, procuraremos neste artigo traçar alguns aspectos da licitude do monitoramento de correios eletrônicos de empregados no ambiente de trabalho e ainda ponderarmos acerca dos efeitos da ausência de uma tutela penal específica.

1 O monitoramento eletrônico no ambiente de trabalho pelo empregador e o direito a intimidade do empregado

A utilização de correios eletrônicos não encontra disciplina específica na norma jurídica, mas vem sendo objeto de debate interno nas empresas, em que pese a Constituição Federal de 1988 tenha garantido a inviolabilidade da correspondência. Não obstante o direito brasileiro ainda não tenha se definido quanto ao alcance desta norma ao tema em debate, já se assentou[1] que o poder sancionador do empregador que obsta a utilização do correio eletrônico durante

---

[1] No julgamento do recurso de Agravo de Instrumento em Recurso de Revista nº 1640/2003-051-01-40, a 1ª Turma do TST, em Acórdão da lavra do Ministro Vieira de Mello Filho assim se manifestou: [...] "Sobretudo, imperativo considerar que o empregado, ao receber uma caixa de 'e-mail' de seu empregador para uso corporativo, *mediante ciência prévia de que nele somente podem transitar mensagens profissionais*, não tem razoável expectativa de privacidade quanto a esta, como se vem entendendo no Direito Comparado (EUA e Reino Unido). 5. Pode o empregador monitorar e rastrear a atividade do empregado no ambiente de trabalho, em 'e-mail' corporativo, isto é, checar suas mensagens, tanto do ponto de vista formal quanto sob o ângulo material ou de conteúdo" (grifamos).

a jornada de trabalho deve constar expressamente em regimento interno ou documento que o corresponda, a fim de que o empregado tenha conhecimento da proibição e igualmente da fiscalização. O monitoramento eletrônico pode ser considerado como qualquer espécie de vigilância das atividades praticadas pelo empregado durante a jornada de trabalho. Geralmente, ocorre por meio de *softwares* que captam as informações referentes, gravam os *sites* frequentados, tempo de acesso e, principalmente, os conteúdos das mensagens eletrônicas e seus anexos.

Já o *e-mail*, na definição de Mário Antônio Lobato de Paiva é:[2]

[...] um mecanismo disposto por meio eletrônico cuja finalidade principal é a transmissão de conteúdo a distância. É um sistema de emissão e recepção de mensagens por intermédio da caixa de correio de uma pessoa até a caixa de correio de outra. É utilizado para enviar correspondências de um computador a outro através da rede, um similar ao correio postal com papel, pelo qual as pessoas podem enviar mensagens a um ou a vários receptores simultaneamente.

Portanto, há que se distinguir, inicialmente, se a utilização do correio eletrônico foi consignada como ferramenta de trabalho concedida pelo empregador ao empregado e, portanto, quais são os limites de sua utilização e, por consequência, do próprio poder fiscalizador.

Segundo Aldacy Rachid Coutinho:[3]

O poder sancionador está ora previsto e normatizado em uma fonte de direito do trabalho, como o regulamento da empresa, o contrato de trabalho ou acordo ou convenção coletiva de trabalho, e, assim, é identificado a partir de um estatuto, ora está em correspondência com a liberdade de agir do empregador, como corolário de um suposto poder diretivo, sendo institucional.

É difícil o delineamento da fronteira entre a intimidade do trabalhador e o poder de controle do empregador, no entanto, é certo que a fiscalização procede quando esta é previamente disciplinada e convencionada entre as partes. Por conseguinte, o fato de o

---

[2] PAIVA, Mário Antônio Lobato de. O monitoramento do correio eletrônico no ambiente de trabalho. *Revista CEJ*, Brasília. Disponível em: <http://www.cjf.jus.br/revista/numero19/artigo4.pdf>. Acesso em: 04 nov. 2008.

[3] COUTINHO, Aldacy Rachid. *O poder punitivo trabalhista*. São Paulo: LTr, 1999. p. 124.

e-mail ou até mesmo a navegação na internet serem considerados instrumentos de trabalho, conforme já ressaltamos, a jurisprudência vem conferindo ao empregador o direito de realizar acompanhamento quanto ao conteúdo acessado; este, na hipótese de não possuir relação com a atividade do empregado, poderá suscitar falta sancionável pelo poder disciplinar, configurando desídia no cumprimento das funções estabelecidas pelo contrato de trabalho. Aliás, como a própria Aldacy Rachid Coutinho adverte:[4]

> se há uma sanção que possa ser aplicada ante a realização fática de uma conduta indicada como faltosa, é necessário que o procedimento de aplicação esteja conforme as regras e princípios preestabelecidos.

Leda Maria Messias da Silva considera que "os Direitos da Personalidade limitam o poder diretivo do empregador"[5] e que, portanto, o monitoramento caracteriza-se como uma intromissão aos direitos constitucionais, consagrados no artigo 5º, inciso X.

Neste sentido vem caminhando a jurisprudência de nossos tribunais para confirmar a licitude do monitoramento de correios eletrônicos de empregados, desde que, no entanto, haja uma política transparente e proporcional. O poder punitivo, por sua vez, somente se justificaria quando verificada a hipótese de prévia advertência quanto ao direito reservado à empresa de realizar acompanhamento de todos os *e-mails* remetidos ou recebidos por seus empregados durante a jornada de trabalho. Cabe ainda acrescentar que o monitoramento deve corresponder a uma prática cuja finalidade também seja divulgada.[6]

---

[4] *Idem*, p. 126.

[5] SILVA, Leda Maria Messias da. Monitoramento de e-mails e sites, a intimidade do empregado e o poder de controle do empregador. Abrangências e limitações. *In*: CONGRESSO NACIONAL DO CONPEDI, 15., Manaus, 2006. Disponível em: <http://www.conpedi.org/manaus/arquivos/anais/transf_trabalho_leda_messias_da_silva.pdf>. Acesso em: 20 ago. 2008.

[6] E-MAIL CORPORATIVO – "INVASÃO" DA EMPREGADORA. INEXISTÊNCIA DE ATO ILÍCITO – O correio eletrônico, por se tratar de ferramenta concedida pela empregadora para a consecução do serviço, não se reveste do caráter de inviolabilidade previsto no art. 5º, XII da CRFB/1988, sendo direito da empregadora fiscalizar a correta utilização da ferramenta. Recurso do autor ao qual se nega provimento, no particular (PARANÁ. TRT-9-02379-2006-673-09-00-6-ACO nº 33941-2008 – 1ª Turma. Rel. Edmilson Antonio de Lima. Publicado no *DJPR* em 19 set. 2008. Disponível em: <http://www.trt9.jus.br>. Acesso em: 20 nov. 2008).
INTERNET – MENSAGENS ELETRÔNICAS – E-MAIL – COMUNICADOR INSTANTÂNEO – ARTIGO 5º, INCISO LVI, DA CONSTITUIÇÃO FEDERAL – SIGILO – INVIOLABILIDADE – CONTROLE POR PARTE DO EMPREGADOR – UTILIZAÇÃO COMO PROVA JUDICIAL – POSSIBILIDADE – Diversamente do que ocorre com as mensagens eletrônicas provenientes ou endereçadas a e-mail (endereço eletrônico) pessoal ou particular do empregado, as quais gozam

Embora haja resistência quanto ao monitoramento, notadamente, o clandestino, às escondidas, por outro lado não há imposição legal que impeça ao empregador estabelecer regras de utilização ou de bloqueios e restrições. Já no que tange à questão do direito à intimidade do empregado, o fato de este haver anuído com a possibilidade de fiscalização já se caracteriza como limitação à proteção da intimidade, minimizando os efeitos invasivos daquela.

No momento em que o empresário acessa o conteúdo dos *e-mails* do empregado não está violando seu direito à intimidade, conquanto, em uma relação de trabalho, aquele é suplantado, apresentando-se como um bem jurídico a ser protegido em segundo plano, pois, a lesão a ser evitada é a inviolabilidade das comunicações, independentemente do conteúdo da mensagem.

Fernando de Vicente Pachés ressalta que a relação de trabalho impõe ao trabalhador deveres de conduta como a boa-fé, lealdade e confiança, que por sua vez, limitam severamente o exercício dos direitos fundamentais na empresa, ou seja, algumas manifestações de liberdades dos cidadãos não são legítimas em uma relação de trabalho, principalmente, em razão das obrigações assumidas no contrato de trabalho.[7] O autor ainda ressalta que a inserção em um ambiente de direção e organização impede o exercício de direitos democráticos básicos.

Nenhuma ofensa há ao direito à intimidade do empregado quando este é monitorado em suas conexões na internet, notadamente, na confirmação de que seus *e-mails* tenham sido utilizados estritamente para fins relacionados ao contrato de trabalho. Não se pode olvidar que os empregados possuem o dever de obediência, lealdade e cooperação para com a empresa ao tempo da vigência de seu contrato subordinando-se, portanto, às regras estabelecidas pelo empregador.

---

de proteção constitucional e legal de inviolabilidade (art. 5º, inc. LVI, da CF/88), o correio eletrônico corporativo e programas de envio de mensagens instantâneas (MSN, Yahoo Messenger, Exodus e similares) afiguram-se como meras ferramentas de trabalho para fins de facilitar a comunicação virtual entre empregados e clientes. Não se encontram protegidos, portanto, pela garantia do sigilo, nem de inviolabilidade, até mesmo porque, não raras vezes, sofrem acentuado desvio de finalidade, mediante a utilização abusiva ou ilegal, de que é exemplo o envio de fotos pornográficas, constituindo-se, pois, em instrumento pelo qual o trabalhador pode, potencialmente, provocar expressivo prejuízo ao empregador. Lícita, portanto, sua monitoração pelo empregador, bem como, sua eventual utilização como prova referente a atos ilícitos praticados pelo empregado (PARANÁ. TRT-9-02963-2005-002-09-00-4-ACO nº 00265-2007 – 4ª Turma. Rel. Sueli Gil El-Rafihi. Publicado no *DJPR* em 19 jan. 2007. Disponível em: <http://www.trt9.jus.br>. Acesso em: 20 nov. 2008).

[7] PACHÉS, Fernando de Vicente. *El derecho del trabajador al respeto de su intimidad*. Madrid: Consejo Económico y Social, 1998. p. 49.

2 A importância do *e-mail* na sociedade de informação e a sua utilidade como instrumento de trabalho

Como já ressaltado anteriormente, a internet tornou-se um fundamental elemento de gerenciamento de informações e as empresas vêm encontrando nela um instrumento para estabelecerem vantagens competitivas. Porém, é inerente à atividade empresarial a preocupação com o sigilo profissional, a privacidade, direitos autorais e com a propriedade intelectual. É neste aspecto que nos deparamos com a relevância e a importância do monitoramento eletrônico como meio de se prevenir da redução de produtividade.

O mau uso do correio eletrônico definitivamente representa um problema na sociedade de informação, o qual merece uma censura. Os motivos para a implantação de uma rede de contenção de *e-mails* indesejáveis podem ser tanto a preocupação com a redução da produtividade individual dos empregados, erros no processo produtivo e diminuição da segurança das informações privativas.

A exemplar decisão proferida pela 1ª turma do TST à qual tivemos a oportunidade de nos reportar anteriormente assevera que a proteção constitucional ao sigilo de correspondência diz respeito apenas à comunicação essencialmente pessoal, inclusive as que ocorrem via *e-mail* particular. Por outro lado, a interpretação é diversa na hipótese de endereço eletrônico corporativo por se tratar de um instrumento de comunicação que se utiliza de computador e provedor oferecidos pela empresa, cuja finalidade é a de troca de mensagens profissionais, ressalvadas a possibilidade de expresso consentimento do empregador. A decisão ressalta que "o empregado, ao receber uma caixa de '*e-mail*' de seu empregador para uso corporativo, mediante ciência prévia de que nele somente podem transitar mensagens profissionais, não tem razoável expectativa de privacidade..." Isto porque, o que está em jogo é o direito de propriedade do empregador sobre o computador.

Não devemos, entretanto, considerar que o *e-mail*, entendido como um instrumento de trabalho deve permanecer indistinta e indiscriminadamente à mercê da fiscalização pelo empregador. Não existe direito absoluto do empregador em violar a comunicação de seus empregados, consequentemente, não existe liberdade de controle pela empresa, tampouco o empregado possui direito irrestrito de acessar toda espécie de conteúdo na internet durante a jornada de trabalho. O ideal é que ambos ajam com comedimento para que tanto a liberdade de fiscalização quanto o direito à privacidade sejam respeitados, de acordo com o princípio da razoabilidade. É nesse sentido que o *e-mail*, desde que disponibilizado aos empregados para uso corporativo, possui fins específicos quanto a sua utilização e serve para o alcance de fins pretendidos pelo empregador. Portanto, a fiscalização, igualmente, deve se restringir aos interesses da empresa para coibir o mau uso da ferramenta a fim de que dela se possa subtrair o máximo proveito.

É aceitável que o empregado possa fazer uso moderado de seu *e-mail* pessoal durante a jornada de trabalho, mas que em contrapartida não se realize um monitoramento incessante e sistemático. É imprescindível que a empresa defina o que se caracteriza como uso do *e-mail* para fins profissionais e quando ele é utilizado para fins particulares. Se a empresa não possui qualquer política de controle do conteúdo dos *e-mails* de seus empregados, então não se cogita da hipótese de realização de monitoramento sem prévia advertência. Porém, mesmo que haja um controle convencionado entre empregados e empregador, àqueles deve ser concedido o direito de comunicar-se com o mundo exterior, pois, a empresa não deve ser um ambiente fechado, recluso, mas, ao contrário, flexível, de modo que o empregado possa utilizar de seu *e-mail* de modo não abusivo. Quando justificado, o uso do *e-mail* mostra-se conveniente para amenizar o isolamento do empregado.

3 A tutela penal da correspondência eletrônica do empregado: conveniência e a problemática legislativa

Cumpre iniciar esta abordagem esclarecendo que o Código Penal data de 1940, época em que não se tinha a tecnologia da informática que possuímos hoje. Razão esta que em seu artigo 151[8] encontramos apenas a tipificação do crime de violação de correspondência.

A questão é se a correspondência fechada prevista no Código Penal pode ser comparada à correspondência eletrônica. O conteúdo dado pelo Código Penal refere-se à correspondência fechada, envelope lacrado ou embrulho que não é encaminhado por meio eletrônico, utilizando-se da internet como veículo de transmissão. Por outro lado, a Lei nº 6.538/78, em seu artigo 47 conceitua correspondência como "toda comunicação pessoa a pessoa, por meio de carta, através da via postal ou telegrama".

---

[8] Devassar indevidamente o conteúdo de correspondência fechada, dirigida a outrem.

A violação de comunicações telefônicas ou de informática é entendida como ato criminoso no artigo 10 da Lei nº 9.296/96.[9] Esta lei regulamentou o disposto no inciso XII, parte final, do artigo 5º da Constituição Federal, em que o bem juridicamente protegido é a liberdade das comunicações e a preservação do conteúdo da correspondência emitida. A referida lei, no entanto, não mencionou nada a respeito da violação de correios eletrônicos de forma expressa e como no Direito Penal não se admite a analogia, senão em benefício do réu, a devassa de *e-mails* dos empregados continuaria no campo da atipicidade penal. A falta de lei específica não obsta, no entanto, que a divulgação indevida de conteúdo destes *e-mails* resulte em crimes contra a honra, indenizável até mesmo na esfera cível.

Consideremos que o princípio da legalidade garante que não haverá crime sem que a conduta esteja expressamente tipificada na norma, nos termos do artigo 1º do Código Penal. O problema da tipificação penal da violação de correio eletrônico está na equivalência das expressões na medida em que o tipo penal previsto no artigo 151 do Código Penal tem como núcleo o ato de abrir "correspondência fechada", ou seja, romper o invólucro que garanta a correspondência. Já o *e-mail* é composto de um conjunto de dados transmitidos de forma eletrônica.

No entanto, vem sendo admitida pela doutrina como válido, por exemplo, o disposto no artigo 1º, parágrafo único da referida lei para a sua aplicação às comunicações que se utilizem da informática. Segundo Guilherme de Souza Nucci[10] [...] "a comunicação estabelecida por meios ligados à informática (computador) [...] não deixa de ser uma forma atualizada e moderna de comunicação telefônica". É evidente que a lei em comento tem por finalidade regulamentar a interceptação de comunicações para fins de investigação criminal e desde que haja expressa ordem judicial.

A decisão do Ministro Vieira de Mello Filho anteriormente citada permite-nos concluir que o Judiciário interpretou como similares a correspondência eletrônica e a correspondência postal. Outra decisão pode ainda ser citada para demonstrarmos que a analogia, ao menos, na esfera da Justiça do Trabalho, vem sendo realizada.

---

[9] Art. 10 – Constitui crime realizar interceptação de comunicações telefônicas, de informática ou telemática, ou quebrar segredo de Justiça, sem autorização judicial ou com objetivos não autorizados em Lei.
Pena: reclusão de dois a quatro anos e multa.

[10] NUCCI, Guilherme de Souza. *Leis penais e processuais penais comentadas*. 3. ed. São Paulo: Revista dos Tribunais, 2008. p. 725.

Por ocasião do julgamento do recurso ordinário nº 0097-2005-030-03-00-6-RO, a 4ª Turma do Tribunal Regional do Trabalho da 3ª Região (Minas Gerais), sob a relatoria do Juiz Otavio Linhares Renault,[11] denominou de "desterritorialização do poder empregatício" o rastreamento e a violação do conteúdo de mensagens enviadas e recebidas pelos empregados em seus *e-mails* particulares, ainda que em computador da empresa. A decisão salienta que o poder fiscalizador do empregador que invade *e-mail* pessoal do empregado com o intuito de punir eventuais desvios de conduta, quase sempre prescindirá da invasão da intimidade, da vida privada, da liberdade de pensamento e do sigilo de correspondência e de comunicações do funcionário. O Acórdão destaca que a inviolabilidade de correspondência, inclusive a eletrônica, corresponde à efetiva tutela da intimidade, porquanto, o conteúdo de *e-mails* particulares pode significar "extensão da vida e dos segredos mais íntimos das pessoas, exceto nas hipóteses em que tal invasão se torne realmente indispensável para a apuração de verdade de fatos e mediante prévia autorização judicial".

Existem, consequentemente, fortes argumentos no sentido da licitude do monitoramento pelo empregador a partir do momento em que ele disponibiliza o equipamento como ferramenta de trabalho, por considerar que o seu uso deturpado pode macular o conceito que a empresa possui perante seus consumidores. O empregador tem o direito de definir padrões a serem seguidos por seus empregados, níveis adequados de atuação perante a sociedade atenta aos negócios da empresa, a fim de se precaver de comportamentos indesejáveis.

Além do mais, o empregador é responsável pelos atos de seus empregados, não estando isento de responder por perdas e danos (art. 932, III do Código Civil), ainda mais quando o correio eletrônico do empregado identifica a empresa.

O problema está na linha tênue que divide o direito do empregador ao monitoramento eletrônico e a ofensa à intimidade do empregado. Não há, com efeito, modo de evitar a invasão na vida privada do empregado, ainda que a busca seja exclusivamente por ofensas aos interesses empresariais. Uma forma de reduzir os riscos é a instalação de programas responsáveis por bloquear o acesso a determinados *sites*.

---

[11] Disponível em: <http://www.trt.gov.br>. Acesso em: 25 nov. 2008.

Conforme esclarece Uadi Lammêgo Bulos:[12]

Quando a Carta Magna protege o sigilo está, na realidade, resguardando o privacidade do homem em suas relações familiares e domésticas, proibindo todo tipo de investida contra a sua integridade física, psíquica, intelectual e moral. O direito ao sigilo procura, pois, evitar afrontas à honra, à reputação, ao bom nome, à imagem física e social das pessoas, deixando-as a salvo de informações comprometedoras de sua intimidade.

No entanto, devemos distinguir inicialmente o significado de privacidade e intimidade. Na compreensão de Kildare Gonçalves Carvalho,[13] a privacidade deve ser entendida como "os níveis de relacionamento ocultados ao público em geral, como a vida familiar, o lazer, os negócios, as aventuras amorosas". O autor aponta que a intimidade está compreendida na noção de privacidade, sendo direitos do indivíduo "impenetráveis mesmo aos mais próximos", como por exemplo, o "sigilo de suas comunicações telefônicas".

Assim, é imperioso concluir que em se tratando de correspondência, tanto na modalidade convencional (papel) quanto na versão eletrônica, (via *e-mail*), o remetente optou em se comunicar utilizando-se destes meios para troca de informações, inclusive as de natureza íntima. Logo, verificamos na espécie a regra contida no artigo 5º, XII da Constituição Federal. Entretanto, esta opção do empregado deve ficar restrita ao *e-mail* particular. Em se tratando de *e-mail* corporativo, o empregado deve evitar sua utilização em questões íntimas sabendo que está sendo monitorado. Do contrário, não poderá invocar a violação à intimidade. Pensamos que apenas os *e-mails* pessoais estariam preservados de devassa pelo empregador. E pensamento diferente não há por parte da jurisprudência. A 1ª Turma do Superior Tribunal do Trabalho teve oportunidade de se manifestar em tema desta natureza por ocasião do julgamento do recurso de revista nº 613/2000-013-10-00, cujo relator foi o Ministro João Dalazen.[14]

O Eminente Ministro asseverou que os *e-mails* e computadores da empresa não se prestam à utilização em fins particulares e que

---

[12] BULOS, Uadi Lammêgo. *Curso de direito constitucional*. 2. ed. São Paulo: Saraiva, 2008. p. 445.

[13] CARVALHO, Kildare Gonçalves. *Direito Constitucional*: teoria do Estado e da Constituição: direito constitucional positivo. 14. ed. Belo Horizonte: Del Rey. p. 707.

[14] Disponível em: <http://www.tst.gov.br>. Acesso em: 13 nov. 2008.

ao menor sinal de dúvida quanto ao uso indevido das ferramentas, compete à empresa suscitar o rastreamento. Novamente, o Judiciário admite que a intimidade e a privacidade ao sigilo de correspondência alcançam qualquer forma de comunicação pessoal, inclusive a que ocorre por meio virtual. A decisão ainda contém uma importante observação:

> A senha pessoal conferida ao empregado para o acesso de sua caixa de e-mail não é uma ferramenta de proteção para evitar que o empregador tenha acesso ao conteúdo das mensagens. Ao contrário, a senha é instrumento de proteção do próprio empregador utilizada para evitar que terceiros alheios à sua confiança, tenham acesso às informações trocadas dentro do sistema de e-mail da empresa que, muitas vezes, são referentes a assuntos internos e confidenciais.

Resta-nos clara a ideia de que a correspondência eletrônica se assemelha à correspondência em papel, mas, como se vê, a interpretação da jurisprudência não é literal e que a palavra "correspondência" deve ser usada em sentido amplo, abrangendo outras formas de comunicação, notadamente, a virtual.

Assim, parece-nos que o *e-mail* corporativo quando utilizado pelo empregado, assim está agindo em nome da empresa, simbolizando uma comunicação profissional da empresa por intermédio de seu preposto.

4 A problemática legislativa: a necessidade de adaptação da legislação penal

Conforme vimos anteriormente, tanto o artigo 151 do Código Penal, quanto o artigo 10 da Lei nº 9.296/96 não atendem ao vácuo legislativo existente no que tange à ilicitude do monitoramento de *e-mails* no ambiente de trabalho.

Se de um lado é certo que o Código Penal ainda não alcançou a definição de um tipo penal para o assunto aqui enfrentado, de outro, a Lei nº 9.296/96 é muito específica orientando apenas a quebra do sigilo de correspondências para fins de investigação criminal mediante expressa autorização judicial. Na hipótese da referida Lei, a palavra "informática" encontrada no caput do artigo 10 já é suficiente para a compreensão de que a autorização judicial compreende o monitoramento de *e-mails*.

O problema surge quando o monitoramento é realizado por particular em interesse próprio, de forma clandestina. Para enfrentar esta dificuldade, o Projeto de Lei nº 1.704/2007 propõe alteração do artigo 151 do Código Penal para definir como crime "a violação de correspondências e comunicações eletrônicas". O dispositivo legal, pela proposta, passaria a ter a seguinte redação:

> **Artigo 151** – Devassar indevidamente o conteúdo de correspondência real ou eletrônica fechada, dirigida a outrem:
>
> §1º [...]
>
> §2º – quem indevidamente divulga, transmite a outrem ou utiliza abusivamente comunicação telegráfica, radioelétrica ou eletrônica dirigida a terceiro ou conversação telefônica entre pessoas.

A justificativa do projeto menciona a importância da correspondência eletrônica no mundo moderno globalizado e a falta de previsão expressa na lei de punição ao ato de devassar correspondência eletrônica. Igualmente, o projeto visa à atualização do Código Penal conferindo-lhe maior clareza e precisão para a aplicação pelos juízes.

Enquanto a reforma da legislação penal não acontece, o papel de suprir a deficiência da norma e de coibir a invasão da privacidade do empregado em suas comunicações pessoais incumbe à jurisprudência. De certo modo, a jurisprudência vem se posicionando em favor da possibilidade jurídica do monitoramento de *e-mails* no ambiente laboral por duas razões: a primeira em defesa da propriedade, já que o empregador é proprietário dos equipamentos de informática utilizados; a segunda em defesa da imagem, notadamente, quando o endereço eletrônico do empregado identifica a empresa para a qual trabalha (domínio).

Outros fundamentos podem ser encontrados no próprio Código Penal. Este estatuto considera crime a conduta do empregado de violar segredo profissional (art. 154). Já na Lei nº 9.279/79, a concorrência desleal igualmente é considerada crime. Ambas incluem-se no rol de fundamentos para autorizar, ao empregador, o monitoramento. A jurisprudência também evidencia o artigo 932, III do Código Civil que prevê a responsabilidade civil objetiva do empregador por fatos do empregado. No Estatuto da Criança e do Adolescente encontramos o artigo 241, §1º, III que pune a transmissão de mensagem eletrônica que contenha material de pedofilia. Não podemos olvidar, ainda, do crime de violação de direitos autorais disposto no artigo 12 da Lei nº 9.609/98.

Mas é forçoso concluir que o monitoramento aceito pela jurisprudência é o que tem por objeto o correio eletrônico chamado de corporativo mediante uma política transparente adotada pelo empregador. E acreditamos que até mesmo a pretendida reforma da legislação penal não será extensiva a este tipo de monitoramento, mas sim, apenas àquele realizado em relação ao *e-mail* particular.

Ao analisarmos as decisões judiciais citadas ao longo deste texto, deixamos propositalmente de mencionar que todas elas refletiam o ponto de vista da rescisão do contrato de trabalho motivada pela suposta indisciplina do empregado ao acessar informações em *e-mails* no horário de trabalho. Isto é, houve um monitoramento às escondidas e este fato levado ao conhecimento do judiciário quanto ao aspecto do cabimento da justa causa ou não. E destas decisões nos utilizamos para demonstrarmos que a jurisprudência faz distinção entre *e-mail* particular e *e-mail* corporativo, e que a expressão "correspondência" não possui qualquer relevância na esfera trabalhista quanto ao fato de ela ser escrita em papel ou constar de documento eletrônico.

Ocorre que esta distinção é relevante sim para a esfera penal. Será que de fato existe conduta criminosa na prática de monitoramento de *e-mails* dos empregados pelo empregador? O que acontece é que a mesma analogia não pode ocorrer na esfera penal. A razão do projeto comentado acima é exatamente a de preencher a lacuna da lei, que se mostra incompleta e insatisfatória muito em razão da velocidade das tecnologias da informática que não foram acompanhadas, no caso concreto, pela inovação do direito, notadamente, o penal.

Lacunas são comuns, tanto que a própria Lei de Introdução ao Código Civil, em seu artigo 4º, admite na falha ou omissão da Lei a aplicação da analogia, dos usos e costumes e dos princípios gerais de direito.

Entretanto, em matéria penal, o artigo 1º do Código Penal, veda a utilização da analogia, porquanto, o hermeneuta, por força do princípio da reserva legal, não pode criar novas figuras delitivas. E é exatamente o que ocorre no caso concreto. A invasão do *e-mail* do empregado não constitui crime, porquanto, não é defesa tal prática, na lei penal o que caracterizaria um caso de analogia *"In malam partem"*.

Em que pese posicionamentos em contrário, como o do professor Luiz Regis Prado que não visualiza nenhum impedimento para tipificação da conduta prevista no artigo 151 do Código Penal, o fato de a correspondência ser eletrônica (*e-mail*),[15] o Superior Tribunal de Justiça já assentou entendimento de que "a violação de correspondência, com maltrato à liberdade de pensamento resguardada pela CF somente se concretiza quando se tratar de 'correspondência fechada'".[16] É certo que, havendo uma política clara por parte da empresa em promover a investigação do conteúdo dos *e-mails* corporativos, estes não podem ser equiparados a correspondências fechadas, uma vez que, a publicidade das mensagens enviadas e recebidas faz parte do exercício fiscalizador do empregador, previamente ajustado com seus empregados.

No entanto, os correios eletrônicos particulares não se enquadram na categoria de correspondências abertas e, portanto, a sua violação merece da Justiça Penal a mesma relevância que a Trabalhista vem dispensando.

É urgente que nossos legisladores disciplinem e regulamentem a matéria a fim de que o judiciário encontre balizas para tratar da repercussão penal do monitoramento de *e-mails* pessoais dos empregados pelo empregador. É necessário que a legislação seja racional para assegurar o mínimo de segurança e privacidade, a fim de que haja limites que orientem as relações trabalhistas, criando o necessário discernimento acerca da existência de crime, expressamente punido pela lei ao se violar a intimidade do empregado.

Conclusão

Estamos certos da existência de fortes argumentos contrários ao monitoramento do *e-mail* do empregado, os quais residem basicamente na proteção ao sigilo das comunicações garantido pela Constituição Federal em seu artigo 5º, XII. Por consequência, a quebra do sigilo estaria afetando uma garantia fundamental, qual seja, a da privacidade, também ressalvada pela Constituição Federal no mesmo artigo 5º, X.

---

[15] PRADO, Luiz Regis. *Curso de direito penal brasileiro*. 7. ed. São Paulo: Revista dos Tribunais, 2008. p. 295.

[16] BRASIL. Superior Tribunal de Justiça. Recurso Ordinário em Hábeas Corpus nº 1997/0060099-8. Recorrente: Luiz Antonio Felício. Recorrido: Tribunal de Alçada Criminal do Estado de São Paulo. Rel. Ministro Fernando Gonçalves. Brasília, 1997. Disponível em: <http://www.stj.jus.br/SCON/jurisprudencia/doc.>. Acesso em: 03 mar. 2009.

No entanto, há que se encarar o tema com relativa imparcialidade, não se deixando levar pela interpretação literal, já que a Carta Magna não se mostra como um completo óbice ao monitoramento de *e-mails*, notadamente no ambiente de trabalho. A vigilância nem sempre fere a inviolabilidade consagrada pela Constituição, muito menos é suscetível de punição na esfera penal quando o monitoramento é justificado pelo empregador aos seus empregados e limita-se aos denominados *e-mails* corporativos.

O que se deve ter em mente é o fato de que o ambiente de trabalho minimiza consideravelmente a incidência de efeitos danosos na esfera da vida privada do empregado quando este tem o seu *e-mail* monitorado pelo empregador. Partindo-se da premissa de que o *e-mail* corporativo é uma ferramenta de trabalho e que o seu uso deve se restringir aos afazeres profissionais, temos como lícita qualquer providência que lhe tolha o uso irrestrito, suprimindo do empregado qualquer expectativa de privacidade em suas comunicações por meio deste veículo.

Estas práticas restritivas devem tornar-se públicas no instante em que é celebrado o contrato de trabalho, de modo que não reste incontroversa entre as partes contratantes a licitude do ato. Já o *e-mail* particular carrega consigo a noção maior de privacidade por ser ele um veículo de comunicação exclusivo de seu usuário, protegido por senha e não disponibilizado em razão de um contrato, notadamente, o de trabalho.

Os debates são acirrados em torno desta questão, todavia, para efeito de reforma da Lei Penal, apenas o *e-mail* particular do empregado estaria acobertado pela proteção por ser ele um veículo escolhido unilateralmente pelo usuário para transmitir suas informações íntimas e privadas, restando ao empregador, neste caso, apenas o uso de ferramentas que bloqueiem acessos indesejáveis, sem se cogitar da violação do conteúdo.

O projeto de lei visa proporcionar maior clareza e precisão ao Código Penal, o qual se mostra em dissonância com as novas tecnologias. Evidente, portanto, que enquanto o Código não sofrer a devida adequação, a violação do *e-mail* particular do empregado permanecerá no campo da atipicidade penal. Por enquanto, apenas a divulgação de conteúdo de *e-mail* é recepcionada como crime pelo Código Penal, no entanto, o ato de violar a privacidade não.

Referências

ARAÚJO, Luiz Alberto David. A correspondência eletrônica do empregado e o poder diretivo do empregador. *Revista de Direito Constitucional e Internacional*, São Paulo, v. 40, 2002.

BULOS, Uadi Lammêgo. *Curso de direito constitucional*. 2. ed. São Paulo: Saraiva, 2008.

CARVALHO, Kildare Gonçalves. *Direito constitucional*: teoria do Estado e da Constituição: direito constitucional positivo. 14. ed. Belo Horizonte: Del Rey, 2008.

COUTINHO, Aldacy Rachid. *O poder punitivo trabalhista*. São Paulo: LTr, 1999.

NUCCI, Guilherme de Souza. *Leis penais e processuais penais comentadas*. 3. ed. São Paulo: Revista dos Tribunais, 2008.

PACHÉS, Fernando de Vicente. *El derecho del trabajador al respeto de su intimidad*. Madrid: Consejo Económico y Social, 1998.

PAIVA, Mário Antônio Lobato de. O monitoramento do correio eletrônico no ambiente de trabalho. *Revista CEJ*, Brasília. Disponível em: <http://www.cjf.jus.br/revista/numero19/artigo4.pdf>. Acesso em: 04 nov. 2008.

PRADO, Luiz Regis. *Curso de direito penal brasileiro*. 7. ed. São Paulo: Revista dos Tribunais.

SILVA, Leda Maria Messias da. Monitoramento de e-mails e sites, a intimidade do empregado e o poder de controle do empregador. Abrangências e limitações. *In*: CONGRESSO NACIONAL DO CONPEDI, 15., Manaus, 2006. Disponível em: <http://www.conpedi.org/manaus/arquivos/anais/transf_trabalho_leda_messias_da_silva.pdf>. Acesso em: 20 ago. 2008.

Informação bibliográfica deste texto, conforme a NBR 6023:2002 da Associação Brasileira de Normas Técnicas (ABNT):

BRAGA, Luiz Gustavo Thadeo. A necessidade de tutela penal da violação clandestina do correio eletrônico do empregado pelo empregador. *In*: BARACAT, Eduardo Milléo (Coord.). *Direito penal do trabalho*: reflexões atuais. Belo Horizonte: Fórum, 2010. p. 171-186. ISBN 978-85-7700-357-0.

PARTE III

Reflexões Sobre o Trabalho Análogo ao de Escravo

Os Instrumentos de Combate ao Trabalho Análogo ao de Escravo: uma Nova Proposta de Responsabilização

Aline Koladicz

Sumário: Introdução – **1** Panorama do crime de submissão à condição análoga à de escravo no Brasil – **1.1** Breve histórico do trabalho escravo no Brasil – **1.2** O trabalho análogo ao de escravo enquanto crime contra a organização do trabalho – **1.2.1** O crime de submissão à condição análoga à de escravo – **1.2.1.1** Classificação doutrinária – **1.2.1.2** Objeto material e bem juridicamente protegido – **1.2.1.3** Sujeito ativo e sujeito passivo – **1.2.1.4** Consumação e tentativa – **1.2.1.5** Elemento subjetivo – **1.2.1.6** Causa de aumento da pena – **1.2.1.7** Pena e ação penal – **1.2.2** A problemática da competência para julgamento – **2** A eficácia dos instrumentos de combate ao trabalho escravo – **2.1** Diretrizes internacionais – **2.1.1** O PNUD – Programa das Nações Unidas para o Desenvolvimento – **2.1.2** Os objetivos de desenvolvimento do milênio – **2.1.3** Declaração da OIT sobre os princípios e direitos fundamentais do trabalho – **2.1.4** Convenções 29 e 105 da OIT que dispõem sobre o trabalho forçado – **2.1.5** Diretrizes para empresas multinacionais da OCDE – **2.2** Legislação brasileira atinente ao tema – **2.3** A eficácia das diretrizes e das ferramentas legais existentes – **3** Uma nova proposta de responsabilização frente aos instrumentos de combate ao trabalho análogo ao de escravo – Referências

Introdução

Em 13 de maio de 1888 foi assinada pela Princesa Isabel a Lei Áurea, responsável pela abolição da escravatura no Brasil. Hoje, 121 anos após a renomável determinação, nos parece ficção a tratativa acerca do trabalho escravo.

Entretanto, não são poucos os casos de escravidão presentes em todo o território nacional. Em que pese sua pouca divulgação, muitos trabalhadores, principalmente aqueles da zona rural, são submetidos a condições desumanas de trabalho.

Por conta desta realidade que por toda a história se fez presente, foram realizadas inúmeras conferências pela OIT (Organização Internacional do Trabalho) durante o século XX com o objetivo de erradicar definitivamente a escravidão e qualquer outro tipo de trabalho degradante.

Permanecem ainda muitas questões relacionadas ao crime de submissão do indivíduo à condição análoga à de escravo, principalmente no que se refere ao sujeito passivo do crime, ou seja, existe controvérsia em definir quem é atingido pela conduta delituosa, se a esfera individual do trabalhador ou as organizações do trabalho e, por conseguinte, toda a coletividade.

Mais do que isso, ainda hoje é preciso definir se os instrumentos que existem de combate a tal prática são eficazes em promover não só o combate ao trabalho escravo, mas também a responsabilização do tomador do serviço e de todos aqueles que, de forma direta ou não, se beneficiaram desta atividade.

Diante da verificação de constantes casos de submissão do trabalhador a condições desumanas é possível a constatação de que nossa legislação, como posta, não seja capaz de frear os abusos cometidos frente ao trabalhador, bem como de inibir novas práticas, aplicando sanções exemplares que funcionem como meio de coerção àqueles que ainda assim optarem pela não observância das normas existentes.

1 Panorama do crime de submissão à condição análoga à de escravo no Brasil

1.1 Breve histórico do trabalho escravo no Brasil

Em todo o mundo são notórios os casos de exploração de mão de obra em suas mais diversas facetas. Desde a construção das pirâmides do Egito com o emprego de mão de obra escrava, passando pelos escravos da Grécia, Roma e China antigas.

No Brasil, desde o descobrimento no ano de 1500 observou-se a exploração, inicialmente dos povos indígenas, realizada através do escambo e da exploração dos indivíduos na extração de riquezas do território.[1]

---

[1] CASTRO, José Carlos *et al. Comissão de justiça e paz*: trabalho escravo nas fazendas do Pará e Amapá. Belém: CNBB; Norte II, 1999. p. 26.

Além disso, também possuem papel relevante na história escravocrata do Brasil as missões religiosas, cujo objetivo era a "catequização" dos índios a fim de que estes prestassem serviços e contribuíssem de inúmeras formas à sociedade, porém, sem a devida contraprestação.[2]

Superada a exploração indígena, o colonizador passa a se valer das melhores condições de resistência física do trabalho escravo negro. Neste sentido, estima-se que o Brasil tenha recebido desde o ano de 1533 cerca de quatro milhões de escravos advindos da África, consolidando a expansão da exploração da cana-de-açúcar.[3]

Em 1559, a partir de um decreto de Dom Sebastião, o tráfico negreiro foi legalizado. Neste período, os negros eram trazidos acorrentados em navios, nos quais aproximadamente 40% (quarenta por cento) dos indivíduos morriam durante o trajeto.[4]

Foi somente em 1815, com o envolvimento da Inglaterra, que se iniciou um movimento no sentido de dar fim ao tráfico negreiro, fortalecido alguns anos depois, em 1822, com a independência do Brasil. Em 1850 a Lei Eusébio de Queiroz repreendeu expressamente o tráfico negreiro e em 1871 foi promulgada a Lei do Ventre Livre, que determinava a liberdade dos filhos de escravos nascidos no Brasil a partir daquela data.

Em avanço a esta determinação, quase quinze anos depois, em 1885 foi assinada a Lei do Sexagenário que tornava livres os escravos com mais de 60 anos mediante a devida indenização de seus proprietários. Acompanhando a crescente onda de combate à escravidão, em 13 de maio de 1888 foi assinada a Lei Áurea, que pôs fim à escravidão no Brasil, o último país no mundo a abolir o trabalho escravo.

Infelizmente, é difícil olvidar que a promulgação da lei não garantiu efetivamente a liberdade destes trabalhadores.

Quando se usa a expressão "trabalho escravo" o comum é que se pense no negro africano que por muitos anos foi agente de tarefas desumanas em prol do crescimento econômico de seu proprietário. Entretanto, na "escravidão moderna" não só os negros sofrem este tipo de sujeição, muitas vezes decorrente do baixo poder aquisitivo dos trabalhadores.

Após a Segunda Guerra Mundial foi percebida em muitos países do mundo a continuidade do trabalho escravo, ainda que de

---

[2] CASTRO, Ferreira de. *A selva*. 10. ed. Lisboa: Livraria Ed. Guimarães, 1947. p. 18.
[3] FREYRE, Gilberto. *Casa-grande e senzala*. 36. ed. São Paulo: Record, 1999. p. 282.
[4] *Idem, ibidem.*

forma camuflada. No Brasil, durante o regime militar, a Comissão Pastoral da Terra[5] denunciou inúmeros casos de exploração, mas não obteve qualquer retorno do governo federal da época.[6] Em que pese a notória submissão do indivíduo a trabalho desumano, foi somente em 1995 que o governo brasileiro reconheceu a persistência do trabalho escravo no país em relatório apresentado às Nações Unidas, sendo, portanto, recente a preocupação com a continuidade da exploração desumana do trabalhador.

Como visto, a questão do trabalho escravo ainda é realidade em nosso país, exceto para aqueles que ainda fecham os olhos para a causa. Esta realidade já foi admitida pelo governo e continua sendo alvo de relatórios da OIT acerca da escravidão em nosso país. O que se espera agora é uma atuação efetiva para erradicar definitivamente e eficientemente esta mácula que nos persegue há séculos.

Em 1995 foi muito comentado o depoimento do então Presidente da República, Fernando Henrique Cardoso, que em entrevista mencionou que a diferença entre a escravidão antiga e a moderna era que naquela se conhecia seu senhor e nesta não mais.[7]

Neste contexto, ainda é comum assistirmos a notícias relacionadas ao trabalho escravo, por exemplo, à época da condenação do então senador João Ribeiro, em fevereiro de 2005, a pagar mais de setecentos mil reais a título de indenização por danos morais em razão de ter submetido trabalhadores a condição análoga à de escravo. Mais recente ainda foi o caso do uso de mão de obra escrava no corte de madeira em área pertencente à Petrobras em São Mateus do Sul, Paraná, descoberta em agosto de 2008.[8]

---

[5] A Comissão Pastoral da Terra (CPT) nasceu em junho de 1975, durante o Encontro de Pastoral da Amazônia, convocado pela Conferência Nacional dos Bispos do Brasil (CNBB), e realizado em Goiânia (GO). Inicialmente a CPT desenvolveu junto aos trabalhadores e trabalhadoras da terra um serviço pastoral. Na definição de Ivo Poletto, que foi o primeiro secretário da entidade, "os verdadeiros pais e mães da CPT são os peões, os posseiros, os índios, os migrantes, as mulheres e homens que lutam pela sua liberdade e dignidade numa terra livre da dominação da propriedade capitalista" (Disponível em: <http://www.cptnac.com.br/?system=news&eid=26>. Acesso em: 19 maio 2009).

[6] Disponível em: <http://www.oitbrasil.org.br/trabalho_forcado/brasil/documentos/monografia_flavionunes.pdf>. Acesso em: 12 maio 2009.

[7] FIGUEIRA, R. R. *Pisando fora da própria sombra*: a escravidão por dívida no Brasil contemporâneo. Rio de Janeiro: Civilização Brasileira, 2004. p. 46.

[8] NESTE SENTIDO: Apelação defensiva. Crime de redução a condição análoga à de escravo. art. 149, "caput", do Código Penal. Prova. PEDIDO DE ABSOLVIÇÃO. DESCABIMENTO. PARECE FORA DE NOSSA REALIDADE, PELO MENOS AQUI NO ESTADO DO RIO GRANDE DO SUL, QUE AINDA HAJA TRABALHO ESCRAVO. QUASE CENTO E VINTE ANOS DEPOIS DA ABOLIÇÃO DA ESCRAVATURA, ATRAVÉS DA LEI ÁUREA, ASSINADA PELA PRINCESA ISABEL EM 13 DE MAIO DE 1888, SOA QUASE COMO UMA MENTIRA FALAR EM TRABALHADOR EM REGIME DE ESCRAVIDÃO. CONTUDO, NÃO FOI ISSO QUE REVELOU A REALIDADE DOS AUTOS. O CONJUNTO PROBATÓRIO COMPROVOU QUE O DENUNCIADO EFETIVAMENTE SUBMETEU

Assim, percebe-se que de fato atualmente a escravidão não mais é definida em razão da cor da pele do indivíduo, mas sim por fatores como desconhecimento de direitos, ausência de condições mínimas de subsistência, falsas promessas de boas condições de trabalho, de alojamento e de salário.

Neste sentido, a partir de uma análise dos casos contemporâneos de escravidão, nota-se que os escravocratas são, em sua maioria, grandes empresários ou donos de latifúndios modernos e amplamente produtivos.

Segundo a Comissão Pastoral da Terra, em 2008, 51% dos casos de trabalho escravo no Brasil estavam ligados à pecuária, sendo os trabalhadores responsáveis pela limpeza e manutenção dos pastos, além da instalação de cercas.[9]

Sobre o trabalho escravo contemporâneo, o procurador do trabalho Ronaldo Lima dos Santos destaca suas diferentes denominações:

> independentemente da denominação adotada — "trabalho escravo contemporâneo", "escravidão por dívida", "trabalho forçado", "trabalho obrigatório", "redução à condição análoga à de escravo" [...] — em todas as hipóteses levantadas, constatamos flagrantemente a sempre presença de vícios de vontade, seja no início da arregimentação do trabalhador, no começo da prestação de serviços, no curso da relação de trabalho e até mesmo por ocasião do seu término. Os mais diversos métodos de coação, simulação fraude, dolo, indução a erro, são empregados para cercear a vontade do empregado e obrigá-lo à prestação de serviços contra a sua vontade.[10]

Assim, a mão de obra explorada em nosso país é advinda de diferentes atividades como pecuária, agricultura, desmatamento, carvoaria, etc.[11] e pode ter diferentes origens como a sujeição à

AS VÍTIMAS, SEUS EMPREGADOS, A JORNADAS EXAUSTIVAS DE TRABALHO, BEM COMO RESTRINGIU A LIBERDADE DE LOCOMOÇÃO DOS MESMOS E, INCLUSIVE AGREDIU FISICAMENTE UMA DELAS, CONDUTAS ESSAS QUE SERVEM PARA CARACTERIZAR O DELITO PREVISTO NO ART. 149, *CAPUT*, DO CÓDIGO PENAL, DEVENDO SER MANTIDA A CONDENAÇÃO. (TJ/RS, AP. CRIM. Nº 70018104836, 1ª CÂM. CRIM., REL. MARCO ANTÔNIO RIBEIRO DE OLIVEIRA, DJ. 1º.10.2007).

[9] Disponível em: <http://pfdc.pgr.mpf.gov.br/clipping/janeiro-2009/maranhao-e-3o-em-ranking-de-trabalho-escravo-no-brasil/>. Acesso em: 12 maio 2009.

[10] BRASIL. Ministério Público da União. Procuradoria-Geral do Trabalho. Trabalho escravo. *Revista do Ministério Público do Trabalho*, Brasília, ano 13, n. 26, p. 55-56, 2003.

[11] Disponível em: <http://www.ecodebate.com.br/2009/01/23/cpt-49-dos-trabalhadores-resgatados-da-escravidao-em-2008-estavamano-setor-sucroalcooleiro/>. Acesso em: 12 maio 2009.

Eduardo Milléo Baracat (Coord.)
Direito Penal do Trabalho – Reflexões Atuais

escravidão por dívida, o trabalho forçado ou obrigatório e a falta de condições mínimas para execução do trabalho. A submissão de qualquer trabalhador a condições atentatórias a sua dignidade deve ser tratada de forma exemplar. Constranger qualquer indivíduo a situação degradante sem a observância de seus direitos garantidos constitucionalmente é crime.

1.2 O trabalho análogo ao de escravo enquanto crime contra a organização do trabalho

1.2.1 O crime de submissão à condição análoga à de escravo

Segundo o Código Penal (artigo 149) é crime contra a liberdade individual a submissão de alguém à condição análoga à de escravo, entendido como a sujeição a trabalhos forçados, jornada exaustiva, condições degradantes ou restrição de dua locomoção em razão de dívida contraída com o empregador ou preposto.

A pena prevista para este crime é de dois a oito anos de reclusão e multa, além da pena correspondente à violência praticada contra a pessoa do trabalhador.

Além disso, o Códio Penal prevê que também incorre nesta mesma pena aquele que cerceia o uso de qualquer meio de transporte por parte do trabalhador, com o fim de retê-lo no local de trabalho e o que mantém vigilância ostensiva no local de trabalho ou se apodera de documentos ou objetos pessoais do trabalhador, com o fim de retê-lo no local de trabalho.

Esta disposição do Código Penal enconta respaldo nas disposições do artigo 5º, XIII da Constituição Federal que prevê que é livre o exercício de qualquer trabalho, ofício ou profissão, atendidas as qualificações profissionais que a lei estabelecer.

1.2.1.1 Classificação doutrinária

Segundo Rogério Greco o crime tipificado no artigo 149 do Código Penal é próprio em relação tanto ao sujeito ativo quanto ao sujeito passivo. Isto porque somente quando se configurar uma relação de trabalho entre o agente e a vítima poder-se-á configurar o delito.[12]

---

[12] GRECO, Rogério. *Curso de direito penal*: parte especial. 5. ed. Rio de Janeiro: Impetus, 2008. p. 545.

Além disso, será doloso, comissivo ou omissivo impróprio de forma vinculada, já que o dispositivo legal aponta os meios pelos quais se reduz o indivíduo à condição análoga à de escravo. Também se considera um crime permanente uma vez que sua consumação se prolonga no tempo e enquanto persistirem as situações elencadas.

É crime material já que o tipo penal apresenta o resultado e obriga que o mesmo ocorra para caracterização do delito; monossubjetivo, pois pode ser praticado por uma só pessoa, o tomador do serviço e plurissubsistente, pois é composto de vários atos que integram a conduta tipificada.

1.2.1.2 Objeto material e bem juridicamente protegido

O bem jurídico protegido pelo artigo 149 do Código Penal é a liberdade da vítima, que se vê limitada em seu direito de ir, vir ou permanecer onde queira.

Além disso, podemos ver outros bens jurídicos protegidos como a vida, a saúde, a segurança do trabalhador e sua liberdade, além das organizações de direito do trabalho vinculadas a esta atividade, como será visto.

Como objeto material do crime de submissão à condição análoga à de escravo tem-se a pessoa contra a qual recai a conduta do agente, ou seja, o trabalhador.

1.2.1.3 Sujeito ativo e sujeito passivo

Foi a partir da Lei nº 10.803 de 2003, que alterou a redação do artigo 149 do Código Penal, que se tornou possível a delimitação dos sujeitos ativo e passivo sempre que entre eles existir relação de trabalho.

Assim, evidente que o sujeito ativo do delito será o tomador da mão de obra escrava e será o sujeito passivo do crime o empregado submetido à condição análoga à de escravo.

Neste tocante, cabe destaque o posicionamento do Supremo Tribunal Federal que será mencionado em seguida, que tem entendido que a submissão à condição análoga à de escravo pode ser entendida como um crime contra toda a coletividade por conta das instituições que são afetadas quando da verificação do delito.

Desta forma, como sujeito passivo do crime tipificado no artigo 149 do Código Penal, nos parece mais abrangente a determinação de que se trata de figura que vai além da pessoa do trabalhador, abrangendo, então, toda a coletividade.

1.2.1.4 Consumação e tentativa

A consumação do crime tipificado no artigo 149 do Código Penal ocorre com a privação da liberdade da vítima, mediante as formas elencadas no dispositivo legal ou com sua sujeição a condições degradantes de trabalho.

1.2.1.5 Elemento subjetivo

O elemento subjetivo do crime em tela é o dolo, seja ele direto ou eventual. Destaque-se que para configuração deste crime é essencial a existência de dolo, entendido como a vontade livre e consciente de constranger a vítima, mediante o emprego de violência ou grave ameaça a situação degradante e forçada de trabalho.[13]

Como se viu, por ser um delito plurissubsistente também é admitida sua forma tentada.

1.2.1.6 Causa de aumento da pena

Nos casos em que o crime for cometido contra criança ou adolescente, ou por motivo de preconceito de raça, cor, etnia, religião ou origem, a pena anteriormente prevista será aumentada de metade.

Rogério Greco destaca que para que seja aplicada a primeira causa mencionada, causa de aumento de pena, deverá ser comprovada no processo a idade da vítima por intermédio de documento hábil, nos moldes do artigo 155 do Código de Processo Penal, bem como dever-se-á observar as disposições da Lei nº 8.069/90, o Estatuto da Criança e do Adolescente.[14]

Para aplicação da segunda causa é necessário que a motivação do agente em reduzir a vítima à condição análoga à de escravo tenha sido decorrente de preconceito relativo à raça, cor, etnia, religião ou origem.

---

[13] GRECO, *op. cit.*, p. 545.
[14] *Idem, ibidem.*

1.2.1.7 Pena e ação penal

Segundo o mencionado artigo 149, a pena para o crime é de reclusão de 2 a 8 anos e multa, além da pena decorrente da violência, nos casos em que há o cerceamento do meio de transporte do trabalhador com o objetivo de retê-lo no local de trabalho, bem como quando há vigilância no local ou retenção de seus objetos pessoais.

É possível, portanto, o concurso de crimes entre a redução à condição análoga à condição de escravo e a que tiver relação com a violência praticada no crime.[15]

A ação penal é de iniciativa pública incondicionada, ou seja o titular da ação é o Ministério Público, que decide se vai oferecer denúncia, independente da vontade vítima. Neste crime, isto se justifica pela grande afetação que ocorre em relação a toda a coletividade.

Entretanto, a efetiva consecução penal é obstada pelo conflito de competência existente entre a justiça estadual e federal.

1.2.2 A problemática da competência para julgamento

O Supremo Tribunal Federal, ao julgar o crime previsto no artigo 149 do Código Penal, definiu como sendo de competência da justiça federal os casos em que o trabalho em condições subumanas, análogas às de escravo, sem observância das leis trabalhistas e previdenciárias, tipifiquem crime contra a organização do trabalho, afetando coletivamente as instituições trabalhistas.[16]

---

[15] GRECO, *op. cit.*, p. 547.

[16] DIREITO PROCESSUAL PENAL. EMBARGOS DE DECLARAÇÃO. AGRAVO REGIMENTAL. REPERCUSSÃO GERAL. PREQUESTIONAMENTO. OFENSA DIRETA À CONSTITUIÇÃO. DECISÃO MONOCRÁTICA. COMPETÊNCIA CRIMINAL DA JUSTIÇA FEDERAL. IMPROVIMENTO DO AGRAVO. 1. Embargos de declaração opostos contra decisão monocrática. Princípio da fungibilidade recursal com a conversão do recurso em agravo regimental. 2. Pressuposto de admissibilidade do recurso extraordinário consistente na repercussão geral somente passou a ser exigido a partir do dia 03 de maio de 2007. Apenas com a implementação das normas necessárias à execução da Lei nº 11.418/06, baseada na referida emenda regimental, houve a necessidade de demonstrar a repercussão geral de matéria constitucional para admissão do recurso extraordinário. 3. Ofensa direta à Constituição Federal, ao fazer expressa referência ao **julgamento do RE nº 398.041 (rel.** Min. Joaquim Barbosa, realizado na sessão de 30.11.2006) que *reconheceu a competência da justiça federal para conhecer e julgar as causas relacionadas aos crimes de redução à condição análoga à de escravo* (CF, art. 109, VI). 4. Prequestionamento decorrente da matéria haver constado da ementa do acórdão recorrido a referência à competência para julgamento dos crimes contra a organização do trabalho. 5. Embargos de declaração convertidos em agravo regimental, e como tal, improvido (RE nº 507.110 ED/MT – Mato Grosso EMB. DECL. No Recurso Extraordinário Rel. Min. Ellen Gracie, julgamento 14.10.2008. Órgão Julgador: Segunda Turma. Publicação *DJ*, 14 nov. 2008).

Esta decisão foi também baseada no disposto no artigo 109, IV da Constituição Federal que determina que compete à Justiça Federal processar e julgar os crimes contra a organização do trabalho. Isto se deve ao fato de que a repressão à submissão do indivíduo à escravidão também encontra respaldo nas Convenções 29 e 105 da OIT, que serão posteriormente tratadas, das quais o Brasil é signatário. Além destes, outros documentos fundamentam tal assertiva, tais como a Convenção sobre Escravatura de 1926 e a Convenção Suplementar sobre a Abolição da Escravatura de 1956, ambas promulgadas pelo Decreto nº 58.563 de 1º de junho de 1966. Estes diplomas legais nada mais objetivam que, em última *ratio*, a garantia da dignidade da pessoa humana, preceito fundamental de nossa Constituição, além de valor como os sociais do trabalho, do exercício livre de qualquer trabalho, ofício ou profissão e da função social da propriedade,

Além disso, a referida decisão tem como precedente no Supremo Tribunal Federal julgamento ocorrido no ano de 2006 em que o Ministro Joaquim Barbosa fixou a competência da justiça federal para julgar os crimes de redução à condição análoga à de escravo, por entender que "quaisquer condutas que violem não só o sistema de órgãos e instituições que preservam, coletivamente, os direitos dos trabalhadores, mas também o homem trabalhador, atingindo-o nas esferas em que a Constituição lhe confere proteção máxima, enquadram-se na categoria dos crimes contra a organização do trabalho, se praticados no contexto das relações de trabalho".[17]

Neste mesmo julgado o ministro destaca que a organização do trabalho engloba também o elemento homem, compreendido em sua mais ampla acepção, abarcando aspectos atinentes à sua liberdade, autodeterminação e dignidade.

Portanto, quando se fala em crime de sujeição a trabalho análogo ao escravo, quando um grupo de trabalhadores é afetado enquanto coletividade, entende-se que a competência para julgamento é da justiça federal.

Oposta a esta avaliação é a análise *strictu sensu* do crime de submissão do trabalhador à condição análoga à de escravo. Neste caso, há aqueles que entendem que poderá ser de competência da justiça comum o julgamento do crime, uma vez que trata-se de crime contra a liberdade individual.

---

[17] BRASIL. RE nº 398.041/PA. Recurso Extraordinário Rel. Min. Joaquim Barbosa, julgamento 30.11.2006. Órgão Julgador: Tribunal Pleno. Publicação *DJ*, 19 dez. 2008.

Assim, parte da doutrina tem entendido que quando se tratar de caso de repercussão mais ampla, em que outras instituições são afetadas pela prática do crime, assim como toda a coletividade, pode-se falar em crime contra a organização do trabalho, cuja competência para julgamento será da justiça federal.[18]

O que se depreende do exposto e que nos parece mais eficiente em garantir a dignidade da pessoa do trabalhador submetido à condição análoga à de escravo, é que seja qual for a forma de submissão do indivíduo à condição degradante de trabalho, estarão em questão tanto a problemática da liberdade individual ofendida, quanto a coletivamente, baseada nas instituições trabalhistas.

Ambos os casos configuram situações passíveis de aplicação do artigo 149 do Código Penal, cabendo então, por conta da supremacia do interesse público e pela própria aplicação máxima das diretrizes constitucionais, à justiça federal o julgamento da matéria.

2 A eficácia dos instrumentos de combate ao trabalho escravo

2.1 Diretrizes internacionais

Atualmente são várias as ferramentas de combate ao trabalho escravo ou análogo ao de escravo. Isso porque, como visto, as sociedades modernas ainda sofrem com esta afronta à dignidade humana.

Essas situações surgem pelo interesse individual dos tomadores de serviços que contratam empregados e não lhes garantem condições mínimas de trabalho.

Em relação a estas empresas, a responsabilidade se origina em um contexto internacional da quebra com antigas racionalidades ligadas aos direitos humanos, do trabalho, do meio ambiente e do desenvolvimento sustentável.

A partir deste novo panorama surgiram entre os países acordos, códigos, recomendações e outras tratativas no sentido de compreender e adequar a responsabilidade de suas organizações.

---

[18] A Comissão de Constituição e Justiça e de Cidadania da Câmara dos Deputados atualmente aprecia a PEC nº 327/2009 que propõe a modificação do inciso IX e acrescenta os incisos X a XIII ao art. 114, e a revogação parcial do inciso VI do art. 109 da Constituição da República, para conferir a competência penal à Justiça do Trabalho, especialmente em relação aos crimes contra a organização do Trabalho, os decorrentes das relações de trabalho, sindicais ou do exercício do direito de greve, a redução do trabalhador à condição análoga à de escravo, aos crimes praticados contra a administração da Justiça do Trabalho e a outros delitos que envolvam o trabalho humano.

Esses documentos versam sobre inúmeras questões que, modernamente, têm influenciado no dia a dia das corporações e das sociedades em que estão inseridas. Assim, neste contexto de mercado globalizado em que o consumo não tem fronteiras, questões acerca do trabalho forçado ou escravo ainda são muito comuns.

2.1.1 O PNUD – Programa das Nações Unidas para o Desenvolvimento

A ONU (Organização das Nações Unidas) foi oficialmente fundada em 24 de outubro de 1945 em São Francisco, Califórnia, por 51 países, logo após o fim da Segunda Guerra Mundial. Em 2006 a ONU conta com a representação de 192 estados-membros e tem como objetivos manter a paz e a segurança no mundo, fomentar relações cordiais entre as nações, promover progresso social, melhores padrões de vida e direitos humanos.[19]

O PNUD criou o chamado *Global Compact* com o objetivo de conciliar as forças do mercado aos ideais de direitos humanos, considerando os impactos sociais e ambientais trazidos com o crescimento amorfo da economia.

Surgiu em 1999, durante o Fórum Econômico de Davos, Suíça, quando o ex-secretário geral da ONU, Kofi Annan, propôs uma parceria entre organizações não governamentais e empresas, o que se chamou de Pacto Global.

Podem participar empresas e qualquer outro *stakeholder*[20] interessado na promoção de seus 10 princípios:

DIREITOS HUMANOS

Princípio 1: As empresas devem apoiar e respeitar a proteção de direitos humanos reconhecidos internacionalmente;

Princípio 2: Assegurar-se de sua não-participação em violações desses direitos.

---

[19] Disponível em: <http://www.onu-brasil.org.br/conheca_onu.php>. Acesso em: 03 mar. 2009.

[20] Termo em inglês amplamente utilizado para designar cada parte interessada, ou seja, qualquer indivíduo ou grupo que possa afetar a empresa por meio de suas opiniões ou ações ou ser por ela afetado: público interno, fornecedores, consumidores, comunidade, governo, acionistas, etc. Há uma tendência cada vez maior em se considerar como *stakeholder* quem se julga como tal, e em cada situação da empresa deve procurar fazer um mapeamento dos *stakeholders* envolvidos (Disponível em: <http://www.ethos.org.br/_Uniethos/documents/INDICADORESETHOS2008PORTUGUES. pdf>. Acesso em: 09 mar. 2009).

CONDIÇÕES DE TRABALHO

Princípio 3: As empresas devem apoiar a liberdade de associação e o reconhecimento efetivo do direito à negociação coletiva;

Princípio 4: Apoiar a eliminação de todas as formas de trabalho forçado ou compulsório;

Princípio 5: Apoiar a erradicação efetiva do trabalho infantil;

Princípio 6: Apoiar a igualdade de remuneração e a eliminação da discriminação no emprego

MEIO AMBIENTE

Princípio 7: As empresas devem adotar uma abordagem preventiva para os desafios ambientais;

Princípio 8: Desenvolver iniciativas para promover maior responsabilidade ambiental;

Princípio 9: Incentivar o desenvolvimento e a difusão de tecnologias ambientalmente sustentáveis.

COMBATE À CORRUPÇÃO

Princípio 10: As empresas devem combater a corrupção sob todas as suas formas, inclusive extorsão e propina.[21] **(grifos do autor)**

Nesta seara, o Pacto Global, elenca em seus princípios direitos relacionados às condições de trabalho, apresentando expressamente a abolição do trabalho forçado como meta de qualquer uma das partes interessadas que se relacionam com a empresa, tema este que será objeto de análise.

2.1.2 Os objetivos de desenvolvimento do milênio

A consecução dos objetivos de desenvolvimento do milênio também é uma iniciativa do PNUD. Trata-se de metas estabelecidas em conferências mundiais que estabelecem objetivos para o desenvolvimento e erradicação da pobreza no mundo. Estes são os Objetivos de Desenvolvimento do Milênio (ODM).

Foram identificados oito objetivos gerais: 1. erradicar a extrema pobreza e a fome; 2. universalizar o ensino básico; 3. promover a igualdade entre os sexos; 4. reduzir a mortalidade infantil; 5. melhorar a saúde materna; 6. combater o HIV/AIDS, a malária

---

[21] Disponível em: <http://www.pactoglobal.org.br/dezPrincipios.aspx>. Acesso em: 03 mar. 2009.

e outras doenças; 7. garantir a sustentabilidade ambiental e 8. estabelecer uma parceria mundial para o desenvolvimento.[22]

Destes oito objetivos foram desmembradas 18 metas e 48 indicadores a fim de possibilitar uma avaliação mais fidedigna dos ODM.[23]

Dentre os objetivos do milênio também é percebida a preocupação com a abolição do trabalho escravo, uma vez que ainda hoje são inúmeros os casos de abusos nas relações de trabalho que sujeitam o trabalhador a uma situação degradante como profissional e como ser humano.

A questão do combate ao trabalho análogo ao de escravo encontra respaldo em várias das metas e dos indicadores que compõem os objetivos, isto porque a questão contém relação íntima com os problemas de pobreza, ensino, igualdade de gênero, sustentabilidade e desenvolvimento.

2.1.3 Declaração da OIT sobre os princípios e direitos fundamentais do trabalho

A OIT é uma agência multilateral ligada à ONU especializada em questões do trabalho. Tem representação paritária de governos dos 178 estados-membros e de organizações de empregadores e trabalhadores. Seu fundamento é o princípio de que a paz universal e permanente só pode se basear na justiça social.[24]

Trata-se de uma organização internacional baseada em argumentos humanitários (condições injustas, difíceis e degradantes de muitos trabalhadores); políticos (riscos de conflitos sociais ameaçando a paz) e econômicos (países que não adotassem condições humanas de trabalho poderiam representar obstáculos à obtenção de melhores condições em outros países).

Atualmente existem documentos da OIT que orientam a atuação pautada nas garantias fundamentais dos trabalhadores e que contém as normas que são consideradas as mais pertinentes. São as chamadas Convenções, que se equiparam a tratados internacionais e que criam normas para os Estados que as ratificarem. Dentre

---

[22] Disponível em: <http://www.pnud.org.br/odm/>. Acesso em: 03 mar. 2009.

[23] Os avanços do Brasil podem ser percebidos no Relatório Nacional de Acompanhamento dos ODM. Disponível em: <http://www.ipea.gov.br/sites/000/2/download/TerceiroRelatorioNacionalODM.pdf>. Acesso em: 03 mar. 2009.

[24] Disponível em: <http://www.oitbrasil.org.br/inst/fund/index.php>. Acesso em: 03 mar. 2009.

outras, são tratadas questões sobre a igualdade de oportunidades e de tratamento, políticas e promoção do emprego, proteção da maternidade e, entre outros, a eliminação de todas as formas de trabalho forçado ou obrigatório, conforme disposição das Convenções 29 e 105 que serão comentadas.

Também sobre esta seara versa a Declaração Tripartite sobre empresas multinacionais da OIT que visa a promover uma contribuição ativa das empresas multinacionais aos progressos econômicos e sociais, minimizando ao mesmo tempo os efeitos negativos das suas atividades.[25]

2.1.4 Convenções 29 e 105 da OIT que dispõem sobre o trabalho forçado

O Brasil é signatário das convenções 29 e 105 da OIT que versam sobre a repressão a qualquer forma de trabalho forçado. Assim, as disposições constantes destes documentos passam a vigorar também em nosso ordenamento interno.

Nesta seara, se entendermos que a questão da repressão à escravidão ou do trabalho forçado provém da consecução dos direitos humanos, serão aplicadas as disposições do artigo 5º, §1º de nossa Constituição, que garantem a eficácia imediata de normas internacionais que versem acerca dos direitos e garantias individuais.

A convenção 29 de 1930 da OIT dispõe sobre a eliminação do trabalho forçado ou obrigatório de qualquer forma, excetuando-se o serviço militar, o trabalho penitenciário supervisionado e o trabalho obrigatório em situações de emergência como guerras, incêndios etc.[26]

Dispõe ainda acerca da eliminação do trabalho forçado ou obrigatório em todas as suas formas. Neste tocante, entende que trabalho forçado significa todo trabalho ou serviço exigido de um indivíduo sob a ameaça de alguma punição e para o qual o dito indivíduo não se apresentou voluntariamente.

A Convenção da OIT 105 de 1957, em complemento à Declaração 29, determina a proibição de qualquer forma de trabalho

---

[25] Disponível em: <http://www.institutoatkwhh.org.br/compendio/?q=node/55>. Acesso em: 03 mar. 2009.

[26] Disponível em: <http://www.gddc.pt/direitos-humanos/textos-internacionais-dh/tidhuniversais/pd-conv-oit-100.html>. Acesso em: 09 mar. 2009.

forçado ou obrigatório como meio de coerção ou de educação política, bem como a mobilização de mão de obra como medida disciplinar no trabalho, punição por participação em greves ou como medida de discriminação.[27]

Foi esta convenção que traduziu o conceito de trabalho forçado, que passou a ser entendido como aquele em que o indivíduo é colocado sob ameaça de qualquer castigo e para o qual este indivíduo não tenha se oferecido de livre vontade.

Neste tocante, pode-se também mencionar que de igual forma encontra-se a submissão do trabalhador a uma jornada de trabalho exaustiva a tal ponto que culmine em um desgaste agudo da saúde física e mental do indivíduo.

Além destas, o Brasil é signatário da Convenção sobre a Escravatura da Liga das Nações e suas emendas, promulgada pelo Decreto nº 58.563/66; do Pacto Internacional sobre Direitos Civis e Políticos de 1966, promulgado pelo Decreto nº 592/92; da Convenção Americana de Direitos Humanos, aprovada pelo Decreto Legislativo nº 27/92, nos quais se compromete a adotar medidas eficazes, no sentido da abolição imediata e completa do trabalho forçado ou obrigatório e de todas as demais formas contemporâneas de escravidão.

2.1.5 Diretrizes para empresas multinacionais da OCDE

A OCDE (Organização para Cooperação e Desenvolvimento Econômico) é uma organização internacional dos países desenvolvidos comprometida com os princípios da democracia representativa e da economia livre de mercado. Criada em 30 de setembro de 1961, sucedendo a Organização para a cooperação europeia, criada em 16 de abril de 1948. Sua sede fica em Paris, na França.[28]

O Brasil não faz parte da organização, mas participa ativamente de seu Comitê de Concorrência, cujo objetivo consiste basicamente em monitorar e revisar o desenvolvimento de políticas, além dos Grupos de Trabalho sobre Concorrência e Regulação e Cooperação e Implementação que revisam, analisam e fazem recomendações acerca de seus respectivos temas.[29]

---

[27] Disponível em: <http://www.lgdh.org/Convencao%20n%20111%20da%20oit%20sobre%20a%20d iscriminacao%20em%20materia%20de%20emprego%20e%20profissao.html>. Acesso: em 09 mar 2009.

[28] O Brasil endossou as diretrizes em janeiro de 2004. Guia sobre as diretrizes da OCDE. Disponível em: <http://www.balancosocial.org.br/ media/ocde_guia_ongs.pdf>. Acesso em: 03 mar. 2009.

[29] Disponível em: <http://www.cade.gov.br/Default.aspx?6ccc4fd15ebc7fdb76dd>. Acesso em: 13 mai. 2009.

Existem diretrizes constantes da Declaração da OCDE que versam sobre o investimento internacional e as empresas multinacionais dos países membros. Por serem voluntárias, as diretrizes não obrigam as empresas multinacionais a segui-las, no entanto, os governos confiam em seu cumprimento nas operações empresariais com todo o mundo.

Em seu capítulo IV, que trata do emprego e das relações empresariais, o item 1, alínea "c", trata expressamente do combate a qualquer forma de trabalho forçado:

> As empresas deverão, no âmbito do direito aplicável, dos regulamentos e das relações correntes no trabalho, bem como das práticas em matéria de emprego:
>
> 1. a) Respeitar o direito dos trabalhadores a serem representados por sindicatos ou outros representantes ou empregados apropriados, e a se empenharem em negociações construtivas, quer individualmente, quer através de associações de empregadores, com representantes objetivando alcançar acordos quanto às condições de emprego;
>
> b) Contribuir para a abolição efetiva do trabalho infantil;
>
> **c) Contribuir para a eliminação de todas as formas de trabalho forçado;**
>
> d) Eliminar qualquer forma de discriminação contra seus trabalhadores, que seja relativa ao emprego ou à função deles e fundamentada em motivos de raça, cor, sexo, religião, opinião política, ascendência nacional ou origem social, a não ser que a seleção relativa às características do empregado venha complementar as políticas governamentais estabelecidas de modo a promoverem em particular maior igualdade nas oportunidades de emprego, ou que esta seleção seja ligada aos requisitos inerentes a um trabalho.[30] (grifos do autor)

O não cumprimento das diretrizes faculta à parte interessada a propositura de uma reclamação junto ao PCN (Ponto de Contato Nacional) do país onde ocorreu o descumprimento ou, se este não for signatário, no país sede da empresa.[31]

Em que pese o Brasil não ser membro permanente da Organização, o país atua diretamente em alguns de seus órgãos. Assim, por

---

[30] Disponível em: <http://www.fazenda.gov.br/sain/pcnmulti/diretrizes.asp#emprego>. Acesso em: 03 mar. 2009.

[31] Disponível em: <www.tuac.org/publicat/guidelinesPortug.pdf>. Acesso em: 09 mar. 2009.

conta da relevância do tema abordado, entende-se que as Diretrizes apresentadas também podem ser utilizadas como fundamento à abolição do trabalho forçado.

2.2 Legislação brasileira atinente ao tema

No Brasil, são diversos os dispositivos legais atinentes ao tema.

Constitucionalmente, percebe-se a preocupação do legislador em reprimir o trabalho escravo e qualquer outra forma que atente à dignidade da pessoa humana em diferentes formas.

O artigo 1º, III e IV da CF elenca como objetivos fundamentais de nossa República a erradicação da pobreza e da marginalização, bem como a redução das desigualdades sociais e regionais, com o objetivo maior de acabar com qualquer forma de discriminação.

Além disso, segundo o artigo 5º, XIII e XLVIII, é livre o exercício de qualquer trabalho, ofício ou profissão, sendo vedada a submissão a qualquer trabalho forçado.

Especificamente no que se refere aos direitos sociais constitu-cionalmente garantidos, não se pode deixar de mencionar o disposto dos artigos 6º e 7º da Carta Magna que garantem educação, saúde, trabalho, moradia, lazer, segurança, previdência social, proteção à maternidade e à infância e a assistência aos desamparados e aos trabalhadores urbanos e aos rurais.

Além disso, em relação especificamente ao trabalho forçado infantil, dentre outros dispositivos constitucionais pode-se men-cionar o contido no artigo 227 que garante à criança e ao adolescente o direito àqueles direitos já elencados no artigo 6º da Constituição.

Desde 2001 encontra-se pendente de apreciação na Câmara dos deputados Proposta de Emenda à Constituição (PEC) nº 438/01 que altera o artigo 243 da Constituição Federal e estabelece a pena de expropriação da gleba onde for constada a exploração de trabalho escravo, revertendo a área ao assentamento dos colonos que já trabalhavam no respectivo local.

Em que pese a relevância do tema, desde junho de 2008, com a última solicitação de inclusão na pauta desta PEC, aguarda-se um posicionamento dos doutos deputados federais acerca do tema.

Ainda nesta esteira, a legislação infraconstitucional prevê algumas situações específicas de repressão, combate e responsabili-zação em relação ao trabalho escravo ou análogo.

Além do já mencionado artigo 149 do Código Penal, o mesmo diploma legal prevê como crime contra a organização do trabalho a frustração de direito assegurado por lei trabalhista (artigo 203) e o aliciamento de trabalhadores de um local para outro do território nacional (artigo 207).

Note-se, portanto, a relevância do combate a qualquer prática que esteja ligada ao crime de submissão do trabalhador à condição de escravo, não só através de sua tipificação específica, mas também pelo reconhecimento de outras condutas que afrontam a dignidade deste indivíduo.

Em consonância com a menção feita ao artigo 227 da Constituição, destaquem-se os dispositivos do Estatuto da Criança e do Adolescente, que delineiam os direitos da juventude também em relação a possíveis submissões a condições degradantes de trabalho.

2.3 A eficácia das diretrizes e das ferramentas legais existentes

Mesmo com toda uma ordem interna e externa de diretrizes que objetivam a erradicação do trabalho escravo ou análogo, ainda não é possível afirmar que esta situação encontra-se sob controle e que nossos trabalhadores têm garantidos todos aqueles direitos previstos na Constituição Federal.

Visando atender às disposições legais atinentes ao tema e, mais ainda, garantir a dignidade do trabalhador em última instância, em 11 de março de 2003 o presidente Luiz Inácio Lula da Silva lançou o Plano Nacional para Erradicação do Trabalho Escravo.

Elaborado pela Comissão Especial do Conselho de Defesa dos Direitos da Pessoa Humana, o plano delineou 76 medidas a serem tomadas para a erradicação do trabalho escravo no Brasil.

Trata-se de propostas divididas em 7 grupos conforme a matéria e a área de atuação a serem cumpridas a curto e médio prazo pelos diversos órgãos dos Poderes Executivo, Legislativo e Judiciário, bem como pelo Ministério Público e entidades da sociedade civil brasileira.

Dentre as várias medidas do Plano, destaque-se:

I. priorizar como metas do governo a erradicação e a repressão ao trabalho escravo;

II. incluir as principais cidades de emigração de mão-de-obra escrava no programa do governo federal "Fome Zero" como forma de melhorar as condições de subsistência do trabalhador e de sua família;

III. aumentar a pena dos crimes de sujeição de alguém à condição análoga à de escravo e de aliciamento, além de incluir tais práticas penais entre o rol dos crimes hediondos;

IV. impedir a obtenção e manutenção de crédito rural e de incentivos fiscais junto às agências de financiamento quando comprovada a utilização de trabalho escravo ou degradante;

V. criar e manter banco de dados com informações para identificar empregado e empregadores envolvidos, locais de aliciamento e ocorrência do crime e identificar se os imóveis estão em área pública ou particular, se é produtiva ou não a terra;

VI. melhorar a estrutura administrativa do grupo de fiscalização móvel;

VII. melhorar a estrutura administrativa da ação policial;

VIII. melhorar a estrutura administrativa do Ministério Público Federal e do Ministério Público do Trabalho;

IX. implementar política de reinserção social dos trabalhadores libertados de forma que eles não voltem a ser escravizados;

X. contemplar as vítimas com seguro desemprego e outros benefícios sociais em caráter temporário;

XI. implantar a Justiça do Trabalho itinerante nas cidades de imigração nos estados do Pará, Mato Grosso e Maranhão;

XII. informar aos trabalhadores sobre seus direitos e sobre a utilização de mão-de-obra escrava, através dos meios de comunicação local, regional e nacional;

XIII. incluir o tema de direitos sociais nos parâmetros curriculares nacionais.[32]

Algumas das mencionadas proposições estão sendo aplicadas por intermédio de diversos programas do governo. Outras caíram no esquecimento do Poder Público e da própria organização civil. O que se percebe é que ainda não há sensibilização e comprometimento não só do governo, mas também dos entes privados, dos tomadores de serviço em informar e fiscalizar o cumprimento deste Plano e, mais ainda, de nossa própria Constituição.

---

[32] Disponível em: <http://www.mte.gov.br/trab_escravo/7337.pdf>. Acesso em: 18 maio 2009.

3 Uma nova proposta de responsabilização frente aos instrumentos de combate ao trabalho análogo ao de escravo

Mesmo com todas as medidas mencionadas, sabe-se que continuam impunes aqueles que se beneficiam do uso de mão de obra em condições desumanas.

Em uma sociedade moderna ainda são inúmeros os casos de sujeição de trabalhadores a condições de escravo. É possível que isto se deva ao fato de que inexistem penas eficazes que tenham o condão de realmente punir os tomadores deste serviço, bem como todos aqueles que de alguma forma sejam responsáveis pela continuidade deste crime.

Neste tocante, o que se percebe é que nossa legislação não possui ferramentas que obstem a prática deste crime.

O tipo previsto no artigo 149 do Código Penal tem papel fundamental no combate ao trabalho escravo no Brasil. Entretanto, o que se percebe é que a mera aplicação deste dispositivo não é capaz de reprimir de forma eficiente tal prática uma vez que a contratação de mão de obra muitas vezes é feita por intermediários.

Em muitas situações são utilizadas empresas "fachada" que encobrem os reais tomadores de mão de obra escrava. Nesta seara, nos parece mais eficiente a observância de toda a cadeia produtiva, ou seja, a responsabilização não deveria se limitar à empresa ou empregador que em última instância ou diretamente se utilizou de mão de obra escrava, mas de todos aqueles que se relacionaram comercialmente com este ente e que, direta ou indiretamente, obtiveram proveito da situação.

De grande valia seria a aprovação da PEC nº 438/01, haja vista que os proprietários das terras onde existir trabalho escravo ou análogo sofreriam a expropriação de sua gleba, convertida posteriormente para aqueles que ali trabalhavam, ou até mesmo para a reforma agrária.

Mais do que isto, faz-se necessária a estipulação também da pena de multa somada ao mencionado.

Os valores advindos da aplicação desta pena, nos casos em que o Ministério Público busca a caracterização do crime de trabalho análogo ao de escravo, seriam então convertidos em favor de um Fundo destinado ao combate do trabalho escravo e gerido por um Conselho Federal ou por Conselhos Estaduais. Esses entes contariam, necessariamente, com a participação do Ministério Público e de representantes da comunidade, aos moldes do previsto no artigo 13 da Lei nº 7.347/85.

Além disso, espera-se que o Judiciário atue com extremo rigor nestes casos, aplicando a legislação existente contra aqueles que diretamente a desrespeitam, mas também contra aqueles que mantêm relações com os sujeitos ativos do crime.

A relação de empresas que já foram autuados pelo uso de mão de obra escrava, a chamada Lista Suja do Ministério do Trabalho e Emprego,[33] já não possui a mesma eficiência em combater a continuidade da ação delituosa, uma vez que muitos são favorecidos por processos que tramitam durante anos, período no qual seus nomes não podem constar de tal documento.

Em que pese a iniciativa advinda do Plano Nacional para Erradicação do Trabalho Escravo, ao poder executivo caberia uma maior fiscalização nas terras do país, principalmente naquelas localidades onde é maior a incidência do crime previsto no artigo 149 do Código Penal.

Intensificar a fiscalização e efetivamente punir civil e criminalmente empregadores, além de condená-los a pagar todos os direitos dos trabalhadores resgatados do trabalho análogo à condição de escravo é parte do que se espera como eficiente no combate ao crime tipificado no artigo 149 do Código Penal.

Seja qual for o caminho a ser percorrido, inegável é o fato de que "a certeza da impunidade, decorrente da impossibilidade de fiscalização de todas as empresas pelas autoridades, em função do número insuficiente de fiscais, de penas insignificantes que não tendem a reprimir os empregadores ou mesmo em função da demora na entrega da prestação jurisdicional"[34] são fatores que influenciam diretamente em recorrentes casos de escravidão da mão de obra.

É preciso, portanto, rever a efetividade de nossa legislação no que se refere à responsabilização dos empregadores que se utilizam de mão de obra análoga à de escravo, inserindo a possibilidade de expropriação de terras, bem como a pena de multa para os casos em que a coletividade for ofendida pela submissão do indivíduo a condições análogas a de escravo.

---

[33] Processo estabelecido pelo Ministério do Trabalho e Emprego que editou a Portaria nº 540, de 15 de outubro de 2004, criando, no âmbito do Ministério, o Cadastro de Empregadores que tenham mantido trabalhadores em condições análogas à de escravo, que é atualizado semestralmente.

[34] Disponível em: <http://www.camara.gov.br/sileg/integras/604533.pdf>. Acesso em: 18 maio 2009.

Referências

BRASIL. Ministério Público da União. Procuradoria-Geral do Trabalho. Trabalho escravo. *Revista do Ministério Público do Trabalho*, Brasília, ano 13, n. 26, 2003.

CASTRO, Ferreira de. *A selva*. 10. ed. Lisboa: Livraria Ed. Guimarães, 1947.

CASTRO, José Carlos *et al. Comissão de justiça e paz*: trabalho escravo nas fazendas do Pará e Amapá. Belém: CNBB; Norte II, 1999.

COMISSÃO PASTORAL DA TERRA (CPT). Disponível em: <http://www.cptnac. com.br /?systemN=news &eid=26>.

CONSELHO ADMINISTRATIVO DE DEFESA ECONÔMICA. Disponível em: <http://www.cade.gov.br/Default.aspx?6ccc4fd15ebc7fdb76dd>.

FIGUEIRA, R. R. *Pisando fora da própria sombra*: a escravidão por dívida no Brasil contemporâneo. Rio de Janeiro: Civilização Brasileira, 2004. p. 46.

FREYRE, Gilberto. *Casa-grande e senzala*. 36. ed. São Paulo: Record, 1999.

GABINETE DE DOCUMENTAÇÃO E DIREITO COMPARADO – PROCURADORIA GERA DA REPÚBLICA DE PORTUGAL. Disponível em: <http://www.gddc.pt/direitos-humanos/textos-internacionais-dh/tidhuniversais/ pd-conv-oit-100.html>.

GRECO, Rogério. *Curso de direito penal*: parte especial. 5. ed. Rio de Janeiro: Impetus, 2008.

INDICADORES ETHOS DE RESPONSABILIDADE SOCIAL EMPRESARIAL. Disponível em: <http://www.ethos.org.br/_Uniethos/documents/INDICADORESETHOS2008PORTUGUES.pdf>.

INSTITUTO DE PESQUISA ECONÔMICA APLICADA. Disponível em: <http://www.ipea.gov.br/sites/000/2/download/TerceiroRelatorioNacionalODM.pdf>.

OIT BRASIL. Disponível em: <http://www.oitbrasil.org.br/trabalho_forcado/brasil/documentos/monografia_flavionunes.pdf>.

ONU BRASIL. Disponível em: <http://www.onu-brasil.org.br/conheca_onu. php>. Acesso em: 03 mar. 2009.

PACTO GLOBAL. Disponível em: <http://www.pactoglobal.org.br/dezPrincipios.aspx>.

Informação bibliográfica deste texto, conforme a NBR 6023:2002 da Associação Brasileira de Normas Técnicas (ABNT):

KOLADICZ, Aline. Os instrumentos de combate ao trabalho análogo ao de escravo: uma nova proposta de responsabilização. *In*: BARACAT, Eduardo Milléo (Coord.). *Direito penal do trabalho*: reflexões atuais. Belo Horizonte: Fórum, 2010. p. 189-211. ISBN 978-85-7700-357-0.

CONTRATO DE TRABALHO (?) EM CONDIÇÕES ANÁLOGAS À DE ESCRAVO: O PARADIGMA LIBERAL

Tallita Massucci Toledo

Os escravos modernos são pessoas descartáveis, sem valor agregado à produção — simplesmente não custam nada, não valem nada e por isso, não merecem segundo uma lógica puramente econômica, nenhum tipo de cuidado ou garantia de suas vidas.[1]

Sumário: Introdução – **1** Escravidão Contemporânea: trabalho em condições análogas à de escravo – **1.1** A problemática da denominação e conceito – **1.2** Trabalho escravo no Brasil: *escravidão por dívidas* – **2** Contrato de trabalho e o paradigma liberal – **2.1** As relações contratuais: o pressuposto do livre consentimento – **2.2** Contrato de trabalho (art. 442 da CLT) – **3** É possível uma reinterpretação do art. 442 da CLT para qualificar o contrato de trabalho nessas condições? – Referências

Introdução

Atualmente são 25 mil trabalhadores[2] mantidos sob condições análogas à de escravidão, ou seja, cidadãos que tiveram sua liberdade privada pelo desejo de aumento de lucros por parte de proprietários

---

[1] AUDI, Patrícia. A escravidão não abolida. *In: Trabalho escravo contemporâneo*: o desafio de superar a negação. São Paulo: LTr, 2006. p. 76.

[2] Conforme Exploração de crianças e adolescentes em condições análogas à de escravo. *In: Trabalho escravo contemporâneo*: o desafio de superar a negação. São Paulo: LTr, 2006.p. 139.

gananciosos. Cidadãos que, premidos pela necessidade, caíram na armadilha de sua própria ingenuidade. Cidadãos que por acreditarem que o trabalho dignifica o homem, trabalharam em prol do contrário.

Há, portanto, uma grande incoerência entre esses fatos e os valores pregados por um Estado Constitucional como o é o Estado brasileiro. A partir da promulgação da Constituição Federal de 1988 o país elencou, dentre seus objetivos, o da dignidade humana, bem como previu a valorização do trabalho e do trabalhador justamente no capítulo que trata da ordem econômica, evidenciando que esta deve sempre estar comprometida com princípios ainda maiores, tais quais os do solidarismo e o da proteção do homem.

Nesse sentido se desenvolve a crítica à concepção liberal burguesa de contrato, que permitia a injustiça, a diferença e a exploração sob o manto da igualdade formal, considerando as partes absolutamente livres para contratar de acordo com a sua vontade.

É essa visão meramente formalista do direito burguês que aqui se condena, especialmente porque o direito do trabalho é o direito dos fatos e da verdade material e não pode deixar a descoberto o sujeito trabalhador, violado naquilo que lhe é mais caro: a sua dignidade.

Assim, a análise da escravidão por dívidas, centrada na Região Norte do país, em especial o Estado Paraense, fornece a situação fática imprescindível para a aplicação dos conceitos civilistas e trabalhistas de contrato e contrato de trabalho, que permitirão pôr um fim à problemática aqui levantada: "é possível uma reinterpretação do artigo 442 da Consolidação da Leis Trabalhistas para qualificar o contrato de trabalho em situação em que o trabalhador esteve submetido à condição análoga à de escravidão"?

1 Escravidão Contemporânea: trabalho em condições análogas à de escravo

1.1 A problemática da denominação e conceito

> Passados alguns anos da alteração do artigo 149, do Código Penal Brasileiro, pela Lei n. 10.803 de 11 de dezembro de 2003, indicando tanto o trabalho forçado como o trabalho em condições degradantes como hipóteses em que há a redução do homem à condição análoga à de escravo, ainda não há a exata compreensão a respeito da questão.

Exemplifica o fato no recente julgado do Tribunal Regional do Trabalho da 8ª Região, pela 2ª Turma, no qual, não obstante todos os magistrados reconhecessem a existência de mais que precárias condições de trabalho, nem todos reconheceram o trabalho em condições análogas à de escravo.[3] [4]

O fato de reconhecer que, ainda hoje, restam formas de "trabalho escravo" no Brasil tem custado muito caro aos juristas, defensores de uma ética alarmada mundialmente em prol da liberdade, dignidade e defesa dos direitos humanos, características de uma Sociedade Democrática de Direito, da forma como apregoa nossa Constituição Cidadã de 1988.

O tema da "redução do homem a condição análoga à de escravo" em razão de sua extrema delicadeza, visto que a admissão desse mal social envolve diversas estruturas: psíquica, social e moral, depara-se com o primeiro obstáculo na questão da dissonância de conceitos entre os autores.

Assim surgem expressões tais como *trabalho escravo, trabalho forçado e trabalho degradante* para designar o tema. Observe-se o que diz Maria Cristina Cacciamali e Flávio Antonio Gomes Azevedo acerca da questão:

> Contudo, antes mesmo de adentrarmos na tipologia proposta, faz-se mister a distinção entre trabalho escravo, forçado e degradante. Trata-se aparentemente, segundo depoimento do Procurador Regional do Trabalho Luís Antônio Camargo de Mello, de uma diferença técnica. O trabalho escravo não mais existe porque a escravidão foi abolida. O próprio Código Penal define o crime como reduzir alguém à condição análoga a de escravo, dessa maneira, o termo trabalho forçado, muitas vezes, é usado como sinônimo de análogo ao de escravo. Porém, o critério para caracterizar trabalho análogo ao de escravo é a proibição, direta ou indireta, de ir e vir.[5]

---

[3] Processo TRT nº 00611-2004-118-08-00-2.

[4] BRITO FILHO, José Cláudio Monteiro de. Trabalho com redução à condição análoga à de escravo: análise a partir do trabalho decente e de seu fundamento, a dignidade da pessoa humana. *In*: *Trabalho escravo contemporâneo*: o desafio de superar a negação. São Paulo: LTr, 2006. p. 125.

[5] CACCIAMALI, Maria Cristina; AZEVEDO, Flávio Antônio Gomes. Dilemas da erradicação do trabalho forçado no Brasil. *Revista de Direito do Trabalho*, São Paulo, ano 30, n. 115, p. 146-147, jul./set, 2004.

No mesmo sentido Jairo Lins de Sento-Sé:

> Trabalhos forçados, trabalho escravo, trabalho em condições subhumanas, trabalho ilegal. Todos esses rótulos são utilizados indistintamente.[6]

Prossegue, ainda, o mesmo autor manifestando sua preferência pelo uso da expressão "trabalho forçado" como a que melhor retrata a tipificação da redução a condições análogas a de escravo,

> (...) os trabalhos forçados têm como principal característica a prestação de serviço pelo empregado mediante ameaça por parte do empregador, em especial através da negativa de encerramento do vínculo laboral, quando esta é a vontade do obreiro. Por isso é que diz-se "forçado", uma vez que o peão fica proibido de exercer o seu direito inalienável de pôr fim à relação laboral quando bem entender.[7]

Com intuito de encerrar a distinção entre essas três expressões, cabe, pois, ressaltar também aquilo que os autores entendem por trabalho em condições degradantes ou trabalho degradante:

> Quanto ao trabalho degradante, a sua caracterização ocorre quando o trabalhador cumpre as tarefas sem condições adequadas. Os alojamentos são inadequados, falta água potável, alimentação é precária, os salários são pagos com atraso, quando são pagos, e não há registro em carteira entre outros.

Feito isso, sobreleva-se observar que, dentre todos os conceitos, este último, ou seja, o que define trabalho degradante, goza de maior consenso dentre os doutrinadores. Ainda, argumentam não se tratar de prática enquadrada pelo artigo 149 do Código Penal, que tipifica o trabalho em condições análogas ao de escravo, mas sim à qual se aplicariam os artigos 203 e 207 do CPB,[8] de penalidades mais atenuadas.

---

[6] SENTO-SÉ, Jairo Lins de Albuquerque. Trabalho forçado e a questão do menor na zona rural do Brasil. *Revista de Direito do Trabalho*, São Paulo, n. 96, p. 22, dez. 1996. RT – Trabalho da Criança e Adolescente, 1996.

[7] SENTO-SÉ, *idem*, p. 23.

[8] Assim dispõem os citados dispositivos:
Art. 203 – Frustrar, mediante fraude ou violência, direito assegurado pela legislação do trabalho:
Pena – detenção de um ano a dois anos, e multa, além da pena correspondente à violência. §1º Na mesma pena incorre quem:

Tudo isso se explica pelo fato de que insistem os autores em considerar a "ausência de liberdade de locomoção" e a "ameaça física" pressupostos para a caracterização do crime previsto no artigo 149 do Código Penal.

Tanto é assim que os já citados autores Maria Cristina Cacciamali e Flávio Azevedo ao caracterizarem trabalho análogo ao de escravo definiram como critério "a proibição, direta ou indireta, de ir e vir" somado, ainda, ao fato de que,

> Nesses casos, o trabalhador pode estar sofrendo pelo menos quatro formas de coerção: i) econômica – possui dívida contraída com o transporte para a fazenda, compra de alimentos tenta pagar mas não consegue, pois os preços são exorbitantes, superfaturados; ou também ocorre quando o gato compra os direitos sobre o serviço do trabalhador pagando suas dívidas; ii) moral/psicológica – o patrão ou o responsável pela propriedade ameaça bater na pessoa e até manda matá-la, além disso, há o capataz que, armado, vigia o local da prestação de serviço; iii) física – os responsáveis pela fazenda agridem os trabalhadores e chegam a assassiná-los para impedir fugas ou amedrontar os demais; iv) localização da fazenda – o fator geográfico é bastante importante na restrição do direito de ir e vir; muitas vezes, trata-se de local tão isolado e de difícil acesso, que os trabalhadores não têm a menor condição de deixá-lo.[9]

E, realmente, foi assim por muito tempo. Fundamentado tão somente no princípio da liberdade que se consolidou o conceito de trabalho em condições análogas a de escravo. Prova disso é a previsão do art. 2º, item 1, da Convenção nº 29 da OIT – "Sobre o Trabalho Forçado ou Obrigatório", que reza:

I – obriga ou coage alguém a usar mercadorias de determinado estabelecimento, para impossibilitar o desligamento do serviço em virtude de dívida;
II – impede alguém de se desligar de serviços de qualquer natureza, mediante coação ou por meio da retenção de seus documentos pessoais ou contratuais.
§2º A pena é aumentada de um sexto a um terço se a vítima é menor de dezoito anos, idosa, gestante, indígena ou portadora de deficiência física ou mental.
Art. 207 – Aliciar trabalhadores, com o fim de levá-los de uma para outra localidade do território nacional:
Pena – detenção de um a três anos, e multa.
§1º Incorre na mesma pena quem recrutar trabalhadores fora da localidade de execução do trabalho, dentro do território nacional, mediante fraude ou cobrança de qualquer quantia do trabalhador, ou, ainda, não assegurar condições do seu retorno ao local de origem.
§2º A pena é aumentada de um sexto a um terço se a vítima é menor de dezoito anos, idosa, gestante, indígena ou portadora de deficiência física ou mental.
[9] CACCIAMALI; AZEVEDO, p. 146-147.

Para fins desta Convenção, a expressão "trabalho forçado ou obrigatório" compreenderá todo trabalho ou serviço exigido de uma pessoa sob a ameaça de sanção e para o qual não se tenha oferecido espontaneamente.

Todavia, o que aqui se propõe é observar que encarado dessa forma surgem inúmeros óbices ao enfrentamento da verdadeira questão. É preciso fazer face ao tema sem minimizá-lo, e reconhecer que o paradigma de aferição mudou conforme aduz com sabedoria José Cláudio Monteiro de Brito Filho ao esclarecer que este — o paradigma de aferição — "deixou de ser apenas o trabalho livre, passando a ser o trabalho decente". Por isso, entende o autor a partir de uma perspectiva mais humana que "tanto o trabalho sem liberdade como em condições degradantes são intoleráveis se impostos a qualquer ser humano".[10]

De igual forma Flávia Piovesan ao se manifestar sobre o assunto confirma a tese de Brito Filho quando afirma que *"sob o prisma da concepção contemporânea de direitos humanos e da indivisibilidade e interdependência destes direitos*, conclui que o trabalho escravo constitui flagrante violação aos direitos humanos, sendo, ao mesmo tempo, causa e resultado de grave padrão de violação de direitos. Vale dizer, o trabalho escravo se manifesta quando direitos fundamentais são violados, como o direito a condições justas de um trabalho que seja livremente escolhido e aceito, o direito à educação e o direito à uma vida digna"[11] (grifou-se).

É de se observar, pois, que os autores deixaram de consagrar apenas a violação da liberdade, muito embora não se negue sua vital importância, para adotar uma perspectiva mais ampla, e que de certo modo se pretende mais eficiente, visto que a dignidade é o traço característico distintivo dos seres humanos.

Também há que se considerar que para além do desrespeito aos princípios da liberdade e dignidade, ferem-se os princípios da legalidade, ao passo que o trabalho forçado ignora qualquer normatização legal, e o da igualdade, àqueles submetidos a essa condição é desferido tratamento diverso de todos os demais trabalhadores.

Esclarecida essa questão é possível compreender o por quê de o Ministério Público do Trabalho adotar o art. 149 do Código

---

[10] BRITO FILHO, *op. cit.*, p. 138.

[11] PIOVESAN, Flávia. Trabalho escravo e degradante como forma de violação aos direitos humanos. *In*: VELLOSO, Gabriel Marcos; FAVA, Neves (Coord.). *Trabalho escravo contemporâneo*: o desafio de negar a negação. São Paulo: LTr, 2006. p. 164.

Penal, com a nova redação trazida pela Lei nº 10.803/2003, para o caso brasileiro,[12] visto que este artigo se pretende mais abrangente do que os conceitos até então considerados.

> Art. 149. Reduzir alguém a condição análoga à de escravo, quer submetendo-o a trabalhos forçados ou a jornada exaustiva, quer sujeitando-o a condições degradantes de trabalho, quer restringindo, por qualquer meio, sua locomoção em razão de dívida contraída com o empregador ou preposto:
>
> Pena – reclusão, de dois a oito anos, e multa, além da pena correspondente à violência.
>
> §1º Nas mesmas penas incorre quem:
>
> I – cerceia o uso de qualquer meio de transporte por parte do trabalhador, com o fim de retê-lo no local de trabalho;
>
> II – mantém vigilância ostensiva no local de trabalho ou se apodera de documentos ou objetos pessoais do trabalhador, com o fim de retê-lo no local de trabalho.
>
> §2º A pena é aumentada de metade, se o crime é cometido:
>
> I – contra criança ou adolescente;
>
> II – por motivo de preconceito de raça, cor, etnia, religião ou origem.

Nesse sentido, tem-se que esse artigo consagra o trabalho em condições análogas a de escravo como sendo o gênero, do qual derivam duas espécies: o trabalho forçado e o trabalho degradante. Neste último, dentre outros,[13] se nega o mínimo de direitos ao homem-trabalhador: a sua dignidade, já naquele é-lhe negada a sua liberdade.

---

[12] Destaque-se, todavia, divergente posição manifestada durante a Oficina de Trabalho *Aperfeiçoamento Legislativo para o combate ao Trabalho Escravo* (junho de 2002), realizada por iniciativa da Secretaria de Estado dos Direitos Humanos e da Organização Internacional do Trabalho, no sentido de ser necessária alteração legislativa com a finalidade de superar perplexidades e/ou leituras equivocadas em torno do artigo 149 do CP que, em razão de sua "abertura", poderia levar a interpretações contraditórias que viessem a reduzir sua efetividade. Desse modo, a deputada Zulaiê Cobra ofereceu ao PL nº 5.693, de autoria do deputado Nelson Pellegrino:
"Art. 149. Reduzir alguém à condição análoga à de escravo, negociar pessoa como objeto para qualquer finalidade ou beneficiar-se dessa negociação:
Pena – Reclusão de 5 a 10 anos e multa.
Parágrafo único. Considera-se em condição análoga à de escravo quem é submetido à vontade de outrem mediante fraude, ameaça, violência ou privação de direitos individuais ou sociais, ou qualquer outro meio que impossibilite a pessoa de se libertar da situação em que se encontra".

[13] Isso porque consoante José Cláudio Monteiro de Brito Filho (*op. cit.*, p. 132). "Passando para o trabalho em condições degradantes, não é tão simples conceituá-lo, pois, ao contrário do trabalho forçado, em que o cerceamento à liberdade de ir e vir é suficiente para sua identificação, mesmo que isso possa ser vislumbrado de diversas formas, na espécie agora em comento são inúmeros os elementos que indicarão sua existência".

Assim, afirma-se "é a dignidade da pessoa humana que é violada, principalmente, quando da redução do trabalhador à condição análoga à de escravo. Tanto no trabalho forçado, como no trabalho em condições degradantes, o que se faz é negar ao homem direitos básicos que o distinguem dos demais seres vivos; o que se faz é coisificá-lo; dar-lhe preço, e o menor possível".[14]

A discrepância de conceitos entre trabalho escravo, trabalho forçado e trabalho degradante não pode ser impeditivo de justiça. Trabalho escravo da forma como existiu entre os séculos XVI e XIX não existe mais, foi abolido pela Lei Áurea. Por isso a importância de conceituá-lo na atualidade, impedindo assim, que restem dúvidas acerca da existência de trabalhos em condição análoga à de escravo, em vista do paradigma contemporâneo.

> Tal impressão inicial, perfunctória, a respeito deste delicado tema tem causado sérias dificuldades na aplicação eficaz das medidas coercitivas aos infratores, até mesmo por parte dos Agentes Públicos encarregados do combate a esta aviltante forma de exploração do ser humano.
>
> Ocorre que, ao associarmos a expressão trabalho escravo àquela figura oitocentista, incorremos no grave risco de tornarmo-nos pouco sensíveis às formas modernas de escravidão. Estas últimas travestidas das mais diversas formas de "liberdade".[15] (grifou-se)

Até porque nem todos os autores deixarão claro o objetivo do uso da expressão "trabalho escravo", como o fez Cícero Rufino Pereira:[16]

> Num primeiro momento, esclareço que, apesar dos valiosos ensinamentos dos defensores da tese de que o tema em tela deva ser cognominá-lo de "trabalho forçado", prefiro nominá-lo de "trabalho escravo", ante o maior grau de indignação que essa expressão traduz (...)

---

[14] Cf. nota de rodapé nº 13, em J. C. M. Brito Filho (*Idem*, p. 133).

[15] MELO, Luís Antônio Camargo de. Premissas para um eficaz combate ao trabalho escravo. *Revista do Ministério Público do Trabalho*, São Paulo, ano 13, n. 26, p. 11, set. 2003.

[16] PEREIRA, Cícero Rufino. O termo de ajuste de conduta firmado pelo Ministério Público no combate ao trabalho escravo e a defesa endoprocessual da exceção de pré-executividade. *Revista do Ministério Público do Trabalho*, São Paulo, ano 13, n. 26, p. 111, set. 2003.

Esclarecida essa questão preliminar, tendo-se delimitado o seu conceito, mister é o reconhecimento da existência desse gênero de mão de obra no caso brasileiro.

1.2 Trabalho escravo no Brasil: *escravidão por dívidas*

A OIT estima que, hoje, pelo menos 12,3 milhões de pessoas são vítimas de trabalho forçado no mundo.[17] Dentre elas, 9,8 milhões são exploradas por agentes privados e, dessas, mais de 2,4 milhões em razão do tráfico de pessoas. Outros 2,5 milhões são obrigados a trabalhar por algum Estado ou grupos militares rebeldes.[18]

O Brasil começou a ouvir falar das novas formas contemporâneas de escravidão na década de 70, quando Dom Pedro Casaldáliga, grande defensor dos direitos humanos na Amazônia, fez as primeiras denúncias sobre a existência de formas desumanas de exploração de milhares de brasileiros na esquecida região Norte. Relatos chocantes de maus tratos a trabalhadores, espancamentos, mortes e as mais perversas atrocidades cometidas àquelas pessoas que eram aliciadas e seduzidas para desbravar a qualquer custo a região, eram descritas desde então. Durante anos, a Comissão Pastoral da Terra (CPT) denunciou fazendas ligadas a empresas nacionais e multinacionais que cometiam o crime no Sul do Pará. Entretanto, o grito constante e indignado parecia ecoar no silêncio das autoridades.[19]

Contudo, apenas na década de 90 o Governo Brasileiro viria a assumir perante o próprio país, a comunidade internacional e a Organização Internacional do Trabalho (OIT), a existência de trabalho escravo em seu território.[20]

Em que pesem as disparidades regionais, seja em termos de atividade econômica e desenvolvimento, seja em termos culturais ou físico-geográficos, é possível constatar a presença de "trabalho forçado" em todas elas.

Assim, na Região Sul, a principal forma de exploração dessa mão de obra se dá nas atividades de florestamento e reflorestamento. Na Região Sudeste, forte polo industrial, explora-se imigrantes

---

[17] VIDOTTI, *op. cit.*, p. 139.
[18] PIOVESAN, *op. cit.* p. 151.
[19] AUDI, *op. cit.*, p. 75.
[20] Nesse sentido: AUDI, *idem*, p. 75.

bolivianos ilegais nas indústrias têxteis. Em razão de seu potencial turístico, a Região Nordeste convive com a escravidão sexual. Por sua vez, na Região Centro-Oeste, onde a pecuária e a soja detêm um papel fundamental do PIB regional, não é raro deparar-se com trabalhadores escravizados em fazendas agropecuárias. Por fim, na Região Norte, constata-se a ocorrência da escravidão por dívidas, a qual se passa a analisar mais detidamente.[21]

O ícone da exploração nessa região é o estado do Pará.[22] ao passo em que acolhe trabalhadores provenientes de outros estados da própria Região, ou mesmo da Região Centro-Oeste.[23]

A ocupação do Pará teve início a partir da Calha do Rio Amazonas em decorrência de um processo de expansão da fronteira agrícola iniciada por ocasião do governo Getúlio Vargas. Referida política de ocupação cujo *slogan* era "Marcha para o Oeste" foi organizada pela Superintendência do Plano de Valorização da Amazônia (SPVEA) e a Fundação Brasil Central (FBC). Mais tarde, durante os governos militares, a SPVEA passou a ser a Superintendência do Desenvolvimento da Amazônia (SUDAM), quando então se deu início a uma política de integração regional.[24]

O objetivo colonizador, pois, fez da Amazônia um constante alvo de aplicação de recursos governamentais. Todavia, entre as décadas de 70 e 90, o processo de ocupação se dera de modo irregular, pois áreas prioritárias foram definidas, sendo o Sul e Sudeste do Pará as principais.

O Sudeste do estado do Pará é uma região exemplar no tocante a concentração de investimentos e projetos técnicos econômicos e de infra-estruturas, como por exemplo, o projeto de extração e exploração de ferro em Carajás, projetos agropecuários, a usina hidrelétrica de Tucuruí, além de vários outros projetos integrados de colonização. Além disso, referida região se constituiu em um

---

[21] A presente afirmação é fruto da leitura integrada de todos os artigos do livro *Trabalho escravo contemporâneo: o desafio de superar a negação*. São Paulo: LTr, 2006, da *Revista do Ministério Público*, ano 13, n. 26, set. 2003 e do site da Organização Internacional do Trabalho (http://www.oitbrasil.org.br).

[22] Ainda, "Os dados mais recentes, segundo a comissão Pastoral da Terra, indicam que podem existir, no Brasil, 25 mil trabalhadores e trabalhadoras rurais vivendo em regime análogo ao Trabalho Escravo, em diversos estados do país, com ênfase aos Estados da região Norte" (PROGRAMA do MDA/INCRA para erradicação do trabalho escravo. abr. 2005, p. 7).

[23] Muito embora se tenha notícia de aliciamentos ocorridos nos estados sulistas, Paraná e Rio Grande do Sul, especialmente na década de 70.

[24] Nesse sentido: CHAVES, Valena Jacob. A utilização de mão-de-obra escrava na colonização e ocupação da Amazônia: os reflexos da ocupação das distintas regiões da Amazônia nas relações de trabalho que se formam nestas localidades. *In*: *Trabalho escravo contemporâneo*: o desafio de superar a negação. São Paulo: LTr, 2006. p. 90.

dos espaços mais atraentes para os migrantes, daí a ocorrência do direcionamento para a mesma *de grande parte dos fluxos migratórios ocorridos no Pará, sempre motivados na busca por oportunidades de trabalho e acesso a terra.*[25] (grifou-se)

Assim, o estado representa uma oportunidade de melhora e ascensão na vida, motivo que levou e, ainda leva, muitos trabalhadores a aceitarem a desconhecida empreitada.[26]

Conscientes dessa expectativa, os empreiteiros, "gatos", "zangões" ou "turmeiros", iniciam o aliciamento da mão de obra que, em geral, ocorre em pensões, "verdadeiras vitrines de mão-de-obra",[27] localizadas em cidades distantes da cidade natal do empregado.

Enquanto permanecem nessas pensões nos períodos de entressafra, os trabalhadores acumulam dívidas. Por desempregados que estão, não as podem quitar. Isso será feito pelo "gato" como parte de sua estratégia de aliciamento, dentre outras como o saldo de dívidas em "botecos", livramento da prisão quando presos por brigas,[28] etc.

Cumulado "ao favor" que prestou ao peão, são-lhe também oferecidas propostas tentadoras de trabalho, sempre distantes de sua cidade natal,[29] salários atraentes e promessas de melhores condições de vida.

Uma vez escolhido o peão, o "gato" adianta uma pequena quantia em dinheiro para que satisfaça suas necessidades básicas e as de sua família.

Essas serão as primeiras dívidas que o vincularão ao empregador; o início do débito que o reduzirá à escravidão.

Não há qualquer exigência quanto a documentos, nem mesmo a Carteira de Trabalho e Previdência Social. Porém, quando apresentados, serão retidos pelo "gato", ou mesmo pelo fazendeiro, com o fim de criar um vínculo de dependência entre eles.

---

[25] CHAVES, *idem*, p. 89-97.

[26] Ricardo Rezende Figueira aponta, ainda, motivos tais como "esperança de superar uma situação de penúria e fome, busca (de) uma forma de "enricar", foge de um problema criminal ou afetivo, manifesta virilidade ou o companheirismo, deseja ser o provedor doméstico, vive uma aventura em terras estranhas" (*Pisando fora da própria sombra*: a escravidão por dívida no Brasil contemporâneo. Rio de Janeiro: Civilização Brasileira, 2004. p. 113).

[27] Expressão utilizada em P. Audi (*Op. cit.*, p. 79).

[28] (...) "*Domingos Vaca do Brejo havia sido preso pela polícia também militar e foi 'resgatado' pelo gato*" (FIGUEIRA, *op. cit.*, p. 135).

[29] Isso porque o escravizado sempre será um "estrangeiro", um "*outsider*". Na Antiguidade, os povos conquistados, durante nosso período colonial, os negros africanos.

Segue-se o transporte dos empregados à fazenda. O itinerário dessa viagem demanda perspicácia do "gato" em escolher e determinar todos os seus detalhes. Deverá ser meticuloso, pois, "gato" que não goza de bons contatos entre a polícia militar ou órgãos de fiscalização rodoviária/ferroviária poderá ter problemas em determinados trechos.

> Dependendo da estrada que se decidiu tomar é escolhido um tipo de transporte, a quantia para combustível, e são previstos os gastos com a alimentação.
>
> O itinerário da viagem, cuidadosamente planejado pelo aliciador, muda conforme as condições das estradas e as ações da Polícia Rodoviária, do Ministério do Trabalho e do Ministério Público, ou as denúncias empreendidas pelos STR e pela CPT.
>
> (...)
>
> Ir aos poucos, usar nos trechos mais fiscalizados ônibus e não caminhão eram medidas que dificultavam a eficiência da vigilância policial.[30]

A viagem, em geral, é longa e realizada à noite para dificultar a fuga dos peões, ou evitar que reconheçam o caminho. Pelo mesmo motivo, é comum que o "gato" lhes ofereça bebidas.

> (...) A Polícia, acionada, desarmou os peões, apreendendo facas e revólveres. O gato, contudo, impediu que se apreendesse a cachaça, explicando à autoridade que, sem ela, ele não conseguia levar os homens.[31]

Tão logo atinjam a fazenda, os peões dão-se conta da ilusão em que foram envolvidos. Jornada de trabalho insuportável, maus-tratos, parca comida, péssimas condições de saúde e moradia, são as principais características desse tipo de trabalho.

> Quando atravessou o rio, o homem virou uma fera com todo mundo. Ele deu uma de gato mesmo. Aí que a gente foi ver que a história não era mais a que ele falou. O modo de tratamento dele mudou. Estúpido, malcriado. Não era mais aquela pessoa que a gente conhecia

---

[30] FIGUEIRA, *op.cit.*, p. 119-120.
[31] FIGUEIRA, *op. cit.*, p. 194.

em Cana Brava. Mudou totalmente. Aí, quando chegou em Barreiras de Campos, pior ainda.[32]

Além disso, tem-se ainda a "dívida", pois o pagamento é quase todo feito *in natura*, isto é, o peão é obrigado a comprar seus instrumentos de trabalho (foices, enxadas, botas, facões,...) e moradia (redes, panelas,...) no barracão do empregador, ou do gato, a preços muito acima dos de mercado.

Assim, a dívida para com o dono do barracão sói a crescer de modo que o saldo obtido pelo peão ao final de meses de trabalho forçado, não chega perto do suficiente para quitar a suposta dívida.

> uma cena perigosa de um companheiro (...) com idade de mais ou menos dez anos que andava mais eu. Em uma sexta-feira ele tomou uma botina emprestada para ir ao trabalho pois não queria comprar uma por preço de vinte reais, tinha receio de ficar devendo então poder mais ir embora, depois disseram que ele tinha roubado a botina, então o gato Fogoió levou ele para o mesmo barracão abandonado que ficamos quando chegamos na fazenda Flor da Mata, e bateram nele de facão, depois pegaram uma arma calibre 38, apontaram para ele e mandaram ele correr sem olhar para trás, e ele correu, entrou na mata e eu não vi mais.[33]

Essa estratégia compõe o "sistema de barracão ou *truck-system*", que faz com que em pouco tempo o trabalhador esteja envolvido em uma dívida que não pode pagar, criando um vínculo de obrigação moral em que ele se acredita devedor.

Em razão do baixo nível de escolaridade desses empregados, a dívida se lhes parece correta, pois perdem o controle de seus débitos. E assim, obrigado pelo empregador e pelo gato o empregado deve realizar, e bem, a empreitada, ainda que contra sua vontade.

Muitas vezes ao final do trabalho, sob a justificativa de que ainda não quitara seu débito, o empregador poderá "vendê-lo" a outra fazenda.

Assim como há aqueles que se sentem obrigados ao trabalho por se acreditarem devedores, muitos outros se sentem motivados a fugir ao perceberem que estão sendo ludibriados pelo gato.

---

[32] FIGUEIRA, *idem*, p. 175.
[33] FIGUEIRA, *idem*, p. 174.

Nessas situações, obrigados a manter a relação de trabalho indesejado, ou pior, quando capturados após uma tentativa de fuga, advém forte coação física e moral, da qual muitas vezes resulta a morte.

> Mesmo pressionados por ameaças crescentes, empreenderam fugas. Alguns sem sucesso, pois foram capturados e espancados diante do grupo antes de serem mortos. Apesar disso, houve novas tentativas. Finalmente, tentando reinstalar novamente o feitiço do medo, através de uma ação que ofenderia mais profundamente a vítima e apavoraria todo o grupo, o fugitivo capturado foi levado até o local do trabalho e, diante de uns sessenta peões, um dos pistoleiros submeteu, com uma arma apontada contra a cabeça, ao sexo oral.[34]

Tudo isso serve a demonstrar que as relações que permeiam a escravidão contemporânea em muito se assemelham às da época colonial, ao passo em que o senhor do engenho é hoje o *fazendeiro*, o feitor é *o gato*, e o escravo negro africano é hoje o *pobre*.

Com a devida semelhança também se pode arguir da conivência social, do governo e dos órgãos de fiscalização. Pois conforme se demonstrou, ainda quando decidem pela fuga, os peões encontram inúmeros problemas, que vão desde a não saber a quem recorrer até a eterna insegurança causada pela constante ameaça provinda dos gatos.

> Alguns trabalhadores, ao escaparem, procuraram autoridades policiais. Em alguns casos *as autoridades se mostraram omissas*; em outros, prenderam os próprios denunciantes e os devolveram ao empreiteiro ou ao gerente da fazenda.[35] (grifou-se)

Há que se ressaltar, ainda, que nesse mundo "à parte" não se fazem sentir as normas trabalhistas ou penais,[36] pois é constante o desrespeito aos princípios da pessoalidade, intangibilidade e

---

[34] FIGUEIRA, *op.cit.*, p. 157.

[35] FIGUEIRA, *op.cit.*, p. 162.

[36] Na hora de acertar as contas, os "gatos" [contratadores de mão de obra a serviço do fazendeiro] informaram que Manuel e outros tinham "comido" todo o pagamento e, se quisessem dinheiro, teriam que ficar e trabalhar mais. "*Eles diziam que a lei não entra na fazenda*". Manuel fugiu e resolveu ir atrás dos seus direitos (PROJETO NACIONAL DE COMBATE AO TRABALHO FORÇADO. *Trabalho escravo no Brasil do século XXI*. Coordenação de Leonardo Sakamoto. Brasília: OIT, 20 set. 2006. Relatório, grifou-se. Disponível em: <http://www.oitbrasil.org.br/news/nov/ler_nov. php?id=2321>. Acesso em: 06 jul. 2007).

irredutibilidade do salário (respectivamente, artigos 464[37] e 462, *caput*,[38] da CLT, e art. 7º, inciso VI, da Constituição Federal). Além, é evidente, da vedação à prática do *truck-system* (§§2º[39] e 3º[40] do art. 462 da CLT) e da obrigatoriedade do pagamento da prestação em espécie do salário em moeda corrente do país (art. 463[41] da CLT).

No que tange ao Código Penal, as condutas descritas tipificam os crimes de "redução de alguém à condição análoga à de escravo" (art. 149); "frustração de direitos trabalhistas mediante fraude ou violência" (art. 203); "exposição da vida ou da saúde de outrem a perigo direto e iminente decorrente do transporte em condições ilegais" (art. 132, parágrafo único[42]); e, "aliciamento de trabalhadores, com o fim de levá-los de uma para outra localidade do território nacional" (art. 207).

2 Contrato de trabalho e o paradigma liberal

2.1 As relações contratuais: o pressuposto do livre consentimento

Surgido no seio da sociedade burguesa do século XIX, os contratos traziam em si a essência do liberalismo traduzida na fórmula da *liberdade de contratar*.

---

[37] Art. 464 – O pagamento do salário deverá ser efetuado contra recibo, assinado pelo empregado; em se tratando de analfabeto, mediante sua impressão digital, ou, não sendo esta possível, a seu rogo.

[38] Art. 462 – Ao empregador é vedado efetuar qualquer desconto nos salários do empregado, salvo quando este resultar de adiantamentos, de dispositivos de lei ou de contrato coletivo.

[39] §2º – É vedado à empresa que mantiver armazém para venda de mercadorias aos empregados ou serviços estimados a proporcionar-lhes prestações "in natura" exercer qualquer coação ou induzimento no sentido de que os empregados se utilizem do armazém ou dos serviços (Incluído pelo Decreto-lei nº 229, de 28.2.1967).

[40] §3º – Sempre que não for possível o acesso dos empregados a armazéns ou serviços não mantidos pela Empresa, é lícito à autoridade competente determinar a adoção de medidas adequadas, visando a que as mercadorias sejam vendidas e os serviços prestados a preços razoáveis, sem intuito de lucro e sempre em benefício dos empregados. (Incluído pelo Decreto-lei nº 229, de 28.2.1967).

[41] Art. 463 – A prestação, em espécie, do salário será paga em moeda corrente do País. Parágrafo único – O pagamento do salário realizado com inobservância deste artigo considera-se como não feito.

[42] Art. 132 – Expor a vida ou a saúde de outrem a perigo direto e iminente: Pena – detenção, de três meses a um ano, se o fato não constitui crime mais grave. Parágrafo único. A pena é aumentada de um sexto a um terço se a exposição da vida ou da saúde de outrem a perigo decorre do transporte de pessoas para a prestação de serviços em estabelecimentos de qualquer natureza, em desacordo com as normas legais (Incluído pela Lei nº 9.777, de 29.12.1998).

Amparados nessa premissa de livre contratação, a burguesia justificava que os contratos interessavam a ambas as partes contratantes, pois cada uma delas por sua soberania individual de juízo e de escolha decidiam o que contratar, com quem contratar e as formas de execução do objeto contratado.

A livre contratação pressupunha, então, uma igualdade e liberdade formais, de que resulta lógica a obrigação do cumprimento do pactuado:

> Cada um é absolutamente livre de comprometer-se, ou não, mas, uma vez que se comprometa, fica ligado de modo irrevogável à palavra dada: "pacta sunt servanda".[43]

Não se questionava, pois, da igualdade material, ao passo em que a justiça da relação derivava da própria autonomia para contratar.

A codificação da ideologia burguesa se deu em princípio pelo *Code Napoleón*, em 1804, segundo o qual o contrato era o instrumento ideal para a transferência de riquezas, já que a liberdade de contratar permitia a formação de um consenso entre os contratantes.[44]

Quase um século mais tarde, em 1896, surgia, também, o código burguês germânico: o BGB que, tal qual o francês, estava baseado nas categorias formais de igualdade e liberdade de contratação.[45]

Esse código, porém, estreava uma peculiaridade em relação ao código napoleônico por colocar o contrato em uma categoria ainda maior: a do negócio jurídico.

Portanto, o BGB elevou a vontade como elemento essencial de sua definição, como força criadora de direitos e obrigações. A vontade, nesse sentido, seria capaz de determinar uma série de regras aptas a tutelar a liberdade e a espontaneidade do querer daqueles que realizam o negócio jurídico (ou seja, regras em matéria de erro, de dolo, de coação, de simulação). Do mesmo modo que, acaso não fosse livre essa manifestação volitiva, seria possível desobrigar-se o contratante.

O elemento volitivo exercia, ainda, um papel ideológico, ao passo em que justificava a necessidade de abstenção dos

---

[43] ROPPO, Enzo. *O contrato*. Coimbra: Almedina, 1988. p. 34.
[44] Nesse sentido: ROPPO, *idem*.
[45] Nesse sentido: ROPPO, *idem*.

poderes públicos de toda a interferência na dinâmica espontânea das atividades jurídicas dos particulares, primando sempre pela liberdade negocial e a autonomia privada dos contratantes.

Era, então, a partir da "mística da vontade" que se chagava em um consenso materializado pelo contrato.

2.2 Contrato de trabalho (art. 442 da CLT)

Nessa perspectiva, tem-se o conceito de "contrato de trabalho":

> Art. 442, CLT – Contrato individual de trabalho é o acordo tácito ou expresso, correspondente à relação de emprego.

Resta patente a influência liberal burguesa da ótica contratual também no segmento do direito do trabalho, ao passo em que o legislador deixa claro ser essencial à consecução de um contrato o "acordo de vontades".

Esse acordo, ou para usar a mesma expressão que vem sendo utilizada neste artigo, o consenso, deriva da junção das vontades de duas partes histórica e dialeticamente opostas: o empregador (art. 2º da CLT) que detém os meios de produção, e o empregado (art. 3º da CLT), possuidor apenas de sua força laboral.

Trata-se, portanto, de uma relação marcada pela subordinação jurídica de uma das partes em relação à outra. Situação esta, que não se questionava pela moral burguesa, à qual bastava a igualdade formal entre as partes.

O direito do trabalho, nesse sentido, orientado pelo princípio da realidade que é, não pode descurar de uma manifestação material da igualdade.

Por isso a importância do pressuposto da confiança entre as partes, da qual emana a cláusula geral da boa-fé para sua tutela. Somente assim, é possível garantir-se a justiça entre os contratantes, independentemente do estabelecido ou acordado entre eles.

Assim, diante do que restou delineado na descrição do processo de escravização contemporânea, poder-se-ia dizer que houve a cele-bração de um autêntico contrato preliminar verbal entre gato e trabalhador, segundo o qual se estipularam as condições laborais, a função exigida e a remuneração ajustada e oferecida por este.

Porém, como todo contrato preliminar, seus efeitos por algum motivo são postergados, no caso, até a chegada à fazenda, quando então se tornaria efetivo contrato de trabalho. Todavia, as situações acordadas demonstram-se falaciosas antes mesmo de se alcançar a "fazenda", local do trabalho. Mas, uma vez que lá se chegue, literalmente, não há mais volta, quer porque o empregado não tem como retroceder na sua aceitação, quer porque se vê desde já privado da liberdade. Ou mesmo, porque muitas vezes se acredita obrigado a trabalhar em nome da suposta dívida já entabulada com o gato.

3 É possível uma reinterpretação do art. 442 da CLT para qualificar o contrato de trabalho nessas condições?

Difícil é a reflexão sob a ocorrência de um contrato de trabalho nesses casos.

Entretanto, a partir da retomada e crítica do modelo contratual burguês de concepção puramente formal, se crê na existência de autêntico contrato de trabalho.

Não há que se negar que houve "acordo tácito ou expresso acerca da relação de emprego", ainda que em sede contratual preliminar, oportunidade na qual o trabalhador manifestou seu consentimento enganado pelo gato (artigos 145 a 150 do Código Civil Brasileiro).

Uma vez que chegue à fazenda, o trabalhador se depara com situação totalmente diversa da que lhe fora prometida. Porém, não pode se furtar ao trabalho sob pena de estar arriscando a própria vida.

Até esse passo já seria possível se falar em contrato de trabalho a ser reconhecido pelo Direito do Trabalho, eis que este, por direito dos fatos que é, e orientado pelos princípios de proteção ao trabalhador, não pode ocultar-se atrás do manto formal para justificar que referido contrato decorreu de manifestação de vontade viciada. Até mesmo porque é inegável a entrega da força laboral, e o desgaste acima da média desses trabalhadores.

O trabalhador, portanto, ao contrário do empregador, cumpre a sua obrigação contratual. Este, além de usufruir do labor prestado, ainda não o remunera, crente na guarida formal do ordenamento de raiz burguesa.

Ora, esta posição é incompatível com os princípios e paradigmas da nova ordem constitucional, e por consequência, civil. Há que se dar plena eficácia aos princípios da valorização do trabalho e do homem trabalhador (artigo 170, *caput*, da Constituição Federal), bem como, da dignidade da pessoa humana (artigo 1º, III da Constituição Federal), da função social do contrato (artigo 421 do Código

Civil e artigo 170, inciso III da Constituição Federal) e boa-fé objetiva (artigo 422 do Código Civil).

Portanto, o atual estado da arte dos princípios e direitos constitucionais, que iluminam todo o ordenamento, não alberga posição que nega, além da dignidade desse trabalhador escravizado e enganado, o reconhecimento de autêntico contrato de trabalho.

A persistir a negativa, estar-se-ia a permitir que a formalidade abrigasse a injustiça, a exploração de uma classe pela outra e a ofensa à dignidade da pessoa humana, caindo no mesmo erro da burguesia liberal do século XIX.

O fato de, ao final, nos casos em que os trabalhadores são libertados pelos grupos móveis de fiscalização,[46] se obrigar o empregador a assinar a CTPS dos trabalhadores escravizados e a pagar-lhes os valores prometidos no suposto ato da contratação, bem como as verbas rescisórias, quer significar formalização de contrato que na prática já teve seu objeto satisfeito e, ainda mais, o resgate da dignidade desse cidadão pela justiça.

Por tudo isso se afirma que, ainda que se trate de hipótese anômala e excepcional de formalização retroativa de contrato que na prática já se extinguiu, é imprescindível reconhecer nisso verdadeiro contrato de trabalho, já que apenas esse meio se demonstra medida eficaz para o resgate da dignidade do sujeito trabalhador.

Referências

AUDI, Patrícia. A escravidão não abolida. *In: Trabalho escravo contemporâneo*: o desafio de superar a negação. São Paulo: LTr, 2006.

---

[46] "O enfrentamento do trabalho escravo exige ações coordenadas e integradas de todos os segmentos envolvidos no problema. Ninguém pode arvorar-se em 'D. Quixote' no caso, a menos que seja leviano ou queira somente promover-se na mídia. Cada um tem determinado papel a cumprir. É preciso quem denuncie (sindicatos, ONG's, Igrejas etc.). Quem fiscalize as condições de trabalho (Ministério do Trabalho) e o tráfego ou transporte de trabalhadores (Polícia Rodoviária). É necessário quem dê garantias aos agentes de fiscalização trabalhista, às diligências levadas a efeito pelo próprio representante do Ministério Público e exerça a polícia judiciária (Polícia Federal). Quem mova as ações judiciais de responsabilização dos infratores (Ministério Público). E quem julgue tais infratores (Poder Judiciário). Sem informação ou denúncia o Ministério do Trabalho não agirá. Sem as Polícias não será possível realizar as fiscalizações com segurança física e moral dos auditores. Sem os elementos colhidos pela fiscalização e pelos policiais, o Ministério Público não terá condições de instruir seus inquéritos civis e suas ações judiciais, que, se não forem movidas, obviamente, não serão julgadas, e a impunidade reinará. Devem ser integrados nessa corrente, seja para auxiliarem os demais, seja para agirem residualmente no que sobejar das incumbências daquele" (SOARES, Evanna. Meios coadjuvantes de combate ao trabalho escravo pelo Ministério Público do Trabalho. *Revista do Ministério Público do Trabalho*, São Paulo, ano 13, n. 26, p. 39, set. 2003).

BRITO FILHO, José Cláudio Monteiro de. Trabalho com redução à condição análoga à de escravo: análise a partir do trabalho decente e de seu fundamento, a dignidade da pessoa humana. *In*: *Trabalho escravo contemporâneo*: o desafio de superar a negação. São Paulo: LTr, 2006.

CACCIAMALI, Maria Cristina; AZEVEDO, Flávio Antônio Gomes. Dilemas da erradicação do trabalho forçado no Brasil. *Revista de Direito do Trabalho*, São Paulo, ano 30, n. 115, jul./set, 2004.

CHAVES, Valena Jacob. A utilização de mão-de-obra escrava na colonização e ocupação da Amazônia: os reflexos da ocupação das distintas regiões da Amazônia nas relações de trabalho que se formam nestas localidades. *In*: *Trabalho escravo contemporâneo*: o desafio de superar a negação. São Paulo: LTr, 2006.

FIGUEIRA, Ricardo Rezende. *Pisando fora da própria sombra*: a escravidão por dívida no Brasil contemporâneo. Rio de Janeiro: Civilização Brasileira, 2004.

MELO, Luís Antônio Camargo de. Premissas para um eficaz combate ao trabalho escravo. *Revista do Ministério Público do Trabalho*, São Paulo, ano 13, n. 26, set. 2003.

PEREIRA, Cícero Rufino. O termo de ajuste de conduta firmado pelo Ministério Público no combate ao trabalho escravo e a defesa endoprocessual da exceção de pré-executividade. *Revista do Ministério Público do Trabalho*, São Paulo, ano 13, n. 26, set. 2003.

PERLINGIERI, Pietro. *Perfis do direito Civil*: introdução ao direito civil constitucional. 3. ed. Rio de Janeiro: Renovar, 2007.

PIOVESAN, Flávia. Trabalho escravo e degradante como forma de violação aos direitos humanos. *In*: VELLOSO, Gabriel Marcos; FAVA, Neves (Coord.). *Trabalho escravo contemporâneo*: o desafio de negar a negação. São Paulo: LTr, 2006.

PROGRAMA do MDA/INCRA para erradicação do trabalho escravo. abr. 2005.

PROJETO NACIONAL DE COMBATE AO TRABALHO FORÇADO. *Trabalho escravo no Brasil do século XXI*. Coordenação de Leonardo Sakamoto. Brasília: OIT, 20 set. 2006. Relatório. Disponível em: <http://www.oitbrasil.org.br/news/nov/ler_nov.php?id=2321>. Acesso em: 06 jul. 2007.

ROPPO, Enzo. *O contrato*. Coimbra: Almedina, 1988.

SENTO-SÉ, Jairo Lins de Albuquerque. Trabalho forçado e a questão do menor na zona rural do Brasil. *Revista de Direito do Trabalho*, São Paulo, n. 96, dez. 1996. RT – Trabalho da Criança e Adolescente, 1996.

SOARES, Evanna. Meios coadjuvantes de combate ao trabalho escravo pelo Ministério Público do Trabalho. *Revista do Ministério Público do Trabalho*, São Paulo, ano 13, n. 26, set. 2003.

VIDOTTI, Tárcio José. Exploração de crianças e adolescentes em condições análogas à de escravo. *In: Trabalho escravo contemporâneo*: o desafio de superar a negação. São Paulo: LTr, 2006.

Informação bibliográfica deste texto, conforme a NBR 6023:2002 da Associação Brasileira de Normas Técnicas (ABNT):

TOLEDO, Tallita Massucci. Contrato de trabalho (?) em condições análogas à de escravo: o paradigma liberal. *In*: BARACAT, Eduardo Milléo (Coord.). *Direito penal do trabalho*: reflexões atuais. Belo Horizonte: Fórum, 2010. p. 213-233. ISBN 978-85-7700-357-0.

HERMENÊUTICA RESPONSIVA, JUÍZES CONSTITUCIONAIS E ANTIGAS CHAGAS SOCIAIS: O TRABALHO ESCRAVO CHEGA AO SUPREMO TRIBUNAL FEDERAL – 118 ANOS DEPOIS

Carlos Luiz Strapazzon

Sumário: 1 Juízes de direito e juízes constitucionais – 2 O estudo de casos e o novo *leading case* do STF – **2.1** Os fatos – **2.2** A questão constitucional – **2.3** Voto condutor da decisão – **2.4** Voto de divergência – **2.5** A decisão – **2.6** Principais consequências – **2.7** Os dispositivos constitucionais envolvidos – **2.8** Os dispositivos do Código Penal envolvidos – **2.9** A estrita legalidade e a defesa dos direitos humanos – **2.10** O precedente do STF – **2.11** As razões da divergência – **2.12** A nova orientação do STF – 3 O Supremo Tribunal e o constitucionalismo contemporâneo – Referências

1 Juízes de direito e juízes constitucionais

Quem observar atentamente o que vem ocorrendo com a teoria dos processos judiciais e com as mudanças legais dos últimos 20 ou 30 anos notará que há, em evolução, uma tendência de concentrar nas mãos do juiz a gestão do processo. O juiz passa, pouco a pouco, a desenhar os procedimentos de acordo com o caso concreto de modo a que não sejam mais as partes a controlar o conteúdo do que vai ser debatido diante de um juiz.

A partir da segunda guerra o direito constitucional passou, por sua vez, a incorporar variada quantidade de princípios e diretrizes políticas não regulamentadas, que se converteram em importantes instrumentos de ampliação dessa atuação do judiciário. Com um novo direito constitucional, o discurso jurídico instrumentalizou-se pelas noções de justiça social e de efetividade dos direitos humanos. Esses elementos fizeram emergir uma nova cultura jurídica e um novo jogo de linguagem para ampliar a autoridade política dos magistrados. Tudo isso não são hipóteses teóricas, são evidências de novos tempos (KALUSZYNSKI, 2005).

Nosso Poder Judiciário, em especial o Supremo Tribunal Federal, exerce uma crescente interferência em políticas públicas formuladas pelo Executivo; tem muitas formas de exercer controle da constitucionalidade das leis elaboradas pelo Poder Legislativo e empenha-se em efetivar os direitos constitucionais de cunho social e econômico.

Nas democracias constitucionais contemporâneas as Constituições são Cartas Políticas que adotam uma institucionalidade republicana e afirmam um extenso e variado rol de direitos fundamentais. No entanto, são regimes que sofrem pela inexistência de um sistema partidário consolidado, pela inércia do Poder Executivo em responder a temas polêmicos, pela baixa legitimidade do Poder Legislativo em vista de seu clientelismo, personalismo e corrupção e pela crescente transferência de temas polêmicos de natureza política ao Poder Judiciário, que não está submetido ao cálculo típico dos processos eleitorais (VALLINDER, 1995, p. 31; FERRAJOLI, 2008, p. 131).

Em síntese, as Democracias Constitucionais estão assentadas em postulados responsivos, mas não têm sido, efetivamente, responsivas.

No campo jurídico brasileiro, e de outras democracias estáveis, vem se desenvolvendo um princípio que os portugueses denominaram de *adequação formal* (art. 265-a CPC Portugal). Esse princípio é de todo coerente com as exigências das democracias responsivas, pois nelas reduz-se muito a tolerância com estruturas rígidas de procedimentos que retardam a tutela do Estado. Os procedimentos legais que, de um lado validam as tomadas de decisão, de outro precisam se adaptar aos conteúdos e às necessidades de efetiva prestação de serviços pelo estado, dentre eles os serviços judiciais.

Para dar conta dessas tendências os processualistas desenvolveram a doutrina da instrumentalidade do processo, e com ela a tese de que o direito fundamental à efetividade é o mais importante dos direitos fundamentais. Tudo isso parece ter coerência com o princípio constitucional da razoável duração do processo e da tutela jurisdicional efetiva (CRFB art. 5º, LXXVIII) e também com o princípio de que a lei não excluirá da apreciação do Poder Judiciário lesão ou ameaça a direito (CRFB art. 5º, XXXV).

É flagrante que as democracias constitucionais criaram novas situações e sujeitaram todo o aparato judicial a novas expectativas jurídicas que se expressam pela exigência de respostas e decisões coerentes com os interesses sociais e públicos previstos nesse novo direito constitucional. Esse esquema novo chegou a exigir de Luigi Ferrajoli a inclusão, na sua mais recente teoria do direito, o princípio da estrita legitimidade para todas as situações que exigem decisões, como complemento do princípio da estrita legalidade, que é princípio formal de validade dos atos jurídicos. As situações que exigem decisões, numa Democracia responsiva, não têm a mesma natureza das que exigem decisões numa democracia liberal. Nas democracias responsivas, as expectativas jurídicas vedam atitudes omissivas e se convertem em direito a uma prestação positiva (FERRAJOLI, *Principia Iuris*, p. 316). A deôntica atual do direito não se estrutura exclusivamente pelas relações de eficácia, mas também por relações de possibilidade e, nessa medida, as expectativas subjetivas se converteram em direitos subjetivos (FERRAJOLI, *Principia Iuris*, p. 304).

Essa introdução é suficiente para que possamos apresentar uma questão chave deste trabalho, que é a seguinte: como deve se pronunciar uma Corte Constitucional de uma democracia responsiva diante de uma denúncia de trabalho escravo?

A persistência de trabalho escravo no Brasil não é só uma violação à Constituição da República: é, também, uma violação às expectativas de uma sociedade ética, é uma violação à moral da sociedade brasileira. Estas palavras não são texto de teorias neoconstitucionais! Foram extraídas de uma decisão bastante recente do Supremo Tribunal Federal. E foram escolhidas porque representam bem a linha de argumentação adotada na nova fundamentação de recentes e importantes julgados da Corte.

Ao ser guardiã dos princípios essenciais da Constituição da República, a Corte se converteu em guardiã da moralidade constitucional inscrita no projeto civilizatório legado pelo legislador constituinte. Essa postura é de afirmação de um novo direito constitucional, cuja hermenêutica se orienta preferencialmente por fundamentos axiológicos da ideologia constitucionalista contemporânea, isto é, do constitucionalismo de direitos humanos.

Além disso, essa postura faz emergir, em nosso país, com todo o vigor, a figura do *Juiz Constitucional*, personagem mal conhecido e por isso ainda mal definido pela doutrina brasileira.

É difícil negar que nossa tradição jurídica tenha sido moldada por uma forte reverência ao conceito de *juiz de direito* e ao seu correspondente *princípio da legalidade*. Aquele personagem, em nossa tradição, está mais para o *juiz* servo da lei, do que para o juiz dos direitos no sentido amplo que a cláusula do *rule of law* assume no direito das democracias constitucionais.[1] Em nossa tradição de interpretação jurídica a Lei tem um sentido forte, a Constituição, um sentido fraco.

Essa tradição brasileira da legalidade, mais do que a de direito, no entanto, em vez de produzir uma cultura política constitucional liberal e uma psicologia política do respeito às liberdades individuais parece que gerou, em seu lugar, outro conjunto de elementos, dentre os quais se destacam a cultura da ordem, do poder de polícia e da supremacia do poder executivo.

Uma leitura crítica dos postulados legais que no Brasil informam as fontes legítimas de interpretação do direito revelará o peso dessa tradição legalista que se opõe à nova cultura constitucionalista.

Podemos começar mencionando o teor dos artigos 4º e 5º da Lei de Introdução ao Código Civil (Decreto-Lei nº 4.707, de 04.09.1942). Neles se lê que "quando a lei for omissa, o juiz decidirá o caso de acordo com a analogia, os costumes e os princípios gerais de direito", e que "na aplicação da lei, o juiz atenderá aos fins sociais a que ela se dirige e às exigências do bem comum". Podemos ler também no artigo 3º do Código de Processo Penal (Decreto-Lei nº 3.689, de 03.10.1941) que "a lei processual penal admitirá interpretação extensiva e aplicação analógica, bem como o suplemento dos princípios gerais de direito". Na Consolidação das Leis do Trabalho, CLT, (Decreto-Lei nº 5.452, de 1º.05.1943) encontra-se a orientação para que a sua interpretação — seja ela feita pelas autoridades administrativas, seja pela Justiça do Trabalho — deve se orientar prioritariamente pelo texto do Decreto-Lei nº 5.452 e, caso ele seja lacunoso, isto é, "na falta de disposições legais" ou contratuais, devem os juízes decidir "conforme o caso, pela jurisprudência, por analogia, por eqüidade e outros princípios e normas gerais de direito, principalmente do direito do trabalho, e,

---

[1] Ver, Judges should uphold the rule of law. *In*: AMERICAN BAR ASSOCIATION. *Justice in Jeopardy*: report of the American Bar Association commission on the 21st century Judiciary. 2003.

ainda, de acordo com os usos e costumes, o direito comparado, mas sempre de maneira que nenhum interesse de classe ou particular prevaleça sobre o interesse público". O direito comum só será fonte subsidiária do direito do trabalho naquilo em que não for incompatível com os princípios fundamentais daquele. O Código de Processo Civil (Lei nº 5.869, de 11.01.1973, com alterações feitas pela Lei nº 5.925, de 1º.10.1973.) parece ser um pouco mais aberto ao dizer que "o juiz não se exime de sentenciar ou despachar alegando lacuna ou obscuridade da lei". Mas é firme em dizer que no julgamento da lide caber-lhe-á aplicar as normas legais; não as havendo, o intérprete deve recorrer à analogia, aos costumes e aos princípios gerais de direito.

O Código de Defesa do Consumidor (Lei nº 8.078, de 11 de setembro de 1990), escrito sob a orientação da Constituição da República de 1988, bem ao contrário dos demais estatutos, orienta o intérprete para a noção de direitos fundamentais mínimos. Em seu artigo 7º esclarece que os direitos previstos nele não excluem outros decorrentes de tratados ou convenções internacionais de que o Brasil seja signatário, nem outros direitos inscritos na legislação interna ordinária, regulamentos expedidos pelas autoridades administrativas competentes, ou que derivem dos princípios gerais do direito, da analogia, de costumes e de juízos de equidade.

Há nesse amplo quadro normativo dois aspectos que chamam a atenção: o primeiro é de ordem cronológica, o segundo, ideológica.

Essas são as leis que instituem a forma de interpretação do direito no Brasil, todas ainda vigentes e obrigatórias. Entretanto, ressalvado o Código de Defesa do Consumidor que, diferente das demais leis, é um código que não presume a plenitude do direito no corpo do próprio estatuto, mas concebe o direito positivo como um mínimo, na verdade, o indispensável para a proteção do consumidor, todas demais, de um lado, presumem que a lei contempla todo o direito e que em caso de lacunas o intérprete fica autorizado a refugiar-se na analogia, isto é, na própria aplicação da lei a casos semelhantes ou, então, aos princípios gerais de direito ou aos costumes. De outro lado, essas leis anteriores ao Código do Consumidor foram elaboradas em regimes autoritários, isto é, não foram escritas por um legislador democrático, apesar de terem sido produzidas num ambiente político internacional de afirmação dos novos valores constitucionais, quando já se evidenciava a emergência da doutrina dos direitos humanos e do Estado Social Democrático de Direito.

Nota-se, ainda, que todas as leis mencionadas, ressalva feita ao Código de Defesa do Consumidor, trazem em seu texto aquilo que Gustavo Zagrebelsky apontou como um persistente preconceito de pensar que as verdadeiras normas são as regras, enquanto que os princípios são um *plus*, algo que só é necessário como "válvula de segurança" do ordenamento (ZAGREBELSKY, 2007, p. 117).

Este artigo pretende demonstrar que essa herança vem sendo atacada pelo Supremo Tribunal Federal.

A Constituição não pode ser interpretada sob a orientação teórica predominante no direito positivo brasileiro: ela não é um código de regras. Bem diferente dessas leis antes mencionadas, todas profundamente marcadas pela doutrina dos códigos novecentistas europeus, as constituições rígidas elaboradas sob a influência da Declaração Universal dos Direitos Humanos — destacadamente as da Alemanha, Itália, Portugal, Espanha e a brasileira de 1988 — não são um aglomerado de regras claras e aplicáveis sem aferição de características valorativas. Assim, não podem ser interpretadas com base nos critérios gramaticais e analógicos previstos majoritariamente nas leis brasileiras.

A Constituição de 1988 não é uma lei elaborada para súditos obedientes: é um *texto responsivo*, isto é, aberto à interrogação de uma sociedade plural que espera encontrar nela respostas para suas necessidades e preferências (ZAGREBELSKY, 2005, p. 81-82; DAHL, 1997, p. 26). É um texto para ser efetivado por *juízes constitucionais*, mais do que por *juízes de direito*, pois é uma Carta que afirma a democracia constitucional, muito mais do que um Estado de Direitos legais.

2 O estudo de casos e o novo *leading case* do STF

O caso que vamos analisar emergiu do julgamento do Recurso Extraordinário nº 398.041, de 2006, quando, pela primeira vez, após a abolição da escravatura — há 118 anos — o Supremo Tribunal Federal pronunciou-se sobre o tema do trabalho escravo.

O voto vencedor do Min. Joaquim Barbosa, relator do caso, reivindicou mudanças na jurisprudência da Suprema Corte. Suas teses orientaram a Corte a reavaliar precedentes e a pronunciar uma solução que, a um só tempo, pode ser definida como *responsiva* e, por isso, como plena de elementos do novo direito constitucional.

Nossos juízes constitucionais máximos, como veremos, passaram a se orientar decididamente para a especial proteção do *fundamento axiológico do núcleo essencial da Constituição*: a dignidade da pessoa humana.

O estudo de casos não é, rigorosamente, um ponto forte da doutrina brasileira. Já a literatura jurídica norte-americana é farta em metodologias para a análise de casos,[2] em especial do direito constitucional. No Brasil observam-se alguns respeitáveis esforços isolados que, na maioria, são estudos especializados dirigidos para análise de *leading cases* da Suprema Corte.[3] Essa metodologia de trabalho investigativo, no entanto, não está devidamente desenvolvida entre nós.

Diante disso, há sempre um risco metodológico para quem se aventura por esses caminhos. Para atenuar esses riscos, apresento uma detalhada descrição do caso do *trabalho escravo* que chegou ao Supremo Tribunal Federal para, depois, analisar suas consequências jurídicas e políticas.

2.1 Os fatos

Em janeiro de 1992, o Ministério Público Federal denunciou um fazendeiro paraense por forçar várias pessoas a trabalhar em condição sub-humana e, assim, por violar os artigos 149 e 203 do Código Penal. Após a condenação em primeiro grau, o Tribunal Regional Federal da 1ª Região declarou que a Justiça Federal era incompetente para julgar o caso e anulou todo o processo. O Ministério Público Federal recorreu dessa decisão ao Supremo Tribunal Federal com a alegação de que o art. 109 da CRFB fora violado pelo TRF da 1ª Região e pediu a continuação do julgamento.

2.2 A questão constitucional

Reduzir alguém a condição análoga à de escravo é um crime contra a liberdade individual ou é um crime contra a organização do

---

[2] BLACK, Henry Campbell. *Handbook on the law of judicial precedents*: or, the science of case law. West Publishing Company, 1912; STATSKY, W. P.; WERNET, R. J. *Case analysis and fundamentals of legal writing*. St. Paul, MN: West Publishing, 1989; YIN, Robert K. *Case study research*: design and methods. Thousand Oaks: Sage, 1994; WIJFFELS, Alain A. *Case law in the making*: the techniques and methods of judicial records and law reports. Duncker & Humblot, 1997; CAPPALLI, Richard B. *Advanced case law methods*: a practical guide. Transnational Publishers, 2005.

[3] Destaco o trabalho do Grupo de Pesquisa *Observatório da Jurisdição Constitucional*, liderado pelo Prof. Dr. José Ribas Vieira (UFRJ) e o livro de Oscar Vilhena Vieira (*Supremo Tribunal Federal*: jurisprudência política. São Paulo: Malheiros, 2002).

trabalho? E de quem é a competência para julgar um crime de redução de alguém a condição análoga à de escravo: da Justiça Estadual ou da Justiça Federal?

2.3 Voto condutor da decisão

Do Relator, o Min. Joaquim Barbosa.

2.4 Voto de divergência

Do Min. Gilmar Ferreira Mendes.

2.5 A decisão

Por maioria: 5 votos contra 3. O Tribunal, por maioria, deu provimento ao recurso, nos termos do voto do relator. Não participou da votação o Min. Ricardo Levandowski, por suceder o Min. Carlos Velloso que proferira seu voto. Ausentes a Min. Ellen Gracie (Presidente), o Min. Sepúlveda Pertence e a Min. Cármen Lúcia. Presidiu o julgamento o Min. Gilmar Mendes.

2.6 Principais consequências

Alteração da Jurisprudência do STF para ampliar o alcance do conceito de "crimes contra a organização do trabalho" previsto no art. 109, VI da CRFB. Afirmação do princípio da dignidade da pessoa humana como *fundamento axiológico do núcleo essencial da Constituição* da República Federativa do Brasil. Afirmação de um novo *leading case*. Quem reduz alguém a condição de escravo agride o *fundamento axiológico do núcleo essencial da Constituição* que é o princípio da dignidade da pessoa humana, comete um crime contra a organização do trabalho, que tem na dignidade da pessoa humana seu fundamento. A competência para julgar crimes de redução de pessoa a condição análoga à de escravo é da Justiça Federal.

2.7 Os dispositivos constitucionais envolvidos

1. Art. 1º A República Federativa do Brasil, formada pela união indissolúvel dos Estados e Municípios e do Distrito Federal, constitui-se

em Estado Democrático de Direito e tem como fundamentos: III – a dignidade da pessoa humana;

2. Art. 1º A República Federativa do Brasil, formada pela união indissolúvel dos Estados e Municípios e do Distrito Federal, constitui-se em Estado Democrático de Direito e tem como fundamentos: IV – os valores sociais do trabalho e da livre iniciativa;

3. Art. 3º Constituem objetivos fundamentais da República Federativa do Brasil: I – construir uma sociedade livre, justa e solidária;

4. Art. 3º Constituem objetivos fundamentais da República Federativa do Brasil: IV – promover o bem de todos, sem preconceitos de origem, raça, sexo, cor, idade e quaisquer outras formas de discriminação.

5. Art. 5º Todos são iguais perante a lei, sem distinção de qualquer natureza, garantindo-se aos brasileiros e aos estrangeiros residentes no País a inviolabilidade do direito à vida, à liberdade, à igualdade, à segurança e à propriedade, nos termos seguintes;

6. Art. 21. Compete à União: XXIV – organizar, manter e executar a inspeção do trabalho;

7. Art. 34. A União não intervirá nos Estados nem no Distrito Federal, exceto para: VII – assegurar a observância dos seguintes princípios constitucionais: b) direitos da pessoa humana;

8. Art. 36. A decretação da intervenção dependerá: III – de provimento, pelo Supremo Tribunal Federal, de representação do Procurador-Geral da República, na hipótese do art. 34, VII, e no caso de recusa à execução de lei federal. (Redação dada pela Emenda Constitucional nº 45, de 2004)

9. Art. 109. Aos juízes federais compete processar e julgar: V – os crimes previstos em tratado ou convenção internacional, quando, iniciada a execução no País, o resultado tenha ou devesse ter ocorrido no estrangeiro, ou reciprocamente; VA – as causas relativas a direitos humanos a que se refere o §5º deste artigo; (Incluído pela Emenda Constitucional nº 45, de 2004); VI – os crimes contra a organização do trabalho e, nos casos determinados por lei, contra o sistema financeiro e a ordem econômico-financeira; XI – a disputa sobre direitos indígenas. §5º Nas hipóteses de grave violação de direitos humanos, o Procurador-Geral da República, com a finalidade de assegurar o cumprimento de obrigações decorrentes de tratados internacionais de direitos humanos dos quais o Brasil seja parte, poderá suscitar, perante o Superior Tribunal de Justiça, em qualquer fase do inquérito ou processo, incidente de deslocamento de competência para a Justiça Federal. (Incluído pela Emenda Constitucional nº 45, de 2004);

10. Art. 170. A ordem econômica, fundada na valorização do trabalho humano e na livre iniciativa, tem por fim assegurar a todos existência digna, conforme os ditames da justiça social, observados os seguintes princípios;

11. Art. 231. São reconhecidos aos índios sua organização social, costumes, línguas, crenças e tradições, e os direitos originários sobre as terras que tradicionalmente ocupam, competindo à União demarcá-las, proteger e fazer respeitar todos os seus bens.

2.8 Os dispositivos do Código Penal envolvidos

TÍTULO I. DOS CRIMES CONTRA A PESSOA. CAPÍTULO VI – DOS CRIMES CONTRA A LIBERDADE INDIVIDUAL. SEÇÃO I. DOS CRIMES CONTRA A LIBERDADE PESSOAL. Redução a condição análoga à de escravo. Art. 149. Reduzir alguém a condição análoga à de escravo, quer submetendo-o a trabalhos forçados ou a jornada exaustiva, quer sujeitando-o a condições degradantes de trabalho, quer restringindo, por qualquer meio, sua locomoção em razão de dívida contraída com o empregador ou preposto: (Redação dada pela Lei nº 10.803, de 11.12.2003).

TÍTULO IV. DOS CRIMES CONTRA A ORGANIZAÇÃO DO TRABALHO. Frustração de direito assegurado por lei trabalhista. Art. 203 – Frustrar, mediante fraude ou violência, direito assegurado pela legislação do trabalho.

2.9 A estrita legalidade e a defesa dos direitos humanos

Na reclamação nº 4.219-SP, em voto-vista, o Min. Eros Grau afirmou que:

> O direito é uma prudência, no âmbito da qual não se encontram respostas exatas, senão uma multiplicidade de respostas corretas. (...) A Constituição diz o que nós, juízes desta Corte, dizemos que ela diz. Nós transformamos em normas o texto escrito da Constituição... Nós, aqui neste Tribunal, nós produzimos as normas que compõem a Constituição do Brasil hoje, agora. Nós é que, em derradeira instância, damos vida à Constituição, vivificamos a Constituição. E ela será do tamanho que a ela atribuirmos na amplitude dos nossos juízos. (STF. Informativo 458. *DJ* n. 230, de 30.11.2007)

Celso de Mello, bem antes, já havia sentenciado que:

O ordenamento normativo nada mais é senão a sua própria interpretação, notadamente quando a exegese das leis e da Constituição emanar do Poder Judiciário, cujos pronunciamentos qualificam-se pela nota da definitividade. A interpretação, qualquer que seja o método hermenêutico utilizado, tem por objetivo definir o sentido e esclarecer o alcance de determinado preceito inscrito no ordenamento positivo do Estado, não se confundindo, por isso mesmo, com o ato estatal de produção normativa. Em uma palavra: o exercício de interpretação da Constituição e dos textos legais — por caracterizar atividade típica dos Juízes e Tribunais — não importa em usurpação das atribuições normativas dos demais Poderes da República. Precedente. (RE-AgR 269579 / RS Rel.: Min. Celso de Mello. 26.09.2000. Segunda Turma)

Diante disso, será que o princípio da legalidade estrita, que predomina do direito penal, também alcança as classificações feitas pelo legislador ordinário? O juiz constitucional poderia alterar, à luz da Constituição, essa classificação? Este é o primeiro problema hermenêutico debatido neste caso. Ele tem a ver com a classificação promovida pelo Código Penal para o delito de redução de pessoa a condição análoga à de escravo: o Código o qualifica como uma violência à liberdade individual (art. 149, do Código Penal). Esta seria, no entanto, a última palavra? Este delito não poderia ser reclassificado pela jurisprudência, como um crime contra a organização do trabalho? (art. 203, do Código Penal).

As afirmações de Eros Grau e Celso de Mello fazem ver que o Supremo Tribunal Federal e o Poder Judiciário como um todo, não se sujeitam a nenhuma decisão do Poder Legislativo caso julgue que elas ameaçam o *núcleo essencial da constituição*. Dessa forma, neste caso ficará assentado que o máximo juiz constitucional pode reclassificar delitos do Código Penal sem deixar sua condição de legislador negativo. Ficou decidido que a reclassificação não é inovação normativa: é, quando for o caso, uma censura à qualificação do bem jurídico proposta pelo Poder Legislativo.

Em segundo lugar, este caso abriu uma discussão sobre o alcance da redação do art. 109, VI, da Constituição da República. Diante da regra de competência aí estabelecida não há margem para dúvidas, doutrinárias ou jurisprudenciais, de que os crimes descritos no Titulo IV do Código Penal brasileiro — crimes contra a organização do trabalho — são da competência da Justiça Federal.

Tudo isso nos conduz à seguinte indagação: se a União se compromete, na esfera internacional, pela eficácia dos tratados internacionais por ela firmados e se a redução de pessoa a condição análoga à de escravo é tema vedado pelos tratados de direitos humanos firmados pelo Brasil — notadamente a Convenção Internacional nº 29 (publicada em 28.06.1930 e promulgada no Brasil pelo Decreto nº 41.721, de 25.06.1957) e com a Convenção Internacional nº 105 (publicada em 05.06.1957 e promulgada pelo Decreto nº 58.822, de 14.07.1966), ambas da Organização Internacional do Trabalho (OIT), e a Convenção Americana de Direitos Humanos, de 1969, ratificada pelo Brasil em 25.09.1992 —, isso significa, então, que a interpretação mais adequada à Constituição seria a que confere à Justiça Federal a competência para julgar os crimes de sujeição de pessoa a condição de escravo?

2.10 O precedente do STF

O primeiro *leading case* do STF relativo a delitos contra a organização do trabalho foi estabelecido antes da entrada em vigor da atual Carta Constitucional. Um voto do Ex-Ministro Moreira Alves, no RE nº 90.042-SP, de 30.08.1979, ajudou a aprimorar o entendimento do Supremo em relação às condições necessárias para que seja da Justiça Federal a competência para julgar esses crimes.

A competência constitucional da Justiça Federal para julgar crimes contra a organização do trabalho foi criada pelo Ato Institucional nº 2, de 1965, que alterou o art. 105 da Carta de 1946; depois, ela foi incorporada, com a mesma redação, à Carta de 1967.

É bom lembrar que o extinto Tribunal Federal de Recursos (TFR) sumulou o assunto, em 1982, da seguinte maneira:

> Súmula 115 – Compete à Justiça Federal processar e julgar os crimes contra a organização do trabalho, quando tenham por objeto a organização geral do trabalho ou direitos dos trabalhadores considerados coletivamente.

O voto do Min. Moreira Alves, na ocasião, ganhou relevo por fixar uma importante distinção conceitual. Esse voto firmou a inteligência do art. 125, VI da Constituição de 1967, EC nº. 1/69, que prescrevia:

Art. 125. Aos juízes federais compete processar e julgar, em primeira instância: VI – os crimes contra a organização do trabalho ou decorrentes de greve;

A Suprema Corte decidiu, à época, que nem todas as relações de trabalho fraudadas pelos empregadores haveriam de ser compreendidas, rigorosamente, como *crimes contra a organização do trabalho*. Situações como fraudar as anotações da carteira de um trabalhador ou deixar de pagar o salário mínimo a um empregado foram mencionadas como exemplos de ilícitos que não poderiam ser enquadrados naquele tipo penal.

O voto condutor do Ex-Ministro Moreira Alves estabeleceu que nas relações de trabalho pode haver condutas de empregadores que afrontam direitos individuais. Nem todas as violações a direitos individuais, no entanto, poderiam ser ao mesmo tempo agressão aos interesses gerais dos trabalhadores. E só neste último caso se poderia falar, legitimamente, de agressão à ordem econômica ou social.

A Corte não cogitou da hipótese do trabalho escravo. Mesmo assim, firmou entendimento de que nem todos os crimes contra a organização do trabalho previstos no Código Penal poderiam ser da competência da Justiça Federal. Entre o Código Penal e a Constituição houve coincidência terminológica, mas não conceitual. A Justiça Federal, segundo o Min. Moreira Alves, haveria de ser mobilizada para julgar somente as ações relativas a crimes que punham em risco a ordem pública, o trabalho coletivo. Em síntese, seria competência da Justiça Federal julgar as condutas lesivas do sistema de órgãos e instituições que preservam, coletivamente, os direitos e deveres dos trabalhadores. Fora disso, a competência seria da Justiça Comum Estadual.

A situação do trabalho escravo que chegou à Corte em 1992, no entanto, era diversa das hipóteses mencionadas no *case* de 1979. Como disse o Min. Joaquim Barbosa, neste caso mais recente não estava em discussão a agressão ao *status* jurídico de um trabalhador isolado: tratava-se de inúmeros trabalhadores escoltados, alguns até acorrentados, numa fazenda do Pará.

Esses fatos novos evocaram, como é natural, a pergunta que também orientou o raciocínio do Ex-Ministro Moreira Alves: será que a situação levada à Corte, agora — pessoas trabalhando em condição sub-humana numa fazenda do Pará — punha em risco toda a organização do trabalho, isto é, todos os seus órgãos e suas instituições? É evidente que não.

A prevalecer o raciocínio do Ex-Ministro Moreira Alves, então, a redução de trabalhadores a condição análoga à de escravo não ameaçaria a organização do trabalho — nesse sentido amplo que lhe foi conferido — e, sendo assim, remeter-se-ia a competência à Justiça Estadual. Estaria certo o Tribunal Regional Federal da 1ª Região em anular a decisão de 1º grau.

2.11 As razões da divergência

O Min. Gilmar Mendes se opôs a qualquer interpretação que pudesse modificar esse entendimento já cristalizado na Corte.

A seu ver a Corte não poderia presumir, sem incorrer em preconceito, que só autoridades federais poderiam enfrentar eficazmente o problema do trabalho escravo. Na verdade, esse é um tema que deveria ser enfrentado pelo Estado brasileiro, enquanto unidade política, como uma só organização, e pela Justiça brasileira concebida, não como federal e estadual, mas como um só Poder.

Além disso, salientou que a Emenda Constitucional nº 45, de 2004, trouxe a possibilidade de deslocamento de competência para a Justiça Federal em caso de crimes contra direitos humanos. O art. 109, V-A e §5º da CRFB deu ao Procurador-Geral da República a legitimidade para suscitar o incidente de deslocamento de competência para a Justiça Federal, em qualquer fase do processo. Da mesma forma a União Federal pode intervir nos Estados-membros quando direitos da pessoa humana estiverem ameaçados, mediante representação do Procurador-Geral da República, para assegurar eficácia ao art. 34, VII, b, da CRFB.

Por fim, sentenciou que o argumento, segundo o qual a pessoa humana é elemento central da organização do trabalho não poderia impressionar nem alterar a distinção conceitual proposta por Moreira Alves, em 1979. Isso porque toda norma penal está, sempre e necessariamente, atrelada à dignidade da pessoa humana. Se não for assim, não pode ser norma penal.

Gilmar Mendes concluiu que o bem jurídico afetado pelo art. 109, VI não foi modificado pela nova Carta Constitucional. Temendo abusos hermenêuticos qualificados como "abusos na tipificação de fatos tidos como de trabalho escravo", insistiu que o bem jurídico amparado pelo referido inciso VI do artigo 109 permanece o mesmo já esclarecido no *leading case* de 1979. Assim, a seu ver, a Justiça Federal deve ser acionada somente se no caso existir *ofensa ao interesse de ordem geral na manutenção dos princípios básicos sobre os quais se estrutura o trabalho em todo o país.* O art. 109, VI não autoriza a intervenção da Justiça Federal nos casos em que o elemento coletivo ou transindividual estejam apenas indiretamente relacionados.

Essa interpretação seria coerente com o entendimento já manifesto pela Suprema Corte no RE nº 419.528/PR, rel. orig. Min. Marco Aurélio, rel. p/ o acórdão Min. Cezar Peluso, 03.08.2006. (RE nº 419.528) quando a Corte afastou a possibilidade de se ter uma competência *ratione personae* para o art. 109, XI, em caso de crimes de ameaça, lesão corporal, constrangimento ilegal e/ou tentativa de homicídio atribuídos a índios.

Essa norma pressupõe que o delito comum cometido por índio contra outro índio ou contra um terceiro que não envolva nada que diga singularmente respeito a sua condição de indígena, não guarda a especificidade necessária para haver a tutela peculiar prevista no art. 231, nem a competência do art. 109, XI.

> Prevaleceu o voto do Min. Cezar Peluso, (...) de caber à Justiça Federal o processo quando nele veiculadas questões ligadas aos elementos da cultura indígena e aos direitos sobre terras, não abarcando delitos isolados praticados sem nenhum envolvimento com a comunidade indígena. (...) A expressão "disputa sobre direitos indígenas", contida no mencionado inciso XI do art. 109, significa: a existência de um conflito que, por definição, é intersubjetivo; que o objeto desse conflito sejam direitos indígenas; e que essa disputa envolva a demanda sobre a titularidade desses direitos. (...) Esclareceu, no entanto, que a norma também inclui todo o crime que constitua um atentado contra a existência do grupo indígena, na área penal, ou crimes que tenham motivação por disputa de terras indígenas ou outros direitos indígenas. (STF. Informativo 434)

2.12 A nova orientação do STF

O voto do Min. Joaquim Barbosa recuperou os debates formulados no *leading case* de 1979 que, ao longo de quase trinta anos, orientou a jurisprudência do Supremo Tribunal Federal sobre o significado e os contornos da competência para julgar crimes contra a organização do trabalho. O relator do caso, no entanto, extraiu dele consequências diferentes, porém coerentes com o atual contexto constitucional internacional.

Seu ponto de partida, no entanto, não foi uma divergência. É que, em 1979, a Corte reconheceu que quando o caso repercutir sobre o *interesse geral* dos trabalhadores deveria ser da União a competência para julgá-lo.

Esse é um ponto bastante salientado no voto do Min. Joaquim Barbosa. Não obstante, seu voto ampliou o significado da expressão *organização do trabalho*, prevista no art. 109, VI da CRFB, para inserir nele o elemento *homem*, em sua acepção mais ampla de liberdade, autodeterminação e dignidade.

> ...quaisquer condutas que possam ser tidas como violadoras não somente do sistema de órgãos e instituições com atribuições para proteger os direitos e deveres dos trabalhadores, mas também do homem trabalhador, atingindo-o nas esferas que lhe são mais caras, em que a Constituição lhe confere proteção máxima, são, sim, enquadráveis na categoria dos crimes contra a organização do trabalho, se praticadas no contexto de relações de trabalho (p. 8)

A seu ver, não há como interpretar direitos fundamentais constitucionalmente previstos sem a orientação do princípio da dignidade da pessoa humana, componente axiológico que dá sentido a todo o arcabouço jurídico-constitucional, pois é o *centro de gravidade de toda a ordem jurídica.*

O Min. Eros Grau, que acompanhou o entendimento do relator, fez questão de registrar, no voto proferido em 03.03.2005, que o Supremo Tribunal Federal, quando aplica princípios constitucionais na solução de casos que se lhe apresentam, não está julgando a partir de valores.

> todas as vezes que se fala em princípio, está se falando em norma jurídica e não em valor. Não se julga, aqui, de acordo com valores, que são preferências, mas sim segundo normas imperativas, deontológicas.

Diante da leitura de que a Constituição tem seu centro de gravidade no princípio da dignidade da pessoa humana, e mais, que princípios constitucionais não são valores, são, antes, normas imperativas, como admitir que a expressão *"organização do trabalho"* inscrita no art. 109, VI da CRFB, possa ser reduzida, exclusivamente, a órgãos e instituições, deixando de lado o próprio *homem* e sua dignidade, tão protegidos pelo *núcleo essencial da constituição*?[4]

---

[4] Ver art. 1, III; art. 60, §4º, IV; art. 34, VII, b da CRFB.

Como já foi dito, o Estado brasileiro assumiu compromissos internacionais de abolir o trabalho forçado ou obrigatório com a assinatura de várias Convenções Internacionais sobre Direitos Humanos. O governo federal, nos últimos anos, também instituiu uma série de órgãos e instituições especialmente voltados para cuidar dos direitos humanos e fundamentais no ambiente de trabalho.[5] Isso faz ver, segundo o Min. Joaquim Barbosa, que o sistema jurídico brasileiro está orientado pelo princípio da dignidade da pessoa humana e que sujeitar seres humanos a condição análoga à de escravo não agride só o valor social do trabalho (art. 1º, IV e 170 da Carta Política), agride também os interesses coletivos, como os da Previdência Social.

Se a União Federal assumiu a responsabilidade política de efetivar os direitos humanos decorrentes de compromissos internacionais, e se os interesses da Previdência Social são frustrados sempre que se violam direitos trabalhistas, a interpretação mais conforme aos desígnios da Carta de 1988 parece ser a que humaniza e amplia o sentido da expressão "organização do trabalho" e que, assim, concede à Justiça Federal a competência para julgar os crimes de redução de trabalhadores a condição análoga à de escravo, mesmo que o Código Penal haja classificado esse delito como violação à liberdade individual.

Nos pronunciamentos dos Min. Sepúlveda Pertence e Nelson Jobim, na linha dos votos de Eros Grau e Celso de Mello antes mencionadas, ficou bem assentado que o STF não se sujeita a qualquer classificação de bem jurídico realizada pela legislação infraconstitucional. A proteção de bens jurídicos está sujeita, em última *ratio*, ao juízo da Corte Suprema, que é a guardiã da Constituição.

Se as classificações do legislador ordinário não têm autoridade para inibir a interpretação constitucional do Supremo sobre o mesmo bem jurídico, então qualquer tipo de relação de trabalho que reduza pessoas a condição de escravo será uma forma de agressão à *organização do trabalho*, tal como modelada pelo atual sistema constitucional brasileiro.

Isso não significa que o Supremo haja determinado que a Justiça Federal deva atuar em todos os crimes trabalhistas. Sua competência, no entanto, passa a ser inafastável naqueles casos em

---

[5] Criou, em 1995, por exemplo, o Gertraf (Grupo Executivo de Repressão ao Trabalho Forçado), o Ministério do trabalho criou o Grupo Especial de Fiscalização Móvel, o Ministério da Justiça criou o Conselho de Defesa dos Direitos da Pessoa humana, e o Programa Nacional de Direitos Humanos.

que, além da liberdade individual, também é agredido o bem jurídico que é o *fundamento axiológico do núcleo essencial da Constituição,* qual seja, o princípio da dignidade da pessoa humana. Esse princípio, depois deste julgado, passa a ser o centro da atual organização constitucional do trabalho.

3 O Supremo Tribunal e o constitucionalismo contemporâneo

A solução dada a este caso revela que os máximos juízes constitucionais brasileiros mantêm poder de *imperium*, que é poder de Estado. A tutela jurisdicional decorrente desse poder contra-majoritário de anular decisões de Poder Legislativo, de decidir casos e de criar atos normativos[6] com efeitos generalizantes, transforma suas decisões em precedentes que passaram a ter força normativa.

Isto é diferente do típico poder político de criar leis. Não significa que os tribunais superiores, com destaque para o STF, estejam se afastando de sua condição de legislador negativo e rompendo a fronteira de sua legitimidade política. A natureza política de suas decisões permanece muito distinta das veiculadas pelos poderes majoritários. O STF não define a agenda das discussões de que participa, não pode eleger prioridades sociais para se concentrar nelas, pois ainda está sujeito ao princípio da inércia. Da mesma forma, não escolhe as partes que podem discutir seus interesses, e também não escolhe quais pedidos serão atendidos e em quanto tempo; por fim, o STF não pode resolver os conflitos com base, exclusivamente, em equidade ou ponderação de interesses (VERÍSSIMO, 2006, p. 15; FISS, p. 13-14)

Desenvolver uma teorização que elucide os fundamentos políticos adotados pelo Supremo Tribunal Federal para interpretar a Constituição é uma tarefa extremamente difícil.

Nenhuma teoria interpretativa desenvolveu testes mecânicos, ou neutros, consistentes para serem aplicados sem falhas: o que resta à teoria do direito são interpretações competentes das decisões

---

[6] Tribunal Superior Eleitoral tem poder normativo na expedição de instruções para fiel execução das leis eleitorais (BRASIL. Superior Tribunal de Justiça. REsp nº 831.495/PR – Recurso Especial nº 2006/0064482-5. Rel. Min. Teori Albino Zavascki. 20.06.2006. *DJ*, p. 192, 30 jun. 2006). Ver, nessa linha, o artigo de Luiz Eduardo Gunther: GUNTHER, Luiz Eduardo; Zornig, C. M. N. A revolução silenciosa do TST. *Revista do Tribunal Regional do Trabalho da 9ª Região*, Curitiba, ano 28, n. 51, p. 83-95, jul./dez. 2003.

relevantes dos juízes que têm por função interpretar a Constituição. A existência de desacordos, controvérsias e incertezas nos casos constitucionais não significa que não haja respostas melhor fundamentadas e que sejam melhores que outras quando postas diante do problema de saber o que a Constituição de uma democracia responsiva, efetivamente, reclama (DWORKIN, 2000, p. 215; WALUCHOW, 2008).

É óbvio que um sistema de precedentes dá ao sistema jurídico previsibilidade e segurança. No entanto, a rejeição de precedentes e a criação de novas soluções jurídicas é da essência da jurisdição constitucional.

> (...) a evolução jurisprudencial sempre foi uma marca de qualquer jurisdição de perfil constitucional. A afirmação da mutação constitucional não implica o reconhecimento, por parte da Corte, de erro ou equívoco interpretativo do texto constitucional em julgados pretéritos. Ela reconhece e reafirma, ao contrário, a necessidade da contínua e paulatina adaptação dos sentidos possíveis da letra da Constituição aos câmbios observados numa sociedade que, como a atual, está marcada pela complexidade e pelo pluralismo. (STF. RE 466.343. Prisão Civil de Depositário Infiel. Voto Min. Gilmar Ferreira Mendes, p.61)

As Cortes Constitucionais têm a obrigação de serem as guardiãs das Constituições, e se isso exige atenção aos "câmbios observados na sociedade", também requer que elas desenvolvam atitudes coerentes, claras e consistentes com os avanços de uma sociedade estável. Isso significa que a Constituição não é, rigorosamente, o que o Supremo Tribunal Federal diz que ela é. A legitimidade de cada decisão depende do senso de justiça que as razões invocadas são capazes de produzir e também da capacidade de tais razões de resistir às razões contrárias.

> É claro que os juízes não podem invocar sua própria moralidade particular, nem os ideais e virtudes da moralidade em geral. (...) Devem, isto sim, apelar para os valores políticos que julgam fazer parte do entendimento mais razoável da concepção pública e de seus valores políticos de justiça e razão pública. (...) [A] melhor interpretação é aquela que melhor se articula com o corpo pertinente daquelas matérias constitucionais, e que se justifica nos termos da concepção pública de justiça ou de uma de suas variantes razoáveis.

Ao fazer isso espera-se que os juízes possam apelar, e apelem de fato, para os valores políticos da concepção pública, sempre que a própria Constituição invoque expressa ou implicitamente esses valores (...).O papel do tribunal é parte da publicidade da razão, e um aspecto do papel amplo ou educativo da razão pública. (Rawls, John. A idéia de elementos constitucionais essenciais. *In*: *Liberalismo político*. 2. ed. Ática, 2000. p. 286-287)

O Supremo Tribunal Federal está muito mais sensível à responsividade inerente às democracias constitucionais. O julgamento aqui analisado é bom exemplo de como a Corte está disposta a modificar seus precedentes, superar suas divergências internas com razões públicas consistentes e a maximizar a efetividade do princípio da dignidade da pessoa humana.[7]

Atualmente, se a violação dos direitos e deveres dos trabalhadores atinge as esferas em que a Constituição lhe confere proteção máxima, tais condutas se enquadram na categoria dos crimes contra a organização do trabalho.

Nessa mesma linha de efetivação dos direitos humanos, o Supremo Tribunal Federal, por maioria de votos, em sessão de julgamento do Recurso Extraordinário nº 466.343–SP, em dezembro de 2008, restringiu a prisão civil por dívida negocial e revogou a Súmula nº 619 que admitia a prisão do depositário judicial infiel, sob o argumento de que tais regras contrariavam dispositivos da Convenção Americana de Direitos Humanos, considerada pela Corte como documento parte do *bloco de constitucionalidade* brasileiro.

Essas decisões têm importantíssimos efeitos, ao mesmo tempo, teóricos e práticos, para a compreensão e aplicação dos direitos humanos no Brasil e para a concretização de uma nova hermenêutica do direito constitucional.

Pode-se dizer que, a partir delas, o Supremo Tribunal Federal definitivamente: a) oficializou a teoria do Estado Constitucional, b) consolidou a natureza instrumental do processo judicial; c) afastou a natureza de lei ordinária para tratados e convenções internacionais

---

[7] O Supremo passou a aplicar o entendimento firmado nesta decisão a todos os demais que lhe foram submetidos: RE nº 499.143, sob a relatoria do ministro Sepúlveda Pertence; nº 507.110, sob a relatoria do ministro Gilmar Mendes e nº 508.717, sob a relatoria da ministra Cármen Lúcia. O próprio Min. Gilmar Mendes conheceu recurso extraordinário e deu-lhe provimento a fim de declarar competente a Justiça Federal para julgar os crimes de redução de pessoa a condição análoga à de escravo, sob os fundamentos discutidos no RE nº 398.041 e analisados neste trabalho, ver RE nº 480.138 / RR, Rel. Min. Gilmar Mendes. *DJe*-073, publicado em 24.04.2008.

sobre direitos humanos ratificados pelo Brasil, d) incorporou à hermenêutica constitucional elementos centrais da teoria do constitucionalismo cosmopolita, em especial a noção de bloco de constitucionalidade, e) harmonizou a aplicação dos §§2º e 3º do art. 5º da Constituição da República, e, por fim, f) posicionou a dignidade da pessoa humana como *fundamento axiológico do núcleo essencial da Constituição.*

Referências

AMERICAN BAR ASSOCIATION. *Justice in Jeopardy*: report of the American Bar Association commission on the 21st century Judiciary. 2003.

BLACK, Henry Campbell. *Handbook on the law of judicial precedents*: or, the science of case law. West Publishing Company, 1912.

CAPPALLI, Richard B. *Advanced case law methods*: a practical guide. Transnational Publishers, 2005.

DAHL, Robert. *Poliarquia*: participação e oposição. Trad. Celso Mauro Paciornik. São Paulo: Ed. USP, 1997.

DWORKIN, Ronald. *Uma questão de princípio.* Trad. Luís Carlos Borges. 2. ed. São Paulo: Martins Fontes, 2000.

FERRAJOLI, Luigi. *Democracia y garantismo.* Ed. Miguel Carbonell. Madrid: Editorial Trotta, 2008.

FERRAJOLI, Luigi. *Principia Iuris.* Teoria del diritto e della democrazia. Editori Laterza, 2007.

FISS, Owen M. The forms of justice. *Harvard Law Review*, v. 93, n. 1, 1979.

GUNTHER, Luiz Eduardo; Zornig, C. M. N. A revolução silenciosa do TST. *Revista do Tribunal Regional do Trabalho da 9ª Região*, Curitiba, ano 28, n. 51, p. 83-95, jul./dez. 2003.

KALUSZYNSKI, Martine. *La judiciarisation de la société et du politique*: Droit et Société. Institut d'Etudes Politiques de Grenoble. Sciences de Gouvernement comparées, 2005.

RAWLS, John. *Liberalismo político.* Trad. Dinha de Abreu Azevedo; Rev. Álvaro de Vita. 2. ed. São Paulo: Ática, 2000.

STATSKY, W. P.; WERNET, R. J. *Case analysis and fundamentals of legal writing.* St. Paul, MN: West Publishing, 1989.

STRAPAZZON, Carlos Luiz. Tratados internacionais, direitos fundamentais e liberdade individual: rupturas e evoluções em 60 anos de jurisprudência do Supremo Tribunal Federal. *In*: MARTEL, Letícia de Campos Velho (Org.). *Estudos contemporâneos de direitos fundamentais.* Rio de Janeiro: Lumen Juris, 2009.

VALLINDER, T.; TATE, C. Neal. *The global expansion of judicial power*: the judicialization of politics. New York: New York University, 1995.

VERÍSSIMO, Marcos Paulo. *A judicialização dos conflitos de justiça distributiva no Brasil*: o processo judicial no pós-1988. 2006. 264 f. Tese (Doutorado) – Curso de Direito, USP, São Paulo, 2006.

VIEIRA, Oscar Vilhena. *Supremo Tribunal Federal*: jurisprudência política. Malheiros, 2002.

WALUCHOW, Wil. *Constitucionalismo*. Trad. Carlos Luiz Strapazzon. No prelo. Versão original: ZALTA, Edward N. (Ed.). *The Stanford Encyclopedia of Philosophy*. 2008. Disponível em: <http://plato.stanford.edu/>.

WIJFFELS, Alain A. *Case law in the making*: the techniques and methods of judicial records and law reports. Duncker & Humblot, 1997.

ZAGREBELSKY, Gustavo. *Historia y Constitución*. Trad. Español Miguel Carbonell. Ed. Trotta, 2005.

Informação bibliográfica deste texto, conforme a NBR 6023:2002 da Associação Brasileira de Normas Técnicas (ABNT):

STRAPAZZON, Carlos Luiz. Hermenêutica responsiva, juízes constitucionais e antigas chagas sociais: o trabalho escravo chega ao Supremo Tribunal Federal: 118 anos depois. *In*: BARACAT, Eduardo Milléo (Coord.). *Direito penal do trabalho*: reflexões atuais. Belo Horizonte: Fórum, 2010. p. 235-256. ISBN 978-85-7700-357-0.

PARTE IV

Instituições Públicas: Direito do Trabalho e Direito Penal

O FALSO TESTEMUNHO
E A JUSTIÇA DO TRABALHO:
ASPECTOS CONTROVERTIDOS E RELEVANTES

Luiz Eduardo Gunther

Sumário: Introdução – **1** Os princípios sobre a prova – **2** O conceito jurídico de testemunha – **3** O tipo penal de acordo com a Lei nº 10.268 de 28.08.2001 – **4** A possibilidade de ocorrência do falso testemunho na esfera da Justiça do Trabalho e o procedimento a ser adotado – **5** A competência judicial para o exame da ação penal – Referências

Introdução

No momento em que se enceta a realização de um estudo jurídico sobre determinado tema, torna-se fundamental levantar as premissas das quais se parte.

O assunto a ser enfocado é o falso testemunho, portanto decorre da realização da prova em juízo, limitando-se à área trabalhista.

Para que se possa enfrentar o desafio de estudar a incidência do falso testemunho no setor trabalhista, torna-se indispensável recorrer a diversas disciplinas jurídicas e não somente ao Direito Constitucional, Direito do Trabalho e Direito Processual do Trabalho.

O tema da prova origina-se na Teoria Geral do Processo e é regrado pelo Direito Processual Civil, Direito Processual Penal e Direito Processual do Trabalho. O que abrange o fenômeno da prova testemunhal? Torna-se necessário recorrer às demais disciplinas jurídicas e a outras ciências se necessário.

Quando se fala em falso testemunho busca-se, desde logo, o Direito Penal, no qual estão tipificados os delitos.

Portanto, deve haver uma relação muito próxima entre essas disciplinas jurídicas, especialmente para tornar viável chegar-se ao fim do estudo pretendido.

Foi-se o tempo em que havia uma escolha de limites para a pesquisa, escolhendo-se entre as áreas do direito público e privado. As normas públicas e privadas inserem-se, hoje, em um sistema de vasos comunicantes, não havendo mais interesse científico em separá-las, para efeito de estudo, bastando a pertinência temática para que sejam examinadas simultaneamente. Como recordava Egon Felix Gottschalk, "para o monismo kelseniano a bipartição do Direito em público e privado não constitui problema: ela já conceitualmente é inexistente".[1] Explicita esse autor, também, o caráter essencialmente variável da distribuição das normas jurídicas públicas e privadas, de povo para povo e, dentro do mesmo território nacional, de época para época.[2]

Se há uma inter-relação evidente entre normas públicas e privadas, no estudo do Direito, hodiernamente, o que se pode dizer de outras ciências que influenciam o Direito, em verdadeiro sentido multidisciplinar? De fato, não se torna possível o discernimento mais aprofundado de um tema, como a prova testemunhal, sem que se tome por influência a Sociologia, a Psicologia, a Economia, a Filosofia e a própria História. São os princípios que surgem dessas disciplinas, e de suas experimentações, que geram detalhamentos científicos sobre o comportamento humano em determinada época.

Mauro Cappelletti e Bryan Garth ressaltam "uma invasão sem precedentes dos tradicionais domínios do Direito, por sociólogos, antropólogos, economistas, cientistas, políticos e psicólogos, entre outros".[3]

Consideram esses autores não ser necessário resistir aos "nossos invasores" mas, ao contrário, "respeitar seus enfoques e reagir a eles de forma criativa".[4]

Nesse campo de estudo fala-se em transdisciplinaridade na pesquisa jurídica, significando "mais que uma consequência das transformações da sociedade e da ciência",[5] uma alteração do próprio

---

[1] GOTTSCHALK, Egon Felix. *Norma pública e privada no direito do trabalho*: um ensaio sobre tendências e princípios fundamentais do Direito do Trabalho. São Paulo: Saraiva, 1944. p. VIII. Prefácio.

[2] *Op. cit.*, p. XX, prefácio.

[3] CAPPELLETTI, Mauro; GARTH, Bryant. *Acesso à justiça*. Trad. Ellen Gracie Northfleet. Porto Alegre: Sergio Antonio Fabris, 1988. p. 7-8.

[4] *Op. cit.*, p. 8.

[5] CARNEIRO, Maria Francisca. Transdiciplinaridade na pesquisa jurídica. *O Estado do Paraná*, 22 mar. 09. Caderno Direito e Justiça, p. 12.

método de estudo. Sendo obra aberta, sempre, compreender-se-á essa pesquisa "não apenas como ciência, mas também como uma obra de arte".[6]

Por evidente, nos estreitos limites de um texto produzido para uma obra coletiva, cuja proposta é apenas caracterizar os principais aspectos (controvertidos e relevantes) da prova testemunhal, no que diz respeito à sua falsa produção, não se pode realizar toda a análise pretendida. Mas deixam-se fincadas as premissas metodológicas para exame futuro, em que se levem em conta a análise: a) dos comportamentos humanos coletivos que levam às declarações falsas em juízo (com estudo da Sociologia); b) das características individuais de cada testemunho (sob o ângulo da Psicologia); c) os exames das situações econômicas de determinadas regiões, em épocas específicas, e suas consequências nos depoimentos (Economia); d) os padrões de justiça e de direito que as testemunhas possuem em suas formações (Filosofia); e) o reconhecimento espacial e temporal dos comportamentos das testemunhas, e se isso sofre mudança ao longo do tempo (História).

Um estudo que pudesse ter esse espectro qualitativo poderia traduzir importantes elementos para avaliar a importância da prova testemunhal na produção do direito e no atingimento de padrões de justiça mais razoáveis.

Poder-se-ia partir de um sistema que vai desde os horários em que se realizam as audiências perante as Varas, incluindo as distâncias que as testemunhas devem percorrer para chegar ao Judiciário, até o momento em que se postam perante o Juiz.

Como as audiências ocorrem perante o Juiz? Há técnicas eficientes para descobrir a verdade? O Juiz deve deixar a testemunha à vontade? Pode o Juiz perceber, desde logo, a possível intenção da testemunha em faltar com a verdade? Como deve o Juiz proceder sem interferir na liberdade das respostas que a testemunha deve manifestar? O compromisso de dizer a verdade equivale ao juramento? Podem ser utilizados métodos que envolvam a religião, como o juramento sobre a Bíblia?

Talvez, analisando-se um quadro mais específico, dentro de uma determinada região, uma área do Poder Judiciário (como a Justiça do Trabalho), seja possível avaliar as razões pelas quais as

---

[6] *Op. cit.*, p. 12.

testemunhas mentem, como se pode descobrir mais facilmente essas manifestações e, por fim, criar mecanismos preventivos que possam impedir ou, pelo menos, reduzir essas ocorrências, gerando mais confiabilidade nesse tipo de prova.

No trabalho que se apresenta, pretende-se verificar, em primeiro lugar, dados os estreitos limites de tempo/espaço, quais os princípios mais importantes que fundamentam a existência da prova em juízo. A seguir, esclarecer, conceitualmente, o significado jurídico do vocábulo testemunha. Trazer, então, o tipo penal do falso testemunho, como se encontra em vigor no Brasil. Esclarecer como pode ocorrer o falso testemunho na Justiça do Trabalho, e o procedimento a ser adotado nessa hipótese. Justifica-se a competência da Justiça do Trabalho para o exame desse tipo de ação penal?

1 Os princípios sobre a prova

Na lição de Mário Ferreira dos Santos, consideram-se como princípios, na ciência, "as proposições directivas, características, às quais todo desenvolvimento posterior as subordina".[7]

Vê-se que os princípios são "proposições directivas". Assim, ponto de partida, premissas indispensáveis para chegar-se a algum lugar desejado, do ponto de vista científico.

Na teoria geral do Direito, pode-se considerar, como princípio jurídico, o "enunciado lógico, implícito ou explícito, que, por sua grande generalidade, ocupa posição de preeminência nos vastos quadrantes do direito".[8] Exatamente por essa razão, "vincula, de modo inexorável, o entendimento e a aplicação das normas jurídicas que com ele se conectam".[9]

Criou-se uma importante distinção, no mundo jurídico, com o evoluir dos tempos, entre regras e princípios, de consequências teóricas e práticas muito importantes, especialmente no que diz respeito ao modo de aplicação e quanto ao modo de solução de antinomias.

Essa distinção fundamenta-se na estrutura normativa. No que diz respeito aos princípios, "porque instituem mandamentos superáveis no confronto com outros princípios, permitem o sopesamento".[10]

---

[7] SANTOS, Mário Ferreira dos. *Dicionário de filosofia e ciências culturais*. São Paulo: Matese, 1963. v. 3, p. 1028.

[8] DINIZ, Maria Helena. *Dicionário jurídico*. 2. ed. rev. atual. e aum. São Paulo: Saraiva, 2005. v. 3, p. 853.

[9] DINIZ, *op. cit.*, p. 853.

[10] BARRETTO, Vicente de Paulo (Coord.). *Dicionário de filosofia do direito*. São Leopoldo, RS: UNISINOS; Rio de Janeiro: Renovar, 2006. p. 658.

Quanto às regras, "porque estabelecem deveres pretensamente definitivos, eliminam ou diminuem sensivelmente a liberdade apreciativa do julgador".[11]

Relativamente ao modo de aplicação, "as regras estabelecem mandamentos definitivos e são aplicadas mediante subsunção, já que o aplicador deverá confrontar o conceito do fato com o conceito constante da hipótese normativa e, havendo encaixe, aplicar a consequência".[12] Os princípios, no entanto, estabelecem "deveres provisórios e são aplicados mediante ponderação, na medida em que o aplicador deverá atribuir uma dimensão de peso aos princípios diante do caso concreto".[13]

A diferença prossegue, e se completa, no modo de solução de antinomias. Isso se dá porque "o conflito entre regras ocorre no plano abstrato, é necessário e implica a declaração de invalidade de uma delas caso não seja aberta uma exceção".[14] Ao contrário "o conflito entre princípios ocorre apenas no plano concreto, é contingente e não implica a declaração de invalidade de um deles".[15] Desse modo, no que diz respeito aos princípios, implica, apenas, "no estabelecimento de uma regra de prevalência diante de determinadas circunstâncias verificáveis somente no plano de eficácia das normas".[16]

Por essas ponderações, afirma-se que os princípios, ao contrário das regras, possuem uma dimensão de peso (*dimension of weight*), que é demonstrável na hipótese de colisão entre os princípios, "caso em que o princípio com peso relativo maior sobrepõe-se ao outro, sem que este perca sua validade".[17]

O processualista Rui Portanova afirma serem "muitos os princípios que se ligam à prova".[18] Refere esse autor que o jurista colombiano Echandia enumera e desenvolve duas dezenas de princípios probatórios. Tomando o caminho traçado pelo jurista colombiano, Portanova assevera, quanto à matéria de prova, que "o interesse público aparece com toda sua força e leva o processualista civil para caminhos que se aproximam do processo penal".[19]

---

[11] *Op. cit.*, p. 658.
[12] *Op. cit.*, p. 658.
[13] *Op. cit.*, p. 658.
[14] *Op. cit.*, p. 658.
[15] *Op. cit.*, p. 658.
[16] *Op. cit.*, p. 658.
[17] *Op. cit.*, p. 659.
[18] PORTANOVA, Rui. *Princípios do processo civil*. 6. ed. Porto Alegre: Livraria do Advogado, 2005. p. 197.
[19] *Op. cit.*, p. 197.

A verdade buscada através da prova, para o autor referido, não é apenas aquela de cunho formal, mas, sobretudo, aquela aproximativa da realidade (verdade real). Como registra, em profundidade, "ainda que sem a força do direito processual penal, o juiz cível não pode se contentar com a verdade formal".[20]

Quanto à enumeração e aos enunciados dos princípios, seguindo a linha e a conceituação do autor mencionado, podem ser concentrados em três grandes grupos. O primeiro grupo abrangeria os princípios em busca da verdade, da licitude da prova e inquisitivo. O princípio da busca da verdade enuncia-se no sentido que o juiz deve buscar a verdade material. O princípio da licitude da prova resume-se em entender só serem admitidas no processo civil as provas lícitas ou moralmente legítimas. Quanto ao último princípio deste grupo, pelo princípio inquisitivo, ou inquisitório, compreende-se que o juiz é livre para determinar as provas necessárias à busca da verdade real.[21]

No segundo grupo de princípios, cabem a livre admissibilidade da prova, o ônus da prova, a comunhão da prova e a avaliação da prova. Pelo princípio da livre admissibilidade da prova, uma prova deve ser admitida no processo sempre que necessária à determinação da verdade dos fatos e à formação da convicção do juiz. Pelo princípio do ônus da prova, compete, em regra, ao autor a prova do fato constitutivo e ao réu a prova do fato impeditivo, extintivo ou modificativo. Entende-se pelo princípio da comunhão da prova que a prova pertence ao juízo. Através do princípio da avaliação da prova, ou da apreciação da prova, entende-se que a prova deve ser avaliada pelo juiz.[22]

No terceiro grupo, e último, encontram-se os princípios da imediatidade, concentração probatória e originalidade. Através do princípio da imediatidade, também conhecido por princípio da imediação, o juiz deve colher a prova oral direta e pessoalmente. Compreende-se pelo princípio da concentração que os atos processuais devem realizar-se o mais proximamente possível um dos outros. Finalmente, o princípio da originalidade assevera que a prova, tanto quanto possível, deve referir-se diretamente ao fato por provar.[23]

---

[20] *Op. cit.*, p. 198.
[21] *Op. cit.*, p. 198-208.
[22] *Op. cit.*, p. 208-221.
[23] *Op. cit.*, p. 221-227.

O conjunto de princípios sobre a prova, como se acaba de ver, traduz um conteúdo científico que deve ser analisado quando se pesquisa a deflagração da prova testemunhal, especialmente quando há ocorrência de falsidade nessa prova. Por outro lado, os princípios mencionados, embora relevantes para o processo civil, são perfeitamente aplicáveis na esfera da Justiça do Trabalho, tendo em vista o preenchimento de lacunas e a compatibilidade (art. 769 da CLT).

2 O conceito jurídico de testemunha

Para comprovar suas alegações, as partes recorrem, com grande frequência, à produção de prova testemunhal na Justiça do Trabalho. Dessa forma, pode-se dizer que a ouvida de testemunhas em juízo é um dos meios (ou espécies, ou formas) de prova mais importantes, e de maior ocorrência, no processo do trabalho. Qualquer consulta aos *sites* dos Tribunais Regionais do Trabalho revelará a existência maciça de julgamentos nos quais se faz referência a testemunhas ouvidas e a análise dos depoimentos para solucionar o conflito.

A palavra testemunha corresponde a um substantivo feminino, que se origina do latim *testis*, e possui, dentre outras, a seguinte conceituação: "pessoa não impedida por lei, que é arrolada ou referida para depor imparcialmente sobre os fatos da causa, segundo sua percepção pelos sentidos".[24]

Para Maria Helena Diniz, testemunha é a pessoa distinta dos sujeitos processuais que, "convocada na forma da lei, por ter conhecimento do fato ou ato controvertido entre as partes, depõe sobre este em juízo, para atestar sua existência".[25]

O sentido que atribui à palavra testemunha De Plácido e Silva é mais amplo. Para esse dicionarista, o vocábulo se origina do latim *testimonium*, que significaria testemunho, depoimento, designando, na linguagem jurídica, "a pessoa que atesta a veracidade de um ato, ou que presta esclarecimentos acerca de fatos que lhe são perguntados, afirmando-os, ou os negando".[26] Com base nessa origem, a expressão testemunha não assinala simplesmente a pessoa que

---

[24] SIDOU, J. M. Othon (Org.). *Dicionário jurídico*. 3. ed. Rio de Janeiro: Forense Universitária, 1995. p. 765.

[25] DINIZ, Maria Helena. *Dicionário jurídico*. 2. ed. rev. atual. e aum. São Paulo: Saraiva, 2005. v. 4, p. 672.

[26] SILVA, De Plácido e. *Vocabulário jurídico*. Rio de Janeiro: Forense, 1963. v. 4, p. 1554.

afirma, ou que nega um fato, cuja prova se pretende estabelecer, mas, ainda, "aquela que certifica, atesta, ou é presente à feitura de um ato jurídico, a fim de o autenticar, ou de o confirmar, posteriormente, se necessário".[27]

Importante assinalar, de qualquer modo, a função da testemunha, ligada ao conceito de prova, pois, seja prestando depoimentos, ou seja firmando documentos, como presente ao ato que neles se materializa, "a testemunha está exercendo um ato, ou uma diligência probatória, isto é, está compondo uma prova, a prova testemunhal".[28]

Interessantíssima subdivisão da categoria das testemunhas judiciárias realiza Pedro Nunes, nominando-as de: auriculares ou de ouvida alheia; defeituosas ou inidôneas; idôneas ou abonadas; oculares ou de vista; referentes; referidas; suspeitas; falsas; inábeis; impedidas; contestes; de vista ou de ouvida. Tomando por base esse autor, testemunhas judiciárias seriam as pessoas que comparecem em juízo para depor, sob compromisso de afirmarem a verdade, "do que souberem de ciência própria, ou por ouvirem de outrem, relativamente ao fato controvertido que se procura conhecer ou esclarecer e provar".[29]

As testemunhas auriculares, ou de ouvida alheia, são as que sabem do fato por terem ouvido dizer. As defeituosas ou inidôneas, aquelas cuja credibilidade é posta em dúvida, por deficiência moral. As idôneas ou abonadas possuem aptidão legal e qualidades morais, tornando o testemunho fidedigno ou livre de suspeição. As oculares ou de vista depõem do fato que presenciaram ou viram. As referentes fazem referência a outra testemunha. As referidas são aquelas que as referentes aludem no seu depoimento. As suspeitas são aquelas que não inspiram confiança porque têm motivos íntimos para ocultar a verdade. As falsas são as que fazem afirmações mentirosas ou contrárias à verdade, relativamente a fato sobre o qual depõem em juízo. As inábeis são as que não podem ser admitidas a depor em juízo, em razão de sua incapacidade natural ou disposição da lei; ou quando o fato a provar depende de um dos sentidos, que lhes falta. Impedidas são as que, por motivo legítimo, ou obstáculo legal, estão, inibidas de depor. Contestes chamam-se aquelas que depõem uniformemente

---

[27] *Op. cit.*, p. 1554.

[28] *Op. cit.*, p. 1554.

[29] NUNES, Pedro. *Dicionário de tecnologia jurídica.* 9. ed. Rio de Janeiro: Freitas Bastos, 1976. v. 2, p. 835.

com outra ou outras, sobre o mesmo ato ou fato de que se trata. Por fim, testemunhas de vista ou de ouvida são, ao mesmo tempo, oculares e auriculares.[30]

Trouxeram-se as conceituações mais amplificadas possíveis sobre o significado da palavra testemunha, especialmente do ponto de vista jurídico, porque, a seguir, examinar-se-á o tipo penal ocorrente quando há falsidade no depoimento.

3 O tipo penal de acordo com a Lei nº 10.268 de 28.08.2001

Segundo a redação vigente do art. 342, *caput*, do Código Penal Brasileiro, o crime de falso testemunho consiste em "fazer afirmação falsa, ou negar ou calar a verdade como testemunha, perito, contador, tradutor ou intérprete em processo judicial, ou administrativo, inquérito policial, ou em juízo arbitral".[31]

Segundo Damásio de Jesus, quanto ao sujeito ativo, a nova redação acrescentou a figura do contador. Quanto aos procedimentos, o *caput* melhorou a redação do tipo, pois como hoje não há mais processo policial, andou bem o legislador ao excluir essa referência do texto legal.

Por fim, quanto à retratação, o antigo §3º do dispositivo em apreço não esclarecia em que tipo de processos ela deveria ocorrer "antes da sentença": daquele processo em que tinha sido cometido o falso testemunho ou da ação penal por falso testemunho? O novo tipo, agora previsto no §2º, segundo esse autor, expressamente informa: "antes da sentença do processo em que ocorreu o falso testemunho".[32]

No Brasil, o Código Penal de 1890 aludia (no art. 261) a juramento, ao passo que o em vigor cogita, apenas, de afirmação falsa. A omissão de hoje careceria de relevância, "se não importasse eliminação da figura do perjúrio ou juramento falso, subsistente em outros Códigos, como o italiano e o francês".[33]

---

[30] *Op. cit.*, p. 835.

[31] JESUS, Damásio de. Breves notas à Lei nº 10.268, de 28 de agosto de 2001: alterações das redações dos crimes de falso testemunho e corrupção ativa da testemunha (CP, arts. 342 e 343). *Complexo Jurídico Damásio de Jesus*, São Paulo, set. 2001. Disponível em: <http://www.damasio.com.br>. Acesso em: 21 fev. 2009.

[32] JESUS, *op. cit.*

[33] MENEGALE, J. Guimarães. Falso testemunho. *In*: SANTOS, J. M. de Carvalho; DIAS, José de Aguiar (Coord.). *Repertório enciclopédico do direito brasileiro*. Rio de Janeiro: Borsoi. v. 22, p. 132.

O art. 372 do Código Penal do Brasil, em vigor, esclarece que o falso juramento penal por si não constitui crime, vale dizer, o crime ocorre pela "atestação falsa ou reticenciosa, formulada pelo jurador sem manter fé no ato solene do juramento, pelo qual deveria dizer a verdade e nada mais que a verdade".[34]

Decompondo-se o que se encontra no tipo do art. 342 do Código Penal encontramos os seguintes elementos: a) a qualidade de testemunha ("fazer afirmação falsa, ou negar ou calar a verdade, como testemunha"); b) que o seja em ato oficial ("em processo judicial, ou administrativo, inquérito policial, ou em juízo arbitral"); c) oposição à verdade, em forma positiva ou omissiva ("fazer afirmação falsa, ou negar ou calar a verdade").[35]

Não há qualquer dúvida, portanto, que somente pode praticar o crime aquele que pode depor. Consoante o art. 228 do Código Civil (Lei nº 10.406, de 10.01.02), não podem ser admitidas como testemunhas: I – os menores de dezesseis anos; II – aqueles que, por enfermidade ou retardamento mental, não tiverem discernimento para a prática dos atos da vida civil; III – os cegos e surdos, quando a ciência do fato que se quer provar dependa dos sentidos que lhes faltam; IV – o interessado no litígio, o amigo íntimo ou inimigo capital das partes; V – os cônjuges, os ascendentes, os descendentes e os colaterais, até o terceiro grau de alguma das partes, por consanguinidade, ou afinidade.[36]

O parágrafo único do art. 228 do Código Civil estabelece que "para a prova de fatos que só elas conheçam, pode o juiz admitir o depoimento das pessoas a que se refere este artigo".[37] Porém aí não serão testemunhas do ponto de vista técnico, mas apenas informantes. E os informantes, por não prestarem compromisso, não são passíveis de pena por depoimento falso.[38]

O Código de Processo Civil registra poderem depor como testemunhas todas as pessoas, exceto as incapazes, impedidas ou suspeitas (*caput* do art. 405). São considerados incapazes: I – o interdito por demência; II – o que, acometido por enfermidade, ou debilidade mental, ao tempo em que ocorreram os fatos, não podia

---

[34] *Op. cit.*, p. 132.

[35] *Op. cit.*, p. 132.

[36] DINIZ, Maria Helena. Comentários ao art. 228 do Código Civil. *In*: FIUZA, Ricardo. *Código civil comentado*. 6. ed. rev. e atual. Coord. até a 5. ed. Ricardo Fiuza. Coord. da 6. ed. Regina Beatriz Tavares da Silva. São Paulo: Saraiva, 2008. p. 201.

[37] *Op. cit.*, p. 201.

[38] MENEGALE, *op. cit.*, p. 133.

discerni-los; ou, ao tempo em que deve depor, não está habilitado a transmitir as percepções; III – o menor de 16 (dezesseis) anos; IV – o cego e o surdo, quando a ciência do fato depender dos sentidos que lhes faltam. Consideram-se impedidos, pelo texto legal: I – o cônjuge, bem como o ascendente e o descendente, em qualquer grau, ou colateral, até o terceiro grau, de alguma das partes por consanguinidade ou afinidade, salvo se o exigir o interesse público, ou, tratando-se de causa relativa ao estado da pessoa, não se puder obter de outro modo a prova, que o juiz repute necessária ao julgamento do mérito; II – o que é parte na causa; III – o que intervém em nome de uma parte, como o tutor na causa do menor, o representante legal da pessoa jurídica, o juiz, o advogado e outros, que assistam ou tenham assistido as partes. Consideram-se, por fim, suspeitos para depor: I – o condenado por crime de falso testemunho, havendo transitado em julgado a sentença; II – o que, por seus costumes, não for digno de fé; III – o inimigo capital da parte, ou seu amigo íntimo; IV – o que tiver interesse no litígio. O juiz poderá ouvir ("ouvirá" diz o §4º do art. 405 do CPC) testemunhas impedidas ou suspeitas, sendo estritamente necessário, mas os seus depoimentos serão prestados independentemente de compromisso e "o juiz lhes atribuirá o valor que possam merecer.[39] Nessas hipóteses (art. 405, §2º, I e §4º), a qualidade da pessoa que é ouvida não é de testemunha, mas de informante. A designação de informante é atribuída à pessoa que depõe em juízo sem prestar compromisso (art. 415, CPC)".[40]

Torna-se imperioso esclarecer que o juiz deverá expor, em seu julgamento, "as razões que o fazem acreditar ou não no depoimento do informante, valorando-o com cautela, sem torná-lo o principal fundamento da decisão".[41]

Para o Direito Processual, testemunha falsa é aquela que, ao depor em juízo, "esconde a verdade, fazendo afirmações mentirosas ou se calando sobre um fato verdadeiro".[42]

Algumas vezes registram-se casos judiciais nos quais aquele que transmite o conhecimento da realidade, vale dizer, o que narra um fato como o percebeu, pode iludir, e frequentemente ilude, os

---

[39] NEGRÃO, Theotonio; GOUVÊA, José Roberto Ferreira. *Código de Processo Civil e legislação processual em vigor.* 32. ed. atual. até 09.01.01. São Paulo: Saraiva, 2001. p. 442-443.

[40] MARINONI, Luiz Guilherme; MITIDIERO, Daniel. *Código de processo civil comentado artigo por artigo.* São Paulo: Revista dos Tribunais, 2008. p. 393.

[41] *Op. cit.*, p. 394.

[42] DINIZ, Maria Helena. *Dicionário jurídico.* 2. ed. São Paulo: Saraiva, 2005. v. 4, p. 673.

ouvintes como ilude a si próprio, "sem que se possa inquinar de falso na acepção ética ou jurídica da palavra".[43]

Sob a ótica da psicologia, ocorrem erros que viciam o testemunho, dependendo de cinco fatores essenciais: a) o modo como se percebeu o acontecimento; b) o modo como se conservou na memória; c) o modo como é capaz de evocá-lo; d) o modo como se quer exprimi-lo; e) o modo como se pode exprimi-lo.[44] O quinto fator corresponde ao grau de precisão expressiva, o grau de fidelidade e clareza com que o indivíduo é capaz de "descrever suas impressões e representações até fazer que as demais pessoas as sintam e compreendam, como ele, é dos mais importantes",[45] embora o menos estudado.

Existem, além disso, quatro causas explicativas principais sobre a inexatidão do testemunho. A primeira causa é o *hábito*, em virtude do qual descrevemos os fatos antes como costumam ocorrer do que como ocorreram ou podem ter ocorrido. A segunda causa é a *sugestão*, vale dizer, o automatismo determinado pela presença, nas perguntas, de elementos que condicionam a resposta a determinado sentido. A terceira causa é a *confusão temporal*, ou melhor, a *transposição cronológica*, frequente e por força da qual o indivíduo acredita ocorridos depois fatos ocorridos antes (e vice-versa) da situação sobre a qual tem de depor. A quarta causa, por fim, corresponde à *tendência afetiva*, inevitável no indivíduo em face de qualquer situação, que lhe desperta simpatia ou antipatia, não só em relação às pessoas, mas a tudo quanto existe.[46]

A influência dessas quatro causas, em maior ou menor grau, sobre os depoimentos das testemunhas, "nada tem a ver com a deformação voluntária e consciente da realidade e dela não se furtam, muitas vezes, sequer homens equânimes, inteligentes e habituados a observar".[47]

Como uma espécie de reafirmação do dever de todos de colaborar com o Poder Judiciário (arts. 339-341, CPC), o diploma processual civil brasileiro em vigor, através do *caput* do art. 415,

---

[43] MENEGALE, J. Guimarães. Falso testemunho. *In*: SANTOS, J. M. de Carvalho; DIAS, José de Aguiar (Coord.). *Repertório enciclopédico do direito brasileiro*. Rio de Janeiro: Borsoi. v. 22, p. 134.

[44] MIRA Y LOPEZ, E. *Manual de psicologia jurídica*. Trad. Elso Arruda. 2. ed. São Paulo: Mestre Jou, 1967. p. 159-160.

[45] MIRA Y LÓPEZ, *op. cit.*, p. 161.

[46] MIRA Y LÓPEZ, *op. cit.*, p. 177.

[47] MENEGALE, *op. cit.*, p. 134.

"obriga o juiz a tomar o compromisso da testemunha de dizer a verdade do que souber e lhe for perguntado".[48] Conforme dicção do parágrafo único do art. 415 do CPC, o juiz deve advertir a testemunha que incorre em sanção penal quem faz afirmação falsa, cala ou oculta a verdade (art. 342 do Código Penal). Ao contrário da testemunha, o informante depõe "em juízo sem prestar o compromisso".[49]

Como se há de recordar, as provas desempenham uma função cerimoniosa, na medida em que inseridas e chamadas a desempenhar um papel de destaque na complexidade do formalismo judiciário, vale dizer, "o ritual judiciário está eivado de simbolismo sagrado".[50] Atente-se, por exemplo, "para a arquitetura dos tribunais (principalmente os mais antigos) para verificar que são plágios das construções religiosas (templos e igrejas), com suas portas imensas, estátuas por todos os lados, crucifixo na sala de audiência pendendo sobre a cabeça do juiz, etc.".[51] Além do mais, "os atores que ali circulam utilizam diversas expressões em latim e, pasmem, usam a toga preta!".[52] Por fim, e mais expressivo, "o depoente ainda presta o compromisso de dizer a verdade (e, em alguns sistemas, presta o juramento colocando a mão no peito ou sobre a bíblia)".[53]

Do ponto de vista penal, é discutível a seguinte afirmação: "a testemunha compromissada tem o dever de dizer a verdade, sob pena de cometer o crime de falso testemunho (CP art. 342). Quando é dispensado o compromisso não há o dever de dizer a verdade".[54]

Relativamente à obrigatoriedade de compromisso legal para a caracterização do delito de falso testemunho, apesar de opiniões em sentido contrário, prevalece o entendimento de que a lei penal brasileira não exige o compromisso, e que o reconhecimento do crime do art. 342 "decorre da inobediência do dever de afirmar a verdade, não derivado do compromisso".[55]

---

[48] MARINONI, Luiz Guilherme; MITIDIERO, Daniel. *Código de processo civil comentado artigo por artigo*. São Paulo: Revista dos Tribunais, 2008. p. 400.

[49] *Op. cit.*, p. 400.

[50] LOPES JR., Aury. *Direito processual penal e sua conformidade constitucional*. 2. ed. Rio de Janeiro: Lumen Juris, 2008. v. 1, p. 484.

[51] *Op. cit.*, p. 484.

[52] *Op. cit.*, p. 484.

[53] *Op. cit.*, p. 484.

[54] NERY JUNIOR, Nelson; NERY, Rosa Maria de Andrade. *Código de Processo Civil comentado e legislação extravagante*. 9. ed. rev. atual. e ampl. São Paulo: Revista dos Tribunais, 2006. p. 563-564.

[55] PRADO, Luiz Regis. *Comentários ao Código Penal*: doutrina: jurisprudência selecionada: conexões lógicas com os vários ramos do direito. 4. ed. rev. atual. e ampl. São Paulo: Revista dos Tribunais, 2007. p. 968.

Nesse sentido alguns julgados podem ser mencionados, de forma sucinta:

1. Do STF. "A formalidade do compromisso não mais integra o tipo do crime de falso testemunho, diversamente do que ocorria no primeiro Código Penal da República, Dec. 847, de 11.10.1890" (STF – HC – 69358-0-RS – 2ª T. – j. 30.03.93 – Rel. Min. Paulo Brossard – *DJU* 09.12.94 – p. 34.082).[56]

2. Do TJSP. "O compromisso não é condição de punibilidade, nem entra na descrição da figura típica. A sua eventual omissão não elide a responsabilidade da testemunha pela falsidade de suas declarações" (TJSP – HC – Rel. Des. Hoeppner Dutra – RT 415/63).[57]

3. Do TJRS. "A ausência de compromisso legal não descaracteriza o crime de falso testemunho" (TJRS – AC. 70010356103 – 4ª C. Crim. – Rel. Des. José Eugênio Tedesco – j. 28.04.05).[58]

Embora existam posicionamentos em contrário, como já referido, esclarece Antonio Carlos da Ponte não desaparecer o delito com a falta de compromisso de dizer a verdade, por não ser lícito que alguém possa afirmar uma falsidade, negar ou omitir a verdade impunemente "e com grave prejuízo para a justiça, sobretudo no sistema de livre convicção do julgador ao fazer a apreciação da prova".[59] Tal conclusão é alcançada pelo "estudo aprofundado da verdadeira concepção do antigo juramento e do compromisso".[60]

O antigo juramento restou substituído, tanto na lei processual quanto na lei civil, pela fórmula do compromisso de dizer a verdade, vindo, como inovação, a advertência dos efeitos da afirmação falsa. Desse modo, "o compromisso tem conotação estritamente no campo valorativo das declarações da testemunha, de forma que sua dispensa serve apenas para considerar-se menos intenso seu valor probante".[61]

Note-se que, em 1992, ao ser alterado o Código de Processo Civil, pela Lei nº 8.455, no que diz respeito à prova pericial, dispensou-se

---

[56] PONTE, Antonio Carlos da. *Falso testemunho no processo*. São Paulo: Atlas, 2000. p. 99.

[57] *Op. cit.*, p. 99.

[58] PRADO, Luiz Regis. *Comentários ao Código Penal*: doutrina: jurisprudência selecionada: conexões lógicas com os vários ramos do direito. 4. ed. rev. atual. e ampl. São Paulo: Revista dos Tribunais, 2007. p. 971.

[59] PONTE, Antonio Carlos da. *Falso testemunho no processo*. São Paulo: Atlas, 2000. p. 33.

[60] *Op. cit.*, p. 33.

[61] *Op. cit.*, p. 34-35.

o compromisso aos peritos e assistentes técnicos. Não se poderia concluir, daí, que essa reforma do processo civil, ao deixar de exigir o compromisso dos peritos, "estes ficaram, consequentemente, à margem do tipo previsto no art. 342 do Código Penal, dirigido a testemunhas, peritos, tradutores e intérpretes, uma vez que o compromisso não integra o tipo penal".[62]

Na dicção de Hélio Tornaghi, "com promessa ou sem ela, a testemunha tem o dever jurídico de dizer a verdade, toda a verdade e só a verdade".[63]

Pode-se, assim, dizer que o art. 342 do Código Penal, contemplado entre os crimes contra a administração da justiça, "não condiciona sua incidência à formalidade do compromisso, da mesma forma que a aplicação do tipo não é decorrência do compromisso, mas do dever de falar a verdade".[64]

Nos ensinamentos de Luiz Guilherme Marinoni e Sérgio Cruz Arenhart se colhe que o depoimento testemunhal consiste em uma declaração oral prestada por uma pessoa, que pensa saber como se passaram os fatos — e que, portanto, pode estar inconscientemente iludida — ou que, por uma razão ou outra, altera o que pensa saber sobre os fatos, sendo "muito importante que aquele que vai depor seja advertido de que deve dizer a verdade do que souber e lhe for perguntado, prestando compromisso".[65]

Pontes de Miranda relata o dever da testemunha de dizer a verdade. Para esse autor, "o dever de verdade é dever de determinada função. Tem-no qualquer ser humano que faz comunicação de conhecimento (enunciado de fato), ou que tem dever de comunicar o que conhece".[66] O dever de comunicar compreende-se na razão direta de exigir-se a comunicação tal como aconteceu, "a quem depõe como parte, ou como testemunha, ou a quem tem de narrar fatos e na narração se fundar, tal como acontece ao juiz".[67]

Em caráter absolutamente didático, Moacyr Amaral Santos registra que o juiz, antes de iniciar a inquirição propriamente, visando assegurar a veracidade do testemunho, tomará da testemunha

---

[62] *Op. cit.*, p. 35-36.

[63] TORNAGHI, Hélio. *Instituições de direito processual penal*. São Paulo: Saraiva, 1978. p. 90-91.

[64] PONTE, Antonio Carlos da. *Falso testemunho no processo*. São Paulo: Atlas, 2000. p. 36.

[65] MARINONI, Luiz Guilherme; ARENHART, Sérgio Cruz. *Comentários ao Código de Processo Civil*. São Paulo: Revista dos Tribunais, 2000. v. 5, Do processo de conhecimento, t. II, p. 321. Arts. 364 a 443.

[66] MIRANDA, Francisco Cavalcanti Pontes de. *Comentários ao Código de Processo Civil*. Rio de Janeiro: Forense, 1974. t. IV, p. 433.

[67] *Op. cit.*, p. 433.

"o compromisso de dizer a verdade, medida que constitui uma das modalidades das garantias contra o falso testemunho proposital".[68] A testemunha será advertida, então, da importância do compromisso "e do dever de depor a verdade, bem como das consequências redundantes do falso testemunho".[69] Nessa advertência, deve o juiz fazer alusão ao preceito do art. 342 do Código Penal, "sendo-lhe permitido mesmo reproduzi-lo na íntegra à testemunha. De outro modo não seria satisfeito o objetivo da lei: chamar a atenção para as sanções a que está sujeita a testemunha falsa".[70]

Na exegese do *caput* do art. 415 do CPC, Antônio Cláudio da Costa Machado explica que o compromisso assumido pela testemunha de dizer a verdade constitui-se um corolário lógico do dever único instituído pelo art. 341, I, que afirma competir ao terceiro, em relação a qualquer causa, "informar ao juiz os fatos e as circunstâncias de que tenha conhecimento".[71] A razão de exigir a lei compromisso prende-se ao fundamento de que não fosse dever de dizer a verdade, "de nada, ou de muito pouco, valeria o depoimento de testemunhas em juízo".[72]

Conforme já restou decidido pelos Tribunais, "não constitui intimidação, mas sim cumprimento da exigência legal, nos termos do parágrafo único do art. 415, do CPC, a advertência às testemunhas da obrigação de dizer a verdade sob pena de sanções penais (Adcoas, 1977, nº 52.441)".[73]

A prova testemunhal é aquela que possibilita, no quadro geral das provas, "a recordação e a reconstrução dos acontecimentos humanos de forma mais coesa, permitindo, no Direito Processual Penal, que a investigação judiciária se desenvolva com maior energia".[74]

Sem testemunhas quase nenhum processo pode desenvolver-se, pois "o processo concerne a um pedaço da vida vivida, um fragmento de vida social, um episódio de convivência humana, pelo que é natural, inevitável, que seja representado mediante vivas narrações de pessoas".[75]

---

[68] SANTOS, Moacyr Amaral. *Comentários ao Código de Processo Civil*. Rio de Janeiro: Forense, 1977. v. 7, p. 320.

[69] *Op. cit.*, p. 321.

[70] *Op. cit.*, p. 321.

[71] MACHADO, Antônio Cláudio da Costa. *Código de processo civil interpretado*: artigo por artigo, parágrafo por parágrafo: leis processuais extravagantes anotadas. Barueri: Manole, 2006. p. 783-784.

[72] *Op. cit.*, p. 784.

[73] *Op. cit.*, p. 784.

[74] PONTE, Antonio Carlos da. *Falso testemunho no processo*. São Paulo: Atlas, 2000. p. 22.

[75] FLORIAN, Eugenio. *De las pruebas penales*. Bogotá: Temis, 1969. t. II, p. 67.

Fundamenta-se o testemunho, conforme Nicola Framarino Dei Malatesta, na presunção de que os homens percebam e narrem a verdade, "presunção fundada, por sua vez, na experiência geral da humanidade, a qual mostra como, na realidade e no maior número de casos, o homem é verídico".[76]

Ao colher o depoimento da testemunha jamais deve o juiz esquecer que "até a memória mais férrea e tenaz enfraquece com o tempo", de tal modo que as recordações empalidecem tanto mais facilmente, "desfazendo-se e desaparecendo, quanto menos recente é o fato sobre que a testemunha deve depor, especialmente se esse fato não despertou nela um interesse particular".[77]

No crime de falso testemunho ou falsa perícia o bem jurídico em causa é a administração da justiça. O sujeito ativo é qualquer pessoa que, como testemunha, perito, contador, tradutor ou intérprete, realiza a ação descrita no tipo penal. Os sujeitos passivos são o Estado e, de forma secundária, o particular ofendido pelo delito.[78]

Objetivamente, são três as modalidades de conduta previstas no tipo penal. A primeira delas é fazer afirmação falsa, "ou seja, dizer uma coisa positivamente distinta da verdade, dizer que é certo o que não é".[79] A segunda consubstancia-se em negar a verdade, "negar um fato que sabe ou conhece (negar um fato verdadeiro)".[80] E a terceira, e última, consiste em calar a verdade (reticência), vale dizer, "calar ou ocultar o que sabe, como testemunha (pessoas – terceiros – chamadas a depor sobre suas percepções sensoriais ou experiências)".[81]

Como condições necessárias para a existência do delito, autores há que alinhavam os seguintes requisitos: a) que a qualidade de testemunha, em sentido jurídico, possa ser atribuída à pessoa que depõe; b) que esse depoimento tenha sido prestado em juízo; c) que haja alteração da verdade; d) que do depoimento resulte dano; e) o dolo, isto é, a intenção fraudulenta.[82]

---

[76] MALATESTA, Nicola Framarino Dei. *A lógica das provas em matéria criminal*. Trad. Paolo Capitanio, do original da 3. ed. de 1912. Campinas: Bookseller, 1996. v. 1, p. 319.

[77] BATTISTELLI, Luigi. *A mentira nos tribunais*. Trad. Fernando de Miranda. Coimbra: Coimbra Ed., 1963. p. 75-76.

[78] PRADO, Luiz Regis. *Comentários ao Código Penal*: doutrina: jurisprudência selecionada: conexões lógicas com os vários ramos do direito. 4. ed. rev. atual. e ampl. São Paulo: Revista dos Tribunais, 2007. p. 966.

[79] *Op. cit.*, p. 966.

[80] *Op. cit.*, p. 966.

[81] *Op. cit.*, p. 966.

[82] MENEGALE, J. Guimarães. Falso testemunho. *In*: SANTOS, J. M. de Carvalho; DIAS, José de Aguiar (Coord.). *Repertório enciclopédico do direito brasileiro*. Rio de Janeiro: Borsoi. v. 22, p. 135.

Para E. Magalhães Noronha, a falsidade deve incidir sobre fato juridicamente relevante, pois, "se a circunstância em nada influi, se não há possibilidade de prejuízo, apesar da inverdade, não haverá falso testemunho; trata-se de falsidade inócua, pois não prejudica a prova".[83]

Não tem sido exigido que do falso depoimento tenha resultado um dano efetivo para a administração da justiça e que o julgador tenha sido induzido em erro, mas "será, porém, indispensável que a falsidade praticada tenha potencialidade lesiva, isto é, que possa influir sobre o resultado do julgamento".[84] Praticada a falsidade sobre "circunstância ou fato juridicamente irrelevante não afeta a prova nem atinge o interesse que a lei penal tutela".[85]

O Superior Tribunal de Justiça, em caso concreto em que se discutiu essa questão, assim decidiu:

> O crime de falso testemunho é de cunho formal, bastando, para sua concretização, o potencial risco à administração da justiça. Não é necessário para a tipificação do delito, que o teor do testemunho influa concretamente na decisão judicial, mas apenas que exista a possibilidade desta influência. Ordem Denegada.[86] (STJ – HC 36017 – RS, Rel. Min. Gilson Dipp – *DJU* 20.09.2004 – p. 00319)

Aspecto dos mais instigantes, sobre o crime de falto testemunho, é a possibilidade de participação de advogado na tipificação do delito.

Sendo crime de mão própria, o falto testemunho só pode ser cometido pessoalmente, vale dizer, "não pode ser praticado por outra pessoa que não o agente, o que não significa, no entanto, que não admita a co-autoria na forma de participação moral, auxílio ou instigação".[87]

O Tribunal de Justiça do Estado de São Paulo, por sua Primeira Câmara Criminal, em acórdão lavrado pelo Desembargador Jarbas Mazzoni, considerou admissível o falso testemunho em coautoria por advogado, ao instruir testemunha para faltar com a verdade em juízo:

---

[83] NORONHA, E. Magalhães. *Direito penal*. 17. ed. São Paulo: Saraiva, 1986. v. 4, p. 366.

[84] FRAGOSO, Heleno Claudio. *Lições de direito penal*: parte especial. 4. ed. Rio de Janeiro: Forense, 1984. v. 2, p. 516.

[85] *Op. cit.*, p. 516.

[86] PRADO, Luiz Regis. *Comentários ao Código Penal*: doutrina: jurisprudência selecionada: conexões lógicas com os vários ramos do direito. 4. ed. rev. atual. e ampl. São Paulo: Revista dos Tribunais, 2007. p. 972.

[87] PONTE, Antonio Carlos da. *Falso testemunho no processo*. São Paulo: Atlas, 2000. p. 45.

No falso testemunho a participação mostra-se perfeitamente possível, só não se concebendo que outrem que não a testemunha venha a realizar atos típicos desse delito. Logo, a instigação, o auxílio, a incitação e qualquer outra forma de colaboração a essa prática criminosa constituem formas possíveis de concurso delinquencial.[88]

O vocábulo instigar relaciona-se a determinar intencionalmente outro a cometer um delito. No falso testemunho, instigador é aquele que determina à testemunha praticar fato punível, fazendo nascer nele a decisão de realizá-lo, mediante influência moral ou por qualquer outro meio. Naquilo que se convencionou chamar cumplicidade intelectual, o agente fornece ao autor conselhos ou instruções sobre o modo de realização do delito, ou o apoia espiritualmente em sua resolução de praticar o crime. O exemplo mais frequente dessa situação ocorre quando o advogado "aconselha ou instrui" a testemunha a falsear a verdade. Nessa hipótese verifica-se a cumplicidade psíquica, especialmente "mediante o fortalecimento da vontade de atuar do autor principal. A participação é causa de um fazer ou de uma omissão alheios, na modalidade de instigação, e promoção, colaboração ou auxílio, na cumplicidade".[89]

A imunidade judiciária, prevista no art. 133 da CF/88 ("o advogado é indispensável à administração da justiça, sendo inviolável por seus atos e manifestações no exercício da profissão, nos limites da lei"), nessa circunstância, não socorre ao advogado, uma vez que os Tribunais Superiores consideram que a inviolabilidade tratada não elide a responsabilidade penal do profissional.[90]

O professor Günther Jakobs, catedrático de Direito Penal e Filosofia do Direito da Universidade de Bonn, na obra *Teoria e prática da intervenção*, examina a cumplicidade em falso testemunho. Em seus argumentos, levando em conta o que decidiu o Supremo Tribunal Federal Alemão (BGH), explicita a jurisprudência recente sobre a cumplicidade no falso testemunho por omissão: "quem induz a uma falsa declaração fora do processo, afirma-se, deve ser considerado garantidor de evitar um delito de falso testemunho realizado no limite do processo".[91]

---

[88] *Revista dos Tribunais*, n. 604, p. 348.
[89] PRADO, Luiz Regis. *Falso testemunho e falsa perícia*. 2. ed. São Paulo: Revista dos Tribunais, 1994. p. 125-126.
[90] RHC nº 589-SP. Rel. Min. José Dantas. *DJ* de 18 jun. 90; RHC nº 1.103 – RJ, 6ª Turma. Rel. Min. Costa Leite. *DJ* de 05 ago. 91; e HC nº 68.170-0, STF. Rel. Min. Aldir Passarinho. *DJ* de 10 maio 91.
[91] JAKOBS, Günther. *Teoria e prática da intervenção*. Trad. Mauricio Antonio Ribeiro Lopes. Barueri: Manole, 2003. p. 22.

Para esse penalista, "o induzimento a prestar falsa declaração fora do processo pode ser concebido, também aqui, como criação de um mundo mendaz".[92] A determinação, assim, de quais seriam as consequências em concreto "depende do que ocorra daí por diante, de modo que o induzimento pode fomentar o dever de enfrentar-se uma medida objetivamente fixada ao risco de ulteriores desenvolvimentos".[93]

Quando deve ter início a ação penal pelo crime de falso testemunho? Em qual momento? Existe viva controvérsia sobre esse aspecto, sendo possível mencionar seis correntes a respeito: a) pela primeira orientação, poderia ser iniciada e julgada a ação penal por crime de falso testemunho antes de proferida a sentença no processo em que foi prestado o depoimento, uma vez que a retratação, causa de extinção da punibilidade, não é pressuposto ou elemento do crime; b) pode a ação penal ser iniciada antes de proferida a sentença em que foi prestado o testemunho falso; c) não pode ser iniciada a ação penal pelo crime de falso testemunho antes do trânsito em julgado da decisão proferida no processo em que foi ele prestado; d) não pode ser iniciado o processo por falso testemunho antes de proferida a sentença do processo em que foi prestado, pois até a referida decisão é possível a retratação; e) não se impede que se inicie a ação penal por crime de falso testemunho antes de proferida a sentença no processo que lhe deu causa, mas, se o depoimento falso foi proferido em ação penal, devem as ações correr juntas em decorrência da conexão; f) não se impede a propositura da ação antes do trânsito em julgado, desde que haja sentença proferida.[94]

Em trabalho de grande profundidade sobre o falso testemunho, Antonio Carlos da Ponte considera a segunda corrente aquela que apresenta maior harmonia com a lei e com os preceitos regulamentadores da matéria. Para esse autor, inexistiria impedimento legal quanto ao início da ação penal, por crime de falso testemunho, antes da prolação de sentença no processo em que a mendacidade foi verificada. Entretanto, diz: "aconselha a boa técnica que o feito que apura o delito aguarde o desfecho em 1º grau do processo que o originou".[95]

---

[92] *Op. cit.*, p. 22.

[93] *Op. cit.*, p. 22.

[94] MIRABETE, Julio Fabbrini. *Manual de direito penal*. 10. ed. São Paulo: Atlas, 1996. v. 3, p. 396.

[95] PONTE, Antonio Carlos da. *Falso testemunho no processo*. São Paulo: Atlas, 2000. p. 73.

Há, porém, acórdão em sentido contrário, exigindo previamente a sentença no processo em que teria ocorrido o falso testemunho:

> A denúncia, mesmo que presentes os requisitos formais, não deve ser recebida, quando distantes os elementos da materialidade do delito, a tornar inútil e injustificável todo o processado, até mesmo diante do princípio do *in dubio pro societate*. A ação penal no delito de falso testemunho somente poderá ter início depois de prolatada sentença no processo em que ocorreu a alegada falsidade.[96]

O atual §2º do art. 342 do Código Penal possui a seguinte redação: "O fato deixa de ser punível, se, *antes da sentença no processo em que ocorreu o ilícito*, o agente se retrata ou declara a verdade"[97] (o grifo não é do original).

A redação anterior era mais sucinta: "O fato deixa de ser punível, se, antes da sentença, o agente se retrata ou declara a verdade". Deixava a dúvida se a expressão "antes da sentença" referia-se ao processo em que tinha sido cometido o falso testemunho ou aquele da ação penal por falso testemunho. Pelo novo tipo, acrescido pela Lei nº 10.268, de 28.08.2001, fica esclarecido definitivamente o problema: a retratação deve ocorrer antes da sentença do próprio processo em que ocorreu o falso testemunho.

Para Luiz Regis Prado, nada mais é a retratação do que desdizer o afirmado, "representando causa penal de extinção da punibilidade (art. 107, VI, CP), motivada por razões de política criminal".[98]

Para que seja válida a retratação, segundo o mesmo autor, deve ser "voluntária, explícita, completa, incondicional e feita perante o órgão que recebeu as declarações falsas (no mesmo processo)".[99]

O agente deverá, sempre, na retratação, assinalar a declaração anterior como falsa e manifestar a verdade, significando isso: "a testemunha deve declarar o que conhece sobre os fatos — conforme sua percepção — no momento em que ocorreram. Não basta confessar a falsidade; há que dizer a verdade".[100]

---

[96] MINAS GERAIS. Tribunal de Justiça de Minas Gerais RSE 1.0569.03.900244-3/001 – 3ª C. Crim. Rel. Paulo Cézar Dias – j. 05.10.2004.

[97] PRADO, Luiz Regis. *Comentários ao Código Penal*: doutrina: jurisprudência selecionada: conexões lógicas com os vários ramos do direito. 4. ed. rev. atual. e ampl. São Paulo: Revista dos Tribunais, 2007. p. 966.

[98] *Op. cit.*, p. 968.

[99] *Op. cit.*, p. 968.

[100] *Op. cit.*, p. 968.

Poderá, em tese, haver algum tipo de reparação de natureza civil por eventual dano causado pelo falso testemunho? E a retratação impediria esse tipo de demanda? Segundo se depreende da doutrina majoritária, "a retratação não impede a propositura de ação civil de reparação de dano causado pelo delito".[101]

Conforme já visto, o *caput* do art. 342 do Código Penal, explicita o crime de falso testemunho aquele no qual incide quem faz afirmação falsa ou nega ou cala a verdade como testemunha em processo judicial. A nova redação, dada pela Lei nº 10.268/01, alterou o §3º do mesmo artigo, esclarecendo, de forma expressa, que a retratação, para ser válida, deve ocorrer antes da sentença do próprio processo em que ocorreu o falso testemunho (agora §2º).

Os elementos desse dispositivo penal seriam, então, a qualidade da testemunha, que o seja em ato oficial, oposição à verdade em forma positiva ou omissiva.

Somente pode praticar o crime aquele que pode depor. Não podem ser admitidas como testemunhas aquelas pessoas arroladas no art. 228 do Código Civil (Lei nº 10.406/02). Também o Código de Processo Civil arrola quem são as pessoas incapazes, impedidas ou suspeitas de depor (art. 405).

Como reafirmação do dever de todos de colaborar com o Poder Judiciário, o CPC, no *caput* do art. 415, determina ao juiz tomar o compromisso da testemunha de dizer a verdade do que souber e do que lhe for perguntado, advertindo-a de que incorre em sanção penal quem faz afirmação falsa, cala ou oculta a verdade.

Embora não seja unânime, prevalece a orientação, perante a lei brasileira penal, de não ser exigido o compromisso, bastando para o reconhecimento do delito do art. 342, a inobediência do dever a afirmar a verdade.

A tomada de compromisso refere-se ao teor valorativo das declarações da testemunha, sendo uma das modalidades das garantias contra o falso testemunho proposital. Não fosse dever das testemunhas dizer a verdade e muito pouco, ou quase nada, valeriam seus depoimentos em juízo. Não se pode esquecer, também, que sem testemunhas poucos processos poderiam desenvolver-se.

No crime de falso testemunho o bem jurídico é a administração da justiça. O sujeito ativo é qualquer pessoa que, como testemunha, realiza a ação descrita no tipo penal. Os sujeitos passivos são o Estado e, de forma secundária, o particular ofendido pelo delito.

---

[101] PONTE, Antonio Carlos da. *Falso testemunho no processo*. São Paulo: Atlas, 2000. p. 57.

Considera-se indispensável para a integralização do tipo que a falsidade praticada tenha potencialidade lesiva, vale dizer, possa influir sobre o resultado do julgamento.

A jurisprudência considera admissível o falso testemunho em coautoria por advogado, ao instruir testemunha para faltar com a verdade em juízo, pois a instigação, o auxílio, a incitação e qualquer outra forma de colaboração a essa prática criminosa, constituem formas possíveis de concurso delinquencial. Nessas hipóteses não se poderá falar na imunidade judiciária prevista no art. 133 da CF/88, uma vez que, segundo os Tribunais, a inviolabilidade ali referida não elide a responsabilidade penal do profissional.

Embora tecnicamente não exista impedimento legal, para iniciar-se ação penal por crime de falso testemunho antes de prolatada a sentença no processo em que se verificou a mendacidade, torna-se aconselhável que a causa na qual se apura o delito aguarde o desfecho no primeiro grau do processo que o originou.

Conforme o §2º do art. 342, com a nova redação da Lei nº 10.268/01, a retratação deverá ocorrer, sempre, antes da sentença a ser proferida no próprio processo em que ocorreu o falso testemunho.

O crime de falso testemunho, ou sua eventual retratação, não impedem a propositura de ação civil visando reparar o dano causado pelo delito.

4 A possibilidade de ocorrência do falso testemunho na esfera da Justiça do Trabalho e o procedimento a ser adotado

A Consolidação das Leis do Trabalho, um dos documentos legais mais antigos e ainda em vigor no Brasil (Decreto-Lei nº 5.452, de 1º de maio de 1943), estabelece, em seu art. 828 que: *"toda testemunha*, antes de *prestar o compromisso legal*, será qualificada, indicando o nome, nacionalidade, profissão, idade, residência, e, quando empregada, o tempo de serviço prestado ao empregador, *ficando sujeita, em caso de falsidade, às leis penais"*[102] (o grifo não é do original).

---

[102] COSTA, Armando Casimiro; FERRARI, Irany; MARTINS, Melchíades Rodrigues. *Consolidação das Leis do Trabalho*. 35. ed. São Paulo: LTr, 2008. p. 120.

Por essa norma, assim, sujeita-se a testemunha que presta depoimento perante a Justiça do Trabalho à lei penal, "na hipótese de cometimento de crime de falso testemunho".[103] Uma primeira questão a esclarecer é se o art. 401 do CPC, quando determina que só se admite prova exclusivamente testemunhal em contrato de até dez salários mínimos, seria aplicável ao processo do trabalho. A doutrina majoritária entende não se adequar esse dispositivo às questões trabalhistas. A primeira razão seria porque são poucos os contratos de trabalho que possuem salários ajustados além de dez salários mínimos. O segundo fundamento estaria no fato que, mesmo nos contratos acima de dez salários mínimos, "se o empregado não podia obter prova escrita da obrigação, seria permitida a prova testemunhal, segundo o inciso II do art. 402 do CPC, ou até se tornaria excessivamente difícil o exercício do direito (art. 333, parágrafo único, II, do CPC)".[104]

Fundamenta a inaplicabilidade desse dispositivo, ao Direito Processual do Trabalho, também, Mauro Schiavi, uma vez que a prova testemunhal seria prova por excelência na Justiça Trabalhista, "considerando-se que o empregado não tenha acesso à documentação da relação de emprego e também em razão do princípio da primazia da realidade que norteia as relações de trabalho".[105]

No mesmo sentido Carlos Henrique Bezerra Leite, para quem "a lei trabalhista admite até mesmo o contrato de trabalho tácito, independentemente do seu valor pecuniário, que, geralmente, é representado pela remuneração do empregado".[106]

Não há dúvida que a prova testemunhal é falível, "como todo meio de prova que depende das percepções sensoriais do ser humano", mas ainda prepondera na Justiça Comum e, principalmente, na Justiça do Trabalho, "onde a quase totalidade das controvérsias são atinentes à matéria fática (horas extras, justa causa, equiparação salarial, etc.)".[107] Por essa razão, recomendável se torna aos "operadores do Direito (juízes, procuradores e advogados) conviver com esse tipo de prova e procurar aperfeiçoá-la com técnicas

---

[103] PONTE, Antonio Carlos da. *Falso testemunho no processo*. São Paulo: Atlas, 2000. p. 67.

[104] MARTINS, Sergio Pinto. *Direito processual do trabalho*: doutrina e prática forense; modelos de petições, recursos, sentenças e outros. 28. ed. São Paulo: Atlas, 2008. p. 334.

[105] SCHIAVI, Mauro. *Manual de direito processual do trabalho*. São Paulo: LTr, 2008. p. 503.

[106] LEITE, Carlos Henrique Bezerra. *Curso de direito processual do trabalho*. 5. ed. São Paulo: LTr, 2007. p. 545.

[107] SCHIAVI, *op. cit.*, p. 501-502.

de inquirição e principalmente desenvolver a cultura da seriedade e honestidade dos depoimentos".[108]

Eduardo Gabriel Saad salienta, igualmente, o extraordinário relevo da prova testemunhal no processo trabalhista, sendo utilizada com igual frequência, ou até mesmo mais vezes do que no processo civil. Considera esse autor de importância capital, perante a Justiça do Trabalho, o depoimento das testemunhas com o objetivo de provar: "a relação de emprego quando inexiste prova documental ou quando é negada pelo empregador; o cumprimento de tarefas em determinada seção da empresa onde há insalubridade; o trabalho além do horário normal; alguma falta grave".[109]

Pode, no entanto, o juiz indeferir a inquirição de testemunhas sobre fatos: "a) já provados por documento ou confissão da parte; b) que só por documento ou por exame pericial puderem ser provados (ex. insalubridade e periculosidade)".[110]

Carlos Henrique Bezerra Leite indaga: quem pode ser testemunha? E responde: "toda pessoa natural que esteja no pleno exercício da sua capacidade e que, não sendo impedida, ou suspeita, tenha conhecimento dos fatos relativos ao conflito de interesses constante do processo no qual irá depor".[111]

Conforme o art. 829 da CLT não pode ser testemunha aquele que for parente até o terceiro grau civil, amigo íntimo ou inimigo de qualquer das partes, valendo, no entanto, os depoimentos dessas pessoas, eventualmente prestados, como simples informação. A norma em exame complementa-se pelo art. 405 do CPC, eis que também não podem ser testemunha os incapazes, os impedidos e os suspeitos.

Utilizando-se de interpretação sistemática do art. 829 da CLT e do art. 405 do CPC, é possível concluir-se que não poderiam ser ouvidas como testemunhas: "os parentes, em linha reta, colateral ou por afinidade, de qualquer das partes até o terceiro grau (...), o tutor, o representante legal da pessoa jurídica, o amigo íntimo ou o inimigo capital de qualquer das partes, o condenado por

---

[108] SCHIAVI, *op. cit.*, p. 502.

[109] SAAD, Eduardo Gabriel. Falso testemunho no processo do trabalho. *Suplemento Trabalhista da LTr*, São Paulo, ano 32, n. 162, p. 884, 1996.

[110] MARTINS, Sergio Pinto. *Direito processual do trabalho*: doutrina e prática forense; modelos de petições, recursos, sentenças e outros. 28. ed. São Paulo: Atlas, 2008. p. 334.

[111] LEITE, Carlos Henrique Bezerra. *Curso de direito processual do trabalho*. 5. ed. São Paulo: LTr, 2007. p. 545.

falso testemunho, o que por seus costumes não for digno de fé, o interessado no litígio".[112]

Quanto à testemunha que demanda em face do mesmo empregador, em outro processo, o Tribunal Superior do Trabalho construiu a Súmula nº 357, pela qual: "não torna suspeita a testemunha o simples fato de estar litigando ou de ter litigado contra o mesmo empregador".[113]

Quais fatos, em princípio, demandariam prova por testemunhas, na Justiça do Trabalho? Normalmente a parte pode fazer prova através de testemunhas nos contratos: a) simulados, para demonstrar a divergência entre a vontade real e a vontade declarada; b) em geral, dos vícios de consentimento. "É o que ocorre em relação aos descontos autorizados pelo empregado, para mostrar que foram viciados"[114] (Súmula nº 342 do TST).

Em quais situações a testemunha não estaria obrigada a depor? A testemunha não está obrigada a depor "de fatos que lhe acarretem grave dano, bem como ao seu cônjuge e aos seus parentes consanguíneos ou afins, em linha reta, ou na colateral em segundo grau ou a cujo respeito, por estado ou profissão, deva guardar sigilo"[115] (art. 406, I e II, do CPC).

Apesar de toda a importância que se procura creditar à prova testemunhal, não se deve deixar de ressaltar, ainda uma vez, sua falibilidade. Para tanto, são conhecidas algumas experiências realizadas que demonstram o quanto pode ser falho o depoimento das testemunhas. Um primeiro exemplo: "Um homem de cor preta invade o auditório em que havia 8 estudantes. Dois apenas viram que ele apresentava sinais de varíola; um disse a cor exata de suas luvas; três a da casimira do seu traje".[116]

Um segundo exemplo: "Um indivíduo mascarado é apresentado, durante cinco minutos. No dia seguinte apenas um, dos trinta espectadores, reconheceu, numa coleção de máscaras, aquela usada por aquele indivíduo".[117] E, finalmente, o terceiro exemplo: "É muito conhecida a experiência feita por Liszt, num seminário de

---

[112] LEITE, *op. cit.*, p. 545-546.

[113] COSTA, Armando Casimiro; FERRARI, Irany; MARTINS, Melchíades Rodrigues. *Consolidação das leis do trabalho*. 35. ed. São Paulo: LTr, 2008. p. 697.

[114] MARTINS, *op. cit.*, p. 334.

[115] OLIVEIRA, Francisco Antonio de. *O processo na Justiça do Trabalho*: doutrina, jurisprudência e súmulas. 5. ed. São Paulo: LTr, 2008. p. 509.

[116] SAAD, *op. cit.*, p. 887.

[117] SAAD, *op. cit.*, p. 887.

Direito Penal, em Berlim. Preparou-se cena fictícia de luta entre dois estudantes. O relato dos circunstantes apresentou as contradições mais grosseiras".[118]

Segundo Manoel Antonio Teixeira Filho, a testemunha, como o cidadão em geral, "possui obrigações e direitos perfeitamente identificáveis no ordenamento legal".[119]

Relativamente às obrigações, arrola esse autor as seguintes: a) as de comparecer a Juízo, para depor, quando convidada ou intimada; b) atendendo ao convite ou à intimação, deve a testemunha responder conforme a verdade sobre aquilo que souber e lhe for perguntado em Juízo (CPC, art. 415), pois se não o fizer incidirá no crime de falso testemunho previsto no art. 342 do Código Penal.[120]

Se a testemunha desobedece a intimação para comparecer em juízo, pode ser conduzida de forma coercitiva por força policial (CPC, art. 412). O art. 730 da CLT impõe multa de um décimo do valor de referência regional às pessoas que se recusam a depor como testemunhas, na Justiça do Trabalho, sem motivos justificados. Registre-se, ainda, que segundo o doutrinador mencionado, a testemunha impedida ou suspeita, não prestando compromisso, será ouvida como informante, não incidindo "no crime de falso testemunho se fizer afirmação falsa, calar ou ocultar a verdade, exatamente porque testemunha não o é".[121]

Quanto aos direitos que possuem as testemunhas, arrolam-se os seguintes: a) pode recusar-se a depor nas hipóteses previstas no art. 406, I e II, do CPC; b) pode ser inquirida em sua residência ou no local onde exerce as suas funções, as pessoas citadas no art. 411 do CPC; c) pode prestar depoimento antecipado, se inquirida por carta precatória ou rogatória, e depor fora do Juízo em caso de doença ou motivo relevante (CPC, art. 410 e incisos I a III); d) ser inquirida pelo Juiz, que nem sempre é o da causa (CPC, arts. 410 e 416); e) ser tratada com urbanidade (CPC, art. 416 §1º); f) ler o que declarou e requerer a retificação, antes de assinar, se for o caso (CPC, art.. 471); g) não sofrer descontos nos seus salários quando tiver de comparecer a juízo para depor, nos termos do art. 822 da CLT.[122]

---

[118] SAAD, *op. cit.*, p. 887.
[119] TEIXEIRA FILHO, Manoel Antonio. *A prova no processo do trabalho*. 8. ed. rev. ampl. São Paulo: LTr, 2003. p. 352.
[120] *Op. cit.*, p. 352.
[121] *Op. cit.*, p. 352.
[122] *Op. cit.*, p. 852-853.

Tentando fazer uma síntese do que se viu nesse item, poderíamos dizer que o art. 828 da CLT, desde 1943, determina que toda testemunha, que prestar depoimento na Justiça do Trabalho, fica sujeita, em caso de falsidade, às leis penais.

Não se considera aplicável à Justiça do Trabalho o art. 401 do CPC, que limita a prova testemunhal a contratos de até dez salários mínimos, porque seriam poucos aqueles que excederiam desse valor e também se o empregado não pode obter prova escrita da obrigação ou se torna excessivamente difícil o exercício do direito (402, II e 333, parágrafo único, II, CPC). Além do mais, admite a lei até o contrato de trabalho tácito, independente do valor pecuniário.

É de grande incidência a prova testemunhal nos processos de natureza trabalhista, tratando de temas que vão desde a natureza da relação contratual até a rescisão contratual, passando por questões como jornada, equiparação salarial, etc.

A ouvida de testemunhas pode ser indeferida quando os fatos já estiverem provados por documento ou confissão da parte ou só por documentos ou exame pericial puderem ser provados.

A proibição para depor como testemunha está prevista no art. 829 da CLT, abrangendo parente até o terceiro grau civil, amigo íntimo ou inimigo de qualquer das partes. Essa regra é complementada pelo art. 405 do CPC, que estabelece não poderem testemunhar os incapazes, os impedidos e os suspeitos. O Tribunal Superior do Trabalho, por intermédio da Súmula nº 357, diz que a testemunha que está litigando, ou tenha litigado, contra o mesmo empregador, não se torna suspeita por isso.

Tradicionalmente, as testemunhas são ouvidas, na Justiça do Trabalho, para fazer prova quanto aos contratos simulados, com o objetivo de demonstrar a divergência entre a vontade real e a vontade declarada, e quanto aos contratos em geral para demonstrar a existência de vícios de consentimento.

A testemunha se escusa de depor quanto a fatos que lhe acarretem grave dano, ou ao seu cônjuge e parentes, ou a cujo respeito, por estado ou profissão, deva guardar sigilo.

A testemunha, como todo cidadão, possui obrigações e direitos. Entre as obrigações destacam-se as de comparecer em Juízo para depor, quando convidada ou intimada, e, ainda, a de responder conforme a verdade sobre aquilo que souber e lhe for perguntado em Juízo, sob pena de incidir no crime de falso testemunho. Entre os direitos, estão: a) o de se recusar a depor em determinadas circunstâncias (406, I e II, CPC); o de ser inquirida em sua residência, ou no local onde exerce suas funções, nas hipóteses do art. 411 do

CPC; prestar depoimento antecipado, ser inquirida por precatória ou rogatória, e depor fora do Juízo em caso de doença ou motivo relevante (CPC, art. 410 e incisos I a III); ser inquirida pelo Juiz (arts. 410 e 416); ser tratada com urbanidade; ler o que declarou e requerer a retificação do depoimento, antes de assiná-lo, se for o caso; não sofrer descontos nos salários quando tiver que depor em Juízo.

5 A competência judicial para o exame da ação penal

Cristalizou o Superior Tribunal de Justiça, através da Súmula nº 165, o entendimento seguinte: "Compete à Justiça Federal processar e julgar crime de falso testemunho cometido no processo do trabalho".[123]

Tal orientação decorre de hermenêutica constitucional, pela qual se concluiu competir à polícia federal apurar infrações penais contra os serviços da União (art. 144, §1º, inciso I, da CF/88), e como o serviço da Justiça do Trabalho integra órgão do Poder Judiciário da União, cabe à Justiça Federal eventual processo e julgamento.[124]

Em julgado proferido no Superior Tribunal de Justiça, exemplificativamente, decidiu-se assim:

> Falso Testemunho – Ação Penal – Competência – Depoimentos perante a Justiça do Trabalho – Ato atentatório à Administração da Justiça especializada da União Federal – Competência da Justiça Federal – Inteligência do art. 109, IV, da CF. 1. O crime de falso testemunho em depoimento perante Juiz do Trabalho atenta contra a Administração da Justiça especializada da União Federal (CF, art. 109, IV). 2. Conflito conhecido, competência do suscitado.[125]

O artigo 40 do Código de Processo Penal dispõe, de forma expressa: "Quando, em autos ou papéis de que conhecerem, os juízes ou tribunais verificarem a existência de crime de ação pública, remeterão ao Ministério Público as cópias e os documentos necessários ao oferecimento da denúncia".[126]

---

[123] COSTA, Armando Casimiro; FERRARI, Irany; MARTINS, Melchíades Rodrigues. *Consolidação das Leis do Trabalho*. 35. ed. São Paulo: LTr, 2008. p. 650.

[124] PONTE, Antonio Carlos da. *Falso testemunho no processo*. São Paulo: Atlas, 2000. p. 67.

[125] BRASIL. Superior Tribunal de Justiça. C Comp. nº 11.492-6-3ª Seç. Rel. Min. Edson Vidigal. *DJU*, 05 jun. 1995. *Revista dos Tribunais*, 723/549.

[126] TOURINHO FILHO, Fernando da Costa. *Código de processo penal comentado*. 7. ed. rev. aum. e atual. São Paulo: Saraiva, 2003. p. 139.

Não se constitui essa regra em faculdade atribuída ao Juiz, como poderia parecer, num primeiro momento, "mas sim uma obrigação decorrente do dever a ele atribuído como magistrado, em decorrência do estatuído no inciso I do art. 35 da Lei Complementar nº 35/79 e, ainda, do dever imposto a qualquer cidadão nos termos do §3º do art. 5º do Código de Processo Penal".[127]

A falta dessa *delatio criminis* poderá configurar o tipo penal previsto na Lei das Contravenções: "omissão de comunicação de crime, art. 66 do Decreto-Lei nº 3.688/41".[128]

Convém esclarecer que o juiz, nessa hipótese, não exerce específica atividade jurisdicional, mas o que se convencionou denominar "função judiciária anômala", quando, na forma do art. 40 do CPP, remete a *notitia criminis* ao Ministério Público. Dessa forma, a providência da remessa é um procedimento administrativo e correicional, "e se houver constrangimento ilegal na instauração do inquérito sem justa causa, coator é o membro do Ministério Público".[129]

Reforça esse posicionamento jurídico Fernando da Costa Tourinho Filho, para quem o Juiz ou Tribunal não está dando causa à instauração de inquérito, mas, tão somente, levando o fato à consideração do Ministério Público: "cabe a este, como *dominus litis*, analisar a documentação e, se entender haver o *fumus boni iuris*, requerer a instauração do inquérito ou ofertar denúncia".[130]

A questão central deste trabalho, contudo, é saber, como lecionou Vicente José Malheiros da Fonseca, que procedimento deve tomar o Juiz do Trabalho "quando verifica que uma testemunha viola o seu compromisso de falar a verdade, apesar de advertida sob as penas da lei"?[131]

Após analisar todas as situações tecnicamente possíveis, esse autor, e magistrado do trabalho, conclui da seguinte forma:

> Age rigorosamente dentro da lei o Juiz do Trabalho que dá voz de prisão e encaminha imediatamente à autoridade policial federal, para

---

[127] MEDEIROS, Alexandre Alliprandino; FREITAS, Marco Antonio de. Entre o falso e o verdadeiro testemunho. *Revista do Tribunal Regional do Trabalho da 24ª Região*, Campo Grande , n. 9, p. 25, 2004.

[128] *Op. cit.*, p. 25.

[129] MIRABETE, Julio Fabbrini. *Código de Processo Penal interpretado*: referências doutrinárias, indicações legais, resenha jurisprudencial: atualizado até julho de 1995. 5. ed. São Paulo: Atlas, 1997. p. 91.

[130] TOURINHO FILHO, *op. cit.*, p. 140.

[131] FONSECA, Vicente José Malheiros da. *Reforma da execução trabalhista e outros estudos*. São Paulo: LTr, 1993. p. 162.

a lavratura do auto de flagrante delito e instauração do competente inquérito que dará ensejo à ação penal, mediante denúncia do Ministério Público ao Juiz Federal Comum, contra testemunha que comete falso testemunho em plena audiência de instrução, em que também é proferida a sentença trabalhista, pela aplicação subsidiária da norma disposta no parágrafo único do art. 211 do Código de Processo Penal, por força do art. 769 da CLT.[132]

Consideram alguns doutrinadores que essa atitude, de alguns juízes da Justiça do Trabalho, no que diz respeito a determinar a prisão da testemunha que incorre no tipo do artigo 342, ou pelo menos no que pertine à reiteração da advertência colocada por ocasião do compromisso legal dessa testemunha, "já tem contribuído com relevo para a consecução do fim maior do processo, que é a realização da Justiça".[133]

Quando verificada a existência do crime de falso testemunho durante a realização de uma audiência trabalhista, o magistrado que a está presidindo optará por uma das seguintes atitudes: "a) dar voz de prisão ao autor do crime, em flagrante delito (art. 301 c/c art. 302 e art. 307 do CPP); ou b) requisitar a instauração de inquérito à autoridade policial, nos termos do inciso II do art. 5º do CPP".[134]

A prisão em flagrante delito, diante de crime cometido durante a audiência, embora possa estar respaldada no art. 307 do CPP (na condição de magistrado) e no art. 301 desse mesmo estatuto legal (na qualidade de cidadão), só seria justificável quando fosse manifesto o cometimento do ilícito, ausentes dúvidas de qualquer sorte, vale dizer, "na hipótese de verificação inequívoca da infração penal, já que essa reação pressupõe certeza visual do crime".[135]

A praxe que se firmou no foro trabalhista é a de remessa de peças ao Ministério Público Federal, apenas, como se vê do seguinte julgado: "A prática, em tese, de crime de falso testemunho, enseja a expedição de comunicação do fato à autoridade competente, para as providências cabíveis".[136]

---

[132] FONSECA, *op. cit.*, p. 167-168.

[133] SANTOS FILHO, Sérgio Luiz dos. Do estelionato processual na Justiça do Trabalho: necessidade de caracterização doutrinária. *Jornal Trabalhista Consulex*, Brasília, ano 21, n. 1034, p. 1034-6, 13 set. 2004.

[134] MEDEIROS; FREITAS, *op. cit.*, p. 25.

[135] MEDEIROS; FREITAS, *op. cit.*, *op. cit.*, p. 25.

[136] PERNAMBUCO. Tribunal Regional do Trabalho da 6ª Região. Proc. TRT-RO 00209-2005-341-06-00-3, 2ª T. Rel. Min. Ibraim Alves Filho. *DOE*, 15 fev. 06.

Orientou-se esse acórdão, também, no sentido de que, por não haver decidido qualquer questão, "a expedição de ofício não é atacável por via de recurso".[137]

Não há possibilidade de inércia, dos Juízes do Trabalho, quando se deparam com a existência, em tese, do cometimento do delito de falso testemunho, por não deterem, apenas, a faculdade de determinar a apuração, "mas sim o dever legal de assim agirem, sob pena de incorrerem no crime de prevaricação".[138]

Articulistas há que consideram, até, a ameaça de prisão *incontinenti* pelo magistrado como ilegal, "constituindo-se em abuso de autoridade, devendo, nesse caso, requerer a parte que conste em ata de audiência o aludido abuso e constrangimento".[139]

Para esse mesmo autor, quando o juiz puder verificar que, intencionalmente, a testemunha praticou falso testemunho, após reduzido o depoimento a termo e assinado, deve, imediatamente, "remeter cópia do depoimento e outras peças necessárias para o Ministério Público oferecer denúncia, cujo julgamento está afeto ao juízo criminal, por se tratar de ação penal pública incondicionada".[140]

Parece prevalecer, entre os doutrinadores, a tese de não dar voz de prisão à testemunha, em audiência na Justiça do Trabalho, pelas dificuldades e riscos que tal procedimento enseja. Embora considere possível, Mauro Schiavi não entende prudente que o Juiz, durante o depoimento, dê voz de prisão à testemunha que alterou a verdade dos fatos, pois somente na sentença é que "o magistrado avaliará o conjunto probatório e terá melhores condições de convencimento sobre a existência do delito de falso testemunho".[141]

Dúvida existirá, entretanto, na dura realidade da prática da vida judiciária, entre seguir a orientação do art. 211 do CPP ou aquela do parágrafo único do mesmo dispositivo, quando o depoimento falso for prestado em plenário de julgamento, se pode ser ou não determinado que a testemunha apresente-se imediatamente à autoridade policial. Já o *caput* do art. 211 estabelece que o juiz, ao pronunciar a sentença final, se reconhecer que alguma testemunha fez afirmação falsa, calou ou negou a verdade, "remeterá

---

[137] PERNAMBUCO. Tribunal Regional do Trabalho da 6ª Região. Proc. TRT-RO 00209-2005-341-06-00-3, 2ª T. Rel. Min. Ibrahim Alves Filho. *DOE*, 15 fev. 06.

[138] MEDEIROS; FREITAS, *op. cit.*, p. 28.

[139] RAMOS, Antonio Maurino. Da prova testemunhal. *Revista do Tribunal Regional do Trabalho da 13ª Região*, João Pessoa, v. 5, n. 1, p. 40, 1997.

[140] *Op. cit.*, p. 40.

[141] SCHIAVI, *op. cit.*, p. 519.

cópia do depoimento à autoridade policial para a instauração de inquérito".[142]

Segundo Manuel Rodrigues, tratando-se de processo de grande desgaste (aliado, por sua vez, ao tradicionalmente gerado pela natureza e acúmulo de processos), "recomenda a boa prudência que seja observado, como regra, o disposto no próprio artigo 211, do CPP".[143]

Quando, porém, existirem fundadas dúvidas sobre a autoria do crime, embora sua materialidade esteja patente, o que ocorre na maioria das vezes, o melhor procedimento deve ser encaminhar a requisição diretamente à Polícia Federal, o que "abrevia e desburocratiza o procedimento necessário para a apuração do crime cometido, sem falar que esse procedimento, a toda evidência, não retira do Ministério Público a titularidade da ação penal correspondente".[144]

No sentido dessa fundamentação, há trecho de julgado do Tribunal Superior do Trabalho, no qual está dito:

aos Juízes ou Tribunais é facultado oficiar à Polícia Federal ou ao Ministério Público, para a instauração de inquérito, a fim de que seja apurada a autoria de crime de ação penal pública, sendo que, verificada a sua existência, devem ser remetidas ao Ministério Público as cópias dos documentos necessários para o oferecimento da denúncia, conforme dispõe o art. 40 do CPP.[145]

Deve-se deixar um alerta para um tipo de comportamento de Juízes que, na verdade, mais ameaçam do que advertem. Segundo José Wilson Ferreira Sobrinho, "certos magistrados, não só trabalhistas, praticam crime de ameaça contra testemunhas, embora, estranhamente, pareçam não perceber o fato".[146] Diz esse autor "não parecer razoável que um juiz, aos berros e dando socos na mesa, ameace mandar prender uma testemunha se ela mentir. Isto

---

[142] MIRABETE, *op. cit.*, p. 292.
[143] RODRIGUES, Manuel Cândido. A prova testemunhal no processo do trabalho. *In*: BARROS, Alice Monteiro de (Coord.). *Compêndio de direito processual do trabalho*: obra em memória de Celso Agrícola Barbi. 2. ed. São Paulo: LTr, 2001. p. 387.
[144] MEDEIROS; FREITAS, *op. cit.*, p. 27.
[145] BRASIL. Tribunal Superior do Trabalho. ROMS 811737 – SBDI2. Rel. Min. Ives Gandra Martins Filho. *DJU*, 06 jun. 2003.
[146] FERREIRA SOBRINHO, José Wilson. Competência penal e juiz do trabalho. *Revista LTr*, São Paulo, v. 64, n. 01, p. 38, 2000.

é, pura e simplesmente, crime de ameaça praticado por um juiz".[147] A responsabilização da testemunha que pratica o crime de falso testemunho encontra regulação jurídica nos artigos 211 do Código de Processo Penal e 342 do Código Penal. Esse o caminho a ser seguido, registrando-se como necessário que o Juiz do Trabalho "não se afaste das diretrizes processuais e materiais advindas dos artigos referidos sob pena de se expor a eventuais responsabilizações".[148]

Portanto, em caráter repetitivo, mas de reforço, "o que não pode ocorrer é o juiz do trabalho 'ameaçar' de prisão a testemunha ou até mesmo prendê-la, ele próprio, em flagrante delito, por mais afrontoso que possa ser o testemunho prestado".[149]

O mais aconselhável, e sensato, é que o juiz advirta a testemunha, e readvirta-a, se for o caso, "quantas vezes entender necessário, sobre as consequências criminais de seu ato ou omissão".[150]

Quando o juiz do trabalho constatar, em audiência, ou em autos ou papéis de que conhecer, a ocorrência do delito tipificado no art. 342 do Código Penal, deverá, por força do disposto no art. 40 do Código de Processo Penal, remeter ao Ministério Público Federal (Súmula nº 165 do STJ) "cópias dos documentos necessários à instauração da devida ação penal".[151] Como se há de compreender, esse juízo de verificação da ocorrência do delito, com efeito, não precisa ser conclusivo, no sentido da efetiva prática do crime, "bastando o convencimento pessoal do magistrado ou até mesmo a dúvida razoável, pois, neste caso: *in dubio pro societatis*".[152] Ao receber as peças de informações, poderá o Ministério Público Federal, ao qual pertence a *opinio delictis*, "denunciar diretamente ou requerer o arquivamento, ou requisitar ou empreender diligências complementares, ou até mesmo requisitar a instauração de inquérito policial".[153]

Desse modo, não há motivo para o juiz do trabalho recear constituir-se em autoridade coatora, pois a mera remessa de cópias dos autos aos órgãos persecutórios do Estado caracteriza-se "em ato administrativo e correicional — função jurisdicional anômala — e não em ato de jurisdição".[154]

---

[147] *Op. cit.*, p. 38.
[148] *Op. cit.*, p. 38.
[149] ZANATTA, Airton. A iniciativa do juiz do trabalho diante do delito de falso testemunho. Disponível em: <http://www.femargs.com.br/revista03.zanatta.html>. Acesso em: 21 fev. 2009.
[150] ZANATTA, *op. cit.*
[151] ZANATTA, *op. cit.*
[152] ZANATTA, *op. cit.*
[153] ZANATTA, *op. cit.*
[154] ZANATTA, *op. cit.*

Há uma grande questão, ainda, por ser resolvida, sobre o tema. Trata-se da mudança da competência, de alguns crimes, que se cometem na órbita trabalhista, para a Justiça do Trabalho. Como reclama, com justo motivo, Georgenor de Sousa Franco Filho, os juízes do trabalho não podem cuidar de ações que envolvam falsidade testemunhal perante a Justiça do Trabalho, pois a competência continua da Justiça Federal comum. Argumentar-se-ia a formação mesma do Juiz do Trabalho, "enquanto se olvida que há casos, por exemplo, de Juízes Estaduais comuns investidos de jurisdição especificamente trabalhista".[155]

Tomando-se em conta o princípio ou a teoria da unidade da convicção, resguardado pelo STF, seria possível reconhecer que "o crime nascido da relação de trabalho seja processado e julgado na Justiça do Trabalho, competente para a ação trabalhista".[156]

Há autores que vão mais longe e reclamam uma "demarcação precisa do elenco de infrações penais sob a jurisdição da Justiça do Trabalho", considerando que a magistratura do trabalho deve absorver "uma competência que, histórica ou ontologicamente, cabe-lhe por direito, lógica ou tradição, com ecos no direito comparado".[157]

Em Direito Penal do Trabalho, pelo qual se clama, deveria, então, ser analisado à luz da imperiosa necessidade da repressão "não com vista à segregação/prisão, mas como instrumento hábil ao cumprimento da lei e do atendimento aos direitos mínimos regrados no direito positivo".[158]

Portanto, considera-se justo defender a ampliação da competência da Justiça do Trabalho, argumentando-se da seguinte forma:

> Estando a Justiça do Trabalho mais capilarizada pelo interior do Brasil que a Justiça Federal, e mais aparelhada e bem servida de juízes e serventuários que a Justiça Comum dos Estados, certamente o grau de satisfação com a sua prestação jurisdicional no julgamento dos crimes a ela relacionados fomentaria o acesso à justiça e em muito contribuiria para a paz social.[159]

---

[155] FRANCO FILHO, Georgenor de Sousa. Ampliação da competência da Justiça do Trabalho?. *Revista do Tribunal Regional do Trabalho da 8ª Região*. Belém, v. 41, n. 80, p. 62, jan./jun. 2008.

[156] D'AMBROSO, Marcelo José Ferlin. Competência criminal da Justiça do Trabalho e legitimidade do Ministério Público do Trabalho em matéria penal: elementos para reflexão. *Revista LTr*, v. 70, n. 2, p. 195, fev. 2006.

[157] FELICIANO, Guilherme Guimarães. Aspectos penais da atividade jurisdicional do juiz do trabalho. *Revista Trabalhista Direito e Processo*, Rio de Janeiro, v. 4, p. 75-76, out./dez. 2002.

[158] MORAES, Reinaldo Branco de. Resultados práticos da competência penal trabalhista. *Revista LTr*, v. 71, p. 179, fev. 2007.

[159] PAMPLONA FILHO, Rodolfo; BISPO, Sérgio Waly Pirajá. Justiça do trabalho e competência penal: *de lege data* e *de lege ferenda*. *Revista do Tribunal Regional do Trabalho da 8ª Região*, v. 41, n. 80, p. 101-123, jan./jun. 2008. p. 121.

A indagação final é a seguinte: quais seriam os tipos penais cuja competência para apreciação deveria ser da Justiça do Trabalho? A resposta está nos chamados limites do Direito Penal-Trabalhista, que se encerram "nos crimes contra a organização do trabalho, na redução da condição análoga à de escravo e no assédio sexual, além dos crimes contra a administração da Justiça do Trabalho".[160]

Concluindo, resta dizer tratar-se de uma disputa de poder, que é sempre a competência judicial. Quem é que pode instruir e julgar? Quem pode decidir? Quem é o detentor do poder de prestar a jurisdição? O tema envolve, inclusive, essa vertente, sendo necessário fortalecer os argumentos teóricos das vantagens técnicas, de direito e de justiça dessa mudança de competência jurisdicional.

Referências

BARRETTO, Vicente de Paulo (Coord.). *Dicionário de filosofia do direito.* São Leopoldo, RS: UNISINOS; Rio de Janeiro: Renovar, 2006.

BATTISTELLI, Luigi. *A mentira nos tribunais.* Trad. Fernando de Miranda. Coimbra: Coimbra Ed., 1963.

CAPPELLETTI, Mauro; GARTH, Bryant. *Acesso à justiça.* Trad. Ellen Gracie Northfleet. Porto Alegre: Sergio Antonio Fabris, 1988.

CARNEIRO, Maria Francisca. Transdiciplinaridade na pesquisa jurídica. *O Estado do Paraná,* 22 mar. 09. Caderno Direito e Justiça, p. 12.

COSTA, Armando Casimiro; FERRARI, Irany; MARTINS, Melchíades Rodrigues. *Consolidação das Leis do Trabalho.* 35. ed. São Paulo: LTr, 2008.

D'AMBROSO, Marcelo José Ferlin. Competência criminal da Justiça do Trabalho e legitimidade do Ministério Público do Trabalho em matéria penal: elementos para reflexão. *Revista LTr,* v. 70, p. 180-195, fev. 2006.

DINIZ, Maria Helena. *Dicionário jurídico.* 2. ed. rev. atual. e aum. São Paulo: Saraiva, 2005. v. 3, v. 4.

FELICIANO, Guilherme Guimarães. Aspectos penais da atividade jurisdicional do juiz do trabalho. *Revista Trabalhista Direito e Processo,* Rio de Janeiro, v. 4, p. 51-77, out./dez. 2002.

FERREIRA SOBRINHO, José Wilson. Competência penal e juiz do trabalho. *Revista LTr,* São Paulo, v. 64, n. 01, p. 36-38, jan. 2000.

---

[160] PAMPLONA FILHO; BISPO, *op. cit.,* p. 120.

FIUZA, Ricardo. *Código civil comentado*. 6. ed. rev. e atual. Coord. até a 5. ed. Ricardo Fiuza. Coord. da 6. ed. Regina Beatriz Tavares da Silva. São Paulo: Saraiva, 2008.

FLORIAN, Eugenio. *De las pruebas penales*. Bogotá: Temis, 1969. t. II.

FONSECA, Vicente José Malheiros da. *Reforma da execução trabalhista e outros estudos*. São Paulo: LTr, 1993.

FRAGOSO, Heleno Claudio. *Lições de direito penal*: parte especial. 4. ed. Rio de Janeiro: Forense, 1984. v. 2.

FRANCO FILHO, Georgenor de Sousa. Ampliação da competência da Justiça do Trabalho?. *Revista do Tribunal Regional do Trabalho da 8ª Região*, v. 41, n. 80, p. 59-67, jan./jun. 2008.

FREITAS, Marco Antonio de. Entre o falso e o verdadeiro testemunho. *Revista do Tribunal Regional do Trabalho da 24ª Região*, Campo Grande, p. 19-30.

GOTTSCHALK, Egon Felix. *Norma pública e privada no direito do trabalho*: um ensaio sobre tendências e princípios fundamentais do Direito do Trabalho. São Paulo: Saraiva, 1944.

JAKOBS, Günther. *Teoria e prática da intervenção*. Trad. Mauricio Antonio Ribeiro Lopes. Barueri: Manole, 2003.

JESUS, Damásio de. Breves notas à Lei nº 10.268, de 28 de agosto de 2001: alterações das redações dos crimes de falso testemunho e corrupção ativa da testemunha (CP, arts. 342 e 343). *Complexo Jurídico Damásio de Jesus*, São Paulo, set. 2001. Disponível em: <http://www.damasio.com.br>. Acesso em: 21 fev. 2009.

LEITE, Carlos Henrique Bezerra. *Curso de direito processual do trabalho*. 5. ed. São Paulo: LTr, 2007.

LOPES JR., Aury. *Direito penal e sua conformidade constitucional*. 2. ed. Rio de Janeiro: Lumen Juris, 2008. v. 1, p. 484.

MACHADO, Antônio Cláudio da Costa. *Código de processo civil interpretado*: artigo por artigo, parágrafo por parágrafo: leis processuais extravagantes anotadas. Barueri: Manole, 2006.

MALATESTA, Nicola Framarino Dei. *A lógica das provas em matéria criminal*. Trad. Paolo Capitanio, do original da 3. ed. de 1912. Campinas: Bookseller, 1996. v. 1.

MARINONI, Luiz Guilherme; ARENHART, Sérgio Cruz. *Comentários ao Código de Processo Civil*. São Paulo: Revista dos Tribunais, 2000. v. 5, Do processo de conhecimento, t. II. Arts. 364 a 443.

MARINONI, Luiz Guilherme; MITIDIERO, Daniel. *Código de processo civil comentado artigo por artigo*. São Paulo: Revista dos Tribunais, 2008.

MARTINS, Sergio Pinto. *Direito processual do trabalho*: doutrina e prática forense; modelos de petições, recursos, sentença e outros. 28. ed. São Paulo: Atlas, 2008.

MEDEIROS, Alexandre Alliprandino; FREITAS, Marco Antonio de. Entre o falso e o verdadeiro testemunho. *Revista do Tribunal Regional do Trabalho da 24ª Região*, n. 9, p. 19-30, 2004.

MENEGALE, J. Guimarães. Falso testemunho. *In*: SANTOS, J. M. de Carvalho; DIAS, José de Aguiar (Coord.). *Repertório enciclopédico do direito brasileiro*. Rio de Janeiro: Borsoi. v. 22, p. 131-139.

MIRA Y LOPEZ, E. *Manual de psicologia jurídica*. Trad. Elso Arruda. 2. ed. São Paulo: Mestre Jou, 1967.

MIRABETE, Julio Fabbrini. *Código de processo penal interpretado*: referências doutrinárias, indicações legais, resenha jurisprudencial: atualizado até julho de 1995. 5. ed. São Paulo: Atlas, 1997.

MIRABETE, Julio Fabbrini. *Manual de direito penal*. 10. ed. São Paulo: Atlas, 1996. v. 3.

MIRANDA, Francisco Cavalcanti Pontes de. *Comentários ao código de processo civil*. Rio de Janeiro: Forense, 1974. t IV. Arts. 282 – 443.

MORAES, Reinaldo Branco de. Resultados práticos da competência penal trabalhista. *Revista LTr*, São Paulo, v. 71, p. 171-179, fev. 2007.

NEGRÃO, Theotonio; GOUVÊA, José Roberto Ferreira. *Código de Processo Civil e legislação processual em vigor*. 32. ed. atual. até 09.01.01. São Paulo: Saraiva, 2001.

NERY JUNIOR, Nelson; NERY, Rosa Maria de Andrade. *Código de processo civil comentado e legislação extravagante*: atualizado até 1º de março de 2006. 9. ed. rev. atual. e ampl. São Paulo: Revista dos Tribunais, 2006.

NORONHA, E. Magalhães. *Direito penal*. 17. ed. São Paulo: Saraiva, 1986. v. 4.

NUNES, Pedro. *Dicionário de tecnologia jurídica*. 9. ed. Rio de Janeiro: Freitas Bastos, 1976. v. 2.

OLIVEIRA, Francisco Antonio de. *O processo na justiça do trabalho*: doutrina, jurisprudência e súmulas. 5. ed. São Paulo: LTr, 2008.

PAMPLONA FILHO, Rodolfo; BISPO, Sérgio Waly Pirajá. Justiça do trabalho e competência penal: *de lege data* e *de lege ferenda*. *Revista do Tribunal Regional do Trabalho da 8ª Região*, v. 41, n. 80, p. 101-123, jan./jun. 2008.

PONTE, Antonio Carlos da. *Falso testemunho no processo*. São Paulo: Atlas, 2000.

PORTANOVA, Rui. *Princípios do processo civil*. 6. ed. Porto Alegre: Livraria do Advogado, 2005.

PRADO, Luiz Regis. *Comentários ao Código Penal*: doutrina: jurisprudência selecionada: conexões lógicas com os vários ramos do direito. 4. ed. rev. atual. e ampl. São Paulo: Revista dos Tribunais, 2007.

PRADO, Luiz Regis. *Falso testemunho e falsa perícia*. 2. ed. São Paulo: Revista dos Tribunais, 1994.

RAMOS, Antônio Maurino. Da prova testemunhal. *Revista do Tribunal Regional do Trabalho da 13ª Região*, v. 5, n. 1, p. 38-41, 1997.

RODRIGUES, Manuel Cândido. A prova testemunhal no processo do trabalho. *In*: BARROS, Alice Monteiro de (Coord.). *Compêndio de direito processual do trabalho*: obra em memória de Celso Agrícola Barbi. 2. ed. São Paulo: LTr, 2001. p. 345-401.

SAAD, Eduardo Gabriel. Falso testemunho no processo do trabalho. *In*: *Suplemento trabalhista da LTr*, São Paulo, ano 32, n. 162, p. 883-892, 1996.

SANTOS FILHO, Sérgio Luiz dos. Do estelionato processual na justiça do trabalho: necessidade da caracterização doutrinária. *Jornal Trabalhista Consulex*, Brasília, ano 21, n. 1034, p. 1034-4/6, 13 set. 2004.

SANTOS, Mário Ferreira dos. *Dicionário de filosofia e ciências culturais*. São Paulo: Matese, 1963. v. 3.

SANTOS, Moacyr Amaral. *Comentários ao Código de Processo Civil*. 2. ed. Rio de Janeiro: Forense, 1977.

SCHIAVI, Mauro. *Manual de direito processual do trabalho*. São Paulo: LTr, 2008.

SIDOU, J. M. Othon (Org.). *Dicionário jurídico*. 3. ed. Rio de Janeiro: Forense Universitária, 1995.

SILVA, De Plácido e. *Vocabulário jurídico*. Rio de Janeiro: Forense, 1963. v. 4.

TEIXEIRA FILHO, Manoel Antonio. *A prova no processo do trabalho*. 8. ed. rev. e ampl. São Paulo: LTr, 2003.

TORNAGHI, Hélio. *Instituições de direito processual penal*. São Paulo: Saraiva, 1978. v. 4.

TOURINHO FILHO, Fernando da Costa. *Código de processo penal comentado*. 7. ed. rev. aum. e atual. São Paulo: Saraiva, 2003.

ZANATTA, Airton. A iniciativa do juiz do trabalho diante do delito de falso testemunho. Disponível em: <http://www.femargs.com.br/revista03-zanatta.html>. Acesso em: 21 fev. 2009.

Informação bibliográfica deste texto, conforme a NBR 6023:2002 da Associação Brasileira de Normas Técnicas (ABNT):

GUNTHER, Luiz Eduardo. O falso testemunho e a Justiça do Trabalho: aspectos controvertidos e relevantes. *In*: BARACAT, Eduardo Milléo (Coord.). *Direito penal do trabalho*: reflexões atuais. Belo Horizonte: Fórum, 2010. p. 259-297. ISBN 978-85-7700-357-0.

O Trabalho na Prisão

Tito Lívio Barichello

Sumário: 1 O instituto da remição e a obrigatoriedade do trabalho – **2** O trabalho do detento como exercício da dignidade humana na sociedade pós-moderna – **3** Existe relação empregatícia celetista no trabalho do detento? – **4** O trabalho do preso como responsabilidade do Estado e da sociedade – Considerações finais – Referências

1 O instituto da remição e a obrigatoriedade do trabalho

Gramaticalmente o termo *remição* pode ser definido como: "1. Ato ou efeito de remir(-se). 2. Libertação, resgate. 3. Salvação de pecados ou de crimes por meio da expiação",[1] o que não pode ser confundido com o vocábulo *remissão* que é derivado do latim *remissione*, com significado distinto, designando: "1. Ação ou efeito de remitir(-se); remitência. 2. Compensação, paga; 3. Misericórdia, clemência, indulgência, perdão. 4. Lenitivo, alívio, consolo".[2]

A remição que tem o sentido de resgate e não de pagamento (remissão), está inserida no art. 126 da Lei de Execuções Penais que preceitua:

> O condenado que, cumpre a pena em regime fechado ou semi-aberto, poderá remir, pelo trabalho, parte do tempo de execução da pena.
> §1º – A contagem de tempo para fim deste artigo será feita a razão de 1 (um) dia de pena por (três) de trabalho (...).

---

[1] FERREIRA, Aurélio Buarque de Holanda. *Novo Aurélio Século XXI*: o dicionário da língua portuguesa. 3. ed. Rio de Janeiro: Nova Fronteira, 1999. p. 1739.

[2] *Ibid.*, p. 1740.

Para Maurício Kuehne[3] a remição configura-se em uma recompensa concedida ao detento pelo exercício de atividade laboral quando do cumprimento da pena:

> (...) propiciando, além do trabalho, um prêmio ao condenado, eis que, além do cômputo para fins de concessão do livramento Condicional e Indulto, é assente que a contagem se efetiva, por igual para fins de Progressão de Regime.

Perfaz-se também em direito do detento abreviar o tempo no cárcere e configura-se em um "estímulo para corrigir-se" alcançando a ressocialização, pois a pena aplicada não deve ser determinada "de uma vez por todas" quando da sentença, pelo contrário, deve compor-se na fase de execução cumprindo a finalidade de reintegração social do condenado.[4]

Não obstante tratar-se de prêmio ou direito, perfaz-se o trabalho em obrigação legal imposta pelo art. 31 da LEP,[5] que institui o exercício laboral no estabelecimento prisional para o regime fechado e em Colônia Agrícola, Industrial ou similar para o semiaberto.

Os presos estão sujeitos ao trabalho de acordo com suas capacidades e aptidões, não podendo esgueirar-se de tal encargo, pois o intento é prepará-los ao retorno do convívio social que, obviamente, sofrerá gravame em caso de contínuo ócio no período de privação da liberdade.

Para Julio Fabbrini Mirabete[6] tanto a LEP quanto o regramento advindo da ONU infligem o trabalho como dever, dentro da realidade pessoal do condenado:

> Prevêem as Regras Mínimas da ONU que todos os presos devem ser submetidos a obrigação de trabalho, tendo em conta sua aptidão física e mental, e o art. 31 da Lei de Execução Penal, além de confirmar o dever de trabalhar do preso, como já foi visto, refere-se às aptidões e capacidade do condenado, remetendo-se, evidentemente, às condições físicas, mentais, intelectuais e profissionais do condenado.

---

[3] KUEHNE, Maurício. *Lei de Execuções Penais anotada*. 4. ed. Curitiba: Juruá, 2004. p. 390.

[4] MIRABETE, Julio Fabbrini. *Execução penal*: comentários à Lei nº 7210, de 11.7.1984. 11. ed. São Paulo: Atlas, 2004. p. 517.

[5] BRASIL. *Código de Processo Penal*. 10. ed. São Paulo: Saraiva, 2004. Lei nº 7.210 de 11 de julho de 1984. Art. 31: "O condenado à pena privativa de liberdade está obrigado ao trabalho na medida de suas aptidões ou capacidade".

[6] MIRABETE. *Execução penal*: comentários à Lei nº 7210, de 11.7.1984. p. 95.

De acordo com a Convenção nº 29 da Organização Internacional do Trabalho,[7] reunida em 10 de junho de 1930 em Genebra, ratificada pelo Brasil, estipulou-se a obrigatoriedade de os países-membros abolirem a utilização do trabalho forçado ou obrigatório, em todas a suas formas, estabelecendo no art. 2º:

> 1. Para fins desta Convenção, a expressão "trabalho forçado ou obrigatório" compreenderá todo trabalho ou serviço exigido de uma pessoa sob a ameaça de sanção e para o qual não se tenha oferecido espontaneamente. 2. A expressão "trabalho forçado ou obrigatório" não compreenderá, entretanto, para os fins desta Convenção: a) qualquer trabalho ou serviço exigido em virtude de leis do serviço militar obrigatório com referência a trabalhos de natureza puramente militar; b) qualquer trabalho ou serviço que faça parte das obrigações cívicas comuns de cidadãos de um país soberano, c) qualquer trabalho ou serviço exigido de uma pessoa em *decorrência de condenação judiciária, contanto que o mesmo trabalho ou serviço seja executado sob fiscalização e o controle de uma autoridade pública* e que a pessoa não seja contratada por particulares, por empresas ou associações, ou posta a sua disposição; (grifos nossos)

Apesar de o trabalho estar entabulado na LEP e na Convenção nº 29 da OIT como obrigação, seu efetivo exercício não pode ser imposto ao detento, pois inexiste a possibilidade de trabalhos forçados por imposição constitucional, conforme depreende-se do art. 5º, XLVII da Constituição Federal, que estabelece: "Não haverá penas: (...) c) de trabalhos forçados".

A obrigação do exercício laboral imposta ao presidiário é contestada por Sidio Rosa de Mesquita Júnior:[8]

> O condenado poderá recusar-se ao desenvolvimento do trabalho, não podendo ser sancionado por esta conduta. O único efeito da recusa será a apreciação desse fato como elemento negativo, no momento em que for apreciado o mérito do mesmo, a fim de conceder algum benefício.

---

[7] OIT. Disponível em: <http://www.oit.org/public/portugue/region/ampro/brasilia/info/download/conv_29.pdf>.

[8] MESQUITA JÚNIOR, Sidio Rosa de. *Execução criminal*: teoria e prática. 5. ed. São Paulo: Atlas, 2007. p. 97.

Eduardo Milléo Baracat (Coord.)
Direito Penal do Trabalho – Reflexões Atuais

No entendimento de Alexandre de Morais,[9] o não exercício da atividade laboral quando oportunizada ao preso, gera consequências para a execução penal:

> Segundo o art. 28 da LEP, o trabalho do sentenciado tem dupla finalidade: a educativa e a produtiva. O trabalho é dever do executado, mesmo porque a não execução do trabalho pelo sentenciado à pena privativa de liberdade, nos termos dos arts. 50, VI, e 39, V, da LEP, constitui falta disciplinar de natureza grave.

Tal entendimento é ratificado por Sánchez Rios,[10] para quem:

> (...) o princípio da obrigatoriedade do trabalho se encontra em harmonia com as disposições do art. 7 da Constituição de 1988: direito ao trabalho remunerado segundo as normas legais instituídas para cada espécie de relação jurídico-trabalhista marcada, direito às proteções previdenciárias e acidentárias nas contingências de diminuição ou cessação da capacidade laboral, acato as normas de higiene e segurança do trabalho e todos os demais preceitos formulados pelo art. 7 que não entrem em conflito com seu estado de execução penal.

De forma similar, as legislações alienígenas têm considerado plausível a exigência de atividade laboral pelo detento, não se configurando a obrigação em trabalho forçado, posto advir da necessidade da existência de um ambiente carcerário tranquilo e da própria dignidade daquele que teve sua liberdade cerceada pelo Estado. O princípio da obrigatoriedade do trabalho foi consignado pelo legislador italiano com consequências adversas ao transgressor, acarretando falta disciplinar de natureza grave com ônus para a remição, saída temporária e retrocesso a regime de pena mais rigoroso.[11]

A LEP não traz hesitações acerca da obrigatoriedade do trabalho, excetuando-se aqueles que estão detidos provisoriamente.[12] Destarte, compreendemos que a obrigação laboral, quando do cerceamento da liberdade, é de todo legal, posto advir da própria

---

[9] MORAES, Alexandre de; SMANIO, Gianpaolo Poggio. *Legislação penal especial*. São Paulo: Atlas, 1999. p. 184.

[10] RIOS, Rodrigo Sánchez. *Prisão e trabalho*: uma análise comparativa do sistema penitenciário italiano e do sistema brasileiro. Curitiba: Ed. Universitária Champagnat, 1994. p. 53-54.

[11] *Ibid.*, p. 53-54.

[12] NOGUEIRA, Paulo Lúcio. *Comentários à lei de execução penal*: Lei n. 7210, de 11.7.1984. 2. ed. São Paulo: Saraiva, 1994. p. 40.

finalidade da reclusão, que almeja nos moldes do art. 1º da LEP a "harmônica integração social do condenado e do internado".

Não podemos confundir obrigatoriedade do trabalho com a imposição de trabalhos forçados, visto que "as penas de trabalho forçado não se confundem com a previsão de trabalho remunerado durante a execução penal, previstos na Lei nº 7.210/84".[13]

A LEP encontra-se em perfeita harmonia com "a orientação ressocializadora da nova defesa social", o que, para Janira de Oliveira, encontra seu intento mor na prevenção de novos delitos e na reeducação:[14]

> Trata-se de uma política criminal consciente e baseada em fundamento das ciências sociais e da criminologia. Essa política criminal moderna resulta de uma premissa fundamental: o crime, sendo um fato social e um ato humano, não é somente uma definição legal do delito, mas um fenômeno sócio-individual. Não basta punir o fato delituoso, importante é prevenir a sociedade do crime, analisar a atitude delituosa e tomar, em relação ao seu autor, medidas que ultrapassem o limite da simples repressão. Prevenção e tratamento são, poder-se-ia dizer, as duas dimensões que faltavam à concepção tradicional de defesa social.

Atentos devemos estar que ao final do século XIX mudança filosófica sepultou na Inglaterra a ideia ultrapassada de que a perda da liberdade representava parcialmente a punição recebida, que era integrada pelo trabalho forçado. Evoluiu-se para o entendimento de que "os prisioneiros são enviados para a prisão como punição, e não para punição".[15] O absurdo era tamanho neste país anglo-saxão que buscava-se muitas vezes a futilidade laboral aliada à humilhação:

> (...) as invenções maravilhosas que foram criadas pelos meus predecessores, na Inglaterra, uma foi o moinho, que era como uma roda movida a pedal, só que bem longa, e até oito, dez, ou em alguns casos mais presos poderiam ficar de pé em cada pedal da roda, e eles eram simplesmente requeridos a marchar, enquanto a roda girava,

---

[13] MORAES, Alexandre *apud* PORTO. *Crime organizado e sistema prisional*, p. 56.

[14] OLIVEIRA, Janira de. A remição de parte do tempo de execução da pena pela educação formal do condenado: estudo comparativo ao instituto da remição pelo trabalho. *Revista da ESMESC – Escola Superior da Magistratura do Estado de Santa Catarina*, ano 9, v. 16, p. 278, 2003.

[15] SEMINÁRIO INTERNACIONAL O SISTEMA PENITENCIÁRIO BRASILEIRO E O TRABALHO DO PRESO/RECUPERANDO: DILEMAS, ALTERNATIVAS E PERSPECTIVAS. Belo Horizonte: Fundação João Pinheiro, 2002. p. 24-25.

eles mantinham-se em movimento com a roda. Eles não tinham que fazer nada, eles simplesmente tinham que realizar essa inútil forma de trabalho.[16]

Cônscios que do flanco oposto ao nosso, do lado interno do cubículo celular encontra-se um ser humano, isonômico a quaisquer de nós, não superior e tão pouco inferior, que há de regressar ao convívio social, detentor de direitos e obrigações cuja liberdade foi restringida temporariamente.

Importa profícuo recordar Michel Foucault, quando professa o poder do Estado sobre o cidadão em sua obra *Vigiar e punir*, através de um ritual público de dominação dos súditos pelo medo, verificando-se no sistema penitenciário nacional a busca incessante desta "ostentação dos suplícios".[17]

Para Leonardo Sica, citando Sigmund Freud, tais práticas penitenciárias denotam simples violência do Estado contra o cidadão, com objetivo único de alcançar exclusividade na ofensa a bens jurídicos, sendo que "O Estado proíbe ao indivíduo a prática de atos infratores, não porque deseje aboli-los, mas sim porque quer monopolizá-los".[18]

Roberto Porto,[19] lembrando Foucault, considera fundamental encerrar o embate entre aquele que teve a liberdade suprimida e o detentor do *jus puniendi*:

> Foucault explica que é preciso eliminar a confrontação física entre o Estado e o condenado. O Estado não pode ceder a sede de vingança e ao prazer de punir, visto da perspectiva do povo. É preciso que a justiça criminal puna em vez de se vingar.

---

[16] SEMINÁRIO INTERNACIONAL O SISTEMA PENITENCIÁRIO BRASILEIRO E O TRABALHO DO PRESO/RECUPERANDO: DILEMAS, ALTERNATIVAS E PERSPECTIVAS, p. 24-25.

[17] FOUCAULT, Michel. *Vigiar e punir*: o nascimento da prisão. Trad. Raquel Ramalhete. 34. ed. Rio de Janeiro: Vozes, 2007. p. 90: "(Damiens fora condenado, a 02 de março de 1757), a pedir perdão publicamente diante da porta principal da Igreja de Paris (aonde deveria ser) levado e acompanhado numa carroça, nu, de camisola, carregando um tocha de cera acesa de duas libras; (em seguida), na dita tocha, na praça Greve, e sobre um patíbulo que aí será erguido, atenazado nos mamilos, braços, coxas e barriga das pernas, sua mão segurando a faca com que cometeu o dito parricídio, queimada com fogo de enxofre, e as partes em que será atenazado se aplicarão chumbo derretido, óleo fervente, piche em fogo, cera e enxofre derretidos conjuntamente, e a seguir seu corpo será puxado e desmembrado por quatro cavalos e seus membros e corpos consumidos ao fogo, reduzidos a cinzas, e suas cinzas lançadas ao vento."

[18] SICA, Leonardo. *Direito penal de emergência e alternativas à prisão*. São Paulo: Revista dos Tribunais, 2002. p. 51.

[19] PORTO. *Crime organizado e sistema prisional*, p. 5.

A importância do trabalho do preso, mesmo obrigatório, não enseja dúvidas quanto a sua necessidade, sendo uma inclinação de todos os sistemas jurídicos. No entanto, necessário se faz uma adequação à "finalidade produtiva e educativa".[20]

Todavia tais objetivos encontram barreira na inépcia estatal com a falência do sistema penitenciário pátrio, tomando como exemplo a então Casa de Detenção de São Paulo que possuía capacidade para 3.250 presos, chegando a enclausurar 8.000 detentos, configurando-se triste recorde mundial de reclusos cumprindo pena na mesma estrutura física.[21]

René Ariel Dotti,[22] em sua obra *Bases alternativas para o sistema de penas*, cuja gênese remonta o ano de 1980 quando obteve a cátedra de Direito Penal da UFPR, traduz com proficiência a realidade da época que persiste agravada nos dias de hoje:

> A degradação do sistema penitenciário a níveis intoleráveis vem sendo freqüentemente retratada, tendo a frente a acusação do próprio Ministro da Justiça, Ibrahim Abi-Ackel, de que os presídios brasileiros são verdadeiros depósitos de pessoas e permanentes fatores criminógenos.

Exsurge, neste contexto o trabalho como vivificador do respeito e da dignidade, a propiciar um mínimo de expectativa àquele que a vida lhe ceifou a liberdade e todo consectário que advém do encarceramento em nosso falido sistema penitenciário, "que configura-se em uma instituição totalitária, que, com o passar do tempo, deforma a pessoa e acentua seus desvios morais".[23]

Deportamo-nos com a *praxis* carcerária a obnubilar qualquer intento reeducativo e reinsersor, provocando perquirir: o que esperar de um sistema penitenciário que utiliza o encarceramento como um dos meios de punição e não um fim em si mesmo? Que não oferece o trabalho aos seus detentos como intento educativo e reintegrador e cujas políticas públicas almejam tão somente a inexpugnabilidade de seus cárceres?

---

[20] *Ibid.*, p. 59.
[21] PORTO. *Crime organizado e sistema prisional*, p. 60.
[22] DOTTI, René Ariel. *Bases alternativas para o sistema de penas*. São Paulo: Revista dos Tribunais, 1998. p. 116-117.
[23] CARVALHO FILHO, Luiz Francisco. *A prisão*. São Paulo: Publifolha, 2002. p. 68.

2 O trabalho do detento como exercício da dignidade humana na sociedade pós-moderna

Muito além de obrigação ou dever, o trabalho é direito assegurado pela LEP, que no art. 28, consigna que "o trabalho do condenado como dever social e condição de *dignidade humana*, terá finalidade educativa e produtiva" (grifos nossos). A nossa Carta Constitucional em seu art. 1º, III insere a *dignidade humana* como fundamento da República Federativa do Brasil, e mais adiante no art. 6º, perfaz o trabalho como *direito_social* ao prescrever: "São direitos sociais, a educação, o trabalho" (...)

Inexiste o cumprimento do princípio constitucional da dignidade humana para o detento sem a possibilidade do efetivo exercício laboral. Na sociedade que denominamos pós-moderna, encontramos no trabalho o meio para obtenção de ascensão financeira e social, alcançando o reconhecimento, admiração e respeito de nossos semelhantes quando demonstramos nossas qualidades em algum exercício profissional de sucesso.

Apenas com o eficaz desempenho de alguma profissão o ser humano alcança sua dignidade, seja em qual atividade for, como empresário, advogado, agente político, administrativo, professor, comerciário ou operário. Tal consectário perfaz-se na base do direito pátrio, posto ter sido inserido em nossa *lex matter* os valores sociais do trabalho como fundamento da República Federativa do Brasil.

Evidências que o nosso labor influencia positivamente a mantença do meio, seja político, jurídico ou econômico é motivo de orgulho e satisfação, alterando nosso *psyché* de forma positiva. Contrariamente, o ócio macula o existir, incutindo estigmas pejorativos sobre nossa honra objetiva e subjetiva, posto todos possuirmos avantajado temor ao desemprego.

Em sua gênese o trabalho trazia conotação negativa, como nos explica Hermes Guerreiro:[24]

> Trabalho, etimologicamente vem de triparium, que é aquele tridente que serve para cutucar os animais primeiro, e depois os homens. Por isso trabalho não tem um sentido inconscientemente positivo. Nós não costumamos valorizar quem não trabalha. O sujeito que não trabalha tem fama de vagabundo. Ainda que ele seja rico, se ele não trabalha, todo mundo vê de uma forma desconfiada.

---

[24] SEMINÁRIO INTERNACIONAL O SISTEMA PENITENCIÁRIO BRASILEIRO E O TRABALHO DO PRESO/RECUPERANDO: DILEMAS, ALTERNATIVAS E PERSPECTIVAS, p. 112.

Na sociedade pós-moderna na qual vivemos, o trabalho designa tão somente motivo de alegria, orgulho, crescimento material e espiritual. Tanto é verdade que do não trabalho, advém estigmas conscientes e inconscientes, facilmente compreendidos pela opção legislativa de tipificar a "vadiagem" no Art. 59 da Lei de Contravenções Penais nos seguintes moldes:

> Vadiagem – Art. 59. Entregar-se alguém habitualmente à ociosidade, sendo válido para o trabalho, sem ter renda que lhe assegure meios bastantes de subsistência, ou prover a própria subsistência mediante ocupação ilícita: Pena – prisão simples, de 15 (quinze) dias a 3 (três) meses.

A opção pelo ócio apenada pelo Tribunal de Alçada Criminal de São Paulo,[25] demonstra a importância do trabalho na sociedade atual, conforme decisão do pretório paulista: "Impõe-se a condenação por vadiagem ao agente que sem economia própria e apto para o trabalho se dedica à ociosidade habitualmente".

O dicionário de língua portuguesa Priberam[26] informa o conceito de vadio como "aquele que não tem ocupação, que não quer trabalhar; vagabundo", demonstrando a premente necessidade de ofertar-se o trabalho ao detento, para a não estigmatização de sua imagem e ferimento de seu *psyché*.

Na obra *A loucura do trabalho*, o médico francês Christophe Dejours, em estudo de psicopatologia, demonstra a crença do "subproletariado"[27] de que a incapacidade de exercer o trabalho em virtude de alguma enfermidade é um mal, que teoricamente, pode ser evitado através da "reticência maciça em falar da doença",[28] configurando-se na "ideologia da vergonha de parar de trabalhar",[29] que é motivo de desonra e advém do temor de ser rotulado como "preguiçoso"[30] ou "vagabundo".[31]

---

[25] FRANCO, Alberto Silva *et al. Leis penais especiais e sua interpretação jurisprudencial*. 6. ed. São Paulo: Revista do Tribunais, 1997. p. 342: "TACRIM-SP – AC – Rel. Mafra Carbonieri – JUTACRIM 96/104".

[26] DICIONÁRIO PRIBERAM DA LÍNGUA PORTUGUESA. Disponível em: <http://www.priberam.pt/dlpo/definir_resultados.aspx>. Acesso em: 16 out. 2008.

[27] DEJOURS, Christophe. *A loucura do trabalho*: estudo de psicopatologia do trabalho. Trad. Ana Isabel Paraguay e Lúcia Leal Ferreira. 5. ed. São Paulo: Cortez – Oboré, 1992. p. 29-30.

[28] *Ibid.*, p. 29.

[29] *Ibid.*, p. 33.

[30] *Ibid.*, p. 29-30.

[31] *Ibid.*, p. 29-30.

Devemos compreender a conjuntura social na qual estamos inseridos, e que denominamos de pós-modernidade, o que para David Lyon[32] é um conceito que reclama introspecção sobre o porvir, sobre as mudanças sociais e culturais contemporâneas, não subsumindo-se a descrição de um momento ou estado existente. A convivência em sociedade atinge patamares de alta complexidade, quando relações humanas transformam-se cotidianamente a uma velocidade surreal, demonstrando descompasso com as instituições jurídicas criadas para regular a vida em sociedade.

Profunda transformação nos sistemas de comunicação propiciaram a globalização, processo que gera a integração econômica, política, cultural e por conseguinte social, formando a denominada aldeia global. Dentro deste contexto surge o trabalho como premissa máxima da sociedade capitalista, fonte de apreço e reverência no meio social em que estamos inseridos. O detento não encontra-se alheio a esta globalização em constante mutação na sociedade capitalista, possuindo os mesmos conceitos daquele que detém a liberdade, cuja estabilidade social materializa-se no trabalho.

O trabalho é requisito basilar para o exercício da dignidade entre aqueles detentores da liberdade e tal situação não é diversa para aqueles que cumprem pena nos ergástulos públicos. Quando de alguém é subtraído o direito de ir e vir, em virtude de uma sentença com trânsito em julgado e inicia-se a execução penal, o trabalho materializa-se no resgate da dignidade a propiciar o desiderato maior da restrição da liberdade que é a futura reintegração social e não um instrumento estatal de vingança pelo ilícito praticado.

A finalidade do trabalho penitenciário não é configurar-se em ônus ou uma carga de natureza penal advinda da sentença condenatória, conforme nos traz Julio Fabbrini Mirabete:[33]

> O trabalho prisional não constitui, portando, per se, uma agravação da pena, nem deve ser doloroso e mortificante, mas um mecanismo de complemento do processo de reintegração social para prover a readaptação do preso, prepará-lo para uma profissão, inculcar-lhe hábitos de trabalho e evitar a ociosidade.

---

[32] LYON, David. *Pós-modernidade*. São Paulo: Paulus, 2005.
[33] MIRABETE. *Execução penal*: comentários à Lei nº 7.210, de 11.7.1984, p. 90.

Atribuir caráter vingativo ao cárcere designa retroagir a entendimento soterrado pelo pretérito discurso da retribuição, como trata Fernando Santana:[34]

> Historicamente, a prestação de trabalho penitenciário continha estigma de castigo e de vingança, como forma de cumprimento da pena por modo aflitivo, mesmo dentro de uma visão utilitarista do sistema penal, ainda depois de superada a fase das chamadas cominações infamantes, a exemplo das penas de galés e trabalhos forçados.

Para Franz Von Liszt,[35] somente haverá pena justa quando esta for necessária, sendo que a "única forma sustentável e fecunda da pena retributiva é a pena protetora", expurgando a ideia Kantiana da compensação, que impõe como corolário direto de um gravame causado pelo cidadão, outro de igual medida devolvido pelo Estado.

No nosso sistema carcerário, sem dúvida, a pena não circunscreve-se em meio justo e protetor como lecionado pelo professor de Berlim em 1882. É cruel a realidade fática vivenciada nas prisões do Brasil e em toda América Latina, onde cerca de 3/4 dos encarceramentos existentes, estão embasados em cautelares sem uma sentença com trânsito em julgado, como bem nos ensina Eugenio Raúl Zaffaroni.[36]

Entre abundantes casos de descomedimento trazidos pela doutrina assinalamos o do "famoso e jovem seqüestrador da filha de Sílvio Santos, Fernando Dutra Pinto, morto em circunstâncias suspeitas em janeiro de 2002, teria sido espancado um mês antes, com canos de ferro, por não tratar de 'senhor' o diretor da prisão".[37]

---

[34] SANTANA, Fernando. *Direito do trabalho*: estudos em homenagem ao Prof. Luiz de Pinho Pedreira da Silva: o trabalho do presidiário em face do direito. São Paulo: LTr, 1998. p. 118.

[35] LISZT, Franz Von. *A idéia do fim do direito penal*. Tradução Hiltomar Martinz de Oliveira. São Paulo: Rideel, 2005. p. 69. Título original: *Der Zweckedanke in Strafrecht*.

[36] ZAFFARONI, Eugenio Raúl. *O inimigo no direito penal*. Trad. Sérgio Lamarão. 2. ed. Rio de Janeiro: Renavan, 2007. p. 70: "A característica mais destacada do poder punitivo latino-americano atual em relação ao aprisionamento é que a grande maioria — aproximadamente 3/4 — dos presos está submetida a medida de contenção, porque são processados não condenados. Do ponto de vista formal, isso constitui uma inversão do sistema penal, porém, segundo a realidade percebida e descrita pela criminologia, trata-se de um poder punitivo que a muitas décadas preferiu operar mediante a prisão preventiva ou por medida de contenção provisória transformada definitivamente em prática".

[37] CARVALHO FILHO. *A prisão*, p. 70.

Apesar de recente em nosso texto constitucional o primado da dignidade humana, sua origem nos demais ordenamentos se protrai no tempo, obtendo inequívoco reconhecimento constitucional nos Estados democráticos, tão somente, após o advento da Segunda Guerra mundial, com a Declaração Universal dos Direitos do Homem proclamada pela resolução nº 217 A (III), da Assembleia Geral das Nações Unidas, em 10 de dezembro de 1948.

Cumprindo função de fundamento de nosso ordenamento, impõe-se como garantia do detento e limite ao Estado, reclamando introspecção acadêmica acerca de seu atual alcance e a incessante busca de meios a inseri-lo, definitivamente, em qualquer exegese no cotidiano penitenciário.

Para Immanuel Kant, autor de *A crítica da razão pura*, em meados do século XVIII, o conceito de dignidade parte "da autonomia ética do ser humano", ou seja, da autodeterminação que é inerente, tão somente ao homem, impedindo o tratamento desumano mesmo por parte dele próprio.[38]

Trata-se, portanto, no pensar kantiano, de aferir à dignidade um conceito de valor maior e por conseguinte, infungível, indisponível e consequentemente impossível de ser cedido pelo titular ou cerceado por quaisquer argumentações ou interesses, mesmo no interior de um sistema penitenciário, quando o detento encontra-se à mercê do Estado.

O preceito da dignidade do cidadão tem em sua gênese caractere limitante de ultraje e garantidor da efetiva aplicação dos direitos fundamentais, adquirindo suma magnitude em países com sólido desenvolvimento democrático, como aqueles inseridos geograficamente na Península Ibérica.

A Monarquia Constitucional Espanhola[39] ampara-se no primado da dignidade da pessoa humana, extrapolando a persecução penal e abarcando a relação laboral, conforme já determinava a então Constituição Republicana da Espanha de 1931, dispondo em seu texto o direito do trabalhador a uma existência digna. Tal conteúdo

---

[38] SARLET, Ingo Wolfgang. *Dignidade da pessoa humana e direitos fundamentais*. 5. ed. Porto Alegre: Livraria do Advogado, 2007. p. 34.

[39] CONSTITUIÇÃO da Espanha. Disponível em: <http://www.direito.adv.br/constitu.htm>. Acesso em: 20 ago. 2008. 'CONSTITUCIÓN ESPAÑOLA – DON JUAN CARLOS I, REY DE ESPAÑA, A TODOS LOS QUE LA PRESENTE VIEREN Y ENTENDIEREN, SABED: QUE LAS CORTES HAN APROBADO Y EL PUEBLO ESPAÑOL RATIFICADO LA SIGUIENTE CONSTITUCIÓN: (...) De los derechos y deberes fundamentales: Artículo 10 – 1. *La dignidad de la persona*, los derechos inviolables que le son inherentes, el libre desarrollo de la personalidad, el respeto a la ley y a los derechos de los demás son fundamento del orden político y de la paz social.' (grifos nossos).

foi ratificado pela Carta Magna em 1978, garantindo expressamente o benefício ao preceito máximo de todas as Constituições.[40]

A Constituição portuguesa insere a dignidade do homem como princípio fundamental,[41] perfazendo-se na base da República ao lado da vontade popular, como "fundamento e limite do Estado democrático".[42] Como consectário desta inserção o cidadão é colocado acima da organização política, deixando de ser objeto para atingir a condição de "fim e não meio de relações jurídico-sociais".[43]

Proclamado como "núcleo essencial" da Lei Maior portuguesa, no momento que elege a *dignitas-hominis* como desiderato mais elevado do Estado em seu art. 2º, caracteriza a supremacia do cidadão em relação aos interesses estatais.[44]

Para Canotilho trata-se de "fronteira" de inequívoca importância a estabelecer óbice aos abusos estatais, "valor limite" a coibir toda e qualquer conduta estatal, sob as mais variadas argumentações, que imponham condição de objeto ao cidadão.[45] A importância da dignidade exsurge sob o manto de legitimar a própria República como forma de governo adotada no país lusitano.[46]

Como fundamento de nossa Carta Constitucional, o primado em questão perfaz-se em valor inseparável da pessoa e como tal congênito, independendo sua existência de quaisquer fatores externos. Tem como caractere intrínseco a oposição de limites ao Estado em relação aos primados maiores do indivíduo.[47]

---

[40] VICENTE PACHÉS, Fernando de. *Derechos fundamentales y relación de trabajo*. Madrid: CES, 1998. p. 28.

[41] CONSTITUIÇÃO da República Portuguesa. Disponível em: <http://www.portugal.gov.pt>. Acesso em: 20 ago. 2008. "Princípios Fundamentais: Art. 1º. Portugal é uma república soberana, *baseada na dignidade da pessoa humana* e na vontade popular e empenhada na construção de uma sociedade livre, justa e solidária" (grifos nossos).

[42] CANOTILHO, J. J. Gomes. *Constituição da República Portuguesa anotada*. São Paulo: Revista dos Tribunais; Coimbra: Coimbra Ed., 2007. v. 1, p. 198.

[43] *Ibid.*, p. 198: (...) "Com este sentido, a dignidade da pessoa humana ergue-se como linha decisiva de fronteira (valor limite) contra totalitarismos (políticos, sociais, religiosos) e contra experiências históricas de aniquilação existencial do ser humano e negadoras da dignidade da pessoa humana (escravatura, inquisição, nazismo, estalinismo, polpotismo, genocídios étnicos)".

[44] CANOTILHO, J. J. Gomes. *Direito constitucional de teoria da Constituição*. 5. ed. Coimbra: Almedina, 2002. p. 225: (...) "a dignidade da pessoa humana como base da república significa, sem transcendências ou metafísicas, o reconhecimento do homo numenon, ou seja, o indivíduo como limite e fundamento do domínio político da República. Neste sentido, a República é uma organização política que serve ao homem, não é o homem que serve aos aparelhos político-organizatórios".

[45] CANOTILHO. *Constituição da República Portuguesa anotada*, p. 198.

[46] *Ibid.*, p. 199: "A dignidade da pessoa humana constitui um 'dado prévio' (a precondição) da legitimação da República como forma de domínio político, mas não se trata de uma dado fixista, invariável e abstrato".

[47] MORAES, Alexandre de. *Direito constitucional*. 19. ed. São Paulo: Atlas, 2006. p. 16: "Esse fundamento afasta a idéia de predomínio das concepções transpessoalistas do Estado e Nação, em detrimento da liberdade individual. A dignidade é um valor espiritual e moral inerente à pessoa" (...)

A intenção do nosso legislador constituinte restou clara ao cotejar determinados valores à categoria de princípios fundamentais, erigindo-os a uma hierarquia superior em comparação aos demais mandamentos constitucionais.[48] Ao inserir geograficamente a dignidade da pessoa humana no título primeiro da Carta Magna, constituindo-a como fundamento maior de nosso Estado Democrático de Direito, produziu-se uma categoria de supraprincípio que passa a reger todo o ordenamento jurídico, adentrando à execução penal e o exercício laboral pelo detento.

No entanto, a *praxis* penitenciária é catedrática em produzir violência, olvidando-se dos ensinamentos de Foucault, para quem "a execução pública é vista então como uma fornalha em que se acende a violência", vez que a conduta estatal deveria estruturar-se no entendimento de que a "certeza de ser punido é que deve desviar o homem do crime e não mais o abominável teatro".[49]

Em caso de divergência entre o direito à dignidade e outra norma ou princípio que regre a execução penal, caracteriza-se antinomia que deve ser obrigatoriamente solvida pelo exegeta amparando-se no fundamento maior. Norberto Bobbio[50] somente entende presente antinomias quando as normas pertencerem ao mesmo sistema jurídico e com "o mesmo âmbito de validade", o que invariavelmente inocorre quando envolver o supraprincípio de nossa República.

Como instrumento limitante do *jus puniendi* para proteção do indivíduo, deslegitima constitucionalmente qualquer ação ou omissão estatal que importe menoscabar os direitos basilares do detento frente ao Estado. Estabelece trincheira em favor da cidadania, cuja responsabilidade operativa imputada aos operadores do direito é de suma magnitude, verdadeiro *munus* público, para alcançarmos efetivamente a materialização dos preceitos de um verdadeiro Estado Democrático de Direito na *praxis* penitenciária.

O trabalho na prisão é direito do presidiário e, por conseguinte, obrigação estatal, devendo-se aproximar daquele exercido na sociedade livre, para assim cumprir sua finalidade educativa.[51]

---

[48] SARLET. *A dignidade da pessoa humana e direitos fundamentais*, p. 63: (...) "mediante tal expediente, o Constituinte deixou transparecer de forma clara e inequívoca a sua intenção de outorgar aos princípios fundamentais a qualidade de normas embasadoras e informativas de toda a ordem constitucional, inclusive (e especialmente) das normas definidoras de direitos e garantias fundamentais" (...)

[49] FOUCAULT. *Vigiar e punir*: nascimento da prisão, p. 13.

[50] BOBBIO, Norberto *apud* FREITAS. *A interpretação sistemática do direito*, p. 89.

[51] MIRABETE. *Execução penal*: comentários à Lei nº 7.210, de 11.7.1984, p. 91.

Tal assertiva denota a busca da dignidade no labor do detento, não aceitando-se mais a consecução do trabalho sem finalidade produtiva desconectada da realidade social.

Julio Fabbrini Mirabete,[52] quando trata das finalidades do trabalho penitenciário, prescreve que:

> O trabalho tem seu sentido ético, como condição da *dignidade humana*, e assim assume um caráter educativo. Se o condenado já tinha o hábito do trabalho, depois de recolhido ao estabelecimento penal seu labor irá manter aquele hábito, impedindo que degenere; se não o tinha, o exercício regular do trabalho contribuirá para ir gradativamente disciplinando-lhe a conduta, instalando-se em sua personalidade o hábito de atividade disciplinadora. (grifos nossos)

Em nossa sociedade pós-moderna, o trabalho e a dignidade humana são conceitos unívocos, e como tal, inseparáveis no cumprimento da pena, perfazendo-se em direito do preso e obrigação estatal, não podendo ser proporcionado em desacordo com a realidade social que o mesmo encontrará quando do exaurimento da reprimenda.

Os direitos humanos atingem seu ápice no momento que passam a estabelecer limites ao poder do Estado, obrigando-o ao cumprimento dos direitos dos cidadãos. No entanto, de nada adianta este conjunto de normas humanistas se o poder instaurado descumpre os preceitos basilares de um Estado Democrático de Direito.[53]

O regramento humanista prescreve parâmetros e limites ao Estado, como leciona Kriele Martin:[54]

> Os direitos humanos estabelecem condições e limites àqueles que tem competência para criar e modificar o direito e negam o poder de violar o direito. Certamente todos os direitos não podem fazer nada contra um poder fático, a *protestas desnuda*, como tampouco nada pode fazer a moral face ao cinismo. Os direitos somente tem efeito frente a outros direitos, os direitos humanos somente em face a um poder jurídico, isto é, em face a competências cuja origem jurídica e cujo *status* jurídico seja respeitado pelo titular da competência.

---

[52] *Ibid.*, p. 91.
[53] MARTIN, Kriele. *Introducción a la teoría del Estado*, p. 150 *apud* BRASIL. Supremo Tribunal Federal. 2ª T. HC 91.514-1. Rel. Gilmar Mendes. p. 16 maio 2008.
[54] *Ibid.*

O Ordenamento Jurídico nacional através de nossa Constituição Federal, da Lei de Execuções Penais e Tratados e Convenções Internacionais operantes, configura-se instrumento formalmente eficaz a possibilitar o efetivo exaurimento da execução penal, propiciando a futura reintegração do detento à sociedade, principalmente através do oferecimento de labor digno e produtivo.

No entanto o cotidiano penitenciário detém realidade distinta daquela tipificada na LEP, possuindo uma clientela bastante determinada, fruto do descaso das políticas públicas e da discriminação corrente por parte dos agentes públicos, sendo a "seletividade uma marca histórica e indissociável do sistema penal".[55]

De acordo com Leonardo Sica[56] a nossa realidade penitenciária é discriminatória:

> Dados do Conselho Nacional de Política Criminal e Penitenciária apontam que: 2-3 da população carcerária são negros e mulatos; 76% são analfabetos ou semi-alfabetizados; 95% são absolutamente pobres, 98% não tem condições de contratar um advogado e 72% dos processos criminais são por roubo ou furto.

Devemos desmistificar a corrente retórica da necessidade de constante modificação legislativa para justificar a inoperância estatal, que assenta-se na ausência de vontade política, verdadeira inanição estatal no oferecimento de condições mínimas de labor àqueles que tiveram a liberdade suprimida, obstaculizando o cumprimento de nosso primado máximo, que é a dignidade da pessoa humana.

3 Existe relação empregatícia celetista no trabalho do detento?

São correntes as indagações da dogmática acerca da existência de relação de emprego na atividade laboral realizada pelos detentos dentro e fora do estabelecimento prisional. Em caso afirmativo, o Estado e, ou empresas privadas que atuam no setor sujeitar-se-iam ao cumprimento das obrigações trabalhistas inseridas na Consolidação das Leis do Trabalho.

---

[55] SICA. *Direito penal de emergência e alternativas à prisão*, p. 51.
[56] *Ibid.*, p. 51.

Para aqueles que consideram presentes os requisitos da pessoalidade, não eventualidade, subordinação e onerosidade, o detento passaria a ter sua atividade profissional regrada pela CLT e, como corolário faria jus a todos os benefícios elencados no art. 7º de nossa Carta Constitucional, tais como: fundo de garantia por tempo de serviço; seguro desemprego; salário mínimo fixado em lei; piso salarial; décimo terceiro, etc.

Aos adeptos de tal exegese, poder-se-ia partir da premissa que o art. 28, §2º da LEP seria inconstitucional, por ferir preceitos de nossa *lex matter*, entre os quais, o da isonomia do art. 5º, Caput, que entabula: "Todos são iguais perante a lei, sem distinção de qualquer natureza" (...), em uma interpretação sistemática,[57] vista como instrumento hermenêutico a perquirir no sistema jurídico[58] a solução do litígio na busca da tão almejada paz social em caso de antinomias.

A norma não pode ser utilizada para diferenciar cidadãos, estabelecendo benesses, privilégios e, por conseguinte, desigualdades, mas um instrumento que possibilite tratar equitativamente indivíduos, materializando-se um conteúdo político-ideológico.[59]

É assente o entendimento de nossos tribunais[60] acerca dos critérios para reconhecer-se a existência de vínculo empregatício na relação contratual, porquanto exige-se o preenchimento dos requisitos elencados nos arts. 2º e 3º da CLT, consubstanciados na onerosidade, pessoalidade, continuidade e subordinação jurídica.

De acordo com entendimento pretoriano[61] são requisitos para reconhecimento do vínculo empregatício regrado pela CLT:

---

[57] FREITAS, Juarez. *A interpretação sistemática do direito*. São Paulo: Malheiros, 2004. p. 99: (...) "Neste compasso, deve-se, por oportuno lembrar, como premissa associada, que por interpretação sistemática, na ótica preconizada, entende-se a operação que consiste em atribuir, hierarquicamente, a melhor significação, dentre várias possíveis, aos princípios, às regras ou normas estritas e aos valores jurídicos, fixando-lhes o alcance e superando antinomias e sentido amplo, tendo em vista solucionar casos de conflito (objetiva ou subjetivamente considerados).

[58] *Ibid.*, p. 54: '(...) entende-se apropriado conceituar o sistema jurídico como uma rede axiológica e hierarquizada topicamente de princípios fundamentais, de normas estritas (ou regras) e de valores jurídicos cuja função é a de, evitando ou superando antinomias em sentido lato, dar cumprimento aos objetivos justificadores do Estado Democrático, assim como se encontram consubstanciados, expressa ou implicitamente, na Constituição'.

[59] MELLO, Celso Antônio Bandeira de. *O conteúdo jurídico do princípio da igualdade*. 3. ed. 12. tir. São Paulo: Malheiros, 2004.

[60] BRASIL. Tribunal Regional do Trabalho da 14ª Região – numeração única: 00113.2004.081.14.00-5. Classe Recurso Ordinário. Origem: Vara do Trabalho de Jaru-RO. Rel. Juiz Carlos Augusto Gomes Lobo. Revisor Juiz Lafite Mariano.

[61] *Ibid.*

(...) pessoalidade (relação jurídica "intuitu personae" com relação ao empregado), não-eventualidade dos serviços prestados, devendo ter os mesmos um caráter de permanência, não se qualificando como trabalho esporádico; onerosidade, pela qual a prestação de trabalho há de corresponder uma contraprestação específica, consubstanciada nas verbas salariais; e subordinação, que consiste na situação jurídica derivada do contrato de trabalho pela qual o empregado deve acolher o poder de direção do empregador no modo de realização de sua obrigação de fazer.

A LEP consigna em seu art. 28, §2º que "o trabalho do preso não está sujeito ao regime da Consolidação das Leis do Trabalho". No mesmo diploma legal está inserido no art. 29 que "O trabalho do preso será remunerado, mediante prévia tabela, não podendo ser inferior a 3/4 do salário mínimo".

Passemos a analisar o opinamento doutrinário acerca do tema, iniciando por Julio Fabbrini Mirabete,[62] para quem:

O trabalho do preso não está sujeito ao regime da Consolidação das Leis do Trabalho. Não obstante as similitudes exigidas na Lei de Execução Penal entre o trabalho prisional e o livre, aquele deste se distancia quanto a natureza. Trata-se de um dever que decorre da falta de pressuposto da liberdade, que se insere no conjunto de obrigações que integram a pena. Seu regime é de direito público, inexistente a condição fundamental para o trabalho espontâneo, que é a liberdade para a formação para o contrato de trabalho, retirada que foi ao condenado à pena privativa de liberdade. Não tem o direito, pois, a férias, 13º salário e outros benefícios que se concedem ao trabalhador livre.

Paulo Lúcio Nogueira,[63] manifesta-se tacitamente pela incompetência da CLT para reger atividade laboral do preso, ao asseverar que o trabalho deverá ser sempre remunerado, no montante mínimo de 3/4 do menor salário vigente, com a finalidade precípua de indenizar a vítima, auxiliar a família, despesas particulares do condenado, etc.

Exsurge significativa dessemelhança acerca do montante devido como contraprestação no contrato regido pela CLT e pela LEP, visto que nesta, o valor não poderá ser inferior a 3/4 dos salário

---

[62] MIRABETE. *Execução penal*: comentários à Lei nº 7.210, de 11.7.1984, p. 92.

[63] NOGUEIRA. *Comentários à Lei de Execução Penal*: Lei n. 7210, de 11.7.1984, p. 38.

mínimo, conforme disposto no art. 29, §2º, ao contrário daquela, que estabelece o salário mínimo como valor menor para a mantença de um trabalhador.

No trabalho prisional não mais existe o pagamento de remuneração simbólica como gorjetas ou regalias, havendo a obrigatoriedade de remuneração mediante prévia tabela nos moldes legais, inocorrendo equiparação a remuneração do trabalho livre.[64]

Erige-se clara diversidade respaldada em lei entre o trabalho prisional e o liberto, pois conforme expresso na LEP, a remuneração ao detento poderá ser inferior a um salário mínimo. Entendemos justo tal dispositivo em virtude das desobrigações pessoais que possuem os condenados, como a desnecessidade da moradia, alimentação, saúde, lazer entre outras finalidades consignadas no art. 7º, IV da Constituição Federal.

Odir Odilon Pinto da Silva e José Antônio Paganella Boschi,[65] expressam-se claramente sobre não adequação do contrato de trabalho prisional ao regime celetista, inocorrendo inconstitucionalidade formal ou material:

> Todavia, não nos parece inconstitucional a exclusão do condenado da proteção das leis trabalhistas. (...) Mesmo excluído da proteção trabalhista são aplicados à organização e aos métodos de trabalho as precauções legais relativas à segurança e a higiene.

O que objetiva-se com o princípio da igualdade é evitar a imposição de regras despropositadas, sem respaldo principiológico em determinada sociedade, ou seja, a "impossibilidade de desequiparações fortuitas ou injustificadas".[66]

Os critérios válidos para desequiparação legal sem ofensa ao princípio constitucional da isonomia respousa em tricotomia: a) "elemento tomado como fator de desigualação" ou melhor explicando "aquilo que é adotado como critério discriminatório"; b) "correlação entre o fato erigido e a disparidade estabelecida", ou seja, a justificativa racional ou fundamento lógico; c) "consonância da correlação lógica com os interesses absorvidos no sistema

---

[64] MIRABETE. *Execução Penal*: comentários à Lei nº 7.210, de 11.7.1984, p. 93.

[65] SILVA, Odir Odilon Pinto da; BOSCHI, José Antônio Paganella. *Comentários à Lei de Execução Penal*. Rio de Janeiro: Aide, 1986. p. 40.

[66] MELLO, Celso Antônio Bandeira de. *O conteúdo jurídico do princípio da igualdade*. 3. ed. 12. tir. São Paulo: Malheiros, 2004. p. 18.

constitucional" que corresponde a harmonia com o ordenamento de valores de uma determinada sociedade.[67]

Como consectário, percebemos haver consonância constitucional entre a LEP e a CLT em relação ao discrímen legal corrente no trabalho prisional. Coaduna com tal constatação a inexistência no liame de trabalho prisional, do primado básico de qualquer relação trabalhista regrada pela CLT, que é a liberdade. A autonomia de vontade do empregado encontra-se na expressão da independência de contratar e ser contratado. Pelo contrário, no trabalho presidiário, aponta-se um extremado vínculo de direito público, visto por alguns como obrigação e por outros como direito.

Na relação privada regida pela CLT, a inexistência de liberdade contratual ou a subtração indireta da mesma tipifica-se ilícito penal:

> Atentado contra a liberdade de trabalho. Art. 197. Constranger alguém, mediante violência ou grave ameaça: I – A exercer ou não exercer arte, ofício, profissão ou industria, ou a trabalhar ou não trabalhar durante certo período ou em determinados dias: Pena – detenção, de 1 (um) mês a 1 (um) ano, e multa, além da pena correspondente à violência.

Acerca do delito supramencionado César Roberto Bitencourt[68] explica que "o bem jurídico protegido é a liberdade de trabalho, isto é, a liberdade de escolher o trabalho, a profissão, arte, ofício ou indústria que deseja exercer", que encerra no elemento objetivo a adequação típica no "1ª Atentado contra a liberdade de contrato de trabalho" (...)

Compreendendo, por força legal, que o trabalho do preso é obrigatório, constrangido ao labor sob pena de consequências diretas que hão de recair sobre a execução penal, têm-se como conclusão que inexiste liberdade contratual na atividade realizada nos ergástulos públicos.

Na relação jurídica regrada pela LEP, vigora expressamente o princípio da obrigatoriedade, conforme disposição legal tipificada no art. 32: "O condenado a pena privativa de liberdade *está obrigado ao trabalho*" (...) (grifos nossos).

Diversamente o trabalho liberto é pautado na autonomia contratual, vivificado na livre vontade do trabalhador em contratar,

---

[67] *Ibid.*, p. 22.
[68] BITENCOURT, César Roberto. *Código penal comentado*. 4. ed. São Paulo: Saraiva, 2007. p. 198.

ao passo que o labor do detento tem finalidade dissemelhante daquele regido pela CLT, por expressa disposição legal que consigna no art. 28 que: "O trabalho do condenado (...) terá finalidade *educativa*" (grifo nosso).

As normas legais devem tratar equitativamente todos os cidadãos, desde que estejam em situação jurídica igualitária, motivo pelo qual a discriminação legal nada mais faz que equiparar o desiguais. Para Celso Antônio Bandeira de Mello "O princípio da igualdade interdita tratamento desuniforme às pessoas",[69] motivo pelo qual em nossa percepção o discrímen do art. 28 §2º da LEP, não figura desavença à isonomia ou primados outros fixados em nossa Carta Magna.

4 O trabalho do preso como responsabilidade do Estado e da sociedade

O paradigma do trabalho na compreensão hodierna de um sistema penitenciário abarca a reabilitação e a reinserção social, cabendo ao Estado propiciar esta verossimilhança. A efetiva oportunização de atividade profissional remunerada ao detento amolda-se em dever do Estado, conforme dita o art. 28, caput da LEP: "O trabalho do condenado, como dever social", (...) devidamente respaldado pela Magna Carta em seu art. 6º que impõe: "São direitos sociais a educação, a saúde, o trabalho". (...)

O exercício laboral é obrigação do indivíduo livre e dever do Estado e da sociedade, advindo do direito à subsistência. Pode-se compreender o "direito a subsistência – com o correspectivo dever de trabalhar, ou, se o indivíduo não pode trabalhar, como dever da sociedade".[70]

Pontes de Miranda[71] traz relato histórico que insere o trabalho como direito inerente ao ser humano em nossa história:

> No deteuronômio (XIV, 22-29; XXIV, 12), paga-se a décima anual das colheitas e a décima trienal para serem sustentados os que não tem a subsistência assegurada. Aliás, são dignos de ler-se o Levítico (XIV, 9, 10) e o Deteuronômio (XV, 4-11). No século XVIII, Turgot e Quesnay

---

[69] MELLO. *O conteúdo jurídico do princípio da igualdade*, p. 12.

[70] MIRANDA, Francisco Cavalcanti Pontes de. *Democracia, liberdade, igualdade*: os três caminhos. 2 ed. São Paulo: Saraiva, 1979. p. 491.

[71] *Ibid.*, p. 500.

falam de assegurar o direito ao trabalho. O Édito de 12 de março de 1776 alude a ele. Os homens de Revolução francesa viram-no bem. Fitchte, em 1797, definiu o conteúdo do direito ao trabalho, porém ainda no plano do direito natural. (...) Charles Fourier, na sua *Théorie des quartes Mouvements et des Destinées génerales*, publicada em 1808, estranhava que as Declarações de Direitos e as leis se esquecessem de pôr em princípio o direito ao trabalho.

Para Julio Fabbrini Mirabete[72] o trabalho do preso amolda-se em obrigação estatal:

> Mas, se o Estado tem o direito de exigir que o condenado trabalhe, conforme os termos legais, tem o preso o "direito social" ao trabalho (art. 6º da Constituição Federal de 1988). Como por seu *status* de condenado em cumprimento de pena privativa de liberdade, ou de objeto de medida de segurança detentiva, não pode exercer esse direito, o Estado incumbe-lhe o dever de dar o trabalho.

Como instrumento de reabilitação e reinserção social o trabalho posta-se não somente como obrigação do Estado, mas também dever da sociedade, correspondendo tal encargo em verdadeiro *munus* público, advindo da necessidade de propiciar a futura reintegração do preso ao meio social que ocorrerá em determinado lapso temporal, havendo ou não sua reeducação através do trabalho.

A proposição supra configura-se em verdadeiro axioma, presunção *jure et de jure* que não admite prova contrária, inocorrendo responsabilidade única do Estado na resolução deste gravame que aflige toda a sociedade, posto ser o trabalho a força motriz da regeneração e precursor da dignidade humana.

Para tanto necessita-se do empreendedorismo da iniciativa privada a fomentar tal possibilidade. De origem francesa o vocábulo *empreendedorismo* (*entrepeneur*), pode ser compreendido como a capacidade não comum, de abrir novas frentes de trabalho, trilhar caminhos diversos, partir para novidades de ação, tomar (o radical *prend* dá esta ideia) uma nova atitude numa espécie de reação ao comodismo do atrelamento ao passado ou a iniciativas de outras pessoas. Por isso supõe-se sempre um líder, um inovador de estruturas, alguém que deixa para os outros os caminhos já traçados.[73]

---

[72] MIRABETE, *Execução Penal*: comentários à Lei nº 7.210, de 11.7.1984, p. 90.

[73] CENTRO DE CIÊNCIAS EXATAS E TECNOLOGIA – UNIRIO. Disponível em: <http://www.uniriotec.br>. Acesso em: 05 out. 2008.

Pois bem, o incentivo ao empreendedorismo, felizmente, é um dos princípios basilares do direito empresarial (brasileiro?). No dizer de Fábio Tokars:[74] "se o ordenamento jurídico não oferecer um nível razoável de segurança aos empreendedores e investidores, inviabiliza-se qualquer política social por ausência de substrato econômico".

A nossa Carta Magna, quando trata dos Princípios Fundamentais em seu art. 1º, insere expressamente a livre iniciativa. Tal entendimento é ratificado mais adiante, no título VII, quando trata da Ordem Econômica e Financeira, assegurando o livre exercício de qualquer atividade econômica.

Com natureza político-constitucional, a livre iniciativa "constitui-se de decisões políticas fundamentais, concretizadas em normas conformadoras do sistema constitucional positivo",[75] que se encontra alicerçada na obrigação estatal de propiciar condições que garantam o desenvolvimento nacional de acordo com o art. 3º, II de nossa Lei Maior.

A ideologia constitucional vigente impõe como fundamentos o desenvolvimento nacional inserido no art. 3º, II, e a justiça social prevista no art. 170 *caput*.[76] Para Celso Antônio Bandeira de Mello[77] todo princípio deve ser analisado pelo exegeta com a devida amplitude, visto como:

> mandamento nuclear de um sistema, verdadeiro alicerce dele, disposição fundamental que se irradia sobre diferentes normas compondo-lhe o espírito e servindo de critério para sua exata compreensão e inteligência, exatamente por definir a lógica e a racionalidade do sistema normativo, no que lhe confere a tônica e lhe dá sentido harmônico.

Considerando a necessidade fática e o respaldo legal abalizador da participação de empresas privadas no trabalho prisional, cabe ao Estado, por sua vez, otimizar tal intento, não impondo óbices ao empreendedorismo, pelo contrário, possibilitando a feitura de parcerias público-privadas que conduzam o trabalho aos presídios.

---

[74] TOKARS, Fábio. *Primeiros estudos de direito empresarial*. São Paulo: LTr, 2007. p. 16.

[75] SILVA, José Afonso da. *Direito constitucional positivo*. São Paulo. Malheiros. 1997.

[76] PINHEIRO JÚNIOR, Gilberto José. *Crimes econômicos*: as limitações do direito penal. São Paulo. Edicamp, 2003.

[77] MELLO, Celso Antônio Bandeira de. *Curso de direito administrativo*. 5. ed. São Paulo: Malheiros, 1994. p. 450.

Exemplo de parceria entre o Estado e Iniciativa Privada ocorre no Município de Caçador, estado de Santa Catarina, onde encontra-se localizado o Presídio Regional. Neste estabelecimento prisional desenvolveu-se convênio entre o Estado de Santa Catarina e a empresa privada denominada Magnaplast, desencadeando a construção de obra com 1.100 metros quadrados, para a recuperação de filmes plásticos.

O prédio foi construído, com orçamento exclusivamente privado, dentro dos parâmetros de segurança exigidos, com paredes pré-moldadas em bloco de concreto, grades e outros meios de impedir a fuga. O presídio possuía 165,81m² de construção na parte administrativa e 793,21m² de carceragem, aumentando em mais de 100% sua área construída especificamente para o trabalho.[78]

O Presídio Regional de Caçador atualmente abriga 213 detentos, sendo 195 homens e 18 mulheres, dos quais 15 detentos atuam na fabricação de filtros de café e 57 na recuperação de embalagens plásticas industriais que são separadas e posteriormente extrusadas para venda a empresas transformadoras.[79]

Segundo levantamento realizado pela agente prisional Luciane W. de Brito, os crimes ensejadores da reprimenda dos detentos são: tráfico de drogas 22,54%; furto 22,54%; homicídio 16,43%; roubo 15,49%; crimes de trânsito 4,69%; estupro 3,76%; estelionato: 2,35%; pensão alimentícia 1,88%; outros: 10,32%.[80]

Da população carcerária 177 presos estão obrigados ao trabalho por força legal, sendo que outros 36 têm suprimida sua liberdade em virtude de cautelares pessoais e, como tal, desobrigados do exercício de qualquer atividade. Dos detentos obrigados ao trabalho, 72% encontram-se exercendo atividade laboral construtiva nos moldes da LEP, havendo o percentual de 28% que esperam por uma vaga de trabalho, autodenominando-se de "desempregados".[81] Segundo o empresário Hugo Fernando Benetti,[82] sócio-gerente da empresa Magnaplast, espera-se estender a atividade para o terceiro turno e,

---

[78] FICAGNA, Rovílio. *CPF 468.587.509-59, gerente do Presídio Regional de Caçador-SC*. Entrevista em 12 nov. 2008.

[79] BRITO, Luciane Wendetti. *CPF 016.070.929-64, agente penitenciário do Estado de Santa Catarina*. Entrevista em 12 nov. 2008.

[80] BRITO, Luciane Wendetti. *CPF 016.070.929-64, agente penitenciário do Estado de Santa Catarina*. Entrevista em 12 nov. 2008.

[81] BRITO, Luciane Wendetti. *CPF 016.070.929-64, agente penitenciário do Estado de Santa Catarina*. Entrevista em 12 nov. 2008.

[82] BENETTI, Hugo Fernando. *CPF 456.792.669-20, sócio-gerente da empresa Magnaplast Ltda*. Entrevista em 12 nov. 2008.

com isso, oportunizar o trabalho daqueles detentos que aguardam a chance de aprender uma nova profissão e concomitantemente aferir renda.

Segundo o gerente do Presídio Regional de Caçador-SC, Rovílio Ficagna, é desprezível o número de detentos que não querem participar da atividade industrial implementada, havendo grande interesse e vontade por parte de todos. A remuneração pela atividade de 44 horas semanais extrapola o mínimo legal exigido pelo art. 29 da LEP, que é de 3/4 de um salário mínimo.[83]

De acordo com o Gerente do Presídio muitos detentos sobrepujam este patamar pecuniário em virtude de receberem por produção, como é o caso de A. S, que recebeu no mês de setembro de 2008, o montante de R$ 477,00 o que corresponde a 114,93% de um salário mínimo.[84]

Com tal iniciativa, cumpre-se o disposto no art. 32 §1º da LEP que almeja evitar, dentro do possível, a feitura de artesanato sem expressão econômica, garantindo a possibilidade da continuidade laboral finda a reprimenda. A atividade industrial realizada no Presídio Regional de Caçador proporciona futuro aproveitamento profissional para o detento quando da obtenção da liberdade, pois a região é reconhecida como polo industrial do plástico.

Considerações finais

Cesare Beccaria em sua obra *Dos delitos e das penas*, que contempla o momento filosófico-humanitário do final do século XVIII, concomitantemente aos escritos de outros enciclopedistas como Rousseau, Montesquieu e Voltaire, já trazia a necessidade de mudanças no enclausuramento: "não é a crueldade das penas um dos mais grandes freios dos delitos, senão a infalibilidade delas (...) a certeza do castigo, ainda que moderado, causará sempre maior impressão que o temor de outro castigo mais terrível mas que aparece unido com a esperança da impunidade".[85]

Luiz Regis Prado resume com proficiência o pensamento da figura proeminente de Cessare Bonessana, marquês de Beccaria, em seu "pequeno-grande livro" *Dos delitos e das penas*:

---

[83] FICAGNA, Rovílio. *CPF 468.587.509-59, gerente do Presídio Regional de Caçador-SC*. Entrevista em 12 nov. 2008.

[84] FICAGNA, Rovílio. *CPF 468.587.509-59, gerente do Presídio Regional de Caçador-SC*. Entrevista em 12 nov. 2008.

[85] BECCARIA, Cesare. *Dos delitos e das penas*. São Paulo: Martin Clarete, 2001. p. 50.

b) (...) a pena deve ser necessária, aplicada com presteza, determinada, suave e proporcional ao delito. (...) Para que cada pena não seja uma violência de um ou de muitos contra um cidadão particular, deve ser essencialmente pública, eficaz, necessária, a mínima das possíveis nas circunstâncias dadas, proporcionais aos crimes (...)

A ideia de um sistema penal concebido na retribuição, encontra-se expurgado desde o Século das Luzes, não mais alcançando espaço na pós-modernidade, onde o trabalho apresenta-se como primado percursor da dignidade humana, nesta sociedade globalizada em constante mutação.

O detento que no presente momento encontra-se encarcerado há de retornar à vida social, transitar pelas ruas, frequentar restaurantes e adentrar ao mercado de trabalho. Esta é uma realidade inexorável, que não pode ser modificada e muito menos olvidada pelo Estado e sociedade.

Exsurge a seguinte dicotomia possível: ofertar condições de reeducação e reinserção social através do trabalho no cárcere e planejar o futuro ou cerrar os olhos e vivermos uma utopia irresponsável, pactuando no presente, a gênese da futura criminalidade, obnubilando verdades através de uma retórica desgastada sem respaldo científico.

Compreendemos o descaso estatal como um misto de inépcia governamental (culposa), corolário da insciência e despreparo para o trato da coisa pública, com a má-fé (dolosa) ao apegarem-se no discurso do retributivismo já varrido de qualquer sistema jurídico referencial, ao não alocarem recursos públicos no sistema penitenciário. O discurso imprudente da imprensa respalda a postura de nossos governantes que encontram barreira na doutrina e jurisprudência pátria que manifestam-se, sem exceções, pela necessidade de cumprimento de direitos básicos para a reeducação e futura reinserção social do detento.

Na execução penal, o trabalho representa conceito inseparável da reeducação e da reinserção social, cabendo ao Estado propiciar tal desiderato ou, em caso de impossibilidade, fomentar a iniciativa privada a vivificar tal direito ao detento.

O direito ao trabalho do detento é dever do Estado e da sociedade, não adequando-se ao regime da CLT, posto inocorrer liberdade de contratar. A subordinação nos moldes celetistas não se faz presente, porque calcada no exercício do *jus puniendi* estatal advindo da condição carcerária e do labor obrigatório. O caractere da pessoalidade é restringido pela possibilidade da prestação laboral ser perpassada a outro detento, ou seja, não *intuito personae*.

Trata-se de um contrato de trabalho *sui generis*, com remuneração inferior ao salário mínimo amparada em lei, resultando uma onerosidade minimizada por inocorrer as necessidades básicas elencadas no art. 7º, IV da Constituição Federal, como a moradia, alimentação, saúde, transporte, etc.

O Princípio isonômico do art. 5º C.F que determina o nivelamento de todos perante a norma e estabelece limites ao legislador, perfaz-se em primado de conteúdo político-ideológico que não encerra óbices à LEP, quando regra diferentemente o trabalho do detento daquele liberto, por sucumbir a premente exegese aristotélica, em que a isonomia consiste em tratar-se igualitariamente os iguais e desigualmente os desiguais.

Referências

BECCARIA, Cesare. *Dos delitos e das penas*. São Paulo: Martin Clarete, 2001.

BITENCOURT, César Roberto. *Código Penal comentado*. 4. ed. São Paulo: Saraiva, 2007.

BITENCOURT, César Roberto. O objetivo ressocializador na visão da criminologia crítica. *Revista dos Tribunais*, n. 662.

BRASIL. Supremo Tribunal Federal. 2ª T. HC 91.514-1. Rel. Gilmar Mendes. p. 16 maio 2008.

BRASIL. Tribunal Regional do Trabalho da 14ª Região – numeração única: 00113.2004.081.14.00-5. Classe Recurso Ordinário. Origem: Vara do Trabalho de Jaru-RO. Rel. Juiz Carlos Augusto Gomes Lobo. Revisor Juiz Lafite Mariano.

CANOTILHO, J. J. Gomes. *Constituição da República Portuguesa anotada*. São Paulo: Revista dos Tribunais; Coimbra: Coimbra Ed., 2007. v. 1.

CANOTILHO, J. J. Gomes. *Direito constitucional de teoria da Constituição*. 5. ed. Coimbra: Almedina, 2002.

CARVALHO FILHO, Luiz Francisco. *A prisão*. São Paulo: Publifolha, 2002.

CENTRO DE CIÊNCIAS EXATAS E TECNOLOGIA – UNIRIO. Disponível em: <http://www.uniriotec.br>. Acesso em: 05 out. 2008.

CONSTITUIÇÃO da Espanha. Disponível em: <http://www.direito.adv.br/constitu.htm>. *Acesso em:* 20 ago. 2008.

CONSTITUIÇÃO da República Portuguesa. Disponível em: <http://www.portugal.gov.pt>. *Acesso em:* 20 ago. 2008.

DEJOURS, Christophe. *A loucura do trabalho*: estudo de psicopatologia do trabalho. Trad. Ana Isabel Paraguay e Lúcia Leal Ferreira. 5. ed. São Paulo: Cortez – Oboré, 1992.

DICIONÁRIO PRIBERAM DA LÍNGUA PORTUGUESA. Disponível em: <http://www.priberam.pt/dlpo/definir_resultados.aspx>. Acesso em: 16 out. 2008.

DOTTI, René Ariel. *Bases alternativas para o sistema de penas*. São Paulo: Revista dos Tribunais, 1998.

FERREIRA, Aurélio Buarque de Holanda. *Novo Aurélio Século XXI*: o dicionário da língua portuguesa. 3. ed. Rio de Janeiro: Nova Fronteira, 1999.

FOUCAULT, Michel. *Vigiar e punir*: o nascimento da prisão. Trad. Raquel Ramalhete. 34. ed. Rio de Janeiro: Vozes, 2007.

FRANCO, Alberto Silva *et al. Leis penais especiais e sua interpretação jurisprudencial*. 6. ed. São Paulo: Revista do Tribunais, 1997.

FREITAS, Juarez. *A interpretação sistemática do direito*. 4. ed. São Paulo: Malheiros, 2004.

KUEHNE, Maurício. *Lei de Execuções Penais anotada*. 4. ed. Curitiba: Juruá, 2004.

LYON, David. *Pós-modernidade*. São Paulo: Paulus, 2005.

MARTINS, Sérgio Pinto. *Comentários à CLT*. 12. ed. São Paulo: Atlas, 2008.

MELLO, Celso Antônio Bandeira de. *Curso de direito administrativo*. 5. ed. São Paulo: Malheiros, 1994.

MELLO, Celso Antônio Bandeira de. *O conteúdo jurídico do princípio da igualdade*. 3. ed. 12. tir. São Paulo: Malheiros, 2004.

MESQUITA JUNIOR, Sídio Rosa de. *Execução criminal*: teoria e prática. 5. ed. São Paulo: Atlas, 2007.

MIRABETE, Julio Fabbrini. *Execução penal*: comentários à Lei nº 7210, de 11.7.1984. 11. ed. São Paulo: Atlas, 2004.

MIRANDA, Francisco Cavalcanti Pontes de. *Democracia, liberdade, igualdade*: os três caminhos. 2 ed. São Paulo: Saraiva, 1979.

MORAES, Alexandre de. *Direito constitucional*. 19. ed. São Paulo: Atlas, 2006.

MORAES, Alexandre de; SMANIO, Gianpaolo Poggio. *Legislação penal especial*. São Paulo: Atlas, 1999.

NOGUEIRA, Paulo Lúcio. *Comentários à Lei de Execução Penal*: Lei n. 7210, de 11.7.1984. 2. ed. São Paulo: Saraiva, 1994.

OIT. Disponível em: <http://www.oit.org/public/portugue/region/ampro/brasilia/info/download/conv_29.pdf>.

OLIVEIRA, Janira de. A remição de parte do tempo de execução da pena pela educação formal do condenado: estudo comparativo ao instituto da remição pelo trabalho. *Revista da ESMESC – Escola Superior da Magistratura do Estado de Santa Catarina*, ano 9, v. 16, 2003.

PINHEIRO JUNIOR, Gilberto José. *Crimes econômicos*: as limitações do direito Penal. São Paulo. Edicamp, 2003.

PORTO, Roberto. *Crime organizado e sistema prisional*. São Paulo: Atlas, 2008.

RIOS, Rodrigo Sánchez. *Prisão e trabalho*: uma análise comparativa do sistema penitenciário italiano e do sistema brasileiro. Curitiba: Ed. Universitária Champagnat, 1994.

SANTANA, Fernando. *Direito do trabalho*: estudos em homenagem ao Prof. Luiz de Pinho Pedreira da Silva: o trabalho do presidiário em face do direito. São Paulo: LTr, 1998.

SARLET, Ingo Wolfgang. *Dignidade da pessoa humana e direitos fundamentais*. 5. ed. Porto Alegre: Livraria do Advogado, 2007.

SEMINÁRIO INTERNACIONAL O SISTEMA PENITENCIÁRIO BRASILEIRO E O TRABALHO DO PRESO/RECUPERANDO: DILEMAS, ALTERNATIVAS E PERSPECTIVAS. Belo Horizonte: Fundação João Pinheiro, 2002.

SICA, Leonardo. *Direito penal de emergência e alternativas à prisão*. São Paulo: Revista dos Tribunais, 2002.

SILVA, José Afonso da. *Direito constitucional positivo*. São Paulo: Malheiros, 1994.

SILVA, Odir Odilon Pinto da; BOSCHI, José Antônio Paganella. *Comentários à Lei de Execução Penal*. Rio de Janeiro: Aide, 1986.

TOKARS, Fábio. *Primeiros estudos de direito empresarial*. São Paulo: LTr, 2007.

VICENTE PACHÉS, Fernando de. *Derechos Fundamentales y Relación de Trabajo*. Madrid: CES, 1998.

ZAFFARONI, Eugenio Raúl. *O inimigo no direito penal*. Trad. Sérgio Lamarão. 2. ed. Rio de Janeiro: Renavan, 2007.

Informação bibliográfica deste texto, conforme a NBR 6023:2002 da Associação Brasileira de Normas Técnicas (ABNT):

BARICHELLO, Tito Lívio. O trabalho na prisão. *In*: BARACAT, Eduardo Milléo (Coord.). *Direito penal do trabalho*: reflexões atuais. Belo Horizonte: Fórum, 2010. p. 299-327. ISBN 978-85-7700-357-0.

Sobre os Autores

Aline Koladicz
Advogada. Mestre no Centro Universitário Curitiba – UNICURITIBA

André Gonçalves Zipperer
Advogado. Mestre no Centro Universitário Curitiba – UNICURITIBA

Carlos Luiz Strapazzon
Doutorando em Direito Constitucional (UFSC). Professor de Direito Constitucional e Ciência Política e Coordenador de Pós-graduação no Centro Universitário Curitiba – UNICURITIBA.

Dante D'Aquino
Advogado. Professor de Direito Penal. Mestre no Centro Universitário Curitiba – UNICURITIBA.

Eduardo Milléo Baracat
Juiz Titular da 9ª do Trabalho de Curitiba, Doutor em Direito das Relações Sociais pela UFPR. Pós-graduado pela Universidade de Paris 2 (Panthéon-Assas). Professor do Programa de Mestrado do Centro Universitário Curitiba – UNICURITIBA. Autor das obras *Boa-Fé no Direito Individual do Trabalho e Prescrição trabalhista e a Súmula 294 do TST*.

Fábio André Guaragni
Promotor de Justiça. Doutor e Mestre em Direito das Relações Sociais pela UFPR. Professor de Direito Penal da Escola do Ministério Público do Paraná (FEMPAR). Professor da Escola da Magistratura do Paraná (ESMAE). Professor de Direito Penal do Centro Universitário Curitiba – UNICURITIBA, nos cursos de graduação, pós-graduação *lato sensu* e no Programa de Mestrado.

Guilherme Andrade
Advogado. Professor de Direito Penal no Centro Universitário Curitiba – UNICURITIBA. Mestre na mesma instituição.

Luís Alberto Gonçalves Gomes Coelho
Advogado. Especialista em Direito do Trabalho. Mestre em Direito Empresarial no Centro Universitário Curitiba – UNICURITIBA. Professor de Direito Processual do Trabalho.

Luiz Eduardo Gunther
Desembargador Federal do Trabalho. Vice-Presidente do TRT da 9ª Região. Mestre e Doutor pela Universidade Federal do Paraná (UFPR). Professor de Direito do Trabalho do Centro Universitário Curitiba – UNICURITIBA, nos cursos de graduação, pós-graduação *lato sensu* e no Programa de Mestrado. Membro do Instituto Histórico e Geográfico do Paraná e da Academia Nacional de Direito do Trabalho.

Luiz Gustavo Thadeo Braga
Advogado. Professor de Processo Civil na Pontifícia Universidade Católica do Paraná (PUCPR). Mestre no Centro Universitário Curitiba – UNICURITIBA.

Tallita Massucci Toledo
Advogada Trabalhista. Mestranda em Direito na Pontifícia Universidade Católica do Paraná (PUCPR). Bolsista pela CAPES.

Tathiana Laiz Guzella
Advogada. Especialista em Direito Criminal e Mestre em Direito Empresarial no Centro Universitário Curitiba – UNICURITIBA.

Tito Lívio Barichello
Advogado criminalista. Especialista em Direito Administrativo pela UFSC. Especialista em Direito Criminal e Mestre em Direito Empresarial no Centro Universitário Curitiba – UNICURITIBA. Ex-professor de Direito Penal da Universidade do Contestado.